Leo Trotzki **Stalins** Verbrechen

Leo Trotzki

Stalins

Verbrechen

Dietz Verlag Berlin

Text nach der 1937
in Zürich herausgebrachten Übersetzung
von Alexandra Pfemfert
Das Werk ist 1937 im Jean-Christophe-Verlag Zürich
erschienen. Dieser Verlag existiert nicht mehr
und es ist uns nicht gelungen,
Rechtsnachfolger des Urhebers zu ermitteln.
Wir bitten diese, sich gegebenenfalls
bei uns zu melden.

Nachbemerkung »Zu Leo Trotzki« (S. 329 bis 348)
von Peter Bachmann

Trotzki, Leo: Stalins Verbrechen / Leo Trotzki. –
1. Aufl. –. Berlin: Dietz Verl., 1990. – 350 S.

ISBN 3-320-01552-4

1. Auflage 1990
© Dietz Verlag Berlin 1990
Lizenznummer 1 · LSV 0249
Typographie: Horst Kinkel
Umschlag: Hildur Bernitz
Printed in the German Democratic Republic
Gesamtherstellung: DRUCKZENTRUM BERLIN
Graphischer Großbetrieb
Best.-Nr.: 738 812 9
DDR 19,80 M

Vorwort

In der Periode des Aufstiegs mochte die Revolution rauh und grausam gewesen sein, aber sie war ehrlich. Sie sagte offen, was sie dachte. Die Politik Stalins ist durch und durch verlogen. Darin äußert sich ihr reaktionärer Charakter. Die Reaktion ist überhaupt unehrlich, weil sie ihre wirklichen Ziele vor dem Volke verbergen muß. Die Reaktion auf dem Fundament der proletarischen Revolution ist eine doppelte Lüge. Man kann ohne jegliche Übertreibung behaupten, daß das thermidorianische Regime Stalins das verlogenste Regime der Weltgeschichte ist. Es sind nun vierzehn Jahre, daß der Autor dieser Zeilen die Zielscheibe dieser thermidorianischen Lüge bildet.

Bis zum Ende des Jahres 1933 hat mich die Moskauer Presse und folglich auch ihr Schatten, die Presse der Komintern, als englischen und amerikanischen Agenten geschildert und mich sogar nicht anders als »Mister Trotzki« tituliert. In der »Prawda« vom 8. März 1929 ist eine ganze Seite dem Nachweis gewidmet, daß ich ein Verbündeter des britischen Imperialismus sei (damals hieß er in Moskau noch nicht »englische Demokratie«), wobei meine völlige Solidarität mit Winston Churchill festgestellt wurde. Der Artikel schloß mit den Worten: »Es ist klar, wofür ihm die Bourgeoisie Zehntausende von Dollars zahlt!« Damals hat es sich um Dollars, nicht um Mark gehandelt.

Am 2. Juli 1931 erklärte mich die gleiche »Prawda« (mit Hilfe plump gefälschter Faksimile, die zu vergessen sie sich am nächsten Tage selbst beeilte) für einen Verbündeten von Pilsudski und einen Verteidiger des Versailler Gewaltfriedens. In jenen Tagen kämpfte Stalin nicht um die Erhaltung des Status quo, sondern um die »nationale Befreiung« Deutschlands. Im August 1931 enthüllte das »theoretische« Organ der französischen kommunistischen Partei,»Cahiers du Bolchévisme«, die rührende Einheitsfront zwischen Blum, Paul-Boncour und dem französischen Generalstab einerseits und Trotzki andererseits. Ich blieb somit fest an die Entente-Länder gefesselt!

Am 24. Juli 1933, das heißt, nachdem Hitlers Macht in Deutschland bereits gefestigt war, kam ich über Marseille nach Frankreich, dank dem Visum, das mir die Regierung Daladier gegeben hatte. Gemäß den retrospektiven »Enthüllungen« in den Moskauer Prozessen war ich in jenen Tagen bereits ein Agent Deutschlands und beschäftigte mich mit der Vorbereitung des

Weltkrieges zu dem Zwecke, die UdSSR und Frankreich zu zerstückeln. In dem Prozeß Radek-Pjatakow, im Januar 1937, wurde ausdrücklich »festgestellt«, daß ich mich gerade Ende Juli 1933 im Bois de Boulogne mit dem Korrespondenten der TASS, Wladimir Romm, traf, um durch dessen Vermittlung die russischen Trotzkisten in ein Bündnis mit Hitler und dem Mikado hineinzuziehen. Die »Humanité« ahnte dies nicht: Gerade am Tage meiner Ankunft in Frankreich veröffentlichte sie einen Artikel, der meinen geheimen Bund mit der Regierung Daladier bloßstellte. Indem sie die Intrigen der weißen Emigration decke und Trotzki einlade, schrieb das Stalin-Cachin-Thorez-Organ, »enthüllt die französische Bourgeoisie ihre wahre Politik in bezug auf die Sowjetunion: notgedrungene Verhandlungen, erzwungenes Lächeln, aber hinter den Kulissen – Hilfe und Unterstützung allen Saboteuren, Interventionisten, Konspiratoren, Verleumdern und Renegaten der Revolution ... Von Frankreich aus, diesem Herd des Antisowjetkampfes, kann er die USSR attackieren ... Strategischer Punkt! Deshalb trifft Herr Trotzki ein.« Alle späteren Formeln des Staatsanwalts Wyschinski sind darin enthalten: Konspiration, Sabotage, Vorbereitung von Interventionen. Aber es gibt einen Unterschied: Die verbrecherische Tätigkeit übte ich im Bunde mit der französischen Bourgeoisie aus, nicht mit dem deutschen Faschismus.

Vielleicht aber war die unglückselige »Humanité« einfach nicht au courant? Nein, das Pariser Organ Stalins hat die Ansichten seines Chefs richtig wiedergegeben. Das schwerfällige Denken der Moskauer Bürokratie wollte die alte Bahn nicht verlassen. Ein Bündnis mit Deutschland, unabhängig von seiner Staatsform, galt als Axiom der Außenpolitik der Sowjets. Im Gespräch mit dem deutschen Schriftsteller Emil Ludwig, am 13. Dezember 1931, hatte Stalin erklärt: »Wenn man schon von unseren Sympathien zu irgendeiner Nation sprechen soll, so muß man selbstverständlich von unseren Sympathien für die Deutschen sprechen ... Unsere freundschaftlichen Beziehungen zu Deutschland bleiben unverändert.« Stalin hatte sogar die Unvorsichtigkeit, hinzuzufügen: »Es gibt Politiker, die heute etwas versprechen oder verkünden und am nächsten Tage das, was sie verkündet haben, vergessen oder ableugnen und dabei nicht einmal erröten. So können wir nicht handeln*.«

---

* Diese Zitate sind dem offiziellen Werk entnommen: »Lenin und Stalin über die Sowjetkonstitution«, Seite 146 und 147.

Gewiß, das war in der Epoche der Weimarer Republik. Jedoch hat der Sieg des Faschismus den Moskauer Kurs nicht geändert. Stalin tat alles, um sich das Wohlwollen Hitlers zu verdienen. Am 4. März 1933 schrieb das Regierungsblatt »Iswestja«, die USSR sei der einzige Staat, der keine feindlichen Gefühle gegen Deutschland hege und »dies unabhängig von der Form und dem Charakter der deutschen Regierung«. Der Pariser »Temps« stellte seinerseits am 8. April 1933 fest: »Während Hitlers Machtergreifung die europäische öffentliche Meinung lebhaft beschäftigte und überall viel kommentiert wurde, bewahrten die Moskauer Zeitungen Schweigen.« Stalin wollte die Freundschaft des Siegers damit erkaufen, daß er der deutschen Arbeiterklasse den Rücken kehrte.

Das Gesamtbild ist somit klar. In jener Periode, als ich, nach der späteren, retrospektiven Version, mit der Organisierung der Zusammenarbeit mit Hitler beschäftigt war, schilderte mich die Moskauer Presse und die der Komintern als Agenten Frankreichs und des angelsächsischen Imperialismus. Dem deutsch-japanischen Lager wurde ich zugewiesen erst nachdem Hitler Stalins ausgestreckte Hand zurückgestoßen und diesen gezwungen hatte, entgegen seinen ursprünglichen Plänen und Kalkulationen Freundschaft bei den »westlichen Demokratien« zu suchen. Die Beschuldigungen gegen mich waren und bleiben nur negative Ergänzungen der diplomatischen Wendungen Moskaus. Änderungen meiner politischen Orientierung vollzogen sich stets ohne die geringste Beteiligung meinerseits. Es besteht jedoch zwischen den zwei direkt entgegengesetzten und gleichzeitig symmetrischen Versionen der Verleumdung ein ernster Unterschied. Die erste Version, die mich in einen Agenten der früheren Entente verwandelte, trug vorwiegend literarischen Charakter. Die Verleumder verleumdeten, die Zeitungen verbreiteten das Gift, Wyschinski aber trat nicht aus dem Schatten hervor. Gewiß, die GPU griff auch damals von Zeit zu Zeit zu Erschießungen einzelner Oppositioneller, die sie bald der Sabotage, bald der Spionage beschuldigte (zugunsten Englands oder Frankreichs!). Doch ging es damals noch um wenig bekannte Personen, die Abrechnung geschah hinter den Kulissen in Form bescheidener Proben. Stalin dressierte erst seine Untersuchungsrichter, Staatsanwälte und Henker. Es erforderte Zeit, die Bürokratie auf den Grad der Demoralisation und die radikale öffentliche Meinung

Europas und Amerikas auf den Grad des Tiefstandes zu bringen, wo die grandiosen Prozeßfälschungen gegen Trotzkisten möglich wurden.

Alle Etappen dieser Vorbereitungsarbeit lassen sich heute mit Dokumenten in der Hand verfolgen. Stalin war mehr als einmal auf inneren Widerstand gestoßen und hatte mehr als einmal den Rückzug angetreten, aber jedesmal nur, um seiner Arbeit systematischeren Charakter zu verleihen. Das politische Ziel bestand darin, für jeden Gegner der regierenden Clique eine automatische Guillotine zu schaffen: Wer nicht für Stalin ist, ist ein gemieteter Agent des Imperialismus. Diese grobe Schematisierung, gewürzt mit persönlicher Rachsucht, ist ganz im Geiste Stalins. Er hat offenbar keinen Augenblick daran gezweifelt, daß die »freiwilligen Geständnisse« seiner Opfer die gesamte Welt von der Echtheit der Anklagen überzeugen und damit ein für allemal das Problem der Unantastbarkeit des totalitären Regimes lösen würden. Es kam anders. Die Prozesse haben sich gegen Stalin gewandt. Die Ursache liegt nicht so sehr in der Plumpheit der Fälschung wie in der Tatsache, daß die Schraube der Bürokratie für die Entwicklung des Landes ganz unerträglich wurde. Unter dem Ansturm der wachsenden Widersprüche war Stalin gezwungen, den Radius der Fälschungen von Tag zu Tag zu erweitern. Der blutigen Säuberung ist kein Ende abzusehen. Die eigenen Reihen fressend, schreit die Bürokratie wie besessen nach Wachsamkeit. In ihrem Schreien kann man mitunter das Todesgeheul eines verwundeten Tieres hören.

Erinnern wir nochmals daran, daß an der Spitze der Liste der Verräter sämtliche Mitglieder des Politischen Büros aus der Epoche Lenins stehen – mit Ausnahme des einen Stalin –, darunter: der frühere Leiter der Landesverteidigung in der Epoche des Bürgerkrieges, zwei frühere Leiter der Kommunistischen Internationale, der frühere Vorsitzende des Sowjets der Volkskommissare, der frühere Vorsitzende des Sowjets für Arbeit und Verteidigung, das frühere Haupt der Gewerkschaften. Es folgt eine Reihe von Mitgliedern des Zentralkomitees und der Regierung. Der faktische Leiter der Industrie, Pjatakow, stand, wie sich zeigte, an der Spitze der Sabotage; der stellvertretende Volkskommissar für Transportwesen, Liwschitz, erwies sich als japanischer Agent und Organisator von Eisenbahnkatastrophen; der Hauptwächter der Staatssicherheit, Jagoda – als

8

Gangster und Verräter; der stellvertretende Volkskommissar des Auswärtigen, Sokolnikow – als deutsch-japanischer Agent, desgleichen der Hauptpublizist des Regimes, Radek. Mehr noch: Die gesamte Spitze der Roten Armee stand im Dienste des Feindes. Der Marschall Tuchatschewski, den man noch ganz vor kurzem, zum Studium der Kriegstechnik der befreundeten Länder, nach England und Frankreich entsandt hatte, verkaufte die ihm anvertrauten Geheimnisse an Hitler. Der politische Leiter der Armee, Gamarnik, Mitglied des ZK, erwies sich als Verräter. Die militärischen Repräsentanten Frankreichs, Großbritanniens und der Tschechoslowakei zollten noch vor kurzem Anerkennungstribute den ukrainischen Manövern, die General Jakir leitete. Es stellt sich heraus, Jakir bereitete die Eroberung der Ukraine durch Hitler vor. General Uborewitsch, der Wächter der Westgrenze, wollte Weißrußland dem Feinde ausliefern. Zwei frühere Chefs der Kriegsakademie, General Eidemann und General Kork, verdienstvolle Heeresführer im Bürgerkrieg, haben ihre Schüler nicht für den Sieg, sondern für die Niederlage der Sowjetunion erzogen. Des Verrats sind beschuldigt Dutzende weniger bekannte, aber sehr bedeutende Heeresführer. Alle diese Zerstörer, Saboteure, Spione, Gangster haben ihr Werk nicht ein, nicht zwei Tage verrichtet, sondern eine Reihe von Jahren. Wenn aber Jagoda, Pjatakow, Sokolnikow, Tuchatschewski und so weiter Spione waren, wozu taugen dann Stalin, Woroschilow und die anderen »Führer«? Welchen Wert besitzen die Aufrufe zur Wachsamkeit, die von einem Politbüro ausgehen, das selbst nur Blindheit und Dummheit offenbart hat?

Aus der letzten »Säuberung« ist das Regime derart schmachbeladen hervorgegangen, daß die Organe der Weltpresse sich ernsthaft mit dem Rätsel beschäftigten, ob Stalin nicht in Irrsinn verfallen ist? Eine zu einfache Lösung der Frage! Zuerst galt, daß Stalin Sieger geblieben sei infolge der exzeptionellen Eigenschaften seines Intellekts. Als aber die Reflexe der Bürokratie konvulsiven Charakter annahmen, begannen sich die gestrigen Verehrer des »Führers« zu fragen, ob er nicht verrückt geworden ist. Beide Beurteilungen sind falsch. Stalin ist nicht »genial«. Im wahren Sinne des Wortes ist er nicht einmal klug, wenn man unter Klugheit die Fähigkeit versteht, Ereignisse in ihren Zusammenhängen und in ihrer Entwicklung zu erfassen. Aber er ist auch kein Irrsinniger. Die Welle des Thermidors hat ihn nach oben gebracht. Er begann zu glauben, daß die Quelle seiner Macht in ihm selbst liegt. Die Kaste der Parvenus jedoch, die ihn zum Genie proklamierte, hat sich in kurzer Zeit zersetzt und ist verfault. Das Land der Oktoberrevolution braucht ein anderes politisches Regime. Die Lage der regierenden Clique läßt keinen Raum mehr für eine vernünftige Politik. Der Irrsinn liegt nicht in Stalin, sondern in dem Regime, das sich erschöpft hat. Diese Erklärung enthält aber nicht den Schatten einer moralischen Entschuldigung für Stalin. Er wird von der Bühne gehen als die befleckteste Gestalt der menschlichen Geschichte.

Dieses Buch wurde mit mehreren Unterbrechungen und in verschiedenen Situationen geschrieben. Ursprünglich sollte es eine Antwort auf den Prozeß Sinowjew-Kamenjew (August 1936) sein. Aber die Arbeit wurde schon bei Beginn durch die Internierung des Autors in Norwegen unterbrochen. Zur Arbeit zurückzukehren war erst möglich auf dem Tankschiff, das den Atlantischen Ozean durchquerte. Aber bevor ich im gastfreundlichen Mexiko Zeit gefunden hatte, meine Manuskripte zu ordnen, entlud sich der Prozeß Pjatakow-Radek, der eine selbständige Analyse erforderlich machte. Gleichzeitig mit der literarischen Kritik der Moskauer Fälschungen mußte ich mich mit der Vorbereitung von Material für die juristische Untersuchung beschäftigen, die das New-Yorker »Komitee zur Verteidigung Trotzkis« organisiert hat. Ein größerer Teil meines Buches verwandelte sich in eine Rede vor der Untersuchungskommission, die im April dieses Jahres aus New York nach Mexiko gekommen war, um meine Erklärungen zu hören. Und endlich, als ich dabei war, den letzten Teil des Manuskriptes abzuliefern, meldeten Telegramme aus Moskau die Verhaftung und Erschießung der acht hervorragendsten Generale der Roten Armee. Der Aufbau des Buches gibt somit die Ereignisse wieder. Ich will noch hinzufügen: Während diese Seiten geschrieben wurden, war ich sehr oft gezwungen, mir Rechenschaft darüber abzulegen, wie dürftig die Skala unserer Gefühle und wie arm unser Wortschatz ist im Vergleich zu der Größe jener Verbrechen, die heute in Moskau begangen werden!

Coyoacan, den 5. Juli 1937   L. Trotzki

Im »sozialistischen« Norwegen

Fast anderthalb Jahre, von Juni 1935 bis September 1936, verbrachte ich mit meiner Frau im norwegischen Dorfe Veksal, 60 Kilometer von Oslo entfernt, in der Familie des Redakteurs der Arbeiterzeitung, K. Knudsen. Der Wohnort war uns von der norwegischen Regierung von Anfang an zugewiesen worden. Unser Leben verlief äußerst gleichmäßig und friedlich, man hätte sagen können – kleinbürgerlich. Man gewöhnte sich bald an uns. Die Beziehungen mit der uns umgebenden Bevölkerung waren fast wortlos, aber absolut freundschaftlich. Einmal in der Woche besuchten wir gemeinsam mit der Familie Knudsen das nächste Kino, wo man die vorjährigen Hollywooder Sensationen zeigte. Manchmal, hauptsächlich im Sommer, besuchten uns ausländische Freunde, in der Mehrzahl Vertreter des linken Flügels der Arbeiterbewegung. Das Leben der Welt belauschten wir durchs Radio: Dieses zauberhafte und unerträgliche Instrument hatten wir erst vor etwa drei Jahren zu benutzen begonnen. Am meisten verblüfften uns die administrativen Unterhaltungen der Sowjetbürokratie, die wir anhörten. Diese Menschen fühlen sich im Äther wie zu Hause. Sie befehlen, drohen, schimpfen, ohne elementare Vorsicht walten zu lassen in bezug auf Staatsgeheimnisse. Die feindlichen Stäbe holen sich zweifellos die wertvollsten Informationen aus der Offenheit der großen und kleinen »Führer« der Sowjetunion. Und das alles geschieht in einem Lande, wo ein der Opposition verdächtiger Mensch stets riskiert, der Spionage beschuldigt zu werden! Der zentrale Moment des Tages in Veksal war die Ankunft der Post. Gegen ein Uhr mittags begannen wir, ungeduldig auf unseren invaliden Briefträger zu warten, der uns die Post im Winter mit einem Schlitten, im Sommer mit dem Rade brachte: ein schweres Zeitungspaket und Briefe mit Marken aus allen Teilen der Erde. Unsere außerordentlich umfangreiche Korrespondenz bereitete viel schlaflose Nächte nicht nur dem Polizeimeister von Hönefoss, einem kleinen Nachbarstädtchen mit einer Bevölkerung von viertausend Menschen, sondern auch der sozialistischen Regierung in Oslo selbst, was wir allerdings erst später erfahren sollten.

Wie sind wir nach Norwegen geraten? Darüber muß man einige Worte sagen. Die norwegische Arbeiterpartei hatte früher zur Komintern gehört, später mit ihr gebrochen – nicht allein durch die Schuld der Komintern –, war aber in die II. Internationale, als für sie angeblich zu opportunistisch, nicht hineingegangen. Als die Partei an die Macht gekommen war (im Jahre 1935), lastete auf ihr noch ihr gestriger Tag. Ich beeilte mich, Oslo um ein Visum anzusuchen, in der Hoffnung, in diesem ruhigen Lande mich unbehindert meinen literarischen Arbeiten hingeben zu können. Nach einigen Schwankungen und Reibungen in der Parteispitze war die Regierung bereit, mich ins Land zu lassen. Die Bedingung der »Nichteinmischung in die inneren Angelegenheiten« usw. unterschrieb ich ohne Bedenken, da ich gar keine Absicht hatte, mich mit der norwegischen Politik zu beschäftigen. Bei der ersten Berührung mit der Parteispitze verspürte ich den Atem eines dumpfen Konservativismus, der so schonungslos in den Stücken Ibsens enthüllt ist. Das Zentralorgan der Partei, »Arbeiderbladet«, beruft sich zwar nicht auf die Bibel und Luther, sondern auf Marx und Lenin, bleibt aber durchdrungen von jener philiströsen Beschränktheit, für die Marx und Lenin einen unüberwindlichen Widerwillen empfanden ... Ihre Hauptambition sah die »sozialistische« Regierung darin, sich so wenig wie möglich von ihren reaktionären Vorgängerinnen zu unterscheiden. Die ganze alte Bürokratie saß auf ihren Plätzen. Zum Guten oder zum Bösen? Ich bekam bald Gelegenheit, mich durch eigene bittere Erfahrung davon zu überzeugen, daß manch bürgerlicher Beamter einen viel weiteren Horizont und ein stärkeres Gefühl der eigenen Würde besitzt als die Herren »sozialistischen« Minister. Rechnet man nicht den halboffiziellen Besuch, den mir bald nach meiner Ankunft der Parteiführer Martin Tranmel (in den Vereinigten Staaten hatte dieser Mensch zur IWW gehört – Jugendsünden!) und der Justizminister Trygve Lie gemacht haben, stand ich mit den Regierungsspitzen in keinerlei persönlicher Beziehung. Ich mied auch mit den Tiefen der Partei jede Berührung, um nicht den Verdacht der Einmischung in die Politik des Landes zu erwecken. Ich lebte mit meiner Frau, wie schon gesagt, sehr isoliert und hatte keinen besonderen Grund, mich darüber zu beklagen. Mit der Familie Knudsen hatten sich bei uns sehr freundschaftliche Beziehungen herausgebildet, aus denen die Politik nach beiderseitigem stillschweigendem Übereinkommen ausgeschlossen war. In den Pausen zwischen den Krankheitsanfällen arbeitete ich an meinem Buch »Die verratene Revolution«, wo ich die Gründe für den Sieg der Sowjetbürokratie über die Partei, die Sowjets und das Volk aufzudecken versuchte und die Perspektiven der weiteren Entwicklung der USSR aufzeigen wollte. Am 5. August (1936) sandte ich die ersten Exemplare des fertigen Manuskriptes an den amerikanischen und an den französischen Übersetzer ab. Am gleichen Tage reisten wir mit dem Ehepaar Knudsen nach dem Süden Norwegens, um zwei Wochen am Meere zu verbringen. Aber schon am nächsten Morgen erfuhren wir unterwegs, daß in der vergangenen Nacht von norwegischen Faschisten ein Überfall auf unsere Wohnung verübt worden war, mit der Absicht, meine Archive zu rauben. Die Aufgabe bot an sich keine Schwierigkeiten: Das Haus war von keinem bewacht, und die Schränke waren nicht abgeschlossen. Die Norweger sind derart an den ruhigen Rhythmus ihrer Demokratie gewöhnt, daß man nicht einmal von Freunden die Wahrung der elementarsten Vorsichtsmaßregeln erreichen konnte. Die Faschisten drangen um Mitternacht ein, zeigten falsche Polizeiabzeichen und versuchten sofort, eine »Haussuchung« vorzunehmen. Die Tochter unseres Wirtes, die zu Hause geblieben war, witterte gleich etwas Schlimmes, verlor die Geistesgegenwart nicht, stellte sich mit ausgebreiteten Armen vor die Tür meines Zimmers und erklärte, sie werde niemand hineinlassen. Fünf Faschisten, in ihrem Handwerk wohl noch unerfahren, wurden stutzig vor dem Mut des jungen Mädchens. Inzwischen schlug der jüngere Bruder Alarm. Es tauchten in Nachtgewändern Nachbarn auf. Die Helden verloren den Kopf und stürzten davon, nachdem sie vom nächststehenden Tisch einige zufällige Dokumente an sich gerissen hatten. Die Polizei vermochte am nächsten Tag mühelos die Einbrecher festzustellen. Es konnte scheinen, daß das Leben wieder in seine ruhigen Ufer zurückkehren würde. Auf unserer wiederaufgenommenen Reise nach dem Süden mußten wir jedoch bald feststellen, daß uns ein Auto mit vier Faschisten unter Führung des Propagandachefs, Ingenieur N., auf den Fersen folgte. Erst am Ende unserer Reise gelang es uns, die Verfolger loszuwerden: Wir ließen ihren Wagen einfach nicht auf die Fähre, die uns auf die andere Seite des Fjords übersetzte. Verhältnismäßig ruhig verbrachten wir zehn Tage auf der kleinen Insel, in dem einzigen Fischerhäuschen zwischen den Felsen.

Unterdessen nahten die Wahlen für den Storthing. Jedes der Lager suchte Sensationsnummern für sein nicht sehr originelles Programm. Die Blätter der Regierungsparteien (in Norwegen mit seiner Bevölkerung von insgesamt drei Millionen besitzt die Arbeiterpartei 35 Tageszeitungen und etwa ein Dutzend Wochenblätter) eröffneten eine Kampagne gegen die Faschisten, und zwar in sehr gemäßigten Tönen. Die rechte Presse antwortete mit einer wütenden Hetze gegen mich und die Regierung, die mir ein Visum gegeben hatte. Meine politischen Artikel, die ungehindert in den verschiedensten Ländern der Welt erschienen waren, wurden jetzt sorgfältigst von der norwegischen reaktionären Presse gesammelt, in aller Eile übersetzt und unter den sensationellsten Überschriften nachgedruckt. Ganz unerwartet geriet ich in den Brennpunkt der norwegischen Politik. Bei den Arbeitermassen hatte der faschistische Ueberfall eine außerordentliche Empörung hervorgerufen. »Wir sind gezwungen, Oel auf die Wogen zu gießen«, klagten mit tiefsinnigen Mienen die sozialdemokratischen Führer. »Warum eigentlich?« »Weil die Massen sonst die Faschisten in Stücke reißen werden.« Die Erfahrungen einer Reihe von europäischen Ländern haben diese Herren nichts gelehrt: Sie ziehen es vor, zu warten, bis die Faschisten sie in Stücke reißen werden. Ich enthielt mich jeder Polemik sogar in Privatgesprächen: Jedes unvorsichtig geäußerte Wort konnte in die Presse kommen. Es blieb nichts anderes übrig, als mit den Achseln zu zucken und abzuwarten. Noch einige Tage kletterten wir friedlich in den Felsen herum oder fischten.

Unterdessen verdichteten sich im Osten viel bedrohlichere Wolken. Dort ging man daran, der Welt zu verkünden, ich arbeite Hand in Hand mit den Nationalsozialisten an dem Sturze der Sowjets. Der Überfall auf mein Archiv und die wüste Hetze der faschistischen Presse gegen mich kamen Moskau sehr ungelegen. Aber solcher Lappalien wegen konnte man doch nicht haltmachen! Im Gegenteil, es ist möglich, daß man unter dem Einfluß der norwegischen Ereignisse in Moskau beschlossen hatte, die Inszenierung des Prozesses zu beschleunigen. Man braucht nicht zu betonen, daß die Sowjetgesandtschaft in Oslo keine Zeit verlor. Am 13. August kam der Chef der Kriminalpolizei, Swen, mit dem Flugzeug auf unsere kleine Insel, um mich in Sachen des Faschistenüberfalls als Zeugen zu vernehmen. Die so eilige Vernehmung geschah auf direkten Befehl des Justizministers: das versprach nichts Gutes. Swen zeigte einen mir von den Faschisten geraubten und von der norwegischen

Presse bereits veröffentlichten Brief (ganz harmlosen Inhalts) an einen Freund in Paris und bat mich, Erklärungen über meine Tätigkeit in Norwegen zu geben. Der Polizeibeamte motivierte seine Fragen damit, daß die Faschisten zur Rechtfertigung ihres nächtlichen Überfalls sich auf den verbrecherischen Charakter meiner Tätigkeit berufen. Ein faschistischer Advokat habe sogar den Reichsstaatsanwalt aufgefordert, mich »wegen Handlungen, die Norwegen in einen Krieg hineinziehen« könnten, anzuklagen. Das Verhalten von Swen selbst war vollkommen korrekt: er spürte den unangebrachten Charakter der Fragen, die ihm von oben diktiert worden waren. Auf Grund meiner ausführlichen Aussagen erklärte er Pressevertretern, daß er in meinen Handlungen nichts Ungesetzliches oder den Interessen Norwegens Feindliches finden könne. Man hätte wiederum glauben sollen, »der Fall ist erledigt«. In Wirklichkeit entwickelte er sich erst. Der Justizminister, vor kurzem noch Mitglied der Kommunistischen Internationale, teilte keinesfalls die liberale Schwäche des Chefs der Kriminalpolizei. Noch weniger zeigte sich zur Milde geneigt der Premierminister Nygaardsvold. Er brannte darauf, seine feste Hand zu zeigen – natürlich nicht gegen die Faschisten, die meine Wohnung überfallen hatten. Die Faschisten blieben frei, sie standen unter dem Schutz der demokratischen Konstitution.

Am 14. August verbreitete die TASS in der ganzen Welt die Nachricht von der Entdeckung einer terroristischen Verschwörung der Trotzkisten und Sinowjewisten. Als erster vernahm diese Mitteilung am Radio unser Hauswirt, Konrad Knudsen. Auf der Insel jedoch gab es keine Elektrizität, die Antennen waren sehr primitiv, und wie zum Trotz arbeitete der Apparat an diesem Abend miserabel. »Trotzkistisch-sinowjewistische Gruppen« ... »konterrevolutionäre Tätigkeit« ... das war alles, was Knudsen verstehen konnte. »Was bedeutet das?« fragte er mich. »Irgendeine größere Schweinerei seitens Moskaus«, antwortete ich. Aber welcher Art? Am frühen Morgen traf aus der benachbarten Stadt Christiansand ein befreundeter norwegischer Journalist ein mit dem Text der TASS-Meldung. Obwohl auf vieles, sogar auf alles gefaßt, wollte ich doch meinen Augen nicht trauen: die Nachricht schien mir unwahrscheinlich in ihrer Verbindung von Lumperei, Frechheit und Dummheit. »Gut, Terrorismus, das kann man verstehen ... aber

15

Gestapo?« wiederholte ich staunend, »wurde es so gesagt: Gestapo?« »Ja, es wurde so gesagt« ... Also nach dem kürzlichen Überfall der Faschisten beschuldigen mich die Stalinisten der Verbindung mit den Faschisten? Ja, so scheint es doch ... Nein, es gibt für alles Grenzen: eine solche Beschuldigung konnte nur ein besoffener, analphabetesker Agent-Provokateur verfassen! ... Ich diktierte dem Journalisten sofort meine erste Erklärung über den bevorstehenden Prozeß. Man mußte sich auf Kampf vorbereiten, denn es nahte ein grandioser Schlag: um nebensächliche Zwecke würde sich der Kreml nicht mit solch scheußlichen Fälschungen kompromittieren.

Der Prozeß überraschte nicht nur die Meinung der Weltöffentlichkeit, sondern auch die Komintern. Die norwegische kommunistische Partei hatte trotz ihrer Feindseligkeit gegen mich für den 14. August eine öffentliche Protestversammlung einberufen, die den Überfall der Faschisten zum Thema hatte ... einige Stunden bevor die TASS mich selbst zu den Faschisten zählte. Später hatte das französische Organ Stalins, die »Humanité«, ein Telegramm aus Oslo veröffentlicht, wonach die Faschisten mir in der Nacht eine freundschaftliche »Visite« gemacht hätten und die norwegische Regierung in diesem nächtlichen Rendezvous eine Einmischung meinerseits in die innere Politik des Landes erblicke. Diese Herren haben sich die Scham abgewöhnt und sind jedenfalls zu allem bereit, um ihr Gehalt zu rechtfertigen.

Schon in meiner ersten Erklärung an die Presse forderte ich eine öffentliche Untersuchung der Moskauer Beschuldigungen. Als Ergänzung zu meinen Aussagen sandte ich Swen einen Brief, der für den Druck bestimmt war. »Als mir die Regierung dieses Landes das Visum gab«, schrieb ich, »wußte sie, daß ich ein Revolutionär und einer der Initiatoren der neuen Internationale bin. Mich streng von jeder Einmischung in das innere Leben Norwegens zurückhaltend, glaubte und glaube ich nicht, daß die norwegische Regierung berufen ist, meine literarische Tätigkeit in anderen Ländern zu kontrollieren, um so weniger als meine Bücher und Artikel in keinem Land Gegenstand gerichtlicher Verfolgung waren. Meine Korrespondenz berührt die gleichen Ideen wie meine literarischen Arbeiten. Sie gefallen sicher den Faschisten und Stalinisten nicht, aber dagegen kann ich nichts tun. In den letzten Tagen hat sich jedoch eine neue Tatsache ereignet, die alles das weit hinter sich läßt, was die reaktionäre Presse je über mich schrieb. Das Moskauer Radio beschuldigt mich unerhörter Verbrechen. Wenn nur ein Teilchen dieser Beschuldigungen wahr wäre, ich verdiente tatsächlich nicht die Gastfreundschaft des norwegischen oder irgendeines anderen Volkes. Aber was die Moskauer Beschuldigungen betrifft, so bin ich bereit, vor jeder unparteiischen Untersuchungskommission, vor jedem öffentlichen Gericht sofort Rechenschaft abzulegen. Ich nehme es auf mich, zu beweisen, daß die Ankläger selbst die Verbrecher sind.«

Dieser Brief wurde in den meisten norwegischen Zeitungen abgedruckt. Man muß betonen, daß die Presse der Regierungspartei in bezug auf den Moskauer Prozeß von Anfang an eine Position des offenen Mißtrauens einnahm. Martin Tranmel und seine Kollegen hatten nicht umsonst in gar nicht ferner Vergangenheit der Komintern angehört. Sie wußten, was die GPU ist, und sie kannten deren Methoden! Außerdem war die Stimmung der Arbeitermassen, aufgewühlt durch den Überfall der Faschisten, völlig auf meiner Seite. Die rechte Presse hatte den Kopf ganz verloren: bis zum gestrigen Tage behauptete sie, ich handle im geheimen Bunde mit Stalin an der Vorbereitung von Aufständen in Spanien, in Frankreich, Belgien und, natürlich, in Norwegen. Sie verzichtete auf diese Beschuldigung auch heute nicht. Gleichzeitig jedoch nahm sie die Moskauer Bürokratie gegen meine terroristischen Attentate in Schutz.

Zu Beginn des Moskauer Prozesses waren wir von unserer Insel nach Veksal zurückgekehrt. Aus den norwegischen Zeitungen entzifferte ich mit einem Wörterbuch in der Hand die Prozeßberichte der TASS. Ich hatte das Gefühl, als sei ich in eine Anstalt für Tobsüchtige geraten. Unsere Wohnung und unser Telephon wurden von Journalisten belagert. Das norwegische Telegraphenbüro brachte noch gewissenhaft meine Widerlegungen, die die Runde durch die Welt machten. Gerade in diesem Augenblick kamen mir junge Freunde zu Hilfe, die schon früher als meine Sekretäre bei mir tätig gewesen waren: Erwin Wolff aus der Tschechoslowakei und Jean van Heijenoort aus Frankreich. Sie waren uns ganz unentbehrlich in jenen unruhigen und heißen Tagen, als wir in Erwartung zweier Lösungen lebten, von denen sich die eine in Moskau, die andere in Oslo vorbereiteten.

17

Ohne die Ermordung der Angeklagten würde keiner die Anklage ernst genommen haben. Ich erwartete mit Sicherheit die Erschießung als das unvermeidliche Finale. Und dennoch, als ich durch das Pariser Radio vernahm (die Stimme des Ansagers zitterte, als er diesen Bericht gab), daß Stalin alle Angeklagten erschossen hatte, darunter vier alte Mitglieder des bolschewistischen Zentralkomitees, konnte ich der Nachricht kaum Glauben schenken. Nicht die Grausamkeit des Strafgerichts an sich hatte mich erschüttert: die Epoche der Kriege und der Revolutionen ist eine grausame Epoche, und sie ist unser zeitliches Vaterland. Es erschütterten die kalte Bösartigkeit der Fälschung, das sittliche Gangstertum der regierenden Clique, der Versuch, die öffentliche Meinung der ganzen Menschheit, die heutigen und die künftigen Geschlechter zu betrügen. »Der Kain Dschugaschwili hat seinen Höhepunkt erreicht!« sagte ich zu meiner Frau, als die erste Erstarrung vorbei war. Die Weltpresse aller Richtungen begegnete dem Moskauer Prozeß mit offenem Mißtrauen. Sogar die gewerbsmäßigen »Freunde« schwiegen verlegen. Nicht ohne Mühe brachte man von Moskau aus das verzweigte Netz der untergebenen, halbuntergebenen und »befreundeten« Organisationen in Bewegung. Die internationale Verleumdungsmaschine geriet nur allmählich in Schwung: an Schmiermaterial fehlte es nicht. Der wichtigste Transmissions-Mechanismus war selbstverständlich der Komintern-Apparat. Die norwegische kommunistische Zeitung, die gestern noch gezwungen gewesen war, mich gegen die Faschisten in Schutz zu nehmen, änderte sofort ihren Ton. Jetzt verlangte sie von der Regierung, daß man mich aus dem Lande weise, vor allem, mir den Mund zustopfe. Die Funktion der heutigen Komintern-Presse ist bekannt: wenn sie von nebensächlichen Aufträgen der Sowjetbürokratie frei ist, führt sie die schmutzigsten Aufgaben der GPU durch. Der Telegraph zwischen Moskau und Oslo arbeitete ununterbrochen. Die nächste Aufgabe bestand darin, mir die Aufdeckung der Fälschung unmöglich zu machen. Die Bemühungen waren nicht vergeblich. In den norwegischen Regierungssphären vollzog sich ein Umschwung, den weite Kreise der Partei zuerst nicht bemerkten und später nicht begriffen. Über die intimen Triebfedern dieses Umschwunges werden wir nicht so bald etwas erfahren ...

Am 26. August, nachdem unser Hof von acht Polizeibeamten in Zivil besetzt worden war, erschien in unserer Wohnung der

Chef der norwegischen Polizei, Askvig, und ein Beamter des »Zentralen Paßbüros«, in dessen Händen sich die Überwachung der Ausländer befindet. Die hohen Besucher verlangten von mir, mich schriftlich mit neuen Aufenthaltsbestimmungen für Norwegen einverstanden zu erklären: ich sollte mich verpflichten, von nun an über aktuelle politische Themen nicht zu schreiben, keine Interviews zu geben und damit einverstanden zu sein, daß meine gesamte Korrespondenz, sowohl die eingehende wie die abgehende, von der Polizei kontrolliert werde. Mit keinem Wort den Moskauer Prozeß erwähnend, führte das Dokument als Beweis meiner verbrecherischen Tätigkeit nur meinen Artikel über französische Angelegenheiten an, der in der amerikanischen Wochenschrift »Nation« abgedruckt war, und meinen offenen Brief an den Chef der Kriminalpolizei, Swen. Es war vollkommen klar, daß die norwegische Regierung den ersten besten Vorwand benutzte, um die wirklichen Gründe ihrer Wendung zu verbergen. Erst später begriff ich, wozu der Regierung meine Unterschrift notwendig war: die norwegische Konstitution sieht keinerlei Beschränkungen vor für gerichtlich unbelastete Personen; dem findigen Justizminister blieb nichts anderes übrig, als die Lücke im Gesetz mit Hilfe meines »freiwilligen« Gesuchs, mir Hand- und Fußfesseln anzulegen, auszufüllen. Ich lehnte entschieden ab. Im Namen des Ministers wurde mir sofort mitgeteilt, daß von nun an weder Journalisten noch überhaupt Fremde zu mir zugelassen werden würden; ein neuer Aufenthaltsort für mich und meine Frau werde mir von der Regierung bald angewiesen werden. Ich versuchte, dem Minister einige einfache Wahrheiten schriftlich klarzumachen: Der Beamte, der die Fremdenpässe zu kontrollieren hat, sei nicht kompetent, meine literarische Tätigkeit zu kontrollieren, außerdem: meine Freiheit im Verkehr mit der Presse einzuschränken in einem Augenblick, wo ich die Zielscheibe böswilliger Beschuldigungen bin, bedeute, sich auf die Seite der Ankläger zu stellen. Das alles war richtig. Die Sowjetgesandtschaft jedoch fand stärkere Argumente.

Am nächsten Morgen brachten mich Polizeibeamte nach Oslo zur Vernehmung, noch immer als »Zeugen« in Sachen des faschistischen Überfalls. Der Untersuchungsrichter bewies jedoch wenig Interesse für den Überfall. Dafür aber verhörte er mich zwei Stunden lang über meine politische Tätigkeit, meine Verbindungen, meine Besucher. Längere Debatten entwickelten sich um die Frage, ob ich in meinen Artikeln die Regierungen anderer Staaten kritisiere. Ich leugnete es selbstverständlich nicht. Der Richter fand, eine solche Kritik widerspreche der von mir übernommenen Verpflichtung, gegen andere Staaten feindliche Handlungen zu unterlassen. Ich antwortete, daß Regierung und Staat nur in totalitären Ländern identifiziert werden. Das demokratische Regime betrachte Kritik an einer Regierung nicht als Angriff auf den Staat. Was bliebe sonst vom Parlamentarismus übrig? Der einzige vernünftige Sinn der von mir unterschriebenen Bedingung war, daß ich mich verpflichtete, Norwegen nicht zur Operationsbasis für irgendeine illegale, verschwörerische Tätigkeit zu machen. Doch konnte es mir nicht in den Sinn gekommen sein, daß ich, in Norwegen lebend, nicht in anderen Ländern Artikel publizieren dürfe, die den Gesetzen der betreffenden Länder nicht widersprechen. Der Richter war jedoch anderer Meinung; jedenfalls hatte er andere Direktiven, wenn auch nicht ganz artikulierte, so doch, wie es sich herausstellte, ausreichende für meine Internierung.

Aus dem Gerichtsgebäude führte man mich zum Justizminister, der, umgeben von hohen Beamten seines Ministeriums, mich empfing. Es wurde mir wiederum zugemutet, mit kleinen Abänderungen das gleiche Gesuch um offene Polizeiaufsicht zu unterschreiben, das ich am Vortage abgelehnt hatte. »Wenn Sie mich verhaften wollen, wozu brauchen Sie meine Erlaubnis?« »Aber zwischen Haft und voller Freiheit gibt es noch einen Zwischenzustand«, antwortete vielsagend der Minister. »Zwischenzustand – das bedeutet eine Zweideutigkeit oder eine Falle: ich ziehe eine Verhaftung vor!« Der Minister kam meinem Wunsche entgegen und gab unverzüglich die nötigen Anordnungen. Die Polizisten stießen Erwin Wolff, der mich zum Verhör begleitet und die Absicht hatte, mit mir nach Hause zurückzukehren, brutal beiseite. Vier Konstabler, diesmal uniformierte, brachten mich nach Veksal. Im Hofe konnte ich sehen, wie andere Polizisten van Eijenoort an den Schultern zum Tore hindrängten. Besorgt kam meine Frau herausgelaufen. Man hielt mich im geschlossenen Automobil fest, um im Hause unsere Isolierung von der Familie Knudsen vorzubereiten. Die Polizisten besetzten das Eßzimmer und schalteten das Telephon aus. Von nun an wurden wir wie Gefangene behandelt. Die Hausfrau brachte uns Essen unter Aufsicht von zwei Polizisten. Die Tür zu unserm Zimmer blieb stets halb geöffnet. Am 2. September transportierte man uns in das Haus Sundby im Dorfe Storsand, 36 Kilometer von Oslo entfernt, am Ufer eines Fjords, wo wir drei Monate und 20 Tage unter Aufsicht von dreizehn Polizeibeamten blieben. Unsere Korrespondenz ging über das Zentrale Paßbüro, das keinen Grund sah, besondere Eile zu entwickeln. Niemand durfte uns besuchen. Um dieses Regime, das in der norwegischen Konstitution keine Stütze fand, zu rechtfertigen, war die Regierung gezwungen, eine Ausnahmeverordnung anzunehmen. Was meine Frau betrifft, so wurde sie interniert, sogar ohne den Versuch irgendeiner Erklärung.

Die norwegischen Faschisten konnten, sollte es scheinen, einen Sieg feiern. In Wirklichkeit war der Sieg nicht von ihnen errungen. Das Geheimnis unserer Internierung ist im wesentlichen einfach. Die Moskauer Regierung hatte mit dem Boykott der norwegischen Handelsflotte gedroht und sogleich die Macht dieser Drohung spüren lassen. Die Schiffsbesitzer stürzten zur Regierung: macht, was ihr wollt, aber gebt uns sofort die Sowjetbestellungen wieder! Die norwegische Handelsflotte, der Stärke nach die vierte in der Welt, nimmt entscheidenden Platz im Leben des Landes ein, und die Schiffsbesitzer bestimmen seine Politik, unabhängig von der jeweiligen Regierung. Stalin benutzte das Außenhandelsmonopol, um mich an der Entlarvung der Fälschung zu hindern. Das norwegische Großkapital kam ihm zu Hilfe. Zu ihrer Rechtfertigung sagten die sozialistischen Minister: »Wir können ja nicht die Lebensinteressen unserer Bevölkerung Trotzkis wegen opfern!« Das ist der wahre Grund unserer Internierung.

Am 17. August, das heißt, nachdem die Faschisten bereits den Kübel ihrer Enthüllungen und Moskau den Kübel seiner Beschuldigungen ausgeschüttet hatten, schrieb Martin Tranmel im »Arbeiderbladet«: »Während seines Aufenthalts in unserem Lande hat Trotzki die Bedingungen genau erfüllt, die ihm bei der Einreise nach Norwegen gestellt wurden.« Indes war Tranmel in seiner Eigenschaft als Redakteur besser als sonst einer über meine literarische Tätigkeit unterrichtet, auch über jene Artikel, die wenige Tage später die Grundlage für den Bericht des Paßbüros bildeten. Sobald aber der Bericht von der Regierung gutgeheißen war (die diesen Bericht selbst bestellt hatte ... auf vorherige Bestellung Moskaus), begriff Tranmel sofort, daß an allem Trotzki schuld war. In der Tat, warum hat er auf seine Ansichten oder mindestens auf deren offene Äußerung nicht verzichtet? Dann hätte er ruhig die Segnungen der norwegischen Demokratie genießen können. Hier ist vielleicht eine kleine historische Reminiszenz am Platze. Am 16. Dezember 1928 in Alma-Ata in Zentralasien stellte ein aus Moskau entsandter Sonderbevollmächtigter der GPU das Ansinnen an mich, auf die politische Tätigkeit zu verzichten, und drohte mir widrigenfalls mit Repressalien. »Die an mich gestellte Forderung, auf die politische Tätigkeit zu verzichten«, schrieb ich damals in meiner Antwort an das ZK der Partei, »bedeutet die Forderung, auf den Kampf für die Interessen des internationalen Proletariats zu verzichten, einen Kampf, den ich ununterbrochen zweiunddreißig Jahre führte, das heißt während meines ganzen bewußten Lebens ... Die größte historische Bedeutung der Opposition, trotz ihrer äußerlichen Schwäche in diesem Augenblick, besteht darin, daß sie die Hand am Pulse des historischen Prozesses hält, klar die Dynamik der Klassenkräfte erkennt, den morgigen Tag voraussieht und ihn bewußt vorbereitet. Auf die politische Tätigkeit zu verzichten heißt, auf die Vorbereitung des morgigen Tages zu verzichten ... In der »Erklärung«, die wir Oppositionelle (das mir heute vorgelegte Ultimatum gleichsam vorausahnend) dem VI. Kongress der Komintern überreichten, schrieben wir wörtlich: »Von einem Revolutionär den Verzicht auf politische Tätigkeit fordern kann nur ein durch und durch demoralisiertes Beamtentum. Eine solche Verpflichtung geben könnten nur verächtliche Renegaten. Ich kann an diesen Worten nichts ändern.« Als Antwort auf diese meine Erklärung beschloß das Politbüro, mich in die Türkei auszuweisen. Somit habe ich für die Weigerung, auf meine politische Tätigkeit zu verzichten, mit Verbannung gezahlt. Jetzt verlangt die norwegische Regierung von mir, daß ich das Recht, in Verbannung zu sein, mit dem Verzicht auf meine politische Tätigkeit bezahle.

Nein, meine Herren Demokraten, damit konnte ich mich nicht einverstanden erklären!

In dem eben zitierten Brief an das Zentralkomitee hatte ich die Überzeugung ausgesprochen, die GPU habe die Absicht, mich ins Gefängnis zu setzen. Ich hatte mich geirrt: das Politbüro begnügte sich mit meiner Ausweisung. Was jedoch Stalin im Jahre 1928 zu tun nicht gewagt, haben die norwegischen

»Sozialisten« im Jahre 1936 fertiggebracht. Für die Weigerung, auf meine legale politische Tätigkeit, die den Sinn meines Lebens bildet, zu verzichten, setzten sie mich ins Gefängnis. Der Offiziosus der Regierung rechtfertigte sich damit, daß die Zeiten, in denen die Emigranten-Klassiker: Marx, Engels, Lenin, schreiben durften, was sie wollten, auch gegen die Regierung jener Länder, die ihnen Asyl gaben, längst der fernen Vergangenheit angehören. »Wir leben jetzt unter ganz anderen Verhältnissen, und Norwegen muß dem Rechnung tragen.« Zweifellos, die Epoche des monopolistischen Kapitals hat die Demokratie und deren Garantien erbarmungslos durchgeknetet. Der melancholische Satz Martin Tranmels jedoch beantwortet nicht die Frage, auf welche Weise die Sozialdemokraten diese zerrupfte Demokratie für die sozialistische Umgestaltung der Gesellschaft auszunutzen gedenken. Man muß hinzufügen, daß in keinem anderen demokratischen Lande eine solche Verhöhnung der elementaren Rechtsnormen möglich wäre wie im »sozialistischen« Norwegen! ... Am 28. August wurden wir verhaftet, und am 31. August erschien die sogenannte »königliche Verordnung«, die der Regierung das Recht gibt, »lästige« Ausländer zu internieren. Sogar wenn man diese Verordnung als gesetzlich betrachtet (und die Juristen bestreiten, daß sie es ist), hatte in Norwegen drei Tage lang das Regime einer kleinen Staatsumwälzung geherrscht. Aber das war alles noch Blüte, die Frucht sollte folgen!

Die ersten Tage der Haft wurden von uns fast wie Tage der seligen Ruhe empfunden, nach der unerhörten Spannung der »Moskauer« Woche. Es war schön, allein zu bleiben, ohne Neuigkeiten, ohne Telegramme und Briefe und Telephonanrufe, ohne fremde Gesichter. Sobald jedoch die ersten Zeitungen angekommen waren, verwandelte sich die Internierung in eine Folter ... Unglaublich, welchen Platz die Lüge in unserem öffentlichen Leben einnimmt! Sogar die einfachsten Tatsachen werden in entstellter Form wiedergegeben. Doch handelt es sich hier nicht um gewöhnliche, alltägliche Entstellungen, die sich aus den Widersprüchen des sozialen Lebens, kleinen Antagonismen oder der Unvollkommenheit der Psyche ergeben. Viel schrecklicher ist jene Lüge, in deren Dienst sich riesige Staatsapparate stellen, die sich alle und alles unterordnen. Eine solche Arbeit haben wir schon während des letzten

Krieges beobachten können. Aber damals gab es noch nicht totalitäre Regimes. Die Lüge enthielt noch Elemente von Verlegenheit und Dilettantismus. Anders jetzt, in der Epoche der durchgehenden, absoluten, totalitären Lüge, die Presse und Radio monopolistisch ausnutzt für die Massenvergiftung des gesellschaftlichen Gewissens. In den ersten Wochen der Haft saßen wir allerdings ohne Radio. Die Aufsicht über uns lag in den Händen des Chefs der »Zentrale des Paßbüros«, Konstad, den die liberale Presse aus Höflichkeit als einen halben Faschisten charakterisierte. Launische Willkür vermischte sich bei ihm mit herausfordernder Grobheit. Besorgt um die Geschlossenheit des Polizeistils, entschied Konstad, Radio sei unvereinbar mit dem Regime der Internierung. Bei der Regierung obsiegte jedoch diesmal die liberale Strömung, und wir erhielten den Radioapparat. Beethoven versöhnte mit vielem, aber auf Beethoven gerieten wir selten. Am häufigsten stießen wir auf Goebbels, Hitler oder auf einen Redner der Moskauer Radiostation. Die kleine Wohnung mit den niedrigen Decken füllte sich mit dichten Lügenschwaden. Die Moskauer Redner logen in verschiedenen Sprachen zu verschiedenen Tag- und Nachtstunden immer dasselbe: sie erklärten, wie und weshalb ich die Ermordung Kirows organisiert hatte, an dessen Existenz ich bei seinen Lebzeiten nicht viel mehr gedacht habe als an die Existenz irgendeines chinesischen Generals. Der talentlose und unwissende Redner wiederholte ein sinnloses Sammelsurium von Phrasen, die nur eine klebrige Lüge zusammenhielt. »Durch ein Bündnis mit der Gestapo beabsichtigt Trotzki die Niederschlagung der Demokratie in Frankreich, den Sieg des Generals Franco in Spanien, den Zusammenbruch des Sozialismus in der USSR und vor allem die Vernichtung unseres geliebten, großen, genialen...« Die Stimme des Redners klingt fad und gleichzeitig schamlos. Es ist vollkommen klar, daß diesem standardisierten Verleumder sowohl Spanien, wie Frankreich, wie der Sozialismus ganz gleichgültig sind. Er denkt an das Butterbrot. Es war nicht möglich, sich mehr als zwei bis drei Minuten dieser Folter zu unterwerfen. Mehreremal am Tage kam einem die gleiche respektlose Frage in den Sinn: Ist die Menschheit so dumm? Ebensooft fast tauschte ich mit meiner Frau den Satz: »Und doch konnte man nicht glauben, daß sie so niederträchtig sind.«

Stalin läuft keinesfalls der Wahrscheinlichkeit nach. In dieser Hinsicht hat er sich die Psychotechnik des Faschismus völlig angeeignet: die Kritik durch Massivität und Einheitlichkeit der Lüge zu erdrosseln. Widersprechen? Widerlegen? An Einwänden war kein Mangel. Unter den Papieren, die ich bei mir hatte, in meinem Gedächtnis, im Gedächtnis meiner Frau waren unschätzbare Beweise zur Entlarvung der Moskauer Fälschung. Tag und Nacht kamen Tatsachen in Erinnerung – Hunderte, Tausende von Tatsachen, von denen jede irgendeine Beschuldigung oder ein »freiwilliges Geständnis« erledigte. Schon in Veksal, vor der Internierung, hatte ich in drei Tagen eine Broschüre über den Moskauer Prozeß in russischer Sprache diktiert. Jetzt war ich ohne technische Hilfe, ich mußte mit der Hand schreiben. Aber nicht das war die Hauptschwierigkeit. Während ich meine Erwiderungen, sorgfältig Zitate, Tatsachen und Daten nachprüfend, in ein Heft schrieb und mich Hunderte Mal fragte, ob es nicht beschämend und erniedrigend sei, auf solche unvorstellbare Schamlosigkeiten zu antworten – spien die Rotationsmaschinen der ganzen Welt immer neue Ströme apokalyptischer Lügen aus, und die Moskauer Radiosprecher vergifteten den Äther. Wie wird sich das Schicksal meines Manuskriptes gestalten? Wird man es durchlassen oder nicht? Am schwersten bedrückte die völlige Unbestimmtheit der Lage. Der Ministerpräsident gemeinsam mit dem Justizminister neigten offensichtlich zum vollkommenen Gefängnisregime. Die übrigen Minister fürchteten eine Opposition von unten. Auf keine meiner Anfragen betreffs meiner Rechte erhielt ich Antwort. Hätte ich doch mindestens sicher gewußt, daß mir jegliche literarische Arbeit verboten ist, auch die zur Selbstverteidigung, ich würde vorübergehend die Waffen strecken und Hegel lesen (er stand auf meinem Bücherbrett). Aber nein, die Regierung verbot nichts direkt. Sie konfiszierte nur meine Manuskripte, die ich an den Advokaten, an meinen Sohn, an meine Freunde adressiert hatte. Nach einigen Tagen angespannter Arbeit an einem aktuellen Dokument, warte ich mit Ungeduld auf die Antwort des Adressaten. Es vergeht eine Woche, manchmal zwei. Ein Oberkonstabler bringt um die Mittagsstunde ein Papier mit der Unterschrift Konstads und der Mitteilung, diese und diese Briefe und Dokumente werden zur Weiterbeförderung nicht zugelassen. Keine Erklärungen, nur eine Unterschrift. Oslo, den 1. September

1936. In Konstads Händen lag übrigens nur die Kontrolle über unsere Seelen (Radio, Briefwechsel, Zeitungen). Die unmittelbare Macht über unsere Körper war zwei höheren Polizeibeamten übertragen: Askvig und Jonas Lie. Der norwegische Schriftsteller Helge Krohg, dem man absolut glauben kann, nennt alle drei Faschisten. Allerdings benahmen sich Askvig und Lie anständiger als Konstad. Das politische Bild jedoch ändert es nicht. Faschisten überfallen meine Wohnung. Stalin beschuldigt mich der Verbindung mit den Faschisten. Um mich daran zu hindern, die Lüge zu entlarven, erreicht er von seinen demokratischen Verbündeten meine Internierung. Das Wesen der Internierung besteht darin, daß man mich und meine Frau drei faschistischen Beamten ausliefert. Eine bessere Aufstellung der Figuren kann keine Schachphantasie ausdenken!

Ich konnte dennoch nicht die abscheulichen Beschuldigungen passiv ertragen. Was blieb mir übrig? Zu versuchen, die örtlichen Stalinisten und Faschisten wegen Verleumdung in der Presse zur gerichtlichen Verantwortung zu ziehen, um durch den Prozeß die Lügenhaftigkeit der Moskauer Beschuldigungen nachzuweisen. Als Antwort auf diesen Versuch gab die wachsame Regierung am 29. Oktober eine neue Ausnahmeverordnung heraus, wonach der Justizminister das Recht bekam, einem »internierten Ausländer« die Führung irgendwelcher Prozesse zu verbieten. Der Minister machte von diesem Recht sofort Gebrauch. So diente die erste Gesetzlosigkeit als Fundament für eine weitere. Weshalb ging die Regierung auf eine so skandalöse Maßnahme ein? Aus dem gleichen Grunde. Das Osloer »kommunistische« Blättchen, das noch gestern vor der sozialistischen Regierung auf dem Bauche lag, stieß jetzt unerhört freche Drohungen an ihre Adresse aus. Trotzkis Attentat auf das »Prestige des Sowjetgerichts« werde der Wirtschaft Norwegens sicher ungeheure Verluste bringen! Das Prestige des Moskauer Gerichts? Aber es kann doch nur in einem Falle Verlust erleiden: wenn es mir gelingen würde, vor dem norwegischen Gericht die Lügenhaftigkeit der Moskauer Beschuldigungen nachzuweisen. Aber gerade davor hatte man im Kreml tödliche Angst. Ich machte den Versuch, die Verleumder in anderen Ländern zur Verantwortung zu ziehen (Tschechoslowakei und Schweiz). Die Reaktion ließ nicht auf sich warten: am 11. November benachrichtete mich der Justizminister durch einen in seiner Form groben Brief (die norwegischen sozialistischen Minister glauben offenbar, Grobheit sei ein Attribut der festen Macht), daß mir die Führung jeglicher Prozesse, wo auch immer, verboten sei. Falls ich mir das Recht in einem anderen Lande suchen wolle, müsse ich »den Boden Norwegens verlassen«. Diese Worte waren an sich eine kaum verschleierte Drohung mit der Ausweisung, das heißt der faktischen Auslieferung an die GPU. So deutete ich dieses Dokument in einem Brief an meinen französischen Advokaten, G. Rosenthal. Indem die norwegische Zensur diesen Brief durchließ, bestätigte sie meine Deutung. Die beunruhigten Freunde klopften nun an alle Türen, um ein Visum für mich zu suchen. Als Resultat dieser Bemühungen öffnete sich die Türe des fernen Mexiko ... Doch darüber zu seiner Zeit.

Es war ein regnerischer und nebliger Herbst. Es ist schwer, die lastende Atmosphäre in dem Holzhause Sundby wiederzugeben, wo die ganze untere und die Hälfte der oberen Etage von schweren und schwerfälligen Polizisten besetzt waren, die Pfeifen rauchten, Karten spielten und uns mittags Zeitungen voller Verleumdungen oder Botschaften von Konstad mit seiner fatalen Unterschrift brachten. Was wird es weiter geben? Wo ist der Ausweg? Schon am 15. September machte ich einen Versuch, die öffentliche Meinung zu warnen, daß Stalin nach dem politischen Zusammenbruch des ersten Prozesses gezwungen sein werde, einen zweiten zu inszenieren. Ich sagte insbesondere voraus, daß die GPU diesmal versuchen würde, die Operationsbasis der Verschwörung nach Oslo zu verlegen. Mit dieser Warnung hoffte ich, der GPU den Weg abzuschneiden, den zweiten Prozeß zu verhindern und vielleicht eine neue Gruppe von Angeklagten zu retten. Vergeblich! Meine Erklärung wurde konfisziert. In der Form eines Briefes an meinen Sohn schrieb ich eine Antwort auf die verleumderische Broschüre des britischen Advokaten Pritt. Da aber der »königliche Rat« die GPU flammend verteidigte, hielt sich die norwegische Regierung für verpflichtet, Pritt zu verteidigen: meine Arbeit wurde angehalten. Ich wandte mich mit einem Brief an das Büro der Gewerkschafts-Internationale, unter anderem auf das tragische Schicksal Tomskis verweisend, des früheren Hauptes der sowjetrussischen Gewerkschaften, und forderte energisch Einmischung. Der Justizminister konfiszierte auch diesen Brief. Der Ring der Bedrängungen verengte sich von Tag zu Tag. Bald verbot man uns auch die Spaziergänge außerhalb des kleinen Hofes. Besucher ließ man zu uns nicht. Briefe und sogar Telegramme wurden von der Zensur eine Woche und länger zurückgehalten. Die Minister erlaubten sich in Zeitung-Interviews Verhöhnung der Häftlinge. Der norwegische Schriftsteller Helge Krohg schrieb, die Regierung trage in die Verfolgungen gegen mich, je weiter, um so mehr, ein Element persönlichen Hasses hinein, und fügte hinzu: »Das ist keine seltene Erscheinung, daß Menschen den hassen, vor dem sie sich schuldig fühlen« ... Jetzt, wenn ich auf die Periode der Internierung zurückblicke, kann ich nicht verschweigen, daß ich niemals und von keiner Seite während meines ganzen Lebens – und ich habe schon viel gesehen – so zynisch schikaniert wurde wie seitens der norwegischen »sozialistischen« Regierung. Mit Grimassen demokratischer Heuchelei hielten mich diese Herren vier Monate an der Gurgel, um mich zu hindern, gegen das gigantischste aller historischen Verbrechen zu protestieren!

Hinter geschlossenen Türen

Die norwegische Regierung hatte anfangs beabsichtigt, den Prozeß gegen die Faschisten, die einen Überfall auf meine Wohnung unternommen hatten, zwei Wochen vor den Wahlen anzusetzen, gewissermaßen als Gewinn-Nummer. Die Regierungspresse behauptete, den Verbrechern drohe einige Jahre Gefängnis. Nachdem jedoch ich und meine Frau hinter Schloß und Riegel geraten waren, vertagte die Regierung den Termin des Prozesses gegen die Faschisten bis nach den Wahlen, und der Justizminister charakterisierte den nächtlichen Überfall als »jugendlichen Unfug«. Oh, heilige Normen der Gerechtigkeit! Der Prozeß gegen die Faschisten fand nach den Wahlen vor dem Dramener Kreisgericht statt. Am 11. Dezember wurde ich als Zeuge geladen; die Regierung, die von meinen Aussagen weder für sich noch für ihre mächtigen Verbündeten in Moskau Gutes erwartete, verlangte die Schließung der Gerichtstüren und fand selbstverständlich keine Ablehnung. Die Angeklagten – typische Vertreter der deklassierten kleinbürgerlichen Jugend – kamen zur Verhandlung aus ihren Wohnungen als freie Bürger. Nur ich, der Leidtragende und Zeuge, wurde unter Schutz von einem Dutzend Polizisten vorgeführt. Die Zuschauerbänke standen leer; nur meine Leibwache nahm dort Platz. Rechts von mir saßen die traurigen Helden des nächtlichen Überfalls; sie hörten mit gespanntem Interesse zu. Die Bänke links waren von achtzehn Geschworenen und Kandidaten, teils Arbeitern, teils Kleinbürgern, besetzt. Der Vorsitzende verbot ihnen, während meiner Aussagen sich irgendwelche Notizen zu machen. Endlich nahmen hinter den Rücken der Richter einige hohe Würdenträger Platz. Die geschlossenen Türen gaben mir die Möglichkeit, mit voller Offenheit auf alle Fragen zu antworten. Der Vorsitzende unterbrach mich kein einziges Mal, obwohl ich ihm dazu genügend Anlaß gab im Verlauf meiner Aussage, die zusammen mit der Übersetzung – ich sprach deutsch – über vier Stunden dauerte. Ich besitze natürlich kein Stenogramm von der Verhandlung, aber ich verbürge mich für die fast wörtliche Genauigkeit des folgenden Textes, den ich aus frischer Erinnerung und auf Grund vorangegangener Aufzeichnungen niedergeschrieben habe. Die Aussage wurde von mir unter Eid gemacht. Ich übernehme für sie die volle Verantwortung. Wenn die »sozialistische« Regierung die Türen des Gerichts geschlossen hatte, so will ich nicht nur die Türen, sondern auch die Fenster öffnen.

Um die Internierung

Nach den formalen Fragen des Vorsitzenden über die Person des Zeugen geht die Vernehmung sogleich in die Hände des faschistischen Advokaten W.*, des Verteidigers der Angeklagten, über.

»Wie sind die Bedingungen, unter denen der Zeuge nach Norwegen hereingelassen wurde? Hat sie der Zeuge nicht verletzt? Was war der Grund für seine Internierung?«

»Ich hatte mich verpflichtet, mich in die norwegische Politik nicht einzumischen und in Norwegen keine gegen andere Staaten gerichtete Tätigkeit auszuüben. Ich habe beide Bedingungen einwandfrei eingehalten. Sogar das Zentral-Paßbüro hat zugegeben, daß ich mich in norwegische Interessen nicht einmischte. Was die anderen Staaten betrifft, so war meine Tätigkeit nur literarischen Charakters. Gewiß, alles, was ich schreibe, trägt marxistischen, also revolutionären Charakter. Aber die Regierung, die sich selbst gelegentlich auf Marx beruft, kannte meine Richtung, als sie mir das Visum gab. Meine Bücher und meine Artikel werden stets unter meinem Namen gedruckt und waren in keinem Lande Verfolgungen ausgesetzt.«

»Hat denn der Justizminister bei seinem Besuch in Veksal dem Zeugen den Sinn der Bedingungen nicht erklärt?«

»Der Justizminister hat mir bald nach meiner Ankunft in Norwegen tatsächlich einen Besuch abgestattet. Er war in Begleitung Martin Tranmels, des Führers der norwegischen Arbeiterpartei, und des offiziösen Journalisten Kolbjörnson. Nicht ohne verlegenes Lächeln erwähnte der Justizminister, die Regierung hoffe, daß meine Tätigkeit keine gegen andere Staaten gerichtete »Stacheln« enthalten werde. Das Wort »Stacheln« schien mir nicht sehr klar, da aber der Minister in gebrochenem Deutsch sprach, so drang ich nicht weiter auf ihn ein. Im wesentlichen stellte ich mir die Sache so vor: Die reaktionären Philister bilden sich ein, ich wolle Norwegen in eine Operationsbasis für Verschwörungen, Waffenlieferungen und

---

* Ich sehe keinen Grund, für diese Herren Reklame zu machen, indem ich sie mit vollem Namen nenne.

30

andere schreckliche Dinge verwandeln. In dieser Beziehung konnte ich die Herren Philister, darunter auch die »sozialistischen«, mit gutem Gewissen beruhigen. Doch konnte es mir nicht in den Sinn kommen, daß man unter unzulässigen »Stacheln« politische Kritik verstehen kann. Ich hielt Norwegen für ein zivilisiertes und demokratisches Land ... und ich will auch heute noch auf diese meine Ansicht nicht verzichten.«

»Aber hat denn der Justizminister dem Zeugen nicht erklärt, daß ihm nicht erlaubt ist, Artikel über aktuelle politische Themen zu publizieren?«

»Eine solche Deutung würde in jenen Tagen dem Justizminister selbst unanständig erschienen sein. Ich bin ein politischer Schriftsteller, seit nahezu vierzig Jahren. Das ist, meine Herren Richter und Geschworenen, mein Beruf und gleichzeitig der Inhalt meines Lebens. Hätte die Regierung im Ernst von mir verlangen können, daß ich, aus Dankbarkeit für ein Visum, auf meine Ansichten und ihre Darlegung verzichte? Nein, die Regierung verleumdet sich nachträglich selbst ... Darüber hinaus bat mich gleich nach der kurzen Auseinandersetzung über die geheimnisvollen »Stacheln« Kolbjörnson um ein Interview für das »Arbeiderbladet«. Ich fragte den Justizminister in scherzender Form: »Wird aber nicht das Interview als ein Eindringen in die norwegische Politik gedeutet werden?« Der Minister antwortete wörtlich folgendes: »Nein, wir haben Ihnen ein Visum gegeben und müssen Sie unserer öffentlichen Meinung vorstellen.« Das ist doch wohl klar. In Gegenwart des Justizministers und Martin Tranmels und mit ihrer stillschweigenden Zustimmung erklärte ich dann auf die mir gestellten Fragen, daß die Sowjetdiplomatie im italienisch-abessinischen Kriege Italien verbrecherische Hilfe geleistet hat; daß die Moskauer Regierung überhaupt ein konservativer Faktor geworden ist; daß die regierende Kaste sich mit systematischer Fälschung der Geschichte beschäftigt, um sich selbst zu erhöhen; daß der europäische Krieg unvermeidlich ist, wenn ihn die Revolution nicht aufhalten wird usw. Ich weiß nicht, ob man in diesem Interview, das am 26. Juli 1935 im »Arbeiderbladet« abgedruckt ist, Rosen finden kann, »Stacheln« gibt es dort genügend! Erlauben Sie mir noch, auf die Tatsache zu verweisen, daß meine »Autobiographie« in Norwegen erst vor wenigen Monaten in einem Verlag der Regierungspartei erschienen ist. Im Vorwort zu dieser Ausgabe wird der byzantinische Kult der Unfehlbarkeit des

»Führers«, die bonapartistische Willkür Stalins und seiner Clique gegeißelt und die Notwendigkeit gepredigt, die bürokratische Kaste zu stürzen. Dort wird auch erklärt, daß gerade dieser Kampf gegen den Sowjetbonapartismus die Ursache meiner dritten Emigration ist. Mit anderen Worten, wenn ich bereit gewesen wäre, auf diesen Kampf zu verzichten, ich hätte keinen Grund gehabt, die norwegische Gastfreundschaft zu suchen ... Aber auch das ist noch nicht alles, meine Herren Richter und Geschworenen! Am 21. August, wenige Tage vor meiner Internierung, veröffentlichte das »Arbeiderbladet« auf der ersten Seite ein längeres Interview mit mir unter der Überschrift: »Trotzki weist nach, daß die Moskauer Beschuldigungen erfunden und fabriziert sind.« Die Regierungsmitglieder haben doch wohl, wie man annehmen darf, meine Enthüllung über die Moskauer Fälschung gelesen. Die acht Tage später erlassene Verordnung über meine Internierung beruft sich jedoch nicht auf das aktuelle Interview, das aus puren »Stacheln« bestand, sondern auf meine alten Artikel, die in Frankreich und in den Vereinigten Staaten gedruckt wurden. Die Unwahrhaftigkeit springt hier direkt in die Augen! Ich kann mich schließlich auf das Zeugnis des Außenministers Koht berufen, der etwa zehn Tage vor meiner Inhaftierung in einer Wahlversammlung erklärt hat: »Gewiß, die Regierung hat gewußt, daß Trotzki auch weiterhin seine politischen Artikel (›politische Chroniken‹) schreiben wird, doch erachtete die Regierung es als ihre Pflicht, dem demokratischen Prinzip des Asylrechts treu zu bleiben.« Die Rede des Herrn Koht ist im Offiziosus der Regierung abgedruckt. Sie alle haben sie gelesen. Das öffentliche Zeugnis des Ministers des Auswärtigen überführt den Justizminister der direkten Unwahrheit. Um noch im letzten Moment einen Versuch zu machen, vor der öffentlichen Meinung die wirkliche Lage zu verbergen, beschlagnahmte der Justizminister bei meinen Sekretären einen Brief, in dem ich von meinem ersten politischen Interview mit seiner aktiven Beteiligung erzähle, und wies meine beiden Mitarbeiter in gröbster Form aus Norwegen aus. Warum? Weshalb? Sie sind nicht einmal Emigranten, sie besitzen tadellose Pässe. Und außerdem – was das wichtigste ist – sie sind tadellose Menschen. Unter dem Schein eines Asyls hat mir, meine Herren Richter, die norwegische Regierung eine Falle gestellt. Ich kann das nicht anders bezeichnen. Ist es denn nicht ungeheuerlich, daß ein Poli-

32

zeiamt, das die Funktion hat, die Pässe der Ausländer – die Pässe! – zu kontrollieren, die Aufgabe übernimmt, meine wissenschaftliche und literarische Tätigkeit, und zwar außerhalb Norwegens – zu kontrollieren? Würde es von den Herren Trygve Lie und Konstad abhängen, weder das »Kommunistische Manifest« noch das »Kapital«, noch irgendein anderes klassisches Werk des revolutionären Gedankens würden je das Licht der Welt erblickt haben: das alles sind Werke von politischen Emigranten! Als krassestes Beispiel meiner schädlichen Tätigkeit führt die Regierung einen in den Vereinigten Staaten in der bürgerlichen Wochenschrift »Nation« und in Frankreich legal erschienenen Artikel an. Ich zweifle nicht, daß weder der Präsident der Vereinigten Staaten noch Léon Blum sich an den Chef des norwegischen Paßbüros um Schutz gegen meine Artikel gewandt haben. Die Forderung, mir den Mund zu stopfen, geht von Moskau aus. Das aber will die norwegische Regierung nicht gestehen, um ihre Abhängigkeit nicht zu demaskieren. Darum deckt sie ihre Willkür mit Unwahrhaftigkeit zu.«

Advokat W.: »Welche Beziehungen hat der Zeuge zur Vierten Internationale?«

»Ich bin ein Anhänger und in gewissem Sinne der Initiator dieser internationalen Strömung und trage die politische Verantwortung für sie.«

»Folglich beschäftigt sich der Zeuge auch mit praktischer revolutionärer Arbeit.«

»Die Theorie von der Praxis zu trennen ist nicht leicht, und am wenigsten strebe ich es an. Die Bedingungen meiner Existenz im heutigen ›demokratischen‹ Europa sind jedoch derart, daß ich, unglücklicherweise, keine Möglichkeit habe, mich in die praktische Arbeit einzumischen. Als die Organisationen der Vierten Internationale auf ihrer Konferenz im Sommer dieses Jahres mich in meiner Abwesenheit in ihren Rat – der, nebenbei gesagt, mehr ehrenvollen als praktischen Charakter trägt – hineingewählt hatten, lehnte ich in einem Sonderbrief diese Ehre ab, gerade darum, um den Konstads aller Länder keinen Grund zu Polizeiintrigen zu geben ... Was die Märchen der norwegischen reaktionären Presse betrifft, ich sei der Organisator des Aufstandes in Spanien, der Streiks in Frankreich und Belgien usw., so kann ich darüber nur verächtlich die Achseln zucken. In Wirklichkeit gehört die Initiative des Aufstandes in Spanien den Gesinnungsgenossen der Angeklagten und ihres Advokaten. Gewiß, wenn ich die Möglichkeit hätte, zu praktischer Arbeit nach Spanien zu gehen, ich würde das unverzüglich tun. Ich würde all meine Kräfte einsetzen, um den spanischen Arbeitern zu helfen, mit dem Faschismus fertigzuwerden, ihn niederzuschlagen, auszurotten. Leider muß ich mich beschränken auf Artikel oder Ratschläge in Briefen, wenn Gruppen oder Personen um meinen Rat fragen ... Was will eigentlich der faschistische Advokat? Wir stehen vor einem Gericht, das heißt vor einer Institution, die berufen ist, Gesetzesverletzungen zu ahnden. Habe ich ein Gesetz verletzt? Welches? Sie wissen, meine Herren Richter und Geschwornen, daß ein anderer faschistischer Advokat, Herr H., die Staatsanwaltschaft aufgefordert hat, gegen mich eine Verfolgung einzuleiten wegen meiner »Tätigkeit« – ich weiß nicht, literarischen oder terroristischen. Die Beschwerde wurde von zwei Instanzen abgewiesen. Der Reichsstaatsanwalt Sund, der offizielle Wächter über die Gesetze dieses Landes, hat in der Presse erklärt, daß er aus dem gesamten Material, über das er verfügt, nicht ersehen kann, daß Trotzki irgendein norwegisches Gesetz verletzt oder überhaupt Anlaß gegeben hat, ein Verfahren gegen ihn zu eröffnen. Diese Erklärung wurde am 26. September abgegeben, fünf Wochen nach dem Moskauer Prozeß und fast einen Monat nach meiner Internierung. Man kann dem Herrn Reichsstaatsanwalt die gebührende Achtung vor seinem Mut und seiner Charakterfestigkeit nicht versagen! Seine Erklärung ist eine offene Mißtrauensdemonstration gegen die Moskauer Anklagen und gleichzeitig eine Verurteilung der Repressalien gegen mich seitens der norwegischen Regierung. Das, glaube ich, genügt doch!«

Advokat W.: »Kennt der Zeuge diesen Brief, wer hat ihn geschrieben?«

»Diesen Brief habe ich meinem Sekretär diktiert, und er ist wohl von den Herren Advokaten während ihres unerbetenen Besuches – pardon – gestohlen worden. Aus dem Text des Briefes selbst geht hervor, daß ich in Beantwortung an mich gerichteter Fragen meine Meinung darüber ausspreche, ob eine mir bekannte Person, Herr H., Vertrauen verdient. Auch in diesem Falle erteile ich nur einen Rat.«

Advokat W. (ironisch): »Nur einen Rat? Oder vielleicht mehr als einen Rat?«

»Sie wollen sagen: einen Befehl?«

Advokat W. nickt bejahend mit dem Kopfe.

»In den Parteien der Nazis beschließt und entscheidet der ›Führer‹ ... zweifellos auch dann, wenn es sich um einen nächtlichen Überfall auf eine Wohnung handelt. Ähnliche Sitten hat sich die entartete Komintern angeeignet. Der Zwangskult des blinden Gehorsams schafft Sklaven und Lakaien, aber nicht Revolutionäre. Ich bin weder ein Amt noch ein gesalbter Führer. Meine Ratschläge, die immer sehr vorsichtig und bedingt sind, weil ich aus der Entfernung schwer alle Faktoren einschätzen kann –, werden von den interessierten Personen soweit beachtet, wie sie innere Überzeugungskraft besitzen: keine andere Kraft besitzen sie ... Die jungen Leute, die diesen harmlosen Brief geraubt haben, rechneten wohl damit, in meinen Archiven Beweise für Verschwörungen, Umwälzungen und andere Verbrechen zu finden. Politischer Analphabetismus ist ein schlechter Ratgeber. In meinen Briefen steht nichts, was man nicht in meinen Artikeln finden kann. Mein Archiv ergänzt meine literarische Tätigkeit, steht aber zu dieser in keinem Gegensatz. Für jene, die mich anklagen wollen ...«

Vorsitzender: »Es besteht gegen Sie hier keine Anklage. Sie wurden in der Eigenschaft eines Zeugen geladen.«

»Ich verstehe es wohl, Herr Vorsitzender. Doch der Herr Advokat ...«

Advokat W.: »Ich erhebe keine Beschuldigung, wir verteidigen uns nur.«

»Gewiß, aber Sie verteidigen einen nächtlichen Überfall auf mich damit, daß Sie jede Verleumdung gegen mich, woher sie auch stammen mag, aufnehmen und aufwärmen. Ich verteidige mich gegen eine solche ›Verteidigung‹.«

Vorsitzender: »Das ist Ihr Recht. Sie können überhaupt auf Fragen, die geeignet sind, Ihnen Schaden zuzufügen, die Antwort verweigern.«

»Solche Fragen gibt es nicht, Herr Vorsitzender! Ich bin bereit, auf alle Fragen, die jemand an mich hat, zu antworten. Ich habe kein Interesse an geschlossenen Türen, o nein! ... Man kann in der ganzen menschlichen Geschichte wohl kaum einen grandioseren Verleumdungsapparat finden als den, der gegen mich in Bewegung gesetzt ist. Das Budget dieser internationalen Verleumdung läßt sich nur in Millionen reinen Goldes be-

35

rechnen. Die Herren Faschisten und die sogenannten ›Kommunisten‹ schöpfen ihre Beschuldigungen aus der gleichen Quelle: der GPU. Ihre gemeinsame Arbeit gegen mich ist eine Tatsache, die man auf Schritt und Tritt beobachten kann, unter anderem auch in diesem Prozeß. Mein Archiv ist eine der besten Widerlegungen aller gegen mich gerichteten Insinuationen und Verleumdungen.«

Staatsanwalt: »Inwiefern?«

»Erlauben Sie mir, etwas ausführlich dies zu erklären. Im Auslande befinden sich meine Archive, die die Zeit seit Januar 1928 umfassen. Ältere Dokumente besitze ich nur in beschränkter Zahl. Aber was die letzten neun Jahre betrifft, so sind alle Briefe, die ich erhielt, und Kopien aller meiner Antworten (es handelt sich um Tausende von Briefen) in meinem Besitz. Ich bin in der Lage, jeden Augenblick einer unparteiischen Kommission, jedem öffentlichen Gericht diese Dokumente vorzulegen. In dieser Korrespondenz gibt es keine Lükken und keine ausgelassenen Stellen. Sie entwickelt sich von Tag zu Tag mit einwandfreier Vollständigkeit und gibt durch ihre Kontinuität meine Gedankengänge und meine Tätigkeit wieder. Sie läßt einfach keinen Raum für eine Verleumdung ... Sie werden mir vielleicht erlauben, ein Beispiel aus einem, einigen Geschwornen näheren Gebiet zu geben. Stellen wir uns einen religiösen und frommen Menschen vor, der sein ganzes Leben danach strebt, in enger Übereinstimmung mit der Bibel zu leben. In einem bestimmten Augenblick erheben seine Feinde mit Hilfe gefälschter Dokumente oder falscher Zeugen die Beschuldigung, dieser Mann beschäftige sich im geheimen mit atheistischer Propaganda. Was wird der Verleumdete sagen: ›Hier ist meine Familie, hier sind meine Freunde, hier ist meine Bibliothek, meine gesamte Korrespondenz aus vielen Jahren, hier mein ganzes Leben. Lesen Sie meine Briefe nach, die von verschiedenen Personen aus verschiedenen Anlässen geschrieben wurden, befragen Sie Hunderte von Menschen, die mit mir während vieler Jahre im Verkehr standen, und Sie werden sich überzeugen, daß ich eine Arbeit, die meinem ganzen sittlichen Wesen widerspricht, nicht leisten konnte.‹ Dieses Argument wird für jeden vernünftigen und ehrlichen Menschen überzeugend sein. (Der Vorsitzende und einige Geschworne nicken zustimmend.) In einer analogen Lage befinde ich mich. Vierzig Jahre habe ich mit Wort und Tat die Ideen des revolutionären Marxismus verteidigt. Meine Treue zu dieser Lehre, die, ich wage es zu glauben, durch mein ganzes Leben und insbesondere durch die Bedingungen, unter denen ich mich jetzt befinde, bewiesen ist, hat mir eine große Zahl von Feinden geschaffen. Um den Einfluß der Ideen, die ich verteidige und die durch die Ereignisse unserer Epoche immer mehr Bestätigung finden, zu paralysieren, greifen die Feinde zur persönlichen Anschwärzung: sie versuchen, mir Methoden individuellen Terrors anzuhängen oder, noch schlimmer, eine Verbindung mit der Gestapo ... Die vergiftete Wut geht hier schon in Dummheit über. Kritisch denkende Menschen, die meine Vergangenheit und meine Gegenwart kennen, brauchen keine Untersuchungen, um diese schmutzigen Beschuldigungen zu verwerfen. Aber allen jenen, die Zweifel und Bedenken tragen, mache ich den Vorschlag, zahlreiche Zeugen zu vernehmen, wesentliche politische Dokumente zu studieren und insbesondere meine Archive aus der Periode, die meine Feinde anzuschwärzen besonders bemüht sind, zu untersuchen. Die GPU irrt sich über die Bedeutung meiner Archive nicht und ist darum bestrebt, sie um jeden Preis in ihren Besitz zu bringen.«

Der Vorsitzende: »Was heißt das, GPU? Die Geschworenen kennen diese Bezeichnung nicht.«

»GPU, das ist die politische Polizei der Sowjetunion, die seinerzeit ein Organ zum Schutze der Volksrevolution war, die sich aber in eine Institution zum Schutze der Sowjetbürokratie gegen das Volk verwandelt hat. Der Haß der Bürokratie gegen mich ist damit zu erklären, daß ich einen Kampf gegen ihre ungeheuerlichen Privilegien und ihre verbrecherische Willkür führe. In diesem Kampfe besteht eben das Wesen des sogenannten ›Trotzkismus‹. Um mich der Verleumdung gegenüber wehrlos zu machen, ist die GPU bestrebt, in den Besitz meiner Archive zu gelangen, und sei es auch durch Raub, Einbruch und sogar Mord.«

Der Staatsanwalt: »Woraus kann man das schließen?«

»Am 10. Oktober schrieb ich zum zweiten- oder drittenmal an meinen Sohn, der in Paris lebt: ›Ich zweifle nicht daran, daß die GPU alles unternehmen wird, um meine Archive zu rauben. Ich schlage vor, den Pariser Teil der Archive unverzüglich irgendeiner wissenschaftlichen Institution, eventuell dem holländischen Institut für soziale Geschichte oder, noch besser, irgendeinem amerikanischen Institut zu übergeben.‹ Diesen Brief hatte ich, wie alle anderen, durch das Paßbüro abgeschickt: andere Wege hatte ich nicht. Mein Sohn ging sofort daran, die Archive der Pariser Abteilung des holländischen historischen Instituts für Geschichte zu übergeben.* Nachdem er aber einen Teil abgeliefert hatte, ist im Institut ein Einbruch verübt worden. Die Diebe haben mit einem Schweißapparat die schwere Türe zum Institut ausgebrannt, haben eine Nacht lang gearbeitet, alle Regale und Kisten durchsucht, nichts, sogar nicht das auf dem Tisch zufällig liegengebliebene Geld mitgenommen, außer meinen Papieren im Gewicht von 85 Kilogramm. Durch ihre Handlungsweise haben sich die Organisatoren des Diebstahls derart verraten, als hätte der Chef der GPU am Ort des Verbrechens seine Visitenkarte zurückgelassen. Alle französischen Zeitungen (selbstverständlich außer der kommunistischen »Humanité«, die ja ein Offiziosus der GPU ist) haben offen oder verschleiert die Überzeugung ausgesprochen, daß der Raub auf Befehl von Moskau durchgeführt worden ist. Den Tribut der Technik der GPU zollend, hatte die Pariser Polizei erklärt, daß die französischen Einbrecher über eine solch mächtige Apparatur nicht verfügen ... Zum Glück haben sich die Pariser Agenten der GPU zu sehr beeilt und sind hineingefallen: die erste Partie der dem Institut ausgelieferten Papiere war nur ein zwanzigster Teil meiner Pariser Archive und bestand hauptsächlich aus alten Zeitungen, die ein Interesse nur für wissenschaftliche Arbeiten haben; glücklicherweise haben die Einbrecher nur sehr wenige Briefe rauben können ... Doch sie werden sich damit nicht begnügen. Ich erwarte neue, entschiedenere Attentate, vielleicht schon hier, in Norwegen. Ich erlaube mir jedenfalls, die Aufmerksamkeit der Richter auf die Tatsache zu lenken, daß die GPU den Überfall auf das Archivgebäude verübte, sehr bald nachdem ich das holländische historische Institut in einem Brief, der durch die Hände des Paßbüros gegangen war, genannt hatte. Habe ich nicht das Recht zu der Vermutung, daß die GPU ihre Agenten in jenen norwegischen Ämtern hat, die meine Korrespondenz zu kontrollieren

---

*Wie ich aus den schriftlichen Angaben meines Sohnes, die er dem Untersuchungsrichter am 19. November 1936 schriftlich gemacht hat, ersehe, hatte er den ersten Teil der Archive noch vor Erhalt meines Briefes vom 10. Oktober übergeben, und zwar auf Grund meiner früheren Briefe, in denen ich wiederholt Befürchtungen in bezug auf die Archive ausgesprochen hatte, wenn auch nicht in so kategorischer Form.

berufen sind? Wenn das stimmt, dann verwandelt sich die Kontrolle in eine direkte Beihilfe für die Einbrecher. Der Pariser Überfall der Agenten Stalins hat mich zum erstenmal auf den Gedanken gebracht, daß die Initiative zu dem Attentat dieser Herren (eine Handbewegung in der Richtung der Angeklagten) auf meine Archive ebenfalls von der GPU ausgegangen sein kann ...«

Vorsitzender: »Worauf gründen Sie Ihren Verdacht?«

»Es handelt sich ja nur um eine Hypothese. Ich habe mich wiederholt gefragt, wer hat diesen jungen Menschen den Plan zum Überfall eingeflößt? Wer hat sie mit einem so vollkommenen militärischen Apparat zum Ablauschen meiner Telephongespräche ausgerüstet? Die norwegischen Nazis sind doch, wie die letzten Wahlen gezeigt haben, vorläufig noch eine unbedeutende Gruppe. Mein erster Gedanke war, in die Sache sei die Gestapo verwickelt, die auf diesem Wege meine Gesinnungsgenossen in Deutschland auskundschaften will. Die Beteiligung der Gestapo an dieser Sache steht für mich auch jetzt außer Zweifel.«

Vorsitzender: »Worauf gründen Sie Ihre Annahme?«

»In den letzten Wochen vor dem Attentat haben die Herren Faschisten mehrere Male unseren Hof und sogar unsere Wohnung besucht, am häufigsten unter der Vorspiegelung, sich für den Kauf des Hauses zu interessieren ... Das Benehmen dieser ›Käufer‹ hatte wiederholt meinen Verdacht erregt: wenn sie mit mir im Hofe oder im Hause zusammenstießen, taten sie, als bemerkten sie mich nicht, sie konnten sich nicht entschließen, mich zu grüßen. Der Mut dieser jungen Herren bleibt überhaupt hinter ihrem bösen Willen zurück: sonst hätten sie nicht vor einem mutigen Mädchen, Jordis Knudsen, kapituliert ... Einige Tage vor dem Attentat kam in unseren Hof ein Ausländer im Tiroler Kostüm; als er mich erblickte, wandte er die Augen ab. Auf meine Frage, was er denn hier wolle, gab er die sinnlose Antwort: ›Brot kaufen‹, wobei er sich als Tourist und Österreicher ausgab. In unserem Hause wohnte gerade in jenen Tagen ein Österreicher, der, nachdem er den Besucher höflichst zum Tore hinausbefördert hatte, mir sagte: dieses Subjekt spricht nicht österreichisch, sondern einen ausgesprochenen norddeutschen Dialekt. Ich zweifle nicht, daß der verdächtige Tourist ein Instruktor zur Vorbereitung des Attentates war.«

Der Hauptangeklagte R. H.: »Es war ein Mecklenburger. Er war tatsächlich Tourist und trug Tiroler Hosen. Er war etwa achtzehn Jahre alt ... Er stand zu unserem Plan in keiner Beziehung. Wir trafen uns mit ihm zufällig im Hotel.«

»Aha! Der Angeklagte gibt also seine Verbindung mit dem Mecklenburger zu, der sich aus irgendeinem Grunde für einen Österreicher ausgegeben hat. Was das Alter des ›Touristen‹ betrifft, so war er keinesfalls jünger als 23. Er hatte es nicht notwendig gehabt, Brot bei uns zu suchen, da es Bäckereien gibt. Eine zufällige Begegnung im Hotel? Ich glaube es nicht. In der Erklärung des Angeklagten stimmt nur die Tiroler Hose ... Daß die Faschisten, besonders die deutschen, mich hassen, haben sie zur Genüge bewiesen. Während der Hetze der reaktionären französischen Presse gegen mich wurde das Material aus Deutschland geliefert. Als die Gestapo bei irgendeiner Haussuchung in Berlin ein Päckchen meiner alten Briefe, noch aus der vorfaschistischen Zeit, gefunden hatte, belegte Goebbels ganz Deutschland mit Plakaten, die meine verbrecherische Tätigkeit enthüllen sollten. Meine Gesinnungsgenossen in Deutschland sind zu vielen Jahrzehnten Zuchthaus verurteilt worden.«

Advokat W.: »Wann war das?«

»Verhaftungen und Verurteilungen erfolgten während der ganzen Zeit, auch während der letzten Monate. Seit den ersten Jahren meiner Verbannung habe ich in Broschüren und Artikeln wiederholt nachgewiesen, daß die Politik der Komintern in Deutschland den Sieg der Nazis vorbereitet. Damals herrschte die berüchtigte Theorie von der ›dritten Periode‹. Stalin gebar einen Aphorismus: ›Sozialdemokratie und Faschismus sind Zwillinge und nicht Antipoden.‹ Als Hauptfeind von den beiden ›Zwillingen‹ galt aber die Sozialdemokratie. Im Kampfe gegen sie gingen die deutschen Stalinisten so weit, daß sie Hitler unterstützten (das berühmte preußische Volksbegehren). Die gesamte Politik der Komintern war eine Kette von Verbrechen. Ich habe die Einheitsfront mit der Sozialdemokratie gefordert, die Schaffung einer Arbeitermiliz und einen ernsten, nicht theatralischen Kampf gegen die bewaffneten Banden der Reaktion. In den Jahren 1929 bis 1932 bestand absolut die Möglichkeit, mit Hitlers Bewegung fertig zu werden. Doch waren dafür die Politik der revolutionären Verteidigung und nicht bürokratischer Stumpfsinn und Prahlerei nötig. Die

Nazis haben sehr aufmerksam den inneren Kampf in den Reihen der Arbeiterklasse verfolgt und sich klare Rechenschaft abgelegt über die Gefahr, die für sie eine mutige Politik der Einheitsfront bedeutete. In diesem Sinne kann man den Versuch der Gestapo, mit Hilfe ihrer norwegischen Gesinnungsgenossen, meine Korrespondenz an sich zu bringen, begreifen. Es ist aber auch eine andere Erklärung, eine nicht weniger wahrscheinliche möglich. Indem sie den Moskauer Prozeß vorbereitete, mußte sich die GPU für mein Archiv interessieren. Einen Überfall durch die ›Kommunisten‹ zu organisieren, das hätte bedeutet, sich zu sehr bloßzustellen. Durch die Faschisten war es bequemer. Um so mehr, als die GPU ihre Agenten in der Gestapo hat, wie die Gestapo ihre Agenten in der GPU. Sowohl die einen wie die anderen konnten diese jungen Menschen für ihre Pläne ausnutzen.«

Der Angeklagte R. H. (erregt): »Wir standen weder mit der GPU noch mit der Gestapo in Verbindung.«

»Ich behaupte auch gar nicht, daß den Angeklagten bekannt war, wer sie leitete. Aber das ist überhaupt das Schicksal der faschistischen Jugend, daß sie nur Kanonenfutter für fremde Zwecke ist.« Der Advokat W. (auf einige Nummern des »Bulletin der russischen Opposition« hinweisend): »Ist der Zeuge der Herausgeber dieser Zeitschrift?«

»Herausgeber in formalem Sinne – nein. Aber ihr Hauptmitarbeiter. Jedenfalls trage ich in vollem Maße die politische Verantwortung für diese Zeitschrift.«

Advokat W. (nachdem das Gericht auf sein Verlangen hin eine Reihe von Zitaten aus dem »Bulletin« verlesen hat, die eine scharfe Kritik der Sowjetbürokratie enthalten): »Ich mache das Gericht darauf aufmerksam, daß der Zeuge diese Artikel während seines Aufenthaltes in Norwegen geschrieben hat; schon damit allein war er bestrebt, das Regime eines mit Norwegen befreundeten Staates zu untergraben.«

»Ich konstatiere mit Interesse, daß die norwegischen Faschisten das Regime Stalins gegen mich verteidigen. Gemeinsam mit dem Chef des Paßbüros rechnen sie mir gleichzeitig meine Kritik an der Politik Léon Blums in Frankreich als Schuld an. Sie verteidigen, scheint es, alle existierenden Regime außer dem norwegischen: hier behalten sie sich das Recht auf eine Staatsumwälzung vor. Isoliert betrachtet, mag der Überfall auf meine Wohnung als eine bedeutungslose Episode erscheinen.

Wenn man aber diese Frage bis zu Ende überlegt, so bedeutet dieser Akt die erste Probe auf den Bürgerkrieg in Norwegen.«

Der Advokat W. hebt mit demonstrativer Verwunderung die Hände hoch.

»Oh, ich weiß, daß das alles im Namen der ›Ordnung‹ geschieht. General Franco hat den Aufstand im Namen der ›Ordnung‹ begonnen. Hitler bereitet zur Rettung der ›Ordnung‹ vor dem Bolschewismus den Weltkrieg vor. Die Faschisten retten die Ordnung mit Hilfe blutiger Unordnung. Die norwegischen Faschisten haben als Anfang versucht, Unordnung in meine Archive zu bringen. Aber dies nur deshalb, weil sie vorläufig für größere Verbrechen zu schwach sind.«

Der Advokat W.: »Ist das ›Bulletin‹ in Rußland verboten?«

»Gewiß!«

Der Advokat W.: »Im ›Bulletin‹ aber steht, daß seine Ideen in der USSR viele Anhänger haben. Der Zeuge hat sich folglich während seines Aufenthaltes in Norwegen mit illegaler Zustellung des ›Bulletins‹ nach Rußland beschäftigt?«

»Ich persönlich habe mich damit absolut nicht beschäftigt. Doch zweifle ich daran nicht, daß das ›Bulletin‹ und seine Ideen nach Rußland eindringen. Auf welchen Wegen? Auf den verschiedensten. Im Auslande befinden sich stets Hunderte und sogar Tausende Sowjetbürger (Diplomaten, Handelsvertreter, Seeleute, Wirtschaftler, Techniker, Studierende, Artisten, Sportleute). Viele von ihnen lesen das ›Bulletin‹, allerdings verstohlen, aber lieber als die offizielle Sowjetpresse. Ich hörte sogar, daß Litwinow in seiner Rocktasche stets eine neue Nummer des ›Bulletin‹ mitnimmt. Unter Eid kann ich das allerdings nicht behaupten, um so weniger, als ich dem Sowjetdiplomaten keine Unannehmlichkeit bereiten will (Lächeln bei den Richtern und Geschworenen) ... Die hohen Würdenträger des Kremls sind die sichersten Abonnenten des ›Bulletin‹, mit dem sie mehr als einmal in offiziellen Reden polemisierten; ob glücklich, ist eine andere Frage. Wenn sie Berichte in der Sowjetpresse über diese Reden finden, sind die Bürger bestrebt, zwischen den Zeilen zu lesen. Das alles genügt natürlich nicht, aber immerhin ist es schon etwas ...

Ich möchte nebenbei noch bemerken, daß das ›Bulletin‹ bereits seit acht Jahren erscheint, wovon ich die größte Zeit in der Türkei und in Frankreich verbrachte. Bis zum Jahre 1933 wurde das ›Bulletin‹ in Deutschland gedruckt; Hitler hat es aber gleich nach seiner Machtergreifung verboten. Jetzt erscheint das ›Bulletin‹ auf Grund des französischen Pressegesetzes in Paris. Sogar die türkische Regierung hatte, trotz ihrer besonderen Freundschaft mit dem Kreml, auf meine literarische Tätigkeit keine Attentate unternommen. Die Ehre dieser Initiative gehört, wenn man von Hitler absieht, den norwegischen Faschisten und in zweiter Reihe der norwegischen Regierung.«

Der Advokat W. (dem Zeugen die Nr. 48 des »Bulletin« hinhaltend): »Hat der Zeuge diesen nicht gezeichneten Leitartikel geschrieben?«

»Der Herr Advokat interessiert sich also ebenfalls für diesen Artikel? Ich bin gezwungen, eine sensationelle Gegenüberstellung zu machen. Mit der gleichen Nummer erschien bei mir vor einigen Wochen in Sundby (dem Orte meiner Gefangenschaft) der Chef der norwegischen Polizei, Askvig, der sich augenblicklich im Gerichtssaale befindet. Im Auftrage des Chefs des Paßbüros stellte er mir die gleiche Frage: ob der nichtgezeichnete Artikel in der Nummer 48 des ›Bulletin‹ (Februar 1936) von mir ist. Ich habe ihm geantwortet: Führt Konstad eine Untersuchung? In welcher Angelegenheit? Auf Grund welcher Gesetze? Die Frage des Chefs des Paßbüros bezeichnete ich als frech und weigerte mich, auf sie zu antworten. Jetzt befindet sich dieselbe Nummer in den Händen des Advokaten ...«

Der Vorsitzende: »Der Verteidiger hat auf Grund der norwegischen Gesetze das Recht, sich des gesamten Materials der Voruntersuchung zu bedienen.«

»Das begreife ich wohl, Herr Vorsitzender. Wer aber hat diese Nummer des ›Bulletin‹ in das Voruntersuchungs-Material aufgenommen?«

Der Staatsanwalt: »Die Nummer ist aufgenommen worden auf Verlangen der Verteidigung; ich habe diese Aufnahme abgelehnt, da ich darin keinen Zusammenhang mit der vorliegenden Sache entdecken kann.«

»Also, meine Herren Richter und Geschworenen, der Chef des Paßbüros versuchte ungesetzlicherweise, durch die Polizei von mir, dem Gefangenen, Mitteilungen zu erhalten, die der faschistische Verteidiger der Einbrecher in meine Wohnung für irgendwelche Zwecke braucht. Ist das kein Skandal? Und diesen Herrn beauftragt die ›sozialistische‹ Regierung, meine Korrespondenz zu kontrollieren! ... Was den Artikel selbst betrifft,

43

so habe ich hier, vor Gericht, nicht den geringsten Grund, meine Autorschaft zu leugnen. Der Artikel ist ja auch mit meiner Unterschrift in einer Reihe ausländischer Zeitungen und Zeitschriften in Europa und Amerika erschienen. Er ist völlig den Verfolgungen der sogenannten Trotzkisten in der Sowjetunion gewidmet. Solche Artikel habe ich Dutzende geschrieben. Der Herr Advokat kann sich, scheint es, mit meiner Kritik der stalinschen Polizei absolut nicht abfinden. Es ist auch nicht verwunderlich: die Faschisten stehlen meine Papiere in Norwegen, die Agenten der GPU – in Paris, und die Einheit der Methode erweckt Interessen-Solidarität.«

Nachdem Auszüge aus dem inkriminierten Artikel verlesen wurden, zeigt der Advokat W. dem Zeugen das französische Buch: L. Trotzki, »Défense du terrorisme«, Paris 1936. Ob aus der Feder des Zeugen das im Jahre 1936, folglich in Norwegen geschriebene Vorwort stammt?

»Eine überflüssige Frage: das Vorwort trägt meine Unterschrift und ein Datum. Das Buch selbst wurde im Jahre 1919 geschrieben und ist damals in vielen Sprachen erschienen. Soviel ich weiß, war es nirgendwo Verfolgungen ausgesetzt. Die Entstehungsgeschichte des Buches ist folgende: der bekannte Theoretiker der Zweiten Internationale, K. Kautsky, hatte ein Buch geschrieben, das den ›Terrorismus‹ der Bolschewiki entlarvte. Ich schrieb ein Buch zur Verteidigung unserer Partei. Es handelt sich in diesem Werke selbstverständlich nicht um den individuellen Terror, den wir Marxisten immer schon ablehnten, sondern um revolutionäre Handlungen der Massen. Ich weiß nicht, ob der Inhalt meines Buches vom Standpunkte des Paßbüros ein Verbrechen ist. Jedoch gehörten der norwegische Ministerpräsident, der Justizminister und eine Reihe anderer Mitglieder der Regierung gerade in jener Periode, als dies Buch erschien, der Kommunistischen Internationale an. Sie haben es alle zweifellos gelesen. Was sie daraus entnommen haben, ist eine andere Sache.«

Auf Verlangen des Advokaten W. wird die Übersetzung einiger Stellen aus dem Vorwort verlesen, die die revolutionäre Richtung der Gedanken des Autors bezeugen.

»Sie sehen, daß die Angeklagten es gar nicht notwendig gehabt hatten, meine Briefe zu stehlen: in meinen Büchern drücke ich den revolutionären Charakter meines Programms viel klarer aus. Von meinen schädlichen Ideen werden mich sogar die Medikamente des norwegischen Paßbüros nicht kurieren.«

Der Advokat W. (zeigt das Buch »Léon Trotzki, ›La révolution trahie‹, Grasset, Paris 1936«): »Hat der Zeuge dieses Buch während seines Aufenthalts in Norwegen geschrieben?«

»Ja, und zum Glück konnte ich die Arbeit noch vor der Internierung nicht nur beenden, sondern zwei Kopien des Manuskriptes ins Ausland senden, an den französischen und an den amerikanischen Übersetzer. Die übrigen Kopien gerieten in die Hände des Paßbüros, das mit Hilfe von Professoren und Diplomaten über zwei Monate sich den Kopf zerbrach, ob ich ein wissenschaftliches oder ein politisches Werk verfaßt habe. Erst nachdem in Oslo Exemplare der französischen Ausgabe angekommen waren, hatte sich Herr Konstad überzeugt, daß seine gelehrten Bemühungen umsonst gewesen waren ... mir jedoch haben sie einen großen moralischen und materiellen Schaden zugefügt. Außerhalb Norwegens ist es keinem Menschen von gesundem Verstand eingefallen, gegen die Veröffentlichung dieser Arbeit zu protestieren. Im Gegenteil, ich kann mit Genugtuung einen großen Erfolg des Buches beim französischen Leser feststellen.«

Der Advokat W.: »Was versteht der Zeuge unter Erfolg? Schnelle Verbreitung?«

»Nicht nur die Verbreitung, sondern auch den Widerhall, den das Buch in der Presse der verschiedensten Richtungen gefunden hat. Die politischen Schlußfolgerungen des Autors werden von der überwiegenden Mehrheit natürlicherweise abgelehnt. Doch empfehlen fast alle Kritiker ihren Lesern das Buch zur Beachtung. Als einer der ersten hatte sich in diesem Sinne der frühere französische Ministerpräsident Caillaux ausgesprochen, der bekanntlich nicht zu meinen Gesinnungsgenossen gehört. Ich könnte viele Rezensionen anführen ... Aber ist es nicht erstaunlich und nicht lächerlich, daß ich gezwungen bin, vor einem norwegischen Gericht gleichsam das Recht auf den Druck meiner Bücher in Frankreich nachzuweisen? Die norwegische Regierung hat sich in eine Sackgasse hineingejagt, aus der sie keinen würdigen Ausgang hat!« Auf Ersuchen des Advokaten übersetzt der Zeuge aus der französischen Sprache in die deutsche einzelne Stellen aus dem Buche, in denen die Rede ist von dem unvermeidlichen Sturze der bonapartistischen Bürokratie durch die werktätigen Massen der Sowjetunion.

Der Advokat W.: »Ich verweise darauf, daß es in Norwegen geschrieben ist.«

»Ich verweise darauf, daß die Sowjet-Oligarchie in den norwegischen Faschisten wachsame und, ich hoffe, uneigennützige Freunde besitzt. Jedenfalls haben an meiner Internierung Stalin und Quisling* Hand in Hand gearbeitet.«

Der Moskauer Prozeß

Nach einer halbstündigen Pause will der Advokat W. dem Zeugen eine Frage stellen, die sich auf den Moskauer Prozeß der 16 bezieht, und legt dem Gericht den offiziellen Prozeßbericht in deutscher Sprache vor. Der Staatsanwalt protestiert mit der Begründung, diese Frage gehöre nicht zur Sache, um so weniger, als der Überfall der Faschisten auf die Wohnung Trotzkis noch vor den ersten Nachrichten über den bevorstehenden Prozeß verübt worden sei. Der Vorsitzende ist geneigt, die Meinung des Staatsanwalts zu teilen.

»Ich ersuche das Gericht dringend, dem Herrn Advokaten restlos die Möglichkeit zu geben, mir alle Fragen zu stellen, die er als notwendig erachtet, besonders hinsichtlich des Moskauer Prozesses. Es stimmt, daß er sich nach dem Überfall auf meine Wohnung abgespielt hat; doch ist es möglich, daß der Überfall eine Episode darstellte in der Vorbereitung des Prozesses der 16, wie der Raub meiner Papiere in Paris zweifellos zur Vorbereitung neuer Prozesse (Radeks, Pjatakows, der Deutschen und anderer) gehört.

Darüber hinaus ist die politische und moralische Persönlichkeit des Zeugen für das Gericht nicht ohne Belang.«

Der Vorsitzende: »Wenn der Zeuge selbst bereit ist, auf die Frage zu antworten, hat das Gericht nichts dagegen.«

Der Advokat W.: »Was kann der Zeuge über die Quellen dieses Prozesses sagen?«

»Die Frage ist zu nebelhaft gestellt. Wir befinden uns vor Gericht. Der Advokat ist Jurist. Es handelt sich nicht um ›Quellen‹. Die Frage muß präzis formuliert werden: Sind die Beschuldigungen richtig, die gegen mich im Moskauer Prozeß erhoben wurden? Auf diese Frage antwortete ich: Nein, sie sind falsch. Es ist an ihnen kein Wort wahr! Es handelt sich dabei nicht um einen gerichtlichen Irrtum, sondern um eine böswillige Fäl-

---

* Quisling ist ein »Führer« der norwegischen Faschisten.

schung. Die GPU hat diesen Prozeß mindestens seit zehn Jahren vorbereitet und ihre Arbeit lange vor der Ermordung Kirows (1. Dezember 1934) begonnen, die nur eine einfache ›Havarie‹ bei der Vorbereitung des Prozesses war. Zu der Ermordung Kirows habe ich ebensoviel Beziehung wie jeder in diesem Saale. Nicht mehr, meine Herren Richter und Geschworenen! Der verantwortliche Organisator der Moskauer Prozeß-Fälschung, dieses größten politischen Verbrechens unserer Zeit und vielleicht aller Zeiten, ist Stalin. (Im Saale herrscht konzentrierte Aufmerksamkeit.) Ich bin mir wohl bewußt des Gewichtes meiner Erklärung und der Verantwortung, die ich auf mich nehme. Ich wäge jedes Wort ab, meine Herren Richter! ... In der Presse kann man auf Schritt und Tritt Versuche finden, das gesamte Problem auf die persönliche Feindschaft zwischen Stalin und Trotzki zurückzuführen: ›Kampf um die Macht‹, ›Rivalität‹ usw. Eine solche Erklärung ist als oberflächlich, dumm und geradezu absurd zurückzuweisen. Viele Zehntausende sogenannter ›Trotzkisten‹ wurden in den letzten dreizehn Jahren in der USSR grausam verfolgt, den Familien, den Freunden, der Arbeit entrissen, des Feuers und des Wassers und – nicht selten – des Lebens beraubt, und das alles wirklich wegen des persönlichen Kampfes zwischen Trotzki und Stalin? Das den Herrn Advokaten so aufregende Buch ›La révolution trahie‹ ist bis auf die letzte Silbe vor dem Moskauer Prozeß geschrieben worden, enthält jedoch, nach dem Urteil der Presse, die historische und politische Erklärung seiner wirklichen Ursachen. Hier bin ich gezwungen, sehr zusammengedrängt davon zu sprechen. Ich bin mir der Schwierigkeiten vollkommen klar, die der Moskauer Prozeß einem Ausländer, besonders einem Juristen, bereitet. Den offiziellen Beschuldigungen zu glauben, das heißt, daß die alte Garde des Bolschewismus sich in Faschisten verwandelt hat, ist völlig unmöglich. Der gesamte Verlauf des Prozesses ähnelt einem Alpdruck.

Andererseits ist es unverständlich, wozu die Sowjetregierung diese ganze Phantasmagorie notwendig gehabt und mit welchen Mitteln sie von den Angeklagten die falschen Selbstbeschuldigungen erlangt hat.

Erlauben Sie mir zu sagen, daß an den Moskauer Prozeß mit den üblichen Kriterien des ›gesunden Menschenverstandes‹ heranzugehen unmöglich ist. Der gesunde Menschenverstand stützt sich auf eine gewöhnliche, alltägliche Erfahrung unter friedlichen, normalen Verhältnissen. Indes hat Rußland die in der Geschichte größte soziale Umwälzung durchgemacht. Ein neues inneres Gleichgewicht ist bei weitem noch nicht erreicht. Die gesellschaftlichen Beziehungen wie die Ideen befinden sich noch im Zustande scharfer Gärung. Vor allem muß man den grundlegenden Gegensatz begreifen, der jetzt das gesellschaftliche Leben der Sowjetunion zerreißt. Das Ziel der Revolution bestand darin, eine Gesellschaft ohne Klassen zu errichten, das heißt ohne Privilegierte und ohne Übervorteilte. Eine solche Gesellschaft bedarf keiner staatlichen Gewalt. Die Gründer des Regimes hatten vorausgesetzt, daß alle gesellschaftlichen Funktionen vermittels der Selbstverwaltung der Bürger ausgeführt werden sollen, ohne professionelle Bürokratie, die sich über die Gesellschaft erhebt. Kraft besonderer historischer Ursachen, von denen ich hier nicht sprechen kann, steht der heutige reale Aufbau der Sowjet-Gesellschaft in schreiendem Widerspruch zu diesem Ideal. Über das Volk hat sich eine selbstherrliche Bürokratie erhoben. In ihren Händen liegen die Macht und die Verfügung über den Reichtum des Landes. Sie bedient sich unvorstellbarer Privilegien, die von Jahr zu Jahr wachsen. Die Lage der regierenden Kaste ist falsch von Grund auf: sie ist gezwungen, ihre Privilegien zu verheimlichen, vor dem Volke zu lügen, mit kommunistischen Formeln Beziehungen und Handlungen zu verschleiern, die mit Kommunismus nichts gemein haben. Der bürokratische Apparat erlaubt niemand, die Dinge beim Namen zu nennen. Im Gegenteil, er verlangt von allen und von jedem einzelnen den Gebrauch der vereinbarten ›kommunistischen‹ Sprache, die dazu dient, die Wahrheit zu verhüllen. Die Traditionen der Partei, ihre grundlegenden Dokumente stehen in schreiendem Widerspruch zu der Wirklichkeit. Die regierende Oligarchie verpflichtet deshalb Historiker, Ökonomen, Soziologen, Professoren, Lehrer, Agitatoren, Richter usw., Dokumente und Wirklichkeit, Vergangenheit und Gegenwart so zu deuten, daß sie sich mindestens in äußerlicher Übereinstimmung miteinander befinden. Die Zwangslüge durchdringt die gesamte offizielle Ideologie. Menschen denken das eine und sprechen und schreiben ein anderes. Da die Kluft zwischen Wort und Tat immer mehr wächst, müssen die heiligsten Formeln fast jedes Jahr revidiert werden. Wenn Sie verschiedene Ausgaben ein und desselben Buches in die Hand nehmen, sagen wir die Enzyklopädie, so werden Sie finden, daß über die gleichen Personen und Ereignisse in jeder neuen Ausgabe ganz verschiedene Urteile stehen, entweder immer lobendere oder umgekehrt, immer mehr diffamierende. Unter der Knute der Bürokratie verrichten Tausende von Menschen eine systematische Arbeit ›wissenschaftlicher‹ Fälschung. Jeder Versuch einer Kritik oder eines Widerspruches, ja der geringste Ton des Widerspruches, wird als das schwerste Verbrechen betrachtet. Man kann ohne Übertreibung behaupten, daß die Bürokratie die politische Atmosphäre der USSR durch und durch mit dem Geiste der Inquisition erfüllt hat. Lüge, Verleumdung und Fälschung sind somit kein zufälliges Kampfmittel gegen politische Gegner, sondern sie ergeben sich organisch aus der falschen Lage der Bürokratie in der Sowjetgesellschaft. Die Presse der Komintern, die Sie kennen, stellt in dieser Beziehung nur den Schatten der Sowjetpresse dar. Die reale Wirklichkeit jedoch läßt sich bei jedem Schritt fühlen, sie kompromittiert die offizielle Lüge und rehabilitiert im Gegensatz dazu die Kritik der Opposition. Daher die Notwendigkeit, zu immer schärferen Mitteln zu greifen, um die Unfehlbarkeit der Bürokratie zu beweisen. Anfangs hat man die Oppositionellen aus der Partei ausgeschlossen und aus den verantwortlichen Ämtern entfernt, später verbannte man sie und nahm ihnen das Recht auf jegliche Arbeit. Man verbreitete über sie immer giftigere Verleumdungen. Jedoch wurde die Welt der Verleumdungen überdrüssig, man glaubte ihnen längst nicht mehr. Es wurden sensationelle Prozesse notwendig. Die Oppositionellen zu beschuldigen, sie übten Kritik an der Selbstherrlichkeit der Bürokratie, hätte bedeutet, den Oppositionellen Hilfe zu leisten. Es blieb nichts anderes übrig, als ihnen Verbrechen anzuhängen, die sich nicht gegen die Privilegien der neuen Aristokratie, sondern gegen die Interessen des Volkes richten. An jeder neuen Etappe nahmen diese Beschuldigungen immer ungeheuerlicheren Charakter an. So sieht die gesamtpolitische Situation und die gesellschaftliche Psychologie aus, die die Moskauer Gerichts-Phantasmagorie möglich gemacht hat. Im Sinowjew-Prozeß erreichte die Bürokratie den höchsten, nein, entschuldigen Sie, den tiefsten Punkt ...

Wenn der Prozeß, allgemein gesagt, seit langem vorbereitet war, so läßt vieles glauben, daß er um Wochen, wenn nicht um Monate vor dem von den Regisseuren geplanten Termin in

Szene gesetzt wurde. Der Eindruck, den der Überfall dieser Herren (eine Geste in die Richtung zu den Angeklagten) gemacht hat, widersprach zu sehr den Absichten Moskaus. Die Presse der ganzen Welt sprach nicht ohne Grund von der Verbindung der norwegischen Nazis mit der Gestapo. Nun stand eine Gerichtsverhandlung bevor, in der die Beziehungen zwischen mir und den Faschisten klar aufgedeckt werden sollten. Man mußte um jeden Preis den Eindruck des mißlungenen Unternehmens verwischen. Offenbar verlangte Stalin von der GPU die Beschleunigung des Moskauer Prozesses. Wie aus den offiziellen Angaben ersichtlich ist, wurden die wichtigsten ›Geständnisse‹ erst kurz vor dem Prozeß, zwischen dem 7. und dem 14. August, den Angeklagten erpreßt. Bei dieser Eile war es schwer, für die Übereinstimmung der Aussagen mit den Tatsachen zu sorgen. Außerdem verließen sich die Regisseure zu sehr darauf, daß die Reuebekenntnisse der Angeklagten selbst die Lücken der Anklage mehr als notwendig zudecken würden. In der Tat, wenn alle 16 Angeklagten in der einen oder anderen Weise ihre Beteiligung an der Ermordung Kirows oder an der Vorbereitung anderer Morde gestehen werden, einige außerdem ihre Verbindung mit der Gestapo, was hat es der Staatsanwalt dann noch nötig, sich mit Beweisen oder auch nur mit der Beseitigung faktischer Widersprüche, grober Anachronismen und anderer Sinnlosigkeiten zu belasten? Die Unkontrollierbarkeit schläfert die Aufmerksamkeit ein, Unverantwortlichkeit erzeugt Sorglosigkeit. Der Staatsanwalt Wyschinski ist nicht nur gewissenlos, sondern auch talentlos. Beweise ersetzt er durch Beschimpfung. Sein Anklageakt wie seine Rede bilden eine Anhäufung von Widersprüchen. Es ist mir selbstverständlich nicht möglich, sie hier zu analysieren oder auch nur aufzuzählen. Mein ältester Sohn, Leo Sedow, den die Moskauer Borgias in die Sache verwickelt hatten, um durch ihn mich zu treffen (sie glaubten offenbar, daß es meinem Sohne in vielen Fällen schwieriger sein würde als mir, sein Alibi nachzuweisen), hat vor kurzem in Paris ein ›Rotbuch‹ herausgegeben, das dem Moskauer Prozeß gewidmet ist. Auf 120 Seiten wird die völlige Haltlosigkeit der Anklage von der faktischen, psychologischen und der politischen Seite nachgewiesen. Indes hat mein Sohn nicht den zehnten Teil der Beweise auszunutzen vermocht, die mir zur Verfügung stehen (Briefe, Dokumente, Zeugenaussagen, persönliche Erinnerungen). Vor jedem öffentlichen Gericht würden die Moskauer Ankläger als Fälscher entlarvt werden können, die vor keinem Verbrechen haltmachen, wenn es sich darum handelt, die Interessen der neuen Kaste der Privilegierten zu verteidigen.

Es haben sich in Westeuropa Juristen gefunden (ich nenne den Engländer Pritt und den Franzosen Rosenmark), die, gestützt auf das ›volle‹ Geständnis der Angeklagten, der Justiz der GPU ein Zeugnis ihrer Untadeligkeit ausstellten. Diese Advokaten Stalins werden noch Gelegenheit haben, ihren übereilten Eifer zu bedauern, denn die Wahrheit wird sich trotz allen Hindernissen nicht nur den Weg bahnen, sondern auf diesem Wege nicht wenige Reputationen zertrümmern ... Die Herren Pritt täuschen die öffentliche Meinung, indem sie die Sache so darstellen, als hätten die 16, als verbrecherische Komplizen angeklagt, schließlich und endlich die begangenen Verbrechen eingestanden, und ihre Geständnisse hätten, trotz fehlenden Beweisen, in ihrer Gesamtheit ein überzeugendes Bild von der Vorbereitung der Ermordung Kirows und anderer Attentate ergeben. In Wirklichkeit waren die einzelnen Angeklagten und die Angeklagten-Gruppen aus der Zahl der 16 in der Vergangenheit weder durch die Sache Kirow noch durch irgendeine andere ›Sache‹ miteinander verbunden. Aus den offiziellen Dokumenten ist bekannt, daß unter der Anklage, Kirow ermordet zu haben, ursprünglich 104 namenlose ›Weißgardisten‹ (unter ihnen nicht wenige Oppositionelle) und später 14 tatsächliche oder angebliche Mitglieder der Gruppe Nikolajew, des faktischen Mörders Kirows, erschossen wurden. Trotz den ›aufrichtigen‹ Geständnissen der 14 hatte keiner von ihnen die Namen der späteren Angeklagten im Prozeß der 16 genannt. Der Prozeß Sinowjew-Kamenjew ist ein selbständiges Unternehmen Stalins, das ohne jegliche Verbindung mit den vorangegangenen ›Kirow‹-Prozessen aufgebaut war. Die in einigen Etappen erreichten ›Geständnisse‹ der 16 geben absolut kein Bild von irgendeiner terroristischen Tätigkeit. Im Gegenteil, unter Leitung des Anklägers umgehen die Angeklagten sorgfältigst alle konkreten Zeit- und Ortumstände ... Mir wurde hier der offizielle Prozeßbericht vorgehalten. Dies Buch aber ist der schrecklichste Beweis gegen die Organisatoren der Prozeß-Fälschung! Die Angeklagten schreien auf jeder Seite hysterisch von ihren Verbrechen, sind aber absolut unfähig, irgend etwas über sie auszusagen. Sie haben nichts auszusagen! Sie haben keine Verbrechen begangen. Ihre ›Reuebekenntnisse‹ sollen der regierenden Spitze nur helfen, mit allen ihren Feinden abzurechnen, darunter auch mit mir, dem ›Feind Nr. 1‹ ...

Welchen Sinn aber hat es für die Angeklagten, nicht begangene Verbrechen auf sich zu nehmen und dadurch dem eigenen Untergang entgegenzugehen? erwidern die Anwälte der GPU. Eine ihrem Wesen nach unehrliche Erwiderung! Haben die Angeklagten aus freien Stücken, aus eigenem Willen ihre Geständnisse abgelegt? Nein, sie wurden allmählich, während einer Reihe von Jahren, unter Druck gesetzt, der Druck immer verstärkt, bis man den unglücklichen, zerdrückten Menschen keine andere Hoffnung auf Rettung gelassen hatte als den völligen bedingungslosen Gehorsam, die endgültige Preisgabe vor den Quälern, die hysterische Bereitschaft, alle Worte nachzusagen, alle Gesten nachzumachen, die ihnen vom Henker diktiert wurden. Die Standhaftigkeit des menschlichen Nervensystems ist beschränkt! Um die Angeklagten in den Zustand zu versetzen, wo sie nur durch besessene Verleumdungen gegen sich selbst hoffen konnten, der unerträglichen Schraube zu entkommen, brauchte die GPU nicht einmal physische Folter oder spezifische Medikamente anzuwenden: es genügten jene moralischen Schläge, Qualen und Erniedrigungen, denen die wesentlichsten Angeklagten und deren Familien im Laufe von zehn und einige sogar von dreizehn Jahren unterworfen gewesen waren. Die ihrem Inhalt und ihrer Form nach schauerlichen ›Geständnisse‹ können nur dann eine Erklärung finden, wenn man keinen Moment vergißt, daß diese selben Angeklagten bereits mehrfach Reueerklärungen abgegeben und während der vorangegangenen Jahre offenherzige Geständnisse abgelegt hatten: vor den Kontrollkommissionen der Partei, in öffentlichen Versammlungen, in der Presse, wieder vor den Kontrollkommissionen und endlich auf der Anklagebank. Während der früheren Reueerklärungen hatten diese Personen immer das zugegeben, was man von ihnen verlangte. Anfänglich ging es um Programm-Fragen. Die Opposition hatte lange für die Industrialisierung und Kollektivisierung gekämpft. Nach langem Widerstand gezwungen, den von der Opposition bezeichneten Weg zu beschreiten, beschuldigte die Bürokratie die Opposition, sie habe sich der Industrialisierung und Kollektivisierung widersetzt. In dieser Mechanik liegt das Wesen des Stalinismus! Von den Oppositionellen, die in die Partei zurückkehren wollten, verlangte man seitdem das Eingeständnis des ›Irrtums‹, der in Wahrheit ein Irrtum der Bürokratie war. Daß ein solcher Jesuitismus möglich ist, läßt sich damit erklären, daß die Ansichten der Opposition nur einigen Zehn- oder Hunderttausenden Menschen bekannt waren, hauptsächlich der Oberschicht, aber nicht den Volksmassen, da die Bürokratie mit eiserner Hand die Verbreitung der oppositionellen Literatur verhinderte. Zwischen den reumütigen Oppositionellen und den Beamten der Kontrollkommissionen, die im wesentlichen Organe der GPU sind, ging hinter den Kulissen jedesmal ein langer und aufreibender Handel: welcher ›Irrtum‹ zu gestehen sei und in welcher Form. Den Sieg trugen selbstverständlich die Jesuiten der Kontrollkommissionen davon. Auf den Höhen der Partei wußte man sehr gut, daß die Reueerklärungen nicht den geringsten moralischen Wert besaßen und daß deren einzige Aufgabe darin bestand, das Dogma von der Unfehlbarkeit der Führer in den Massen zu festigen. Auf jeder neuen Etappe des Kampfes um die Selbstherrlichkeit verlangte die Bürokratie von der gleichen Person, die längst kapituliert, das heißt auf jede Kritik verzichtet hatte, immer neue, immer schärfere und erniedrigendere Geständnisse. Beim ersten Widerstand des Opfers antwortete der Inquisitor: ›Also sind Ihre vorangegangenen Reuebekenntnisse unaufrichtig gewesen? Also wollen Sie der Partei in ihrem Kampfe gegen die Feinde nicht helfen? Also Sie stellen sich wieder auf die andere Seite der Barrikade!‹ Was blieb den Kapitulanten, das heißt den Oppositionellen, die sich selbst verleumdet hatten, noch zu tun übrig? Standhaft bleiben? Zu spät! Sie saßen schon fest in den Netzen des Feindes. Auf den Weg der Opposition gab es keine Rückkehr. Die Opposition hätte ihnen nicht getraut. Sie hatten auch keinen politischen Willen mehr. Durch die vorangegangenen Reuebekenntnisse zur Erde niedergedrückt, unter ständiger Angst vor neuen Schlägen, nicht nur gegen sie, sondern auch gegen ihre Familienmitglieder, gingen sie auf jeder neuen Etappe in die Knie vor jedem neuen Akt der Polizeierpressung und stürzten so immer tiefer. Im ersten Sinowjew-Kamenjew-Prozeß, im Januar 1935, erklärten sich die Angeklagten nach schweren moralischen Mißhandlungen bereit, zuzugeben, daß auf sie, als die früheren Oppositionellen, die moralische Verantwortung für die terroristischen Handlungen falle. Dieses Zugeständnis bildete für die GPU sofort den Ausgangspunkt

53

für weitere Erpressungen. Die offizielle Presse hatte schon damals – auf das Signal von Stalin – Todesurteile gefordert. Vor dem Gerichtsgebäude veranstaltete die GPU Demonstrationen mit Gebrüll: ›Tod den Mördern!‹ So wurden die Verurteilten für neue Geständnisse vorbereitet. Kamenjew hatte länger Widerstand geleistet als Sinowjew. Für ihn wurde am 27. Juli 1935 ein neuer Prozeß hinter geschlossenen Türen arrangiert, um ihm zu zeigen, daß für ihn die einzige Hoffnung oder auch nur der Schatten einer Hoffnung auf Rettung in der völligen Bereitschaft bestehe, alles zuzugeben, was die GPU brauchte. Ohne Verbindung mit der Außenwelt, ohne innere Sicherheit, ohne Schutz, ohne Perspektiven, ohne Lichtblick, ließ sich Kamenjew endgültig brechen. Jene Angeklagten, die noch unter den unmenschlichen Folterungen Widerstand leisteten, erschoß die GPU einen nach dem anderen, ohne Gericht, ganz im stillen. Auf diese Weise vollzog Stalin die ›Auslese‹ unter den Angeklagten, auf diese Weise ›erzog‹ er sie für den letzten Moskauer Prozeß. So sieht die Realität aus, meine Herren Richter und Geschworenen! Alles andere ist Mystifikation und Lüge ...

Wozu das alles, werden Sie fragen? Um jede Opposition, jede Kritik zu erdrosseln, um alle, die sich der Bürokratie widersetzen oder sich auch nur weigern, ›Hosianna‹ zu rufen, zu demoralisieren und zu bespeien. Aber letzten Endes ist diese teuflische Arbeit gegen mich persönlich gerichtet. Ich muß hier eine kleine Abschweifung machen. Im Jahre 1928, nach den ersten größeren Verhaftungen in der Partei, durfte die Bürokratie an die physische Erledigung von Führern der Opposition noch nicht denken. Andererseits konnte sie auf eine Kapitulation meinerseits nicht hoffen. Ich fuhr fort, von der Verbannung aus den Kampf zu leiten. Die regierende Clique kam schließlich zu keinem anderen Beschluß, als mich ins Ausland auszuweisen. In der Sitzung des Politbüros (der Bericht über diese Sitzung wurde mir damals von Freunden zugestellt und damals gleich veröffentlicht) sagte Stalin: ›Im Auslande wird Trotzki isoliert sein; er wird gezwungen sein, an der bürgerlichen Presse mitzuarbeiten, wir werden ihn kompromittieren; die Sozialdemokratie wird für ihn eintreten – wir werden ihn in den Augen des Weltproletariats entthronen; Trotzki wird mit Enthüllungen hervortreten – wir werden ihn als Verräter darstellen.‹ Diese schlaue Kalkulation hatte sich jedoch als kurzsichtig erwiesen. Stalin hat die Macht und die Bedeutung der

54

Idee nicht berechnet. Ich habe im Auslande eine Reihe Bücher geschrieben, an denen die Jugend erzogen wird. In allen Ländern haben sich meine Gesinnungsgenossen zu Gruppen zusammengeschlossen, es ist eine periodische Presse auf der Grundlage des von mir verteidigten Programms entstanden. Kürzlich fand eine internationale Konferenz der unter dem Banner der IV. Internationale stehenden Organisationen statt. Trotz den Schlägen des Feindes wächst die Bewegung ununterbrochen. Dagegen herrscht im Inneren der Komintern Unsicherheit und Zerfall. Indes ohne internationale Autorität könnte Stalin das Kommando über die Bürokratie und durch sie über das Volk nicht in seinen Händen festhalten. Das Wachsen der IV. Internationale bildet für ihn eine schreckliche Gefahr, um so mehr als ihr Widerhall immer stärker in die Sowjetunion eindringt. Schließlich fürchtet die regierende Clique tödlich die nicht erloschenen Traditionen der Oktober-Revolution, die sich unvermeidlich gegen die neue privilegierte Kaste richten. All das erklärt zur Genüge, weshalb Stalin und seine Gruppe nicht für einen Moment den Kampf gegen mich persönlich aufgeben. Von jedem, der in diesen dreizehn Jahren ›Reuebekenntnisse‹ abgelegt hatte, wurde unbedingt irgendeine Erklärung gegen Trotzki gefordert. Solcher Erklärungen, individueller und kollektiver Art, kann man nach vielen Zehntausenden zählen. Ohne Trotzki zu verurteilen, ohne eine direkte Verleumdung gegen Trotzki konnte ein früherer Oppositioneller nicht nur nicht an die Wiederaufnahme in die Partei denken, sondern auch nicht an ein Stück Brot. Wobei die Reuebekenntnisse von Jahr zu Jahr immer demütiger wurden und die Verleumdung gegen Trotzki immer verlogener und plumper. An dieser Arbeit wurden sowohl die späteren Angeklagten wie auch Untersuchungsrichter und Richter erzogen. Denn auch sie erreichten das heutige Stadium der Demoralisation erst nach einer Reihe von Übergangsstufen. Der verantwortliche Organisator dieser Demoralisation – ich bedaure wiederum, dies bei geschlossenen Türen sagen zu müssen – ist Stalin! Der letzte Prozeß ist nicht vom Himmel gefallen, nein! Er stellte das Resumé einer langen Reihe von falschen Reuebekenntnissen dar, deren Spitze gegen mich gerichtet war. Als Stalin erkannte, daß er sich mit meiner Ausweisung verrechnet hatte, versuchte er seinen Irrtum nach der ihm eigenen Methode zu ›korrigieren‹. Der Prozeßbetrug, der die Öffentlichkeit so überrascht hat, war in Wirklichkeit ein unvermeidliches Glied einer langen Kette. Er war vorausgesehen und öffentlich vorausgesagt. Zum Ausgangspunkt des letzten Prozesses wurde die Beschuldigung der Organisierung terroristischer Akte gemacht. Was mich betrifft, so würde ich vor der Propagierung des individuellen Terrors und seiner Anwendung nicht zurückschrecken, wenn ich glauben könnte, daß diese Methode fähig ist, die Sache der Befreiung der Menschheit vorwärtszubringen. Ich wurde von meinen Feinden mehr als einmal wegen Gedanken angeklagt und verfolgt, die ich ausgesprochen hatte: der letzte Ankläger in dieser Reihe ist die norwegische Regierung. Doch hat mich noch niemand der Verheimlichung meiner Gedanken beschuldigt. Wenn ich den individuellen Terror stets ablehnte, nicht erst seit gestern, sondern seit den ersten Tagen meiner revolutionären Tätigkeit, so deshalb, weil ich diese Kampfmethode nicht nur nicht für wirksam, sondern für verderblich für die Arbeiterbewegung halte. In Rußland hat es zwei weltberühmte terroristische Parteien gegeben: Die Narodnaja Wolja (›Volkswille‹) und die Sozialrevolutionäre. Wir russischen Marxisten haben uns als eine Partei der Massen in unversöhnlichem Kampfe gegen den individuellen Terrorismus herausgebildet. Unser Hauptargument war, daß diese Methode eine revolutionäre Partei viel mehr desorganisiert als den Staatsapparat. Nicht umsonst befindet sich die heutige bonapartistische Bürokratie der USSR so gierig auf der Suche nach Terrorakten und erfindet sie sogar, um sie dann ihren politischen Gegnern zuzuschieben. Die Ermordung Kirows hat nicht für einen Moment die Selbstherrlichkeit der Bürokratie erschüttert, im Gegenteil, sie hat ihr die gewünschte Möglichkeit geboten, Hunderte unbequemer Menschen auszurotten, die politischen Gegner mit Schmutz zu bewerfen und das Bewußtsein der Werktätigen zu verwirren. Die Resultate des Abenteuers von Nikolajew – konnte es auch anders sein? – haben die alte marxistische Einschätzung des Terrorismus völlig bestätigt, der ich vier Jahrzehnte lang treu geblieben war und die ich am allerwenigsten jetzt zu ändern beabsichtige ...

Wenn terroristische Tendenzen in vereinzelten Gruppen der Sowjetjugend aufflackern, so nicht infolge der politischen Tätigkeit der Opposition, sondern infolge ihrer Zertrümmerung, der Erdrosselung jeglichen Protestes und jeglichen Gedankens, infolge der Hoffnungslosigkeit und der Verzweiflung. Die GPU stürzt sich gierig auf jeden Schein terroristischer Stimmungen, kultiviert sie und schafft sofort eine Art illegaler Organisation, in der Agents-Provokateure den unglücklichen Terroristen von allen Seiten einkreisen. So war es auch mit Nikolajew. Sogar aus den offiziellen Angaben, wenn man sie aufmerksam gegenüberstellt, ergibt sich mit Sicherheit, daß Jagoda, Stalin und sogar Kirow selbst über den in Leningrad geplanten terroristischen Akt wohl informiert waren. Die Aufgabe der GPU bestand darin, in das Vorhaben Führer der Opposition zu verwickeln, am Vorabend des Attentates die Verschwörung aufzudecken und politische Früchte zu ernten. War Nikolajew selbst ein Agent der GPU? Hatte er gleichzeitig ein Spiel auf zwei Fronten gespielt? Das weiß ich nicht. Jedenfalls gab er den Schuß ab, ohne zu warten, bis Stalin und Jagoda Zeit fanden, ihre politischen Gegner hineinzuziehen. Auf Grund allein nur der offiziellen Publikationen habe ich Anfang 1935 in einer Sonderbroschüre (›Die Ermordung Kirows und die Sowjetbürokratie‹) die Provokationsarbeit der GPU bei der Ermordung Kirows aufgedeckt. Ich schrieb damals, daß der Mißerfolg dieses mit dem Leben Kirows bezahlten Versuchs Stalin nicht abhalten, sondern zwingen werde, ein neues, grandioses Amalgam vorzubereiten. Um dies vorauszusehen, war wahrlich keine Prophetengabe nötig: es genügte, die Situation, die Tatsachen und die Menschen zu kennen ...

Aus der Ermordung Kirows konnte die GPU, wie ich bereits gesagt habe, unmittelbar nur einen Gewinn buchen: das Geständnis sämtlicher Angeklagten – vor dem Revolverlauf – ihrer ›moralischen‹ Verantwortung für Nikolajews Tat. Auf mehr waren weder die Angeklagten, noch die öffentliche Meinung, noch die Richter selbst vorbereitet. Aber verschoben ist nicht aufgehoben. Stalin war fest entschlossen, Kirows Leiche in ein sicheres Kapital zu verwandeln. Die GPU zieht periodisch diese Leiche für neue Anklagen, neue Geständnisse und neue Erschießungen hervor. Nach weiterer eineinhalbjähriger psychologischer ›Vorbereitung‹, während der alle wichtigsten Angeklagten im Gefängnis saßen, stellte ihnen die GPU ein Ultimatum: der Regierung zu helfen, Trotzki in eine terroristische Anklage zu verwickeln. So und nur so wurde die Frage während der Untersuchung, die dem Prozeß der 16 vorangig, behandelt. ›Ihr seid uns nicht mehr gefährlich‹, so ungefähr sprachen Stalins Agenten zu Sinowjew, Kamenjew und den anderen Gefangenen, ›das wißt ihr selbst. Trotzki aber hat sich nicht ergeben. Er führt gegen uns einen Kampf in internationalem Maßstabe. Indes, der Krieg kommt immer näher (Bonapartisten spielen immer auf den Saiten des Patriotismus). Wir müssen mit Trotzki um jeden Preis fertig werden, und zwar so schnell wie möglich. Er muß kompromittiert werden. Man muß ihn mit Terror, mit der Gestapo in Beziehung bringen ...‹, ›Aber das wird ja niemand glauben?‹ dürften die ewigen Angeklagten geantwortet haben, ›wir werden uns nur selbst kompromittieren, aber nicht Trotzki.‹ Auf dieser Linie ging der Handel zwischen der GPU und den Gefangenen. Einige ungehorsame Anklage-Kandidaten hat die GPU ohne Prozeß erschossen, um den anderen vor Augen zu führen, daß ihnen keine Wahl bleibt. ›Ob man glauben wird oder nicht‹, werden die Untersuchungsrichter erwidert haben, ›ist nicht eure Sache. Ihr müßt nur beweisen, daß alle eure früheren Aussagen keine Heuchelei waren, daß ihr tatsächlich der Partei (d. h. der regierenden Kaste) ergeben und für sie zu jedem Opfer bereit seid.‹ Wenn die Untersuchungsrichter offen sein wollten (und sie hatten keinen Grund, sich in ihren vier Wänden zu genieren), dann konnten sie noch hinzufügen: ›Ob die Eingeweihten glauben werden, ist nicht gar so wichtig; es werden nicht viele von ihnen wagen zu protestieren. Das Leugnen der Faschisten kann uns nur von Vorteil sein. Die Demokratie? Sie wird schweigen. Die französische und die tschechische Demokratie wird den Mund voll Wasser nehmen aus patriotischen Erwägungen. Léon Blum hängt von den Kommunisten ab, und diese Gesellschaft wird tun, was wir befehlen werden.‹ ›Die Freunde der USSR?‹ ›Die werden alles schlucken, schon um ihre Blindheit nicht einzugestehen. Die Weltbourgeoisie, die Trotzki als den Prediger der permanenten Revolution kennt, kann kein Interesse daran haben, ihn gegen uns in Schutz zu nehmen. Die Presse der IV. Internationale ist noch schwach. Zu den Massen wird somit nur das durchdringen, was wir sagen werden, und nicht was Trotzki sagen wird.‹ So hat Stalins Rechnung ausgesehen, und nicht alles an ihr war falsch. Schließlich haben die Angeklagten wiederum kapituliert und die ihnen übertragenen tragischen und schändlichen Rollen übernommen.

Nicht alle Angeklagten jedoch waren einverstanden, alles, was man von ihnen forderte, zuzugeben. Gerade die Gradation der Geständnisse zeugt von jenem verzweifelten Kampf, der sich am Vorabend des Prozesses hinter den Kulissen abgespielt hat. Ich lasse hier beiseite jene verdächtigen jungen Leute, die ich angeblich aus dem Auslande leitete, von deren Dasein ich aber in Wirklichkeit bis zum Prozeß nichts gewußt habe. Von den alten Revolutionären hat nicht einer die Verbindung mit der Gestapo eingestanden: sie bis zu dieser abscheulichen Selbstverleugnung zu bringen, ging über die Kraft der GPU. Smirnow und Golzmann haben außerdem ihre Beteiligung an einer terroristischen Tätigkeit entschieden bestritten. Aber alle 16 Angeklagten, alle, ohne Ausnahme, gestanden, daß Trotzki vom Auslande her geheim zu Morden aufgefordert, terroristische Instruktionen erteilt und sogar Exekutoren entsandt hat. Meine ›Teilnahme‹ am Terror bildet somit den Gesamtkoeffizient aller Geständnisse. Von diesem Minimum ging die GPU nicht ab. Nur im Austausch gegen dieses Minimum ließ sie Hoffnung auf Erhaltung des Lebens. So öffnet sich vor uns das wahre Ziel der Gesamtfälschung. Der Sekretär der II. Internationale, Friedrich Adler, mein alter und unversöhnlicher politischer Gegner, schreibt über den Moskauer Prozeß: ›Der praktische Zweck dieser Aktion bildet das schändlichste Kapitel des ganzen Prozesses. Es geht um den Versuch, Trotzki des Asylrechts in Norwegen zu berauben und gegen ihn eine Hetze zu veranstalten, die ihm die Möglichkeit nehmen soll, irgendwo auf dem Erdball zu existieren ...‹ Betrachten wir, meine Herren Richter und Geschworenen, den Gesamtkoeffizient der Geständnisse, wie er sich in den Aussagen des Angeklagten Golzmann, des wichtigsten Zeugen gegen mich und meinen Sohn, darstellt. Im November 1932 sei Golzmann, wie er erzählt, zu einer Zusammenkunft mit mir nach Kopenhagen gekommen. Im Vestibül des Hotels Bristol hätte er sich mit meinem Sohn getroffen, der ihn zu mir führte. Während eines längeren Gesprächs hätte ich Golzmann das terroristische Programm entwickelt. Das ist vielleicht die einzige Aussage, die einen konkreten Hinweis auf die Begleitumstände, auf Zeit und Raum enthält. Und da sich Golzmann gleichzeitig hartnäckig weigerte, seine Verbindung mit der Gestapo und seine Teilnahme an terroristischer Tätigkeit zuzugeben, so muß die Erzählung von seiner Zusammenkunft in Kopenhagen auf den Leser als das verläßlichste und sicherste Element aller Geständnisse in diesem Prozeß wirken. Was aber erweist sich tatsächlich? Golzmann hat mich niemals besucht, weder in Kopenhagen, noch an einem anderen Ort. Mein Sohn war während meines dortigen Aufenthalts nicht nach Kopenhagen gekommen und ist überhaupt niemals in Dänemark gewesen. Und schließlich ist das Hotel Bristol, wo Golzmann angeblich mit meinem Sohn sich 1932 traf, bereits im Jahre 1917 abgerissen worden! Dank einem besonders glücklichen Zusammentreffen der Umstände (Visen, Telegramme, Zeugen usw.) zerfallen alle materiellen Elemente der Golzmannschen Erzählung, dieses an Geständnissen kargsten Angeklagten, in Staub. Golzmann aber bildet keine Ausnahme. Alle übrigen ›Geständnisse‹ sind nach dem gleichen Schema aufgebaut. Sie sind im ›Rotbuch‹ meines Sohnes enthüllt. Neue Enthüllungen stehen noch bevor. Ich meinerseits hätte schon längst der Presse, der Öffentlichkeit, einer unparteiischen Untersuchungskommission oder einem unabhängigen Gericht eine Reihe von Tatsachen, Dokumenten, Zeugenaussagen, politischen und psychologischen Erwägungen vorzulegen vermocht, die das Fundament des Moskauer Amalgams sprengen. Aber ich bin an Händen und Füßen gebunden. Die norwegische Regierung hat das Asylrecht in eine Falle verwandelt. In dem Augenblick, wo die GPU gegen mich in ihrer Niedertracht nie dagewesene Beschuldigungen erhebt, setzt mich die Regierung dieses Landes hinter Schloß und Riegel, isoliert mich von der Außenwelt.

Hier muß ich eine kleine Episode erzählen, die kein schlechter Schlüssel zu meiner heutigen Lage ist. Im Sommer dieses Jahres, einige Wochen vor der Ankündigung des Moskauer Prozesses, weilte der norwegische Außenminister Koht als Gast in Moskau und wurde dort mit betonter Feierlichkeit geehrt. Ich unterhielt mich über dieses Thema mit meinem Wohnungswirt, dem Redakteur Konrad Knudsen, den sie hier bereits als Zeugen gehört haben. Sie wissen, daß mich mit Knudsen, trotz den tiefgehenden politischen Meinungsverschiedenheiten, freundschaftliche persönliche Beziehungen verbinden. Die Politik berührten wir nur zum Zwecke der gegenseitigen Information, entschieden alle prinzipiellen Streitigkeiten meidend. ›Wissen Sie‹, fragte ich ihn in halb scherzendem Tone, ›weshalb man Koht in Moskau so freundschaftlich empfängt?‹ ›Weshalb?‹ ›Es geht um meinen Kopf.‹ ›Wieso denn?‹ ›Moskau sagt Koht offen oder in Anspielungen: wir werden

Eure Schiffe mieten und Eure Heringe kaufen, aber unter einer Bedingung: Ihr verkauft uns Trotzki ...‹ Knudsen, ein leidenschaftlicher Patriot seiner Partei, war offensichtlich durch meinen Ton verletzt. ›Glauben Sie wirklich‹, sagte er mir mit Bitterkeit, ›daß man hier mit Prinzipien handeln wird?‹ ›Lieber Knudsen‹, erwiderte ich, ›ich sage ja nicht, daß mich die norwegische Regierung zu verkaufen beabsichtigt, ich behaupte nur, daß mich der Kreml kaufen will ...‹ Wenn ich hier dieses kurze Gespräch wiedergebe, so will ich damit nicht sagen, daß zwischen Litwinow und Koht Besprechungen im Geiste eines offenen Handels geführt wurden. Ich muß sogar zugeben, daß in der mich betreffenden Frage der Minister Koht sich während der Wahlkampagne besser als manch anderer Minister benommen hat. Doch war es mir aus einer Reihe von Umständen vollkommen klar, daß der Kreml in Norwegen eine benebelnde diplomatische und ökonomische Aktion von großem Maßstabe durchführt. Der Sinn dieser vorbereitenden Aktion wurde für alle augenscheinlich, als der Moskauer Prozeß ausbrach. Es kann insbesondere kein Zweifel daran bestehen, daß die Kampagne der norwegischen reaktionären Presse gegen mich hinter den Kulissen aus Moskauer Quellen gespeist wurde. Die GPU versorgte durch Mittelsmänner die reaktionären Zeitungen mit meinen ›gefährlichen‹ Artikeln. Durch ihre Agenten aus der norwegischen Sektion der Komintern verbreitete sie alarmierende Gerüchte und Klatsch. Die Aufgabe bestand darin, am Vorabend der Wahlen eine gespannte Atmosphäre im Lande zu schaffen, die Regierung einzuschüchtern und sie dadurch für die Kapitulation vor dem Moskauer Ultimatum reif zu machen. Inspiriert von der Sowjetgesandtschaft, forderten die norwegischen Reeder und andere interessierte Kapitalisten von der Regierung, die Frage mit Trotzki sofort zu regulieren, und drohten andernfalls mit wachsender Arbeitslosigkeit im Lande. Die Regierung ihrerseits wünschte nichts so sehr, als sich Moskau auf Gnade zu ergeben. Sie brauchte nur einen Anlaß. Um ihre Kapitulation zu verdecken, hat die Regierung ohne jegliches Recht und ohne jeglichen Grund mich der Verletzung der von mir unterschriebenen Bedingungen beschuldigt. In Wahrheit wollte sie durch meine Internierung Norwegens Handelsbilanz verbessern!

Als besonders illoyal muß das Benehmen des Justizministers bezeichnet werden. Am Vorabend der Internierung rief er mich plötzlich telephonisch an. Unser Hof war bereits von Polizisten umstellt. Die Stimme des Ministers war süßer als Honig: ›Ich habe Ihren Brief erhalten‹, sagte er, ›und finde, daß er viel Wahres enthält. Ich bitte Sie nur um eines: geben Sie Ihren Brief nicht der Presse, und antworten Sie überhaupt nicht auf die heutige Regierungsmitteilung. Wir haben abends einen Ministerrat und ich hoffe, daß wir den Beschluß revidieren werden ...‹ ›Selbstverständlich‹, war meine Antwort, ›werde ich den endgültigen Beschluß abwarten.‹ Am nächsten Tage wurde ich verhaftet, meine Sekretäre wurden durchsucht und man nahm ihnen vor allem die fünf Kopien des Briefes weg, in dem ich den Justizminister an seine Teilnahme bei meinem politischen Interview erinnerte. Der Herr Minister war sehr besorgt, die Enthüllung dieser Tatsache könnte seine Wahlchancen verschlechtern. So ist dieser Wächter der Justiz! ...

Die Sowjetregierung hat, wie Sie wissen, weder am Vorabend des Prozesses noch nach seiner Beendigung gewagt, die Frage meiner Auslieferung anzuschneiden. Konnte das denn auch anders sein? Die Forderung der Auslieferung hätte man vor einem norwegischen Gericht begründen müssen, mit andern Worten, sich vor der ganzen Welt der Schande aussetzen. Mir blieb nichts weiter übrig, als die norwegischen ›Kommunisten‹ und Faschisten, die die Moskauer Verleumdung wiederholten, zu verklagen. Noch am Tage der Internierung sagte mir der Justizminister: ›Selbstverständlich werden Sie die Möglichkeit haben, sich gegen die Beschuldigungen, denen Sie ausgesetzt sind, zu verteidigen.‹ Doch die Taten des Justizministers und seine Worte gehen weit auseinander. Mit ihren Ausnahmegesetzen gegen mich hat die norwegische Regierung allen gedungenen Verleumdern erklärt: ›Ihr könnt von nun an unbehindert und ungestraft Trotzki in allen fünf Teilen der Erde verleumden: wir halten ihn gefesselt und werden ihm nicht erlauben, sich zu verteidigen!‹

Meine Herren Richter und Geschwornen! Sie haben mich hierher geladen als Zeugen in Sachen des Überfalls auf meine Wohnung. Die Regierung hat mich liebenswürdigerweise unter solider Polizeieskorte hergebracht. Indes hat dieselbe Regierung meine für den französischen Untersuchungsrichter bestimmten Aussagen in Sachen des Raubes meiner Archive in Paris konfisziert. Weshalb dieser Unterschied? Vielleicht deshalb, weil es sich in dem einen Falle um die norwegischen Faschisten handelt, die die norwegische Regierung als ihre Feinde betrachtet, und in dem anderen Falle um die Gangster der GPU, die die Regierung im Augenblick zu ihren Freunden zählt? ... Ich beschuldige die norwegische Regierung der Verletzung der elementarsten Rechtsgrundsätze. Der Prozeß der 16 eröffnet eine ganze Serie ähnlicher Prozesse, bei denen nicht nur meine und meiner Familienmitglieder, sondern auch Hunderter anderer Menschen Ehre und Schicksal auf dem Spiel stehen wird. Wie kann man denn mir, dem Hauptangeklagten und dem informiertesten Zeugen, verbieten, zu sagen was ich weiß? Das heißt doch, böswillig die Aufklärung der Wahrheit verhindern! Wer durch Drohung oder Gewalt einen Zeugen verhindert, die Wahrheit zu sagen, macht sich eines schweren Verbrechens schuldig, was, wie ich bestimmt annehme, nach den norwegischen Gesetzen streng bestraft wird. Es ist gut möglich, daß der Justizminister wegen meiner Aussagen in diesem Saal gegen mich neue Repressalien anwenden wird: Die Hilfsmittel der Willkür sind unbeschränkt. Aber ich habe Ihnen versprochen, die Wahrheit und nichts als die Wahrheit zu sagen. Ich habe mein Versprechen erfüllt!«

Der Vorsitzende fragt, ob die Parteien noch weitere Fragen an den Zeugen haben. Es sind keine Fragen mehr. Der Vorsitzende (zum Zeugen): »Sind Sie bereit, alles, was Sie ausgesagt haben, zu beeidigen?«

»Ich kann keinen religiösen Eid ablegen, da ich zu keiner Religion gehöre; doch begreife ich gut die Bedeutung von all dem, was ich vor Ihnen ausgesagt habe, und ich bin bereit, einen bürgerlichen Eid zu leisten, das heißt, die juristische Verantwortung für jedes hier gesagte Wort zu übernehmen.«

Alle erheben sich. Der Zeuge wiederholt mit erhobener Hand die Formel des Eides, wonach er unter Begleitung von Polizeibeamten den Saal verläßt und nach Sundby, dem Ort seiner Internierung, zurückkehrt.

Auf dem Meere

Abreise aus Norwegen

28. Dezember 1936. Diese Zeilen werden an Bord des norwegischen Petroleumdampfers »Ruth« geschrieben, der von Oslo aus sich in einen der mexikanischen Häfen begibt, in welchen, ist noch unbekannt. Gestern sind wir an den Azoren-Inseln vorbeigefahren. Die ersten Tage war die See bewegt, es war schwierig, zu schreiben. Ich las gierig Bücher über Mexiko: unser Planet ist so klein, und doch kennen wir ihn so wenig! Nachdem die »Ruth« die Meerengen passierte und Kurs auf Südwest genommen hatte, wurde der Ozean immer ruhiger; ich konnte daran gehen, die Aufzeichnungen über den Aufenthalt in Norwegen und über meine Aussagen vor Gericht zu ordnen. So vergingen die ersten acht Tage in angestrengter Arbeit und Rätselraten über das geheimnisvolle Mexiko. Nicht weniger als zwölfmal vierundzwanzig Stunden Weges stehen noch bevor. Uns begleitet der norwegische Polizeioffizier Jonas Lie, der eine Zeitlang im Dienste des Völkerbundes im Saargebiet tätig war. Am Tische sitzen wir zu vieren: der Kapitän, der Polizeioffizier und wir, meine Frau und ich. Andere Passagiere gibt es nicht. Das Meer ist für diese Jahreszeit ausnehmend günstig. Hinter uns liegen vier Monate Gefangenschaft. Vor uns – Ozean und Ungewißheit. An Bord des Schiffes bleiben wir jedoch noch immer unter dem »Schutz« der norwegischen Flagge, das heißt in der Lage von Gefangenen. Wir haben nicht das Recht, den Radiotelegraphen zu benutzen. Unsere Revolver bleiben beim Polizeioffizier, unserem Nachbar an der Table d'hôte. Die Bedingungen der Landung in Mexiko werden per Radio ohne uns ausgemacht. Die sozialistische Regierung liebt nicht zu spaßen, wenn es um Prinzipien der ... Internierung geht!

Bei der kurz vor unserer Abreise stattgefundenen Wahl hat die Arbeiterpartei einen bedeutenden Stimmenzuwachs erhalten. Konrad Knudsen, gegen den als gegen meinen »Komplizen« sich alle bürgerlichen Parteien zusammengeschlossen hatten, und den die eigene Partei vor den Angriffen fast nicht in Schutz nahm, wurde mit einer imposanten Mehrheit gewählt. Darin lag ein indirektes Vertrauensvotum für mich ... Unterstützt von der Bevölkerung, die gegen die reaktionären Attacken und für das Asylrecht gestimmt hatte, beschloß die

Regierung, wie es sich gehört, dieses Recht, der Reaktion zu Gefallen, völlig zu zertreten. Die Mechanik des Parlamentarismus ist durchweg auf solchen qui pro quo zwischen Wählern und Gewählten aufgebaut! Die Norweger sind mit Recht auf Ibsen, ihren Nationaldichter, stolz. Vor 25 Jahren war Ibsen meine literarische Liebe. Ihm hatte ich einen meiner ersten Artikel gewidmet. Im demokratischen Gefängnis, der Heimat des Dichters, las ich seine Dramen wieder. Vieles scheint mir heute naiv und altmodisch. Aber haben denn viele Vorkriegsdichter die Prüfung der Zeit bestanden? Die gesamte Geschichte bis 1914 erscheint heute etwas simpel und provinziell. Im allgemeinen kam mir Ibsen noch frisch vor und in seiner nordischen Frische anziehend. Mit besonderem Vergnügen las ich wieder »Der Volksfeind«. Ibsens Haß gegen protestantisches Muckertum, Krähwinkelstumpfheit und engherzige Heuchelei wurde mir verständlicher und näher nach der Bekanntschaft mit der ersten sozialistischen Regierung in der Heimat des Dichters. »Ibsen kann man auf verschiedene Weise deuten«, verteidigte sich der Justizminister während seines unerwarteten Besuches bei mir in Sundby. »Wie man ihn auch deuten mag, er wird stets gegen Sie sein. Erinnern Sie sich an den Bürgermeister Stockmann« ... »Sie glauben, daß ich es bin?« »Bestenfalls, Herr Minister: Ihre Regierung besitzt alle Laster der bürgerlichen Regierungen, ohne deren Vorzüge.« Trotz der literarischen Färbung zeichneten sich unsere Gespräche nicht durch besondere Courtoisie aus. Als Doktor Stockmann, der Bruder des Bürgermeisters, zu der Schlußfolgerung gekommen war, der Wohlstand seiner Heimatstadt beruhe auf vergifteten Mineralquellen, wurde er vom Bürgermeister aus dem Dienste gejagt, die Zeitungen schlossen sich vor ihm, die Mitbürger erklärten ihn für einen Volksfeind. »Wir werden noch sehen« – rief der Doktor aus –, »ob Niedertracht und Feigheit so stark sind, um einem freien, ehrlichen Menschen den Mund zu stopfen!« Ich hatte meine Gründe, mich gegen meine sozialistischen Gefängniswärter auf dieses Zitat zu berufen.

»Wir haben eine Dummheit begangen, als wir Ihnen das Visum gaben«, sagte mir Mitte Dezember ungeniert der Justizminister. »Und diese Dummheit wollen Sie durch ein Verbrechen gutmachen?«, antwortete ich mit Offenheit auf die Offenheit. »Sie benehmen sich gegen mich wie Noske und Scheidemann sich gegen Karl Liebknecht und Rosa Luxemburg benommen haben. Sie bahnen dem Faschismus den Weg. Wenn die Arbeiter Frankreichs und Spaniens Euch nicht retten werden, werden Sie und Ihre Kollegen in einigen Jahren Emigranten sein, wie heute Ihre Vorgänger, die deutschen Sozialdemokraten.« Das war alles richtig. Doch der Schlüssel zu meinem Gefängnis blieb in den Händen des Bürgermeisters Stockmann.

Hinsichtlich der Möglichkeit, in irgendeinem anderen Lande Asyl zu finden, hegte ich keine großen Hoffnungen. Die demokratischen Länder schützen sich vor der Gefahr einer Diktatur dadurch, daß sie deren schlimmste Seiten sich aneignen. Für Revolutionäre hat sich das sogenannte »Recht« auf Asyl schon längst aus einer Rechts- in eine Gnadenfrage verwandelt. Es ist noch hinzugekommen: der Moskauer Prozeß und die Internierung in Norwegen! Man wird unschwer begreifen können, welch wohltuende Nachricht das Telegramm aus der Neuen Welt für uns war, daß die Regierung des fernen Mexiko uns Gastfreundschaft gewähren wollte. Es zeigte sich ein Ausweg – aus Norwegen und aus der Sackgasse. Auf dem Rückweg vom Gericht sagte ich zu dem mich begleitenden Polizeioffizier: »Bestellen Sie der Regierung, daß ich und meine Frau bereit sind, Norwegen so schnell wie möglich zu verlassen. Bevor ich aber um das mexikanische Visum ansuche, will ich die Bedingungen für eine gefahrlose Überfahrt sichern. Ich muß mich darüber mit meinen Freunden und die Unversehrtheit meiner Archive sichern.« Der Justizminister, der tags darauf in Begleitung dreier hoher Polizeibeamten nach Sundby kam, war durch die Radikalität meiner Forderungen sichtbar erschüttert. »Sogar in den zaristischen Gefängnissen«, sagte ich ihm, »gab man den Verbannten die Möglichkeit, zur Ordnung ihrer persönlichen Angelegenheiten Verwandte oder Freunde zu sprechen.« »Ja, ja«, erwiderte philosophisch der sozialistische Minister, »jetzt sind aber andere Zeiten ...« Einer genaueren Charakterisierung der Zeitunterschiede enthielt er sich freilich.

Am 18. Dezember erschien der Minister wieder, aber nur, um mir zu erklären, daß meine Forderung, Freunde zu sprechen, abgelehnt sei, daß das mexikanische Visum ohne mein Zutun eingetroffen sei (auf welche Weise ist mir auch jetzt noch unklar) und daß ich und meine Frau »morgen« auf den Frachtdampfer »Ruth« verladen werden würden, wo man uns eine Kajüte für Kranke angewiesen habe. Ich will es nicht verheimlichen, daß ich dem Herrn Minister zum Abschied die Hand nicht gereicht habe ...

Es wäre ungerecht, nicht zu betonen, daß es der Regierungspartei nur durch Vergewaltigung des Denkens und des Gewissens gelang, ihren Kurs durchzuführen. Sie geriet dabei in Konflikt mit den liberalen oder einfach den gewissenhaften Beamten der Administration und der Magistratur und war gezwungen, sich auf den reaktionären Teil der Bürokratie zu stützen. Bei den Arbeitern rief die Polizeienergie Nygaardsvolds jedenfalls keinen Enthusiasmus hervor. Mit Achtung und Dankbarkeit vermerke ich die Bemühungen der verdienstvollen Führer der Arbeiterbewegung, wie Olav Cheflo, Konrad Knudsen, Haakon Meyer, eine Änderung der Regierungspolitik zu erreichen. Es muß auch wieder Helge Krohg genannt werden, der Worte leidenschaftlicher Empörung fand, um die Handlungsweise der norwegischen Regierung zu brandmarken.

Für das Einpacken der Sachen und Papiere blieben uns unter Abzug der unruhigen Nacht nur wenige Stunden. Noch keine unserer zahlreichen Übersiedlungen hatte sich in einer solchen Atmosphäre von fieberhafter Hast, völliger Isoliertheit, Ungewißheit und tief niederdrückender Empörung vollzogen. Im Hinundhergehen sahen wir uns manchmal an: was soll es bedeuten? wodurch ist es hervorgerufen? – und jeder von uns lief mit Bündel oder Papiermappe weiter. »Ist es nicht eine Falle seitens der Regierung?« fragte meine Frau. »Ich glaube nicht«, antwortete ich, nicht sehr sicher. Auf der Veranda nagelten Polizisten mit Pfeifen im Munde die Kisten zu. Über dem Fjord kreisten Nebel.

Die Abfahrt war vom strengsten Geheimnis umgeben. Die Zeitungen erhielten falsche Nachrichten über unsere angeblich in nächster Zeit bevorstehende Abreise, um die Aufmerksamkeit von ihr abzulenken. Die Regierung fürchtete sich sowohl davor, daß ich mich weigern könnte, abzureisen, als auch, daß die GPU Zeit finden könnte, eine Höllenmaschine auf dem Dampfer anzubringen. Ich und meine Frau konnten keinesfalls die letztere Befürchtung als völlig unbegründet betrachten. Unsere Sicherheit traf in diesem Falle zusammen mit der Sicherheit des norwegischen Schiffes und seiner Besatzung. Wir wurden auf der »Ruth« mit Neugierde, aber ohne die geringste Feindseligkeit empfangen. Es erschien auch der Schiffsbesitzer, ein alter Mann. Auf seine liebenswürdige Initiative hin

wurden wir nicht in der halbdunklen Krankenkajüte mit drei
Pritschen, ohne Tisch, untergebracht, wie es aus irgendeinem
Grunde die wachsame Regierung verfügt hatte, sondern in der
bequemen Kajüte des Schiffsbesitzers, neben der Kabine des
Kapitäns. Auf diese Weise erhielt ich die Möglichkeit, unterwegs zu arbeiten ... Trotz allem haben wir warme Erinnerungen bewahrt an das herrliche Land der Wälder und Fjorde, des
Schnees unter der Januarsonne, des Skis und des Schlittens,
der blonden, blauäugigen Kinder, des etwas düsteren und
schwerfälligen, aber ernsten und ehrlichen Volkes. Lebe wohl,
Norwegen!

Eine lehrreiche Episode
30. Dezember. Die größere Hälfte des Weges liegt hinter uns.
Der Kapitän glaubt, daß wir am 8. Januar in Vera Cruz sein werden, wenn das Meer uns weiter sein Wohlwollen erhält. Am 8.
oder am 10., ist es nicht gleich? Auf dem Schiff herrscht Ruhe.
Keine Moskauer Telegramme, – und die Luft scheint doppelt
so rein. Wir haben es nicht eilig. Doch zurück zum Prozeß ...
Es ist erstaunlich, mit welcher Beharrlichkeit Sinowjew, Kamenjew mitreißend, jahrelang sein eigenes tragisches Finale
vorbereitet hat. Ohne Sinowjews Initiative wäre Stalin kaum
Generalsekretär geworden. Sinowjew hatte die episodische
Diskussion über die Gewerkschaften im Winter 1920/21 ausnutzen wollen für den weiteren Kampf gegen mich. Stalin
schien ihm, und nicht ohne Grund, der geeignetste Mann für
die Arbeit hinter den Kulissen. Gerade in jenen Tagen hatte
Lenin, gegen die Ernennung Stalins zum Generalsekretär op-
ponierend, seinen berühmten Satz geprägt: »Ich empfehle es
nicht – dieser Koch wird nur scharfe Gerichte bereiten.« Welch
prophetische Worte! Es siegte jedoch auf dem Kongreß die von
Sinowjew geführte Petrograder Delegation. Der Sieg fiel ihr
um so leichter, als Lenin den Kampf nicht aufnahm. Seiner
Warnung wollte er keine übertriebene Bedeutung beimessen:
solange das alte Politbüro an der Macht blieb, konnte der Generalsekretär nur eine untergeordnete Figur sein.
Nach Lenins Erkrankung nahm Sinowjew den offenen
Kampf gegen mich auf. Er hatte damit gerechnet, daß der
schwerfällige Stalin sein Stabschef bleiben würde. Der Generalsekretär schob sich damals sehr behutsam vor. Die Massen
kannten ihn absolut nicht. Autorität genoß er nur bei einem

Teil des Apparates, aber auch dort war er nicht beliebt. Im Jahre 1924 schwankte Stalin noch stark. Sinowjew stieß ihn vorwärts. Zur politischen Verschleierung seiner Tätigkeit hinter den Kulissen brauchte Stalin Sinowjew und Kamenjew: darauf beruhte die Mechanik der »Troika«. Den größten Eifer entwickelte immer Sinowjew; er zog seinen künftigen Henker im Schlepptau hinter sich her.

Im Jahre 1926, als Sinowjew und Kamenjew, nach mehr als drei Jahren gemeinsamer Verschwörung mit Stalin gegen mich, sich in Opposition zum Apparat stellten, erhielt ich von ihnen eine Reihe sehr lehrreicher Mitteilungen und Warnungen:

»Sie glauben«, sagte Kamenjew, »daß Stalin darüber nachdenkt, was er Ihnen auf Ihre letzte Kritik erwidern soll? Sie irren. Er denkt darüber nach, wie er Sie vernichten kann ... Zuerst moralisch, und dann womöglich auch physisch. Verleumden, eine Provokation organisieren, eine militärische Verschwörung unterschieben, einen terroristischen Akt inszenieren. Glauben Sie mir, das ist keine Hypothese: innerhalb der ›Troika‹ mußte man mitunter offen miteinander sein, obwohl die persönlichen Beziehungen auch damals mehr als einmal zu explodieren drohten. Stalin führt den Kampf auf einer ganz anderen Ebene als Sie. Sie kennen diesen Asiaten nicht ...«

Kamenjew selbst hat Stalin gut gekannt. Beide haben in ihren jungen Jahren, zu Beginn des Jahrhunderts, ihre revolutionäre Tätigkeit in der kaukasischen Organisation begonnen, waren zusammen in Verbannung gewesen, kehrten zusammen im März 1917 nach Petersburg zurück und gaben zusammen dem Zentralorgan der Partei eine opportunistische Richtung, die bis zu Lenins Ankunft erhalten blieb.

»Erinnern Sie sich an die Verhaftung von Sultan Galiew, dem ehemaligen Vorsitzenden des tatarischen Sowjets der Volkskommissare im Jahre 1923?« fuhr Kamenjew fort. »Das war die erste Verhaftung eines angesehenen Parteimitglieds, die auf Stalins Initiative erfolgte. Ich und Sinowjew hatten unglücklicherweise unsere Zustimmung gegeben. Seit dieser Zeit hatte Stalin Blut geleckt ... Sobald wir mit ihm gebrochen hatten, verfaßten wir eine Art Testament, in welchem wir sagten, wenn uns ›zufällig‹ etwas zustoßen sollte, möge man in Stalin den Schuldigen sehen. Dieses Dokument wird an sicherem Ort aufbewahrt. Ich empfehle auch Ihnen, das gleiche zu tun: von diesem Asiaten kann man alles erwarten ...

Sinowjew sagte mir in den ersten Wochen unseres kurzlebigen Blocks (1926–1927):»Glauben Sie, Stalin hat nicht die Frage Ihrer physischen Beseitigung erwogen? Er hat es, und mehr als einmal. Es hielt ihn davon stets der gleiche Gedanke zurück: die Jugend würde die Verantwortung der ›Troika‹ oder ihm persönlich zuschieben und könnte zu terroristischen Akten greifen. Deshalb hielt es Stalin für notwendig, zuerst die Oppositionskader der Jugend zu zertrümmern. Dann wird man schon sehen ... Sein Haß gegen uns, besonders gegen Kamenjew, beruht darauf, daß wir über ihn zuviel wissen.«

Überspringen wir einen Zeitraum von fünf Jahren. Am 31. Oktober 1931 veröffentlichte das Zentralorgan der deutschen kommunistischen Partei,»Die Rote Fahne«, die Nachricht, der weiße General Turkul bereite in der Türkei ein Attentat auf Trotzki vor. Solche Mitteilungen konnten nur von der GPU kommen. Da ich in die Türkei von Stalin ausgewiesen worden war, so sah die Warnung der »Roten Fahne« sehr nach einem Versuch aus, für den Fall, daß Turkuls Absicht erfolgreich enden sollte, ein moralisches Alibi für Stalin vorzubereiten. Am 4. Januar 1932 wandte ich mich mit einem Brief an das Politbüro in Moskau, in dem ich ausführte, daß es Stalin nicht gelingen werde, sich mit solch billigen Mitteln weißzuwaschen: die GPU sei fähig, mit der einen Hand durch ihre Agents-Provokateure die Weißgardisten zu einem Attentat anzustiften und mit der andern, durch die Organe der Komintern, für jeden Fall sie zu entlarven.»Stalin ist zu der Schlußfolgerung gekommen«, schrieb ich,»daß die Ausweisung Trotzkis ein Irrtum war. Er hat gehofft, wie aus seiner damaligen Erklärung im Politbüro bekannt ist, daß ohne Sekretariat und ohne Mittel Trotzki ein wehrloses Opfer der im Weltmaßstabe organisierten bürokratischen Verleumdung werden würde. Der Bürokrat hatte sich getäuscht. Entgegen seinen Erwartungen hat sich gezeigt, daß Ideen ihre eigene Kraft besitzen, auch ohne Apparat und ohne Mittel ... Stalin begreift sehr wohl die ernste Gefahr, die ihm persönlich, seiner aufgeblasenen Autorität, seiner bonapartistischen Allmacht aus der geistigen Unversöhnlichkeit und dem ständigen Wachsen der internationalen linken Opposition droht. Stalin denkt: ›man muß den Irrtum gutmachen‹. Selbstverständlich nicht mit ideologischen Maßnahmen: Stalin führt den Kampf auf einer anderen Ebene. Er will nicht an die Ideen des Gegners, sondern an dessen Schädel herankommen.« Bereits im Jahre 1924 erwog Stalin alle pro und contra meiner physischen Liquidierung. »Ich habe seinerzeit diese Mitteilungen von Sinowjew und Kamenjew erhalten«, schrieb ich, »in der Periode ihres Überschwenkens zur Opposition, und zwar unter solchen Umständen und mit solchen Einzelheiten, daß es keinen Zweifel an der Richtigkeit dieser Mitteilungen geben kann ... Wenn Stalin Sinowjew und Kamenjew zwingen sollte, ihre früheren Erklärungen abzuleugnen, wird niemand ihnen glauben.« Schon damals stand in Moskau das System falscher Geständnisse und Ableugnungen auf Bestellung in voller Blüte.

Zehn Tage nachdem ich meinen Brief aus der Türkei abgesandt hatte, wandte sich eine Delegation meiner französischen Gesinnungsgenossen, geführt von Naville und Frank, an den damaligen Sowjetgesandten in Paris, Dowgalewski, mit einer schriftlichen Erklärung: »Die ›Rote Fahne‹ veröffentlicht eine Nachricht über die Vorbereitung eines Attentats auf Trotzki ... Somit bestätigt die Sowjetregierung formell, daß sie über die Gefahren unterrichtet ist, die Trotzki drohen.« Und da nach der gleichen offiziösen Mitteilung der Plan des General Turkul »sich auf die schlecht organisierte Bewachung seitens der türkischen Behörden stützt«, machte die Erklärung Naville-Frank die Sowjetregierung für etwaige Folgen verantwortlich und forderte sofortige Ergreifung entsprechender praktischer Maßnahmen.

Diese Schritte scheuchten Moskau auf. Am 2. März versandte das Zentralkomitee der Französischen kommunistischen Partei an die verantwortlichen Mitglieder ein vertrauliches Dokument mit der Antwort des Zentralkomitees der bolschewistischen Partei der USSR. Stalin bestritt nicht nur, daß die Nachricht der »Roten Fahne« von ihm ausgegangen sei, sondern rechnete sich die Warnung als besonderes Verdienst an und beschuldigte mich ... der Undankbarkeit. Die Frage der Sicherheit übergehend, behauptete das Rundschreiben, ich bereite durch meine Angriffe auf das Zentralkomitee ein »Bündnis mit den Sozialfaschisten« (das heißt den Sozialdemokraten) vor. Auf die Beschuldigung des Bündnisses mit dem Faschismus war Stalin damals noch nicht gekommen, und sein eigenes Bündnis mit den »Sozialfaschisten« gegen mich hat er damals noch nicht vorausgesehen. Der Antwort Stalins war eine Erklärung von Sinowjew und Kamenjew vom 13. Februar 1932 beigelegt, verfaßt, wie unvorsichtigerweise in der Erklärung selbst steht, auf Verlangen Jaroslawskis und Schkirjatows, Mitglieder der Zentral-Kontrollkommission, die damals die wichtigsten Inquisitoren im Kampfe gegen die Opposition waren. In dem für solche Dokumente üblichen Stil schrieben Kamenjew und Sinowjew, Trotzkis Mitteilung sei »eine ehrlose Lüge, dem einzigen Zweck dienend, unsere Partei zu kompromittieren. Es ist selbstverständlich, daß von der Beratung einer solchen Frage niemals die Rede sein konnte ... wir haben mit Trotzki von etwas Ähnlichem nie gesprochen«. Das Dementi schloß mit einer noch höheren Note: »Trotzkis Erklärung, man könne uns in der Partei der Bolschewiki zwingen, falsche Mitteilungen zu machen, ist ein bewußter Erpressertrick.«

Diese ganze Episode, die auf den ersten Blick dem Prozeß fernsteht, ist bei aufmerksamer Betrachtung von außerordentlichem Interesse. Laut der Anklageschrift habe ich bereits im Jahre 1931 und dann 1932 durch meinen Sohn Leo Sedow und durch Lurij Gaven Smirnow die Instruktion erteilt: zur terroristischen Kampfmethode überzugehen und auf dieser Basis mit den Sinowjewisten einen Block zu bilden. Wie wir noch häufig sehen werden, wurden alle meine »Instruktionen« sofort von den Kapitulanten ausgeführt, das heißt von Menschen, die längst mit mir gebrochen hatten und gegen mich im offenen Kampf standen. Nach der offiziellen Deutung waren die Kapitulationen Sinowjews, Kamenjews und anderer einfache Kriegslist, die den Zweck hatte, in das Allerheiligste der Bürokratie einzudringen. Schenkt man einen Moment dieser Version Glauben, die, wie aus dem weiteren hervorgeht, an tausend Tatsachen zerschellt, so erscheint mein Brief vom 4. Januar 1932 an das Politbüro als ein vollkommenes Rätsel. Wenn ich in den Jahren 1931–1932 die Organisation eines terroristischen »Blocks« mit Kamenjew und Sinowjew tatsächlich geleitet haben würde, würde ich selbstverständlich meine Verbündeten vor der Bürokratie nicht so hoffnungslos kompromittieren. Das plumpe Dementi Sinowjew-Kamenjews, bestimmt zur Täuschung der Nichteingeweihten, konnte natürlich keinen Moment Stalin täuschen: er wußte jedenfalls, daß seine früheren Verbündeten mir die volle Wahrheit gesagt hatten! Diese Tatsache allein hat genügt, um Sinowjew und Kamenjew für immer die Möglichkeit zu nehmen, sich das Vertrauen der regierenden Spitze wiederzuerringen. Was bleibt da von der »Kriegslist«? Ich hätte ja unzurechnungsfähig sein müssen, um auf solche Weise die Chancen des »terroristischen Zentrums« selbst zu untergraben.

Anderseits zeugt das Dementi Kamenjew-Sinowjew, im Inhalt und Ton, von allem, nur nicht von Mitarbeit. Außerdem steht dieses Dokument nicht isoliert da. Wir werden noch sehen, besonders an dem Beispiel Radek, daß die Hauptfunktion der Kapitulanten darin bestand, mich von Jahr zu Jahr, von Monat zu Monat vor der Sowjet- und der Weltmeinung zu beschimpfen und zu verleumden. Wie diese Menschen glauben sollten, unter der Leitung eines von ihnen kompromittierten Führers zum Siege zu kommen, ist völlig unerklärlich. Hier verwandelt sich die Kriegslist schon offen in ihr Gegenteil. Im Grunde ist das Dementi Sinowjew-Kamenjew vom 13. Februar 1932, das an alle Sektionen der Komintern versandt wurde, einer der zahlreichen Entwürfe für ihre Aussagen im August 1936: dasselbe Geschimpfe gegen mich als den Gegner des Bolschewismus und insbesondere als den Feind des »Genossen Stalin«; derselbe Hinweis auf meine Absicht, der »Konterrevolution« zu dienen, und schließlich dieselben Versicherungen, sie, Sinowjew und Kamenjew, machten ihre Aussagen aus freiem Willen, ohne jeglichen Zwang. Wie könnte es auch anders sein: auch nur die Möglichkeit eines Zwanges in Stalins »Demokratie« anzunehmen, könnten nur »Erpresser«. Schon die Exzesse des Stils zeigen unverkennbar die Quelle der Inspiration. Wahrhaftig, ein wertvolles Dokument! Es zerstört nicht nur die Dichtung vom »trotzkistisch-sinowjewistischen Zentrum« im Jahre 1932, sondern erlaubt auch in jenes Laboratorium hineinzublicken, wo sich die künftigen Prozesse mit Geständnissen auf Bestellung vorbereiteten.

Sinowjew und Kamenjew
31. Dezember. Ein Jahr geht zu Ende, das in die Geschichte eingehen wird als das Kainsjahr ...

Im Zusammenhang mit der Warnung von Sinowjew und Kamenjew vor den geheimen Plänen und Spekulationen Stalins kann die Frage auftauchen, ob nicht die selben Absichten bei Kamenjew und Sinowjew in bezug auf Stalin entstanden, nachdem alle anderen Wege des Kampfes ihnen abgeschnitten waren. Beide haben sie in der letzten Periode ihres Lebens nicht wenig Wendungen gemacht und nicht wenig Prinzipien verloren. Warum soll man also nicht annehmen, daß sie, verzweifelt über die Folgen ihrer eigenen Kapitulationen, in einem gegebenen Augenblick sich auf den Weg des Terrors gestürzt haben? Und dann, als letzte Kapitulation, den Wünschen der GPU entgegenkommend, sich bereit erklärten, mich in ihre unglückseligen Pläne hineinzuziehen, um sich und dem Regime, mit dem sie sich wieder aussöhnen wollten, einen Dienst zu erweisen? Eine solche Hypothese war einigen meiner Freunde in den Sinn gekommen. Ich habe sie von allen Seiten erwogen, ohne die geringste Voreingenommenheit oder persönliches Interesse. Und jedesmal bin ich mir über die völlige Unzulänglichkeit dieser Hypothese klar geworden. Sinowjew und Kamenjew sind grundverschiedene Naturen. Sinowjew ist Agitator, Kamenjew Propagandist. Sinowjew leitete hauptsächlich ein feiner politischer Instinkt. Kamenjew überlegte und analysierte. Sinowjew neigte stets zu Übertreibungen. Kamenjew kann man eher übertriebene Vorsicht zum Vorwurf machen. Sinowjew ging völlig in der Politik auf, ohne andere Interessen und Neigungen. In Kamenjew saß ein Sybarit und Ästhet. Sinowjew war rachsüchtig. Kamenjew eher gutmütig. Ich weiß nicht, wie ihre Beziehungen in der Emigration gewesen waren. Im Jahre 1917 verband sie vorübergehend ihre Opposition gegen die Oktoberrevolution. In den ersten Jahren nach dem Siege verhielt sich Kamenjew zu Sinowjew etwas ironisch. Später näherte sie einander die Opposition gegen mich, danach die gegen Stalin. Die letzten dreizehn Jahre ihres Lebens gingen sie in einer Reihe, ihre Namen wurden stets zusammen genannt. Bei all ihren individuellen Verschiedenheiten hatten sie gemeinsam, außer der in der Emigration unter Lenins unmittelbarer Leitung durchgemachten Schule, einen ungefähr gleichen Umfang des Denkens und des Willens. Kamenjews Analyse wurde durch Sinowjews Instinkt ergänzt; zusammen tasteten sie sich zu gemeinsamen Entschlüssen durch. Der vorsichtigere Kamenjew ließ sich manchmal gegen seinen Willen von Sinowjew mitreißen, aber am Ende standen sie auf der gleichen Rückzugslinie. Sie waren einander nah durch die gleichen Dimensionen ihrer Persönlichkeit und ergänzten einander durch ihre Verschiedenheiten. Beide waren tief und restlos dem Sozialismus ergeben. Darin besteht die Erklärung ihres tragischen Bundes.

Eine politische oder moralische Verantwortung für Sinowjew und Kamenjew auf mich zu nehmen, habe ich gar keine Veranlassung. Mit Abzug einer kleinen Pause (1926–1927) waren sie stets meine erbitterten Gegner. Persönlich hatte ich zu ihnen kein großes Vertrauen. Intellektuell stand jeder von ihnen allerdings höher als Stalin. Aber es mangelte ihnen an Charakter. Gerade diese ihre Eigenschaft hatte Lenin gemeint, als er im »Testament« schrieb, Sinowjew und Kamenjew erwiesen sich »nicht zufällig« im Herbst 1917 als Gegner des Aufstandes: sie hielten dem Ansturm der bürgerlichen öffentlichen Meinung nicht stand. Als sich in der Sowjetunion tiefe soziale Verschiebungen, verbunden mit der Formierung der privilegierten Bürokratie, herauskristallisierten, ließen sich Sinowjew und Kamenjew »nicht zufällig« in das Lager des Thermidors hineinziehen (1922–1926). Durch das theoretische Verständnis für die sich abspielenden Prozesse waren sie ihren damaligen Verbündeten, darunter auch Stalin, weit überlegen. Dies erklärt auch ihren Versuch, sich von der Bürokratie loszureißen und sich ihr entgegenzustellen. Im Juli 1926 erklärte Sinowjew im Plenum des ZK: »In der Frage der bürokratischen Apparatschraube hat Trotzki gegen uns Recht behalten.« Er gestand damals, daß sein Irrtum im Kampfe gegen mich sogar »gefährlicher« war als sein Irrtum von 1917! Aber der Druck der privilegierten Schicht nahm unüberwindliche Dimensionen an. Sinowjew und Kamenjew haben »nicht zufällig« Ende des Jahres 1927 vor Stalin kapituliert und die Jüngeren, weniger Autoritären mitgerissen. Sie haben sich dann nicht wenig Mühe gegeben, um die Opposition anzuschwärzen. Aber in den Jahren 1931–1932, als der gesamte Organismus des Landes unter den schrecklichen Folgen der gewaltsamen und schrankenlosen Kollektivisierung erschüttert war, erhoben Sinowjew und Kamenjew wie viele andere Kapitulanten besorgt den Kopf und begannen über die Gefahren der neuen Regierungspolitik zu tuscheln. Sie wurden gefaßt bei der Lektüre eines kritischen Dokumentes, das aus den Reihen der rechten Opposition kam, und für dieses schreckliche Verbrechen – keine andere Beschuldigung lag gegen sie vor! – aus der Partei ausgeschlossen und – verbannt. Im Jahre 1933 legten Sinowjew und Kamenjew nicht nur wiederum ein Reuebekenntnis ab, sondern warfen sich vor Stalin völlig auf den Bauch. Es gab keinen Schimpf, den sie gegen die Opposition nicht ausgestoßen hätten und besonders – gegen mich persönlich. Ihre Selbstentwaffnung machte sie völlig wehrlos und die Bürokratie konnte von nun an jedes Geständnis von ihnen verlangen. Ihr weiteres Schicksal war die Folge dieser progressiven Kapitulationen und Selbsterniedrigungen. Ja, es mangelte ihnen an Charakter. Jedoch darf man diese Worte nicht zu simpel verstehen. Der Widerstand des Materials läßt sich ermessen durch die es beeinflussenden Vernichtungskräfte. In den Tagen zwischen dem Prozeßbeginn und meiner Internierung hatte ich Gelegenheit, von friedlichen Bürgern zu hören: »Es ist unmöglich, Sinowjew zu begreifen ... Diese Charakterlosigkeit!« Ich antwortete ihnen: »Haben Sie an sich den Druck erfahren, dem er eine Reihe von Jahren ausgesetzt war?« Sehr unklug sind die in intellektuellen Kreisen verbreiteten Vergleiche mit der Haltung Dantons, Robespierres und anderer vor Gericht. Dort gerieten die revolutionären Tribunen unter das Messer der Justiz unmittelbar von der Kampfarena, in ihrer höchsten Kraftentfaltung, mit fast unberührten Nerven und gleichzeitig ohne die geringste Hoffnung auf Rettung. Noch unangebrachter sind die Vergleiche mit der Haltung Dimitrows vor dem Leipziger Gericht. Gewiß, neben Torgler hob sich Dimitrow günstig durch Entschlossenheit und Mut ab. Doch haben Revolutionäre verschiedener Länder und insbesondere des zaristischen Rußlands unter viel schwierigeren Umständen nicht weniger Standhaftigkeit bewiesen. Dimitrow stand von Angesicht zu Angesicht mit dem grimmigsten Klassenfeinde. Keine Indizien hat es gegen ihn gegeben und geben können. Der Staatsapparat der Nazi war erst in Bildung und zu totalitären Fälschungen noch unfähig. Dimitrow wurde vom gigantischen Apparat des Sowjetstaates und der Komintern gestützt. Es drangen zu ihm von überall die Sympathien der Volksmassen. Freunde saßen im Gerichtssaal. Es hat nur ein durchschnittlicher menschlicher Mut dazu gehört, um »Held« zu werden. War denn die Lage Sinowjews und Kamenjews vor dem Gesicht der GPU und vor dem Gericht dieser ähnlich? Zehn Jahre waren sie umgeben von mit schwerem Gold bezahlten Wolken der Verleumdung. Zehn Jahre schaukelten sie zwischen Leben und Tod, anfangs im politischen Sinne, dann im moralischen und endlich im physischen. Kann man im Verlauf der gesamten Geschichte viele Beispiele solcher systematischen, raffinierten, teuflischen Demolierung des Rückgrats, der Nerven, aller Fiber der Seele finden? Die Charaktere Sinowjews und Kamenjews würden für eine friedliche Periode vollauf ausgereicht haben. Jedoch erforderte die Periode grandioser sozialer und politischer Erschütterungen von diesen Menschen, deren Begabung ihnen einen führenden Platz in der Revolution zugewiesen hatte, ganz besondere Standhaftigkeit. Die Disproportion zwischen Begabung und Willen hat zu den tragischen Resultaten geführt.

Die Geschichte meiner Beziehungen zu Sinowjew und Kamenjew läßt sich mühelos nach Dokumenten, Artikeln und Büchern verfolgen. Allein das »Bulletin der Opposition« (1929–1937) bezeichnet zur Genüge den Abgrund, der uns seit der Zeit ihrer Kapitulation völlig getrennt hat. Es gab zwischen uns keine Verbindungen, keinerlei Beziehungen, keinerlei Briefwechsel, nicht einmal Versuche in dieser Richtung – es hat keine gegeben und konnte keine geben. In Briefen und Artikeln empfahl ich den Oppositionellen stets, im Interesse der politischen und moralischen Selbsterhaltung, mit den Kapitulanten rücksichtslos zu brechen. Was ich also über die Ansichten und Pläne Sinowjews-Kamenjews in den letzten acht Jahren ihres Lebens berichten kann, kann keinesfalls als Zeugenaussage gelten. Es befindet sich jedoch in meinen Händen eine genügende Zahl von Dokumenten und Tatsachen, die sich nachprüfen lassen; ich kenne die Beteiligten gut, ihre Charaktere, ihre gegenseitigen Beziehungen, die gesamte Situation, um mit absoluter Sicherheit zu sagen: die Beschuldigung gegen Sinowjew und Kamenjew wegen Terror ist gemeine Polizeifälschung von Anfang bis zu Ende, ohne ein Körnchen Wahrheit.

Allein schon die Lektüre des Prozeßberichtes stellt einen denkenden Menschen vor das Rätsel: wer sind denn eigentlich diese seltsamen Angeklagten? Alte, erfahrene Politiker, die im Namen eines bestimmten Programms kämpfen und fähig sind, Mittel und Zweck in Übereinstimmung zu bringen? oder aber Inquisitionsopfer, deren Benehmen nicht von der eigenen Vernunft und dem eigenen Willen bestimmt ist, sondern von den Interessen der Inquisitoren? Haben wir es mit normalen Menschen zu tun, deren Psychologie eine innere Einheit darstellt, die sich in Worten und Handlungen äußert, oder mit klinischen

Subjekten, die die vernunftwidrigsten Wege wählen und diese Wahl mit sinnlosesten Argumenten motivieren? Diese Fragen beziehen sich in erster Linie auf Sinowjew und Kamenjew. Welche Motive – und es mußten doch Motive von außerordentlicher Kraft sein – haben sie bei ihrem vermeintlichen Terror geleitet? Im ersten Prozeß, im Januar 1935, haben Sinowjew und Kamenjew, ihre Beteiligung an der Ermordung Kirows leugnend, als Kompensation ihre »moralische Verantwortung« für die terroristischen Tendenzen zugegeben, wobei sie als bewegendes Motiv für ihre oppositionelle Arbeit das Bestreben nannten, ... den »Kapitalismus wieder herzustellen«. Wenn es nichts anderes gegeben hätte als dieses widernatürliche politische »Geständnis«, die Lüge der stalinschen Justiz wäre genügend entlarvt. Wer wird in der Tat glauben, Kamenjew und Sinowjew hätten so fanatisch zu dem von ihnen gestürzten Kapitalismus hingestrebt, daß sie bereit waren, für dieses Ziel ihre eigenen und fremde Köpfe zu opfern? Die Beichte der Angeklagten im Januar 1936 enthüllte Stalins Auftrag so plump, daß sogar die weniger anspruchsvollen »Freunde« sich betroffen fühlten.

Im Prozeß der 16 (August 1936) wird die »Restauration des Kapitalismus« völlig ignoriert. Als Beweggrund für den Terror erscheint die nackte »Machtgier«. Die Anklage verzichtet auf die eine Version zugunsten einer anderen, als handle es sich um Lösungen von Schachaufgaben, wobei die Änderung der Entschlüsse schweigend, ohne Kommentare geschieht. Nach dem Staatsanwalt wiederholen die Angeklagten jetzt, sie hätten kein Programm mehr gehabt, sondern nur den unüberwindlichen Wunsch, die Kommandohöhen des Staates um jeden Preis an sich zu reißen. Man fragt sich jedoch: Wie hätte die Ermordung der »Führer« Menschen an die Macht bringen können, die durch eine Reihe von Reuebekenntnissen das Vertrauen zu sich untergraben, sich selbst erniedrigt, beschmutzt und damit für immer der Möglichkeit beraubt hatten, in der Zukunft eine führende politische Rolle zu spielen?

Ist Sinowjews und Kamenjews Ziel unwahrscheinlich, so sind ihre Mittel noch sinnloser. In den am meisten überlegten Aussagen Kamenjews wird besonders nachdrücklich betont, daß die Opposition sich von den Massen völlig losgetrennt, ihre Prinzipien aufgegeben und damit die Hoffnung verloren hatte, in der Zukunft Einfluß zu gewinnen, und daß sie gerade deshalb zum Gedanken des Terrors gekommen wäre. Nicht schwer zu begreifen, wie sehr eine solche Selbstcharakteristik für Stalin von Nutzen ist: sein Auftrag ist ganz offensichtlich. Aber wenn Kamenjews Aussagen sich eignen, die Opposition zu erniedrigen, so eignen sie sich absolut nicht zur Begründung des Terrors. Gerade unter den Bedingungen politischer Isoliertheit bedeutet der terroristische Kampf für eine revolutionäre Fraktion ein schnelles Verbrennen ihrer selbst auf dem Scheiterhaufen. Wir, Russen, kennen dies zu gut aus dem Beispiel der Narodnaja Wolja (1879–1883), wie auch aus dem Beispiel der Sozialrevolutionäre in der Periode der Reaktion (1907–1909). Sinowjew und Kamenjew sind nicht nur an der Erfahrung dieser Lehren aufgewachsen, sondern sie haben sie auch wiederholt in der Parteipresse kommentiert. Konnten sie, alte Bolschewiki, die Abc-Wahrheiten der russischen revolutionären Bewegung nur darum vergessen und verwerfen, weil es sie so sehr nach der Macht gelüstete? Dies zu glauben, ist völlig unmöglich.

Nehmen wir aber für einen Augenblick an, in den Köpfen Sinowjews und Kamenjews sei tatsächlich die Hoffnung entstanden, auf dem Wege offener Selbstbespeiung, durch anonymen Terror ergänzt, zur Macht zu kommen (eine solche Annahme bedeutet ja im wesentlichen, Sinowjew und Kamenjew als Psychopathen zu bezeichnen!). Was aber waren dann in diesem Falle die Triebfedern der terroristischen Exekutoren – nicht der sich hinter den Kulissen versteckt haltenden Führer, sondern der in Reih und Glied stehenden Kämpfer, jener, die unentrinnbar für den fremden Kopf mit ihrem eigenen zahlen sollten? Ohne Ideal und tiefen Glauben an sein Banner ist ein gedungener Mörder denkbar, dem man von vornherein Straflosigkeit zusichert, aber undenkbar der sich selbst aufopfernde Terrorist. Im Prozeß der 16 wurde die Ermordung Kirows als kleiner Teil eines Planes geschildert, der auf die Ausrottung der gesamten regierenden Spitze berechnet war. Es handelte sich um einen systematischen Terror in grandiosem Maßstabe. Für die unmittelbare Ausführung der Attentate wären viele Dutzende, wenn nicht Hunderte fanatischer, aufopferungsfähiger, eiserner Kämpfer notwendig gewesen. Sie fallen nicht vom Himmel. Man muß sie auswählen, erziehen, organisieren. Man muß sie durch und durch mit der Überzeugung erfüllen, daß es außer dem Terror keine Rettung gibt. Neben den aktiven Terroristen braucht man Reserven. Auf diese kann man nur in dem Falle rechnen, wenn breite Kreise der jungen Generation von terroristischen Sympathien erfüllt sind. Solche Stimmungen wären nur zu schaffen durch die Propagierung des Terrorismus, die einen um so leidenschaftlicheren und intensiveren Charakter tragen müßte, als die gesamte Tradition des russischen Marxismus gegen den Terrorismus gerichtet war. Diese Tradition zu brechen, wäre unbedingt notwendig. Ihr mußte man eine neue Doktrin entgegenstellen. Wenn Sinowjew und Kamenjew sich nicht stillschweigend von ihrer antiterroristischen Vergangenheit hätten lossagen können, um so weniger wären sie imstande gewesen, ihre Anhänger nach Golgatha zu schicken – ohne Kritik, ohne Polemik, ohne Konflikte, ohne Spaltungen und ohne ... Denunziationen. Eine so radikale geistige Umrüstung, Hunderte und Tausende Revolutionäre erfassend, müßte wiederum zahllose materielle Spuren hinterlassen (Dokumente, Briefe usw.). Wo ist das alles? Wo die Propaganda? Wo die Terror-Literatur? Wo der Widerhall der Diskussionen und des inneren Kampfes? Im Prozeßmaterial findet sich davon nicht die Spur.

Für Wyschinski wie für Stalin existieren die Angeklagten als menschliche Wesen überhaupt nicht. Damit verschwinden auch die Fragen nach ihrer politischen Psychologie. Auf den Versuch eines der Angeklagten, sich auf seine »Gefühle« zu berufen, die ihn angeblich gehindert hätten, auf Stalin zu schießen, antwortete Wyschinski mit dem Hinweis auf angebliche physische Hindernisse: »das ist ... ein sichtbarer Grund, ein objektiver, alles andere ist Psychologie«. »Psychologie!« Welch vernichtende Verachtung! Die Angeklagten haben keine Psychologie, das heißt, sie dürfen nicht wagen, sie zu haben. Ihre Geständnisse ergeben sich nicht aus normalen menschlichen Motiven. Die Psychologie der regierenden Clique unterwirft sich, mit Hilfe der Inquisitionsmechanik, restlos die Psychologie der Angeklagten. Der Prozeß ist nach dem Muster der tragischen Puppentheater aufgebaut. Die Angeklagten werden an Fäden gezogen, oder an Stricken, die man ihnen um den Hals gelegt hat. Für »Psychologie« gibt es keinen Platz. Ohne die terroristische Psychologie ist aber die terroristische Tätigkeit undenkbar!

Akzeptieren wir aber einmal die absurde Version der Anklage in ihrer Gesamtheit. Gejagt von »Machtgier« werden

Führer-Kapitulanten zu Terroristen. Hunderte von Menschen werden ihrerseits derart von der »Machtgier« Kamenjew-Sinowjews erfaßt, daß sie ihre Köpfe gehorsam zum Henkerblock tragen. Das alles ... im Bunde mit Hitler! Die verbrecherische, dem bloßen Auge allerdings unsichtbare Arbeit nimmt ungeahnte Dimensionen an: Organisierung von Attentaten auf alle »Führer«, universelle Sabotage und Spionage. Und dies nicht etwa einen Tag, einen Monat, nein, fast fünf Jahre lang! Und das alles unter der Maske der Parteitreue! Undenkbar, sich wütendere, kühlere, gestähltere Verbrecher auszudenken. Und nun? Ende Juli 1936 sagen sich plötzlich alle diese Monstren von ihrer Vergangenheit und von sich selbst los und legen jämmerlich, einer nach dem anderen, Beichten ab. Kein einziger verteidigt seine Ideen, Ziele oder Kampfmethoden. Alle sind bestrebt, um die Wette sich und die anderen anzuschwärzen. Der Staatsanwalt hat keine Beweise außer den Geständnissen der Angeklagten! Die gestrigen Terroristen, Saboteure und Faschisten liegen im Staub vor Stalin und schwören ihm heiße Liebe. Wer sind sie nun, diese phantastischen Angeklagten: Verbrecher? Psychopathen? beides zusammen? Nein, sie sind Klienten von Wyschinski-Jagoda. So sehen Menschen aus, die durch eine längere Bearbeitung der GPU hindurchgegangen sind. In den Erzählungen Sinowjews und Kamenjews über ihre vergangene verbrecherische Tätigkeit ist ebenso viel Wahrheit wie in ihren Liebesbeteuerungen für Stalin. Sie sind Opfer des totalitären Systems, das nichts anderes verdient als den Fluch!

**Warum beichten sie Verbrechen,
die sie nicht begangen haben?**

1. Januar 1937. Heute nacht begannen beide Sirenen des Tankschiffs, die Luft- und Dampfsirene, zu heulen, die Signal-»Kanone« gab zwei Schüsse ab: die »Ruth« begrüßte das neue Jahr. Niemand antwortete. Während der ganzen Fahrt sind wir, glaube ich, nur zwei Dampfern begegnet. Allerdings, wir halten einen ungewöhnlichen Kurs. Nur der uns begleitende faschistische Polizeioffizier empfing durchs Radio ein Glückwunschtelegramm zum neuen Jahr von seinem sozialistischen Minister Trygve Lie. Es fehlte nur die Gratulation von Jagoda und Wyschinski!

Die einfachste Art der Verteidigung gegen die Moskauer Beschuldigungen wäre für mich:»Es sind nun fast zehn Jahre, daß ich nicht nur keine Verantwortung für Sinowjew und Kamenjew trage; im Gegenteil, ich habe sie wiederholt als Verräter gegeißelt. Ob diese Kapitulanten, in ihren Hoffnungen enttäuscht und in Intrigen verwirrt, tatsächlich zum Terror gekommen waren, kann ich nicht wissen. Es ist aber völlig klar, daß sie dadurch, daß sie mich kompromittierten, sich Gnade erflehen wollten.« In dieser Erklärung wäre kein Wort Lüge. Aber es wäre nur die Hälfte der Wahrheit, folglich die Unwahrheit. Trotzdem mein Bruch mit den Angeklagten weit zurückliegt, zweifle ich keinen Moment, daß jene alten Bolschewiki, die ich während einer Reihe von Jahren gekannt habe (Sinowjew, Kamenjew, Smirnow, Mratschkowski), kein einziges der Verbrechen, die sie »gestanden«, begangen haben noch begangen haben konnten. Uninformierten Menschen erscheint vielleicht eine solche Behauptung paradox, mindestens überflüssig. »Wozu«, sagen sie, »die eigene Verteidigung erschweren durch die Verteidigung seiner bösesten Feinde? Ist das nicht Donquichotterie?« Nein, das ist nicht Donquichotterie. Um der Moskauer Fälschung am laufenden Bande ein Ende zu bereiten, muß man die politische und die psychologische Mechanik der »freiwilligen Geständnisse« entlarven.

Im Jahre 1931 wurde in Moskau der Prozeß der Menschewiki aufgeführt, der völlig auf den Reuebekenntnissen der Angeklagten beruhte. Zwei der Angeklagten, den Historiker Suchanow und den Nationalökonomen Gromann kannte ich persönlich, den ersteren recht gut. Trotzdem die Anklageschrift in einigen ihrer Teile phantastisch klang, konnte ich nicht annehmen, daß alte Politiker, die ich bei aller Unversöhnlichkeit unserer Ansichten als ehrliche und ernste Menschen schätzte, derart über sich und andere zu lügen fähig wären. Gewiß, die GPU hat das Material abgerundet, sagte ich mir, vieles hinzugefügt, vieles erdacht, aber im Kern der Aussagen müssen wirkliche Tatsachen enthalten sein. Ich erinnere mich, daß mein Sohn, der damals in Berlin lebte, mir bei unserer späteren Begegnung in Frankreich sagte: »Der Menschewiki-Prozeß war offenbar durch und durch eine Fälschung.« »Aber die Aussagen Suchanows und Gromanns?«, erwiderte ich ihm, »das sind doch keine Schufte und keine käuflichen Karrieristen!« Zur Erklärung, wenn nicht zur Verteidigung, muß man sagen, daß ich die menschewistische Literatur lange nicht verfolgt, und seit Ende 1927 außerhalb jedes politischen Milieus, ohne lebendige, unmittelbare politische Eindrücke in der Türkei gelebt hatte. Mein Irrtum in der Einschätzung des Prozesses der Menschewiki ergab sich keinesfalls aus einem Vertrauen zur GPU (ich habe auch im Jahre 1931 gewußt, daß diese Institution in eine Bande von Lumpen ausgeartet ist), sondern aus dem Vertrauen zur Person einiger der Angeklagten. Ich hatte die weit fortgeschrittene Technik der Demoralisierung und Korrumpierung unterschätzt und die Widerstandsfähigkeit einiger Opfer der GPU überschätzt.

Die weiteren Enthüllungen aus dem Prozeß der Menschewiki und neue Prozesse mit ritualen Reuebekenntnissen hatten, mindestens für denkende Menschen, die Inquisitionsgeheimnisse der GPU noch vor dem Prozeß Sinowjew-Kamenjew aufgedeckt. Im Mai 1936 schrieb ich im »Bulletin der Opposition«: »Eine ganze Serie öffentlicher politischer Prozesse in der USSR hat gezeigt, mit welcher Bereitschaft manche Angeklagte Verbrechen auf sich nehmen, die sie bestimmt nicht begingen. Diese Angeklagten, die vor Gericht gleichsam eine einstudierte Rolle spielen, kommen mit leichten, mitunter offensichtlich fiktiven Strafen davon. Gerade im Austausch gegen diese Milde der Justiz machen sie eben ihre ›Geständnisse‹. Wozu aber brauchen die Behörden diese falschen ›Selbstbezichtigungen‹? Manchmal, um eine dritte Person zu treffen, die mit der Sache sichtlich nichts zu tun hat; manchmal, um die eigenen Verbrechen zu verschleiern, in der Art der durch nichts gerechtfertigten blutigen Repressalien; schließlich um eine günstige Atmosphäre für die bonapartistische Diktatur zu schaffen ... Die Erpressung phantastischer, gegen sich selbst gerichteter Geständnisse von einem Angeklagten, um durch Abprallschlag dritte zu treffen, ist schon seit langem zu einem System der GPU, das heißt zu einem System Stalins geworden.« Diese Zeilen waren veröffentlicht zwei Monate vor dem Sinowjew-Kamenjew-Prozeß (August 1936), in dem ich zum erstenmal als der Organisator einer terroristischen Verschwörung genannt worden war.

, Sämtliche Angeklagten, deren Namen mir bekannt sind, haben früher zur Opposition gehört und dann, aus Angst vor Parteispaltungen oder Verfolgungen, beschlossen, um jeden Preis in die Reihen der Partei zurückzukehren. Die regierende Clique verlangte von ihnen das laute Bekenntnis, daß ihr Programm falsch sei. Nicht einer von ihnen hatte das geglaubt, im Gegenteil, alle waren überzeugt, daß die Entwicklung die Richtigkeit des Programms der Opposition bestätigt hatte. Nichtsdestoweniger unterschrieben sie Ende 1927 eine Erklärung, in der sie sich fälschlicherweise »Abweichungen«, »Irrtümern« und Sünden gegen die Partei bezichtigten und ihre neuen Führer, für die sie keine Achtung hatten, rühmten. In embryonaler Form sind hier schon die späteren Moskauer Prozesse enthalten.

Es blieb nicht bei der ersten Kapitulation. Das Regime wurde immer totalitärer, der Kampf gegen die Opposition – immer wütender, die Beschuldigungen immer ungeheuerlicher. Politische Diskussionen konnte die Bürokratie nicht zulassen, denn es ging nur noch um ihre Privilegien. Um Gegner ins Gefängnis zu sperren, zu verbannen, zu erschießen genügte die Beschuldigung der »Abweichung« nicht. Man mußte der Opposition das Bestreben nachsagen, die Partei zu spalten, die Armee zu zersetzen, die Sowjetmacht zu stürzen, den Kapitalismus zu restaurieren. Um diese Anklage vor dem Volke zu bekräftigen, zog die Bürokratie jedesmal die früheren Oppositionellen ans Licht, und zwar gleichzeitig in der Eigenschaft von Zeugen und von Angeklagten. So verwandelten sich die Kapitulanten allmählich in professionelle falsche Zeugen gegen die Opposition und gegen sich selbst. In allen reumütigen Erklärungen figurierte unvermeidlich mein Name, als des wichtigsten »Feindes« der USSR, das heißt der Sowjetbürokratie: anders hatte das Dokument keine Kraft. Anfangs handelte es sich nur um meine Abweichungen in die Richtung zur »Sozialdemokratie«, an der nächsten Etappe war die Rede von konterrevolutionären Folgen meiner Politik, noch später von meinem De-facto-, wenn nicht De-jure-Bündnis mit der Bourgeoisie gegen die USSR usw. usw. Der Kapitulant, der den Versuch unternahm, diesen Erpressungen Widerstand zu leisten, stieß stets auf die gleiche Frage: »Also waren Ihre früheren Erklärungen unaufrichtig; Sie sind ein geheimer Feind?« So gestalteten sich die aufeinanderfolgenden Reueerklärungen zu einem Gewicht an den Beinen des Kapitulanten, das ihn in den Abgrund zog*.

---

* Siehe darüber mein Buch »Verratene Revolution«, geschrieben vor dem Prozeß der sechzehn.

Sobald politische Schwierigkeiten drohten, wurden die ehemaligen Oppositionellen wieder verhaftet und verbannt, aus nichtigen oder fiktiven Anlässen: die Aufgabe bestand darin, das Nervensystem zu zerstören, die persönliche Würde zu töten, den Willen zu brechen. Nach jeder neuen Repressalie konnte man Amnestie erhalten nur durch eine verdoppelte Erniedrigung. Es wurde gefordert, in der Presse eine Erklärung abzugeben: »Ich gestehe, daß ich in der Vergangenheit die Partei getäuscht, daß ich gegen die Sowjetmacht unehrlich gehandelt habe, daß ich faktisch ein Agent der Bourgeoisie war; ich will von nun an mit den trotzkistischen Konterrevolutionären endgültig brechen ...« usw. So vollzog sich Schritt für Schritt die »Erziehung«, das heißt die Demoralisierung vieler Zehntausender Parteimitglieder und indirekt der gesamten Partei, der Angeklagten wie der Ankläger.

Die Ermordung Kirows (Dezember 1934) hat dem Prozeß der Schändung des Parteigewissens eine früher ungekannte Schärfe verliehen. Nach einer Reihe sich widersprechender und falscher offizieller Erklärungen mußte sich die Bürokratie mit einer halben Maßnahme begnügen, nämlich mit dem »Geständnis« von Sinowjew, Kamenjew und anderen, daß sie für den terroristischen Akt die »moralische Verantwortung« trügen. Diese Erklärung wurde durch ein einfaches Argument entrissen: »Wenn ihr uns nicht helft, die moralische Verantwortung für die terroristischen Akte der Opposition aufzuerlegen, so zeigt ihr damit eure faktische Sympathie mit dem Terror; wir werden mit euch dann entsprechend verfahren.« An jeder neuen Etappe erhob sich vor den Kapitulanten immer die gleiche Alternative: entweder sich lossagen von den früheren »Geständnissen« und sich auf einen hoffnungslosen Konflikt mit der Bürokratie einlassen – ohne Banner, ohne Organisation, ohne persönliche Autorität, – oder einen weiteren Schritt abwärts machen und sich und die anderen mit immer größeren Lumpereien belasten. So sieht die Progression des Absturzes aus! Stellte man ihren ungefähren »Koeffizienten« fest, dann konnte man im voraus den Charakter des »Reuebekenntnisses« an der nächsten Etappe voraussagen. Ich habe mehr als einmal diese Operation in der Presse vorgenommen.

Zur Erreichung ihrer Ziele hat die GPU viele ergänzende Mittel. Nicht alle Revolutionäre haben sich in den zaristischen Gefängnissen würdig benommen: die einen bereuten, die ande-

85

ren verrieten, die dritten baten um Gnade. Die alten Archive sind längst untersucht und klassifiziert. Die wertvollsten Dossiers werden in Stalins Sekretariat aufbewahrt. Es genügt, so ein Papierchen herauszuholen, damit ein hoher Würdenträger in den Abgrund stürzt.

Andere, Hunderte heutiger Bürokraten befanden sich in der Epoche der Oktoberrevolution und des Bürgerkrieges im Lager der Weißen. So zum Beispiel die Blüte der Stalinschen Diplomatie: Trojanowski, Majski, Chintschuk, Suritz etc. So die Blüte der Journalistik: Kolzow, Saslawski und viele andere. So der schreckliche Ankläger Wyschinski, die rechte Hand Stalins. Die junge Generation weiß es nicht, die alte tut, als habe sie es vergessen. Es genügt, laut an die Vergangenheit eines Trojanowski zu erinnern, und die Reputation des Diplomaten liegt in Scherben. Stalin ist darum imstande, von Trojanowski jede Erklärung und jedes Zeugnis zu verlangen: die Trojanowskis geben sie ohne Zögern.

Dem Reuebekenntnis einer größeren Figur gehen in der Regel Dutzende falscher Zeugnisse voraus von Personen aus deren Umgebung. Die GPU beginnt mit Verhaftungen der Sekretäre, Stenographen, Schreibmaschinistinnen und verspricht ihnen nicht nur die Freiheit, sondern auch allerhand Privilegien, wenn sie die nötigen Aussagen gegen ihren gestrigen »Patron« machen. Schon im Jahre 1924 hat die GPU meinen Sekretär Glasmann zum Selbstmord getrieben. Im Jahre 1928 beantwortete der Chef meines Sekretariats, Ingenieur Butow, die Versuche der GPU, von ihm falsche Zeugnisse gegen mich zu erlangen, mit dem Hungerstreik und starb am fünfzigsten Tage im Gefängnis. Zwei meiner anderen Sekretäre, Sermux und Posnanski, haben Gefängnis und Verbannung seit 1929 nicht verlassen. Welches ihr Schicksal jetzt ist, ist mir unbekannt. Nicht alle Sekretäre zeichnen sich durch solche Standhaftigkeit aus. Die Mehrzahl von ihnen wird durch die Kapitulationen ihrer Patrone und der gesamten verfaulten Atmosphäre des Regimes demoralisiert. Um Smirnow oder Mratschkowski Aussagen zu entreißen, bewaffnete sich der GPU-Inquisitor zuerst mit falschen Denunziationen ihrer näheren und ferneren Mitarbeiter, ihrer Verwandten und früherer Freunde. Das auserwählte Opfer erweist sich am Ende derart in ein Netz falscher Zeugnisse verstrickt, daß jeder Widerstand zwecklos erscheint.

Die GPU beobachtet aufmerksam die Familienverhältnisse der hohen Beamten. Der Verhaftung der späteren Angeklagten geht nicht selten die Verhaftung der Ehefrau voraus. Im Prozeß selbst figurieren die Ehefrauen in der Regel nicht; sie helfen aber der GPU während der Untersuchung, den Willen des Mannes zu brechen. In vielen Fällen entschließen sich die Verhafteten zu Geständnissen unter der Drohung mit intimen Enthüllungen, die das Opfer in den Augen der Ehefrau und der Kinder kompromittieren können. Sogar in den offiziellen Berichten kann man Spuren dieses Spieles hinter den Kulissen entdecken!

Ein zahlreiches Menschenmaterial für die Gerichtsamalgame liefern die große Schicht schlechter Administratoren, wirklicher oder angeblicher Schuldiger der wirtschaftlichen Mißerfolge und schließlich die im Umgang mit öffentlichen Geldern nachlässigen Beamten. Die Grenze zwischen Legalem und Illegalem ist in der USSR sehr nebelhaft. Neben dem offiziellen Gehalt existieren zahllose inoffizielle und halblegale Almosen. In normalen Zeiten gehen diese Operationen ungestraft durch. Aber die GPU hat die Möglichkeit, jederzeit ihr Opfer vor die Wahl zu stellen: zugrunde zu gehen als einfacher Defraudant und Dieb oder den Versuch zu machen, sich als Oppositioneller zu retten, der von Trotzki auf den Weg des Landesverrates verlockt wurde.

Doktor Ciliga, ein jugoslawischer Kommunist, der fünf Jahre in Stalins Gefängnissen zugebracht hat, erzählt, wie man die Widerstandleistenden einige Male am Tage aus ihrer Zelle in den Hof führt, wo die Erschießungen stattzufinden pflegen. Das wirkt. Man wendet kein glühendes Eisen an. Wahrscheinlich auch keine spezifischen Medikamente. Es genügt die »moralische« Wirkung solcher Spaziergänge.

Die Einfältigen fragen: Warum aber fürchtet Stalin nicht, daß seine Opfer vor einem öffentlichen Gericht plötzlich zu sich kommen und die Fälschung enthüllen könnten? Dieses Risiko ist ganz minimal. Die Mehrzahl der Angeklagten zittert nicht nur für sich, sondern auch für ihre Angehörigen. Es ist nicht so einfach, sich im Gerichtssaal zu einer effektvollen Geste zu entschließen, wenn Frau, Tochter, Sohn oder alle zusammen als Geiseln in den Händen der GPU sind. Und was heißt es, die Fälschung entlarven? Physische Folter hat es ja nicht gegeben. Die »freiwilligen« Geständnisse jedes einzelnen Angeklagten

87

sind die natürliche Fortsetzung seiner vorangegangenen Reueerklärungen. Wie soll er den Gerichtssaal und die Menschheit
glauben machen, daß alle Erklärungen und Geständnisse im
Laufe von zehn Jahren nur eine Verleumdung seiner selbst waren?

Smirnow hatte den Versuch gemacht, vor Gericht die »Geständnisse«, die er in der Voruntersuchung abgelegt hatte, zu-
rückzunehmen. Sofort wurde ihm als Zeugin seine Frau gegenübergestellt, man hielt ihm seine eigenen früheren Aussagen
vor, alle übrigen Angeklagten verleumdeten ihn sofort. Ferner
muß man die feindliche Atmosphäre des Saales hinzurechnen.
Nach den Telegrammen und Korrespondenzen der diensteifri-
gen Journalisten scheint die Verhandlung »öffentlich«. In Wirklichkeit ist der Saal angefüllt mit GPU-Agenten, die absichtlich
bei den dramatischsten Stellen kichern und den viehischen
Ausfällen des Staatsanwalts applaudieren. Ausländer? Gleichgültige Diplomaten, der russischen Sprache nicht mächtig,
oder ausländische Journalisten vom Typus Duranti, die eine
fertige Meinung in der Tasche mitgebracht haben! Ein französischer Journalist hat sehr bildlich beschrieben, wie Sinowjew
mit heißen Blicken den Saal abtastete und, kein einziges mit-
fühlendes Gesicht findend, hoffnungslos den Kopf sinken ließ.
Man füge dem noch hinzu: die Stenotypistinnen, völlig in der
Hand der GPU, der Vorsitzende, der jeden Augenblick die Sitzung abbrechen kann, die Agenten der GPU, die Publikum mar-
kieren, können jeden Moment ein wütendes Geheul anstim-
men. Alles ist vorgesehen. Alle Rollen verteilt. Der Angeklagte,
der während der Voruntersuchung sich mit der ihm aufge-
zwungenen schändlichen Rolle abgefunden hat, findet keinen
Anlaß, sie vor Gericht zu ändern: er riskiert nur den letzten
Schein einer Hoffnung auf Rettung.

Rettung? Aber Sinowjew und Kamenjew konnten, nach der
Meinung der Herren Pritt und Rosenmark, nicht damit rechnen, ihr Leben zu retten durch Bekenntnisse nicht begangener
Verbrechen. Warum nicht? Es hat in der Vergangenheit mehrere Prozesse gegeben, wo Angeklagte durch falsche Selbstbezichtigungen ihr Leben retteten. Die erdrückende Mehrzahl
der Menschen, die an allen Enden der Welt den Moskauer Prozeß verfolgte, hat auf die Begnadigung der Angeklagten gehofft. Dasselbe wurde auch in der USSR beobachtet. Ein interessantes Zeugnis darüber finden wir in dem Londoner »Daily

Herald«, einem Organ jener Partei, deren Parlamentsfraktion Herr Pritt schmückt. Gleich nach der Hinrichtung der 16 schreibt der Moskauer Korrespondent des »Daily Herald«: »Bis zum letzten Moment haben die 16 heute Erschossenen auf die Begnadigung gehofft.« (Up to the last moment the 16 men shot today had hoped for clemency.) Und er fügt hinzu: »Man vermutete in breiten Kreisen, daß das erst vor fünf Tagen angenommene Sonderdekret, das den Angeklagten das Appellationsrecht gibt, zum Zwecke ihrer Begnadigung erlassen wurde.« (It had been widely supposed that a special decree passed only five days ago giving them the right to appeal, had been issued in order to spare them.) Dieses Zeugnis beweist, daß sogar in Moskau bis zur letzten Stunde die Atmosphäre der Hoffnung auf eine Begnadigung geherrscht hat. Diese Hoffnungen wurden mit Absicht von den höchsten Stellen verbreitet und genährt. Das Todesurteil nahmen die Angeklagten, nach den Worten von Augenzeugen, ruhig, als etwas Selbstverständliches auf: sie hatten begriffen, daß ihren theatralischen Reuebekenntnissen nur das Todesurteil Gewicht verleihen konnte. Sie begriffen nicht, oder gaben sich Mühe, nicht zu begreifen, daß das richtige Gewicht dem Todesurteil nur seine Vollstreckung verleihen kann. Kamenjew, der überlegendste und nachdenklichste von allen Angeklagten, hatte offensichtlich die größten Zweifel in bezug auf den Ausgang der ungleichen Abmachung. Aber auch er hat sich wohl hundertmal wiederholen müssen: Wird es Stalin tatsächlich wagen? Stalin hat es gewagt. In den ersten zwei Monaten des Jahres 1923 bereitete sich der kranke Lenin darauf vor, einen entscheidenden Kampf gegen Stalin aufzunehmen. Er fürchtete, daß ich auf Konzessionen eingehen könnte, und warnte mich am 5. März: »Stalin wird ein faules Kompromiß schließen und dann betrügen.« Diese Formel gibt besser als jede andere die politische Methodologie Stalins wieder, auch in bezug auf die 16 Angeklagten: er hat mit ihnen ein »Kompromiß« abgeschlossen – durch den Untersuchungsrichter der GPU – und hat sie dann betrogen – durch den Henker.

Stalins Methoden waren für die Angeklagten kein Geheimnis. Noch im Jahre 1926, als Sinowjew und Kamenjew offen mit Stalin gebrochen hatten, und in den Reihen der linken Opposition die Frage diskutiert wurde, mit welchem Gegner wir einen Block schließen könnten, sagte Mratschkowski, einer der Hel-

den des Bürgerkrieges: »Mit keinem: Sinowjew wird davonlau-
fen, Stalin – betrügen.« Dieser Satz wurde sprichwörtlich. Sinowjew schloß mit uns bald danach einen Block und »lief« bald
danach tatsächlich »davon«. Hinterher »lief davon«, neben vielen anderen, allerdings auch Mratschkowski. Die »Davongelau-
fenen« versuchten einen Block mit Stalin zu bilden. Dieser ging
auf ein »faules Kompromiß« ein und betrog später. Die Angeklagten mußten den Kelch der Erniedrigungen bis auf den
Grund leeren. Dann stellte man sie an die Wand.

Die Mechanik ist, wie wir sehen, an und für sich nicht kompliziert. Sie erfordert nur das totalitäre Regime, das heißt das
Fehlen jeglicher Freiheit der Kritik, militärische Unterwerfung
der Angeklagten, Zeugen, Untersuchungsrichter, Sachverstän-
digen, Staatsanwälte, Richter unter einer Person und vollständige Gleichschaltung der Presse, die mit ihrem Wolfsgeheul
die Angeklagten einschüchtert und die öffentliche Meinung
hypnotisiert.

»Machtgier«

3. Januar. Nach Wyschinskis Worten (August 1936) hatte das
»Vereinigte Zentrum« kein Programm gehabt. Es wurde nur
von »nackter Machtgier« geleitet. Ich war selbstverständlich
von dieser »Gier« am stärksten geplagt. Das Thema von meiner
Herrschsucht haben sich die Söldlinge der Komintern und einige bürgerliche Journalisten wiederholt vorgenommen. In
meiner ungeduldigen Sehnsucht, das Staatssteuer an mich zu
reißen, versuchten diese Herren den Schlüssel zu finden zu
meiner plötzlichen Tätigkeit als Terrorist. Eine solche Erklärung – »Machtgier« – findet im beschränkten Kopfe des Durch-
schnittsphilisters gut Platz.

Als die »neue Opposition« (Sinowjew, Kamenjew und die anderen) Anfang 1926 mit mir und meinen Freunden in Verhandlungen über ein gemeinsames Vorgehen trat, sagte mir Kamenjew beim ersten Gespräch unter vier Augen: »Der Block läßt
sich natürlich nur in dem Falle verwirklichen, wenn Sie bereit
sind, den Kampf um die Macht aufzunehmen. Wir haben uns
mehreremal die Frage gestellt: Vielleicht ist Trotzki müde und
will sich nur auf literarische Kritik beschränken, ohne den
Weg des Kampfes um die Macht zu betreten? ...« In jenen Tagen waren nicht nur Sinowjew, der große Agitator, sondern
auch Kamenjew, der »kluge Politiker«, nach Lenins Bezeich-

90

nung, völlig von der Illusion befangen, man könne die verlorene Macht leicht zurückerobern. »Sobald Sie auf der Tribüne Hand in Hand mit Sinowjew erscheinen werden«, erklärte mir Kamenjew, »wird die Partei sagen: ›Hier ist das Zentralkomitee! Hier ist die Regierung!‹ Die Frage ist nur, ob Sie eine Regierung schaffen wollen?« Nach drei Jahren Oppositionskampfes (1923–1926) teilte ich nicht im geringsten diese optimistischen Erwartungen. Unsere Gruppe (»Trotzkisten«) hatte zu jener Zeit bereits eine ziemlich abgeschlossene Vorstellung vom zweiten thermidorianischen Kapitel der Revolution, von der wachsenden Zwietracht zwischen Bürokratie und Volk, von der nationalkonservativen Entartung der regierenden Schicht und vom tiefen Einfluß der Niederlagen des Weltproletariats auf die Schicksale der USSR. Die Frage der Macht betrachtete ich nicht als eine selbständige Frage, das heißt losgelöst von diesen wichtigsten inneren und internationalen Prozessen. Die Rolle der Opposition für die nächste Periode erhielt notwendigerweise einen vorbereitenden Charakter. Man mußte neue Kader erziehen und die weitere Entwicklung der Ereignisse abwarten. In diesem Sinne antwortete ich Kamenjew: »Ich fühle mich nicht im geringsten ›müde‹, doch bin ich der Ansicht, daß man sich für eine ganze historische Periode mit Geduld wappnen muß. Es geht jetzt nicht um den Kampf um die Macht, sondern nur um die Vorbereitung geistiger und organisatorischer Mittel für diesen Kampf für den Fall eines neuen revolutionären Aufstiegs. Wann er eintreten wird, weiß ich nicht.« Wer meine »Autobiographie«, »Die Geschichte der Russischen Revolution«, »Kritik der Dritten Internationale« oder mein letztes Buch »Die verratene Revolution« gelesen hat, dem wird dieser Dialog mit Kamenjew nichts Neues sagen. Ich habe ihn hier nur deshalb angeführt, weil er an sich die Unsinnigkeit und Dummheit der mir von den Moskauer Falschmünzern zugeschriebenen »Idee« grell beleuchtet: mit Hilfe einiger Revolverschüsse das Rad der Revolution zurückzudrehen zum Oktober-Ausgangspunkt.

Schon während der nächsten anderthalb Jahre hat der Verlauf des innerparteilichen Kampfes die Illusionen Sinowjews und Kamenjews in bezug auf die schnelle Rückkehr zur Macht zerstreut. Aus dieser Nachprüfung haben sie aber die gerade entgegengesetzte Schlußfolgerung gezogen, wie die, die ich verteidigte. »Wenn die Möglichkeit nicht existiert, der regierenden Gruppe die Macht zu entreißen«, erklärte Kamenjew, »dann bleibt nur, in das allgemeine Geschirr zurückzukehren.« Zur selben Folgerung war, nur nach längerem Hin-und Herschwanken, auch Sinowjew gekommen. Am Vorabend und vielleicht sogar schon während des XV. Parteikongresses, der die Opposition ausschloß, im Dezember 1927, hatte ich mit Sinowjew und Kamenjew die letzte Unterredung. In jenen Tagen mußte jeder von uns sein weiteres Schicksal für eine. Reihe von Jahren oder richtiger für den Rest seines Lebens bestimmen. Am Ende des Streites, der in zurückhaltenden, aber im Kern tief »pathetischen« Tönen geführt wurde, sagte mir Sinowjew: »Im Testament hat Wladimir Iljitsch (Lenin) gewarnt, daß die Beziehungen zwischen Trotzki und Stalin die Partei spalten können. Bedenken Sie, welche Verantwortung Sie auf sich nehmen!« »Ist unsere Plattform richtig oder nicht?«, »Im Augenblick ist sie richtiger denn je!« (Nach wenigen Tagen sagten sich beide von der Plattform los.) »Wenn dem so ist, so zeigt die Schärfe des Kampfes seitens des Apparates gegen uns, daß es sich nicht um Konjunktur-Meinungsverschiedenheiten handelt, sondern um soziale Gegensätze. Der gleiche Lenin hat im gleichen ›Testament‹ geschrieben, wenn die Meinungsverschiedenheiten in der Partei mit dem Auseinandergehen der Klassen zusammenfallen, dann wird uns keine Macht vor einer Spaltung retten; aber am wenigsten kann davor retten die Kapitulation!« Ich erinnere mich, daß ich nach einigen Repliken zum »Testament« zurückkehrte, in dem Lenin daran erinnert, daß Sinowjew und Kamenjew im Jahre 1917 »nicht zufällig« vor dem Aufstande zurückwichen. »Der heutige Moment ist in seiner Art nicht weniger verantwortlich, und ihr seid daran, einen neuen Irrtum gleicher Art zu begehen, der sich vielleicht als der größte Irrtum eures Lebens erweisen wird!« Diese Unterhaltung war die letzte. Wir haben danach nicht einen Brief, nicht eine Mitteilung gewechselt, weder direkt noch indirekt. Während der nächsten zehn Jahre habe ich nie aufgehört, die Kapitulation Sinowjews und Kamenjews zu geißeln, die neben dem harten Schlag gegen die Opposition zu viel tragischeren Resultaten für die Kapitulanten selbst geführt hat, als ich Ende 1927 hätte erwarten können.

Am 26. Mai 1928 schrieb ich aus Alma-Ata (Zentralasien) an Freunde:»Nein, die Partei wird uns noch sehr und sehr brauchen. Nur nicht nervös werden, weil ›alles ohne uns geschehen wird‹, nicht unnütz sich und andere zerrütten, lernen, abwarten, prüfen und nicht zulassen, daß sich die eigene politische Linie mit dem Rost persönlicher Gereiztheit bedeckt gegen die Verleumder und Schweinekerle – das muß unser Verhalten sein.«

Es ist keine Übertreibung, zu behaupten, daß der in diesen Zeilen ausgedrückte Gedanke das grundlegende Motiv meiner politischen Tätigkeit ist. Seit meinen jungen Jahren lernte ich in der Schule des Marxismus Verachtung für den oberflächlichen Subjektivismus, der bestrebt ist, mit einer Kinderpeitsche oder einer Klapper die Geschichte anzuspornen. In der scheinrevolutionären Ungeduld sah ich stets die Quelle des Opportunismus wie des Abenteurertums. In Hunderten von Artikeln griff ich jene an, die der »Geschichte vorzeitig eine Rechnung präsentieren« (Mai 1909). Im März 1931 zitierte ich mit besonderer Sympathie die Worte meines verstorbenen Gesinnungsgenossen Kote Zinzadse, der in der Verbannung umgekommen ist: »Es ist ein Unglück mit Menschen, die nicht warten können!« Die Beschuldigung der Ungeduld weise ich ebenso zurück wie viele andere Beschuldigungen. Ich kann warten. Was bedeutet denn auch in diesem Falle »Warten«? Die Zukunft vorzubereiten! Und läuft denn nicht die ganze Tätigkeit eines Revolutionärs darauf hinaus?

Für eine proletarische Partei bedeutet Macht ein Mittel zum sozialistischen Umbau der Gesellschaft. Unbrauchbar wäre der Revolutionär, der nicht danach strebte, den staatlichen Zwangsapparat in den Dienst seines Programms zu stellen. In diesem Sinne bildet der Kampf um die Macht nicht irgendeine selbständige Funktion, sondern er ist ein Teil der revolutionären Arbeit überhaupt: Erziehung und Sammlung der werktätigen Massen. Insofern die Eroberung der Macht sich naturgemäß aus dieser Arbeit ergibt und ihr dient, kann auch die Macht selbst eine persönliche Befriedigung bieten. Doch ist eine ganz besondere Stumpfheit und Vulgarität erforderlich, um die Macht der Macht wegen anzustreben. Dazu sind nur Menschen fähig, die zu nichts Besserem fähig sind.

»Haß gegen Stalin«

4. Januar. Es bleibt noch, etwas über meinen sogenannten »Haß« gegen Stalin zu sagen. Davon wurde nicht wenig in dem Moskauer Prozeß als von dem bewegenden Motiv meiner

Politik gesprochen. Im Munde eines Wyschinski, in den Leit-
artikeln der Moskauer »Prawda« und den Organen der Komintern ist das Gefasel von meinem Haß gegen Stalin die Kehrseite der Erhöhung des »Führers«. Stalin schafft ein »glückli-
ches Leben«. Die gestürzten Gegner sind nur imstande, ihn zu
beneiden und zu »hassen«. Das ist die tiefe Psychoanalyse von
Lakaien!

Gegen jene Kaste der gierigen Parvenus, die »im Namen des
Sozialismus« dem Volke die Kehle zudrücken, fühle ich unversöhnliche Feindseligkeit und, wenn man will, Haß. Doch ist in
diesem Gefühl nicht Personelles. Ich habe zu nahe alle Etappen
der Entartung der Revolution und die fast automatische Usur-
pation ihrer Errungenschaften beobachtet, ich habe zu beharrlich und eingehend Erklärungen für diese Prozesse in den objektiven Bedingungen des sozialen Kampfes gesucht, um
meine Ansichten und meine Gefühle auf eine einzelne Person
zu konzentrieren. Allein schon der Beobachtungspunkt, den
ich innehatte, erlaubte mir nicht, die reale menschliche Figur
mit ihrem gigantischen Schatten auf dem Hintergrunde der
Bürokratie zu identifizieren. Ich halte mich deshalb für berech-
tigt zu sagen, daß ich Stalin niemals in meinem Bewußtsein bis
zu dem Gefühl des Hasses erhoben habe.

Abgesehen von einer zufälligen, wortlosen Begegnung in
Wien um 1911 in der Wohnung Skobelews, des späteren Ministers der Provisorischen Regierung, kam ich mit Stalin zum erstenmal nach meiner Ankunft in Petersburg im Mai 1917 in Berührung, d. h. nach meiner Rückkehr aus dem kanadischen
Konzentrationslager. Stalin war für mich damals eines der Mitglieder des bolschewistischen Stabes, unmarkanter als eine
Reihe anderer. Er ist kein Redner, schreibt farblos. Seine Polemik ist grob und vulgär. Auf dem Hintergrunde der grandiosen
Meetings, Demonstrationen und Zusammenstöße hat er politisch kaum existiert. Aber auch in den Beratungen des bolschewistischen Stabes blieb er im Schatten. Sein langsames Denken kam mit dem Tempo der Ereignisse nicht mit. Nicht nur Sinowjew und Kamenjew, aber auch der junge Swerdlow und
sogar Sokolnikow nahmen bei den Debatten einen größeren
Platz ein als Stalin, der das ganze Jahr 1917 im Zustande des
Abwartens verbrachte. Die nachträglichen Versuche der gedungenen Historiker, Stalin im Jahre 1917 eine beinah führende
Rolle zuzuschreiben (vermittels des nie existent gewesenen

»Komitees« zur Leitung des Aufstandes), ist eine grobe historische Fälschung.

Nach der Machteroberung begann Stalin sich etwas sicherer zu fühlen und zu handeln, blieb jedoch weiter eine Figur im Hintergrunde. Ich bemerkte bald, daß Lenin Stalin »vorschiebt«. Ohne dieser Tatsache sonderlich meine Aufmerksamkeit zu widmen, zweifelte ich keinen Augenblick daran, daß Lenin nicht persönliche Parteilichkeit, sondern sachliche Erwägungen leiteten. Allmählich wurden sie mir klar. Lenin schätzte an Stalin dessen Härte, Ausdauer, Beharrlichkeit, teils auch die Schlauheit, als eine im Kampfe erforderliche Eigenschaft. Selbständige Gedanken, politische Initiative, schöpferische Phantasie erwartete und verlangte Lenin von ihm nicht. Ich entsinne mich, daß ich während des Bürgerkrieges das Mitglied des Zentralkomitees, Serebrjakow, der damals mit Stalin im Revolutionären Kriegskomitee der Südfront zusammen arbeitete, fragte, ob dort die Teilnahme beider notwendig sei, ob er, Serebrjakow, im Interesse der Kräfteökonomie nicht auch ohne Stalin fertig werden könne. Serebrjakow überlegte und antwortete: »Nein, so pressen wie Stalin kann ich nicht, das ist nicht meine Spezialität.« Die Fähigkeit, zu »pressen«, hat Lenin an Stalin sehr geschätzt. Stalin fühlte sich um so sicherer, je mehr der Staatsapparat des »Pressens« wuchs und sich festigte. Man muß noch hinzufügen: und je mehr der Geist von 1917 sich aus diesem Apparat verflüchtigte.

Die heutige offizielle Angleichung Stalins an Lenin ist geradezu eine Schamlosigkeit. Geht man von der Größe der Persönlichkeit aus, so kann man Stalin nicht einmal auf ein Brett mit Mussolini oder Hitler stellen. So arm die Ideen des Faschismus auch sind, so haben doch beide siegreichen Führer der Reaktion, der italienischen und der deutschen, vom Anfang begonnen, Initiative gezeigt, Massen auf die Beine gebracht, sind eigene Wege gegangen. Nichts Ähnliches kann man von Stalin behaupten. Er ist aus dem Apparat erwachsen und von ihm untrennbar. Zu den Massen hat er keinen anderen Zugang als durch den Apparat. Erst nachdem die Zuspitzung der sozialen Gegensätze auf der Grundlage der NEP es der Bürokratie ermöglicht hatte, sich über die Gesellschaft zu erheben, begann Stalin sich über die Partei zu erheben. In der ersten Periode war er selbst über den eigenen Aufstieg überrascht. Er trat unsicher auf, nach rechts und nach links schielend, immer zum Rückzug bereit. Als Gegengewicht gegen mich wurde er aber gestützt und gestoßen von Sinowjew und Kamenjew und zum Teil auch von Rykow, Bucharin und Tomski. Keiner von ihnen hat damals gedacht, daß Stalin ihm über den Kopf wachsen könnte. In der Periode der »Troika« verhielt sich Sinowjew zu Stalin vorsichtig-gönnerhaft, Kamenjew – ein wenig ironisch. Ich erinnere mich, wie bei den Debatten im ZK Stalin einmal das Wort »rigoros« ganz unangebracht anwandte (so was geschieht bei ihm häufig); Kamenjew sah mich verschmitzt an, als wollte er sagen: »Nichts zu machen; man muß ihn nehmen, wie er ist.« Bucharin hielt »Koba« (der alte illegale Name Stalins) für einen Menschen mit Charakter (über Bucharin hatte Lenin öffentlich gesagt: weicher als Wachs) und meinte, »wir« brauchten solche, und wenn er ungebildet und kulturlos ist, werden »wir« ihm schon helfen. Auf diesem Gedanken beruhte der Block Stalin-Bucharin nach dem Zerfall der Troika. So haben alle Umstände, die sozialen und die personellen, Stalins Aufstieg gefördert.

Im Jahre 1923 oder 1924 erwiderte mir J. N. Smirnow, der zusammen mit Sinowjew und Kamenjew erschossen wurde, in einem Privatgespräch: »Stalin–Kandidat für den Posten eines Diktators? Das ist doch ein ganz farbloser Mensch, eine Null.« »Farblos – ja, eine Null – nein«, antwortete ich Smirnow. Über das gleiche Thema hatte ich etwa zwei Jahre später einen Streit mit Kamenjew, der entgegen allem Augenschein behauptete, Stalin sei »ein Führer von Kreisstadt-Format«. In dieser sarkastischen Charakteristik war gewiß ein Körnchen Wahrheit, aber nur ein Körnchen. Solche Eigenschaften des Intellekts, wie Schlauheit, Treubruch, Fähigkeit, auf den niedrigsten Instinkten der menschlichen Natur zu spielen, sind bei Stalin außerordentlich entwickelt und bilden bei einem Menschen mit starkem Charakter ein mächtiges Werkzeug im Kampfe. Selbstverständlich nicht in jedem Kampfe. Der Befreiungskampf der Massen erfordert andere Eigenschaften. Wo es jedoch um die Auslese der Privilegierten, der durch Kastengeist Verbundenen, um die Entmachtung und Disziplinierung der Massen geht, dort sind Stalins Eigenschaften wahrhaft unschätzbar, und sie haben ihn mit Recht zum Führer des Thermidors gemacht.

Und doch, alles in allem genommen, bleibt Stalin eine Mittelmäßigkeit. Er ist weder zur Verallgemeinerung noch zur Voraussicht fähig. Sein Verstand ist nicht nur des Glanzes und des Fluges bar, sondern auch zum logischen Denken unfähig. Jeder Satz seiner Rede verfolgt irgendeinen praktischen Zweck, aber die Rede erhebt sich niemals zu einem logischen Aufbau. In dieser Schwäche liegt Stalins Stärke. Es gibt historische Aufgaben, die man nur durch Verzicht auf Verallgemeinerungen lösen kann; es gibt Epochen, wo Verallgemeinerung und Voraussicht unmittelbare Erfolge ausschließen: das sind Epochen des Hinabgleitens, des Abstieges, der Reaktion. Helvetius hat einmal gesagt, daß jede gesellschaftliche Epoche ihre großen Männer erfordert, und wenn es solche nicht gibt, erfindet sie sie. Über den heute vergessenen französischen General Changarnier schrieb Marx: »Bei dem gänzlichen Mangel an großen Persönlichkeiten sah sich natürlich die Ordnungspartei gedrungen, die ihrer ganzen Klasse fehlende Kraft einem einzelnen Individuum anzudichten und so zum Ungeheuren aufzuschwellen.« Um mit den Zitaten Schluß zu machen, kann man auf Stalin noch die Worte Friedrich Engels über Wellington anwenden: Er sei in seiner Art groß, und zwar gerade so groß, wie man groß sein kann, ohne aufzuhören, eine Mittelmäßigkeit zu sein. Die »individuelle Größe« ist letzten Endes eine soziale Funktion. Wenn Stalin in der Lage gewesen wäre, vorauszusehen, wohin ihn der Kampf gegen den »Trotzkismus« bringen wird, er hätte wahrscheinlich haltgemacht, trotz der Perspektive des Sieges über alle seine Gegner. Aber er hat nichts vorausgesehen. Die Voraussagen der Gegner, er werde ein Führer des Thermidors, ein Totengräber der Partei und der Revolution werden, schienen ihm ein leeres Phantasiespiel. Er glaubte an die Eigenmacht des Apparates, an dessen Fähigkeit, alle Aufgaben zu lösen. Er verstand absolut nicht die historische Funktion, die er erfüllte. Der Mangel an schöpferischer Phantasie, die Unfähigkeit zur Verallgemeinerung und Voraussicht haben Stalin als Revolutionär umgebracht. Aber die gleichen Züge haben ihm erlaubt, mit Hilfe der Autorität des früheren Revolutionärs den Aufstieg der thermidorianischen Bürokratie zu decken.

Stalin hat systematisch den Apparat demoralisiert. Als Antwort hat der Apparat seinem Führer Zügellosigkeit zugestanden. Die Eigenschaften, die es Stalin ermöglichten, die größten Fälschungen und Justizmorde der menschlichen Geschichte zu begehen, waren selbstverständlich in seiner Natur enthalten. Doch waren Jahre totalitärer Allmacht nötig, um diesen verbrecherischen Eigenschaften wahrhaft apokalyptische Ausmaße zu verleihen. Ich habe schon die Schlauheit und das Fehlen innerer Bremsungselemente erwähnt. Man muß noch hinzufügen: Grausamkeit und Rachsucht. Lenin hat bereits im Jahre 1921 vor der Ernennung Stalins zum Generalsekretär gewarnt: »Dieser Koch wird nur scharfe Gerichte brauen.« Im Jahre 1923 gestand Stalin in einer intimen Unterhaltung mit Kamenjew und Dserschinski, daß der höchste Genuß im Leben für ihn darin bestehe, sich ein Opfer auszusuchen, die Rache vorzubereiten, einen Schlag zu versetzen und dann schlafen zu gehen. »Er ist ein schlechter Mensch«, sagte mir über Stalin Krestinski, »er hat gelbe Augen.« Man liebte Stalin sogar in den Reihen der Bürokratie nicht, solange man kein Bedürfnis nach ihm verspürte.

Je unkontrollierter die Macht der Bürokratie wurde, um so plumper drangen nach außen die verbrecherischen Züge in Stalins Charakter. Krupskaja, die im Jahre 1926 sich für eine Weile der Opposition angeschlossen hatte, erzählte mir von dem tiefen Mißtrauen und der akuten Feindseligkeit, die Lenin in der letzten Periode seines Lebens gegen Stalin hegte und die einen sehr gemilderten Ausdruck in seinem »Testament« gefunden haben. »Wolodja sagte mir: ihm (Stalin) fehlt die elementare Ehrlichkeit, verstehst du, die einfache menschliche Ehrlichkeit ...« Das letzte Dokument, das Lenin hinterlassen hat, ist ein von ihm diktierter Brief, in dem er Stalin den Bruch aller persönlichen und parteigenössischen Beziehungen ankündigt. Man kann sich vorstellen, wieviel der Kranke auf seinem Herzen hatte, wenn er sich zu diesem äußersten Schritt entschloß! ... Indes, der wahre »Stalinismus« hat sich erst nach Lenins Tod entfaltet.

Nein, persönlicher Haß ist ein zu enges, privates, häusliches Gefühl, als daß es eine Einwirkung haben könnte auf die Richtung des historischen Kampfes, der über jeden der Teilnehmer unermeßlich hinauswächst. Selbstverständlich verdient Stalin die härteste Strafe, sowohl als Totengräber der Revolution wie als Organisator unerhörter Verbrechen. Doch ist diese Strafe kein selbständiges Ziel und für sie existieren keine besonderen Methoden. Sie muß sich ergeben – und wird sich ergeben! – aus dem Siege der Arbeiterklasse über die Bürokratie. Damit will ich keinesfalls die auf Stalin lastende persönliche Verantwortung mildern. Im Gegenteil, gerade weil seine Verbrechen so beispiellos sind, kann es keinem ernsten Revolutionär in den Sinn kommen, sie mit einem terroristischen Akt zu beantworten. Nur die historische Katastrophe des Stalinismus, als Resultat des revolutionären Sieges der Massen, wird nicht nur die politische, sondern auch die moralische Genugtuung bringen. Und diese Katastrophe ist unabwendbar.

Um das Kapitel »Haß« und »Machtgier« zu schließen, muß ich hinzufügen, daß ich, trotz den persönlichen Prüfungen der letzten Periode, unendlich weit entfernt bin von jener Psychologie der »Verzweiflung«, die mir die Sowjetpresse, die stalinsche Staatsanwaltschaft und ihre unvorsichtigen oder unklugen »Freunde« im Westen anbinden. Keinen einzigen Tag in diesen dreizehn Jahren habe ich mich gebrochen oder besiegt gefühlt. Nicht für einen Tag habe ich aufgehört, auf die Verleumdung und die Verleumder von oben herabzublicken. In der Schule der großen historischen Erschütterungen habe ich gelernt und ich glaube erlernt, den Gang der Entwicklung mit seinem eigenen inneren Rhythmus und nicht mit dem kurzen Metermaß des persönlichen Schicksals zu messen. Für Menschen, die fähig sind, das Leben in schwarzen Farben zu sehen, nur weil sie den heiligen Ministersessel verloren haben, kann ich nur ironisches Mitleid empfinden. Die Bewegung, der ich diene, ist vor meinen Augen durch Perioden der Aufstiege und Abstiege und Wiederaufstiege gegangen. Im Augenblick ist sie weit zurückgeworfen. Jedoch liegen in den objektiven Bedingungen der Weltwirtschaft und der Weltpolitik auch die Bedingungen eines neuen gigantischen Aufstiegs enthalten, der alle vorangegangenen weit hinter sich lassen wird. Diese Zukunft klar vorauszusehen, durch alle Schwierigkeiten der Gegenwart sich auf sie vorzubereiten, an der Formierung neuer marxistischer Kader mitzuarbeiten – über diese Aufgabe geht mir nichts ... Es bliebe noch, mich bei dem Leser für diese rein persönlichen Geständnisse zu entschuldigen: sie sind durch das Wesen der Justizfälschung erzwungen.

5. Januar, siebzehnter Tag des Weges. Nach der episodischen Niederlage der Arbeiter Petersburgs, im Juli 1917, erklärte Kerenskis Regierung Lenin, mich und eine Reihe anderer Bolschewiki (Stalin geriet damals nur deshalb nicht unter ihre Zahl, weil sich für ihn niemand interessierte) für Agenten des

deutschen Generalstabes. Die Stütze der Beschuldigungen waren Angaben des Fähnrichs Jermolenko, eines Agenten der zaristischen Konterspionage. In der nach der »Enthüllung« ersten Sitzung der bolschewistischen Fraktion des Sowjets herrschte eine Stimmung der Bedrücktheit, Fassungslosigkeit, ja geradezu des Alpdrucks. Lenin und Sinowjew hielten sich schon verborgen. Kamenjew war verhaftet. »Nichts zu machen«, sagte ich in meinem Referat, »die Petersburger Arbeiter haben Prügel bekommen, die bolschewistische Partei ist in die Illegalität gejagt worden. Das Kräfteverhältnis hat sich jäh verändert. Alles Dunkle, Unwissende kriecht nach oben. Der Fähnrich Jermolenko ist der Inspirator Kerenskis geworden, der selbst nicht viel höher als Jermolenko steht. Wir werden durch dieses unvorhergesehene Kapitel hindurch müssen ... Wenn die Massen aber den Zusammenhang zwischen der Verleumdung und den Interessen der Reaktion begreifen, werden sie sich uns zuwenden.« Ich habe damals nicht vorausgesehen, daß Josef Stalin, Mitglied des ZK der bolschewistischen Partei, nach achtzehn Jahren die Version Kerenski-Jermolenko erneuern wird!

Kein einziger Angeklagter aus der Zahl der alten Bolschewiki hat seine »Verbindung« mit der Gestapo gestanden. Dabei haben sie mit Geständnissen nicht gekargt. Kamenjew, Sinowjew und die anderen haben nicht nur Reste der Selbstachtung daran gehindert, der GPU bis ans Ende zu folgen, sondern auch Bedenken des gesunden Verstandes. Nach ihrem Dialog mit dem Staatsanwalt in bezug auf die Gestapo ist es nicht schwer, den Handel zu rekonstruieren, der während der Gerichtsuntersuchung hinter den Kulissen geführt wurde. »Ihr wollt Trotzki entehren und vernichten«, sagte wahrscheinlich Kamenjew. »Wir wollen Euch helfen. Wir sind bereit, Trotzki als Organisator terroristischer Akte hinzustellen. Die Bourgeoisie kennt sich schlecht in diesen Fragen aus, und nicht nur die Bourgeoisie allein: Bolschewiki ... Terror ... Morde ... Machtgier ... Rachedurst ... Dem allem kann man glauben ... Aber keiner wird glauben, daß Trotzki oder wir, Kamenjew, Sinowjew, Smirnow usw., mit Hitler verbunden sind. Wenn wir alle Grenzen des Wahrscheinlichen übertreten, riskieren wir auch die Anklage wegen Terror zu kompromittieren, die, wie Ihr wohl selbst wißt, auch nicht auf granitenem Fundament errichtet ist. Und außerdem erinnert die Beschuldigung der Verbindung mit der Gestapo zu sehr an die Verleumdung gegen Lenin und den gleichen Trotzki im Jahre 1917 ...«

Diese vermutliche Argumentation Kamenjews ist überzeugend genug. Sie hat aber Stalin nicht erschüttert; er hat die Gestapo in die Sache hineingezogen. Der erste Eindruck ist: die Wut hat ihn geblendet. Jedoch ist dieser Eindruck wenn auch kein Irrtum, so doch einseitig. Auch Stalin hatte keine Wahl. Die Beschuldigung, Terror angewandt zu haben, würde an sich die Aufgabe nicht lösen. Die Bourgeoisie würde denken: »Die Bolschewiki bringen einander um, warten wir ab, was daraus entstehen wird.« Was die Arbeiter betrifft, so könnte ein großer Teil von ihnen sagen: die Sowjetbürokratie hat den ganzen Reichtum und die ganze Macht sich angeeignet und unterdrückt jedes Wort der Kritik – vielleicht hat Trotzki recht, wenn er zum Terror aufruft? Der temperamentvollere Teil der Sowjetjugend kann, wenn er erfährt, daß hinter dem Terror die Autorität ihr gut bekannter Namen steht, vielleicht diesen noch unerprobten Weg tatsächlich beschreiten. Stalin mußte die gefährlichen Folgen des eigenen Spiels fürchten. Und deshalb übten auf ihn die Einwände Kamenjews und der anderen keine Wirkung aus. Er brauchte, daß die Gegner im Schmutze ertrinken. Nichts Wahrscheinlicheres als die Verbindung mit der Gestapo konnte er ausdenken. Terror in Verbindung mit Hitler! Der Arbeiter, der an dieses Amalgam glaubt, ist für immer gegen »Trotzkismus« geimpft. Die Schwierigkeit ist, ihn daran glauben zu machen ...

Das Gewebe des Prozesses bildet, sogar in der geglätteten und falsifizierten Form, die sich aus dem offiziellen »Bericht« (Ausgabe des Volkskommissariats für Justiz) ergibt, eine solche Anhäufung von Widersprüchen, Anachronismen und einfachem Unsinn, daß allein schon die systematische Darstellung des »Berichtes« alle Anklagen vernichtet. Das ist nicht zufällig so: die GPU arbeitet ohne Kontrolle. Keinerlei Reibungen, Enthüllungen oder Überraschungen sind zu erwarten. Die völlige Solidarität der Presse ist gesichert. Die Untersuchungsrichter der GPU verlassen sich viel mehr auf die Einschüchterung als auf die eigene Findigkeit. Sogar als Fälschung ist der Prozeß plump, ungereimt, stellenweise hoffnungslos dumm. Man kann nicht umhin, zu bemerken, daß den letzten Stempel der Dummheit der allmächtige Staatsanwalt Wyschinski, ein früherer Provinzadvokat und Menschewik, ihm aufdrückte.

Und doch ist der Plan ungeheuerlicher als die Durchführung. Die Tatsache zum Beispiel, daß der wichtigste Zeuge gegen mich, der einzige alte Bolschewik, der mich angeblich im Auslande besucht hat, nämlich Golzmann, das Unglück hat, als Begleiter meinen Sohn zu nennen, der in Kopenhagen nicht war, und als Treffpunkt das Hotel Bristol, das längst nicht mehr existiert, diese und ähnliche Tatsachen sind vom juristischen Standpunkt aus von entscheidender Bedeutung. Aber für einen denkenden Menschen, dem das psychologische und das moralische Gefühl nicht abgeht, sind diese »kleinen« Defekte der großen Fälschung überflüssig. Die Prägung einer falschen Münze kann besser oder schlechter sein. Aber lohnt es sich, die Prägung zu untersuchen, wenn ich die Münze in die Hand nehme und mit Bestimmtheit sagen kann: sie ist zu leicht, oder wenn ich sie auf den Tisch werfe und sogleich höre: sie hat den dumpfen Klang des »Amalgams«?

Die Behauptung, daß ich mit der Gestapo einen Bund eingehen konnte, um den stalinschen Beamten Kirow zu ermorden, ist an sich derart dumm, daß ein vernünftiger und ehrlicher Mensch die Details der stalinschen Fälschung zu untersuchen gar keine Lust haben wird.

Die Entsendung von »Terroristen« aus dem Auslande

6. Januar. In der Nacht kamen wir in die Mexikanische Bucht hinein. Die Temperatur des Wassers ist 27 Grad Celsius! In der Kajüte ist es heiß. Der Polizeioffizier und der Kapitän regulieren durchs Radio die Bedingungen unserer Landung (wohl in Tampico und nicht in Vera-Cruz, wie es vor einigen Tagen geplant war).

Mit der Vorbereitung der Prozeßfälschungen ist eines der schändlichsten Kapitel der Sowjetdiplomatie verbunden: Litwinows Initiative in Sachen des internationalen Kampfes gegen Terroristen. Am 9. Oktober 1934 wurden in Frankreich der jugoslawische König Alexander und der französische Minister Barthou ermordet. Der Mord war von kroatischen und bulgarischen Nationalisten organisiert, hinter denen Ungarn und Italien standen. Wenn auch der Marxismus terroristische Kampfmethoden ablehnt, so folgt daraus nicht, daß Marxisten der imperialistischen Polizei die Hand reichen dürfen zum Zweck der gemeinsamen Ausrottung der »Terroristen«. Aber gerade so hat sich Litwinow in Genf benommen. Mit Berufung auf Marx hat er die Parole aufgestellt: »Polizisten aller Länder, vereinigt euch!« Es ist nicht möglich, sagte ich damals Freunden, daß diese Scheußlichkeit keinen bestimmten Zweck verfolgt. Um mit den inneren Gegnern abzurechnen, braucht Stalin den Völkerbund nicht. Gegen wen ist dann Litwinows Rede gerichtet? Die Antwort ergab sich von selbst: gegen mich. Was sich vorbereitete, konnte ich natürlich nicht wissen. Doch stand es für mich schon damals außer Zweifel, daß es sich um irgendeine gigantische Fälschung handelt, in die ich auf irgendeine Weise hineingezogen werden muß, wobei die internationale, von Litwinow inspirierte Polizei Stalin helfen sollte, an mich heranzukommen.

Jetzt ist diese ganze Machination völlig klar. Litwinows erste Versuche, eine heilige Allianz gegen »Terroristen« zu schaffen, fallen zusammen mit der Periode der Vorbereitung des ersten Amalgams um Kirow. Entsprechende Instruktionen erteilte Stalin Litwinow vor der Ermordung Kirows, das heißt in jenen heißen Tagen, als die GPU ein Attentat vorbereitete mit der Berechnung, die Opposition darin zu verwickeln. Der Plan erwies sich jedoch als zu kompliziert und stieß auf eine Reihe von Hindernissen. Nikolajew hatte zu früh geschossen. Der lettische Konsul hatte nicht Zeit gehabt, die Terroristen mit mir zu verbinden. Ein internationales Tribunal gegen Terroristen ist bis jetzt nicht geschaffen worden. Vom großen Plane, an mich vermittels des Völkerbundes heranzukommen, sind bis jetzt nur die skandalösen Reden des Sowjetdiplomaten übriggeblieben, die auf eine Vereinigung der Weltpolizei gegen »Trotzkismus« gemünzt waren.

Die »terroristische« Woche in Kopenhagen (November 1932) ist eng mit der Idee des internationalen Tribunals verbunden. Wenn das terroristische Zentrum existiert und in Moskau handelt, und ich es vom Auslande aus nur durch Briefe »inspiriere«, die niemals dem Staatsanwalt in die Hände fallen, dann ist die Möglichkeit, mich vor dem Tribunal des Völkerbundes anzuklagen, sehr problematisch. Es war unbedingt notwendig, daß ich aus dem Auslande lebendige Terroristen schickte. Aus diesem Grunde haben mich mir unbekannte junge Menschen, Bermann und Fritz David, angeblich in Kopenhagen besucht, wo ich sie im Laufe einer einzigen Unterhaltung in Terroristen, und gleichzeitig auch in Agenten der Gestapo verwandelte. Als ich sie aber in die USSR mit dem Auftrage schickte, möglichst viele »Führer« in einer möglichst kurzen Frist umzubringen, empfahl ich ihnen gleichzeitig, nicht in Beziehungen zu treten mit dem Moskauer terroristischen Zentrum ... aus konspirativen Gründen: das sicherste Mittel, das »terroristische Zentrum« zu erhalten, besteht nämlich darin, es von der Teilnahme an terroristischen Akten zu befreien ... Mit den gleichen Absichten: die nötigen Zeugenaussagen für das Tribunal des Völkerbundes vorzubereiten, war zu mir nach Kopenhagen auch Golzmann gekommen, der aber das Pech hatte, in dem längst nicht mehr existierenden Hotel sich mit meinem Sohne zu treffen, der zu jener Zeit in Berlin war. Mit Olberg, den beiden Lurje, Moses und Nathan, verhielt sich die Sache noch einfacher: die habe ich, ohne sie je gesehen zu haben, aus der Ferne zu terroristischen Arbeiten beordert. Nein, die Kopenhagener Woche hat den Autoren des großen Planes keine Lorbeeren eingebracht. Aber was konnten sie auch anderes bieten?

Kamenjew hat vor Gericht mit besonderer Beharrlichkeit darauf hingewiesen, daß, solange Trotzki im Auslande bleibt, von dort unvermeidlich Terroristen in die Sowjetunion kommen werden. Die Züge des »klugen Politikers« wahrend, ist Kamenjew auch auf der letzten Stufe der Erniedrigung Stalins Hauptaufgabe: meinen Aufenthalt in jedem ausländischen Staate unmöglich zu machen, entgegengekommen. Trotzki im Auslande – bedeutet terroristische Akte in der USSR! Kamenjew berührte die Frage nicht, aus welcher Mitte ich eigentlich Terroristen würde werben können. Im Auslande gibt es zwei Kreise russischer Menschen: die weiße Emigration und die Sowjetkolonien um die Gesandtschaften herum. Nach meiner Ausweisung in die Türkei hat die GPU durch die Sektionen der Komintern beharrlich versucht, ausländische, insbesondere tschechische »Trotzkisten« mit der weißen Emigration zu »verbinden«. Aber meine ersten, im Auslande veröffentlichten Artikel machten diesen Intrigen ein Ende. In allen ihren Gruppierungen, ausnahmslos, fühlt sich die weiße Emigration, so feindlich sie Stalin auch gegenüberstehen mag, ihm unvergleichlich näher als mir und verheimlicht das nicht im geringsten. Was die ausländischen Sowjetkreise betrifft, so sind sie sehr eng und stehen unter derartiger Aufsicht der GPU, daß von irgendeiner organisatorischen Arbeit unter ihnen nicht die Rede sein kann.

Es genügt daran zu erinnern, daß Blumkin erschossen wurde wegen eines Besuches bei mir in Konstantinopel: das war meine einzige Begegnung mit einem Sowjetbürger während der ganzen Jahre meiner Verbannung. Auf der Liste der Angeklagten war jedenfalls weder einer von der weißen Emigration, noch von den ausländischen Sowjetangestellten. Wer aber sind jene fünf »Terroristen«, die ich aus dem Auslande nach Moskau geschickt habe und die ihre terroristischen Absichten erst im Gerichtssaal entdeckten? Das sind alles jüdische Intellektuelle, und zwar nicht aus der USSR, sondern aus den Nachfolgestaaten, die früher Teile des zaristischen Rußlands waren (Litauen, Lettland usw.). Ihre Familien sind seinerzeit vor der bolschewistischen Revolution geflüchtet, die Vertreter der jüngeren Generation aber haben sich dank ihrer Beweglichkeit, Anpassungsfähigkeit, Sprachenkenntnis, insbesondere des Russischen, nicht schlecht im Apparat der Komintern eingerichtet. Durchweg Abkömmlinge des kleinbürgerlichen Milieus, ohne Verbindung mit der Arbeiterklasse irgendeines Landes, ohne revolutionäre Stählung, ohne ernste theoretische Vorbereitung, wurden diese gesichtslosen Beamten der Komintern, stets dem letzten Zirkular gehorsam, zu einer wahren Geißel der internationalen Arbeiterbewegung. Manche von ihnen kokettierten, nachdem sie auf ihrem Wege irgendeine Havarie erlitten hatten, eine Weile mit der Opposition. In Artikeln und Briefen habe ich wiederholt meine Gesinnungsgenossen vor solchen Herren gewarnt. Und nun stellt sich heraus, daß ich gerade diesen Kommissionären der Komintern, jählings, beim ersten Zusammentreffen oder sogar aus der Ferne meine geheimsten Pläne in bezug auf den Terror, ja sogar meine Verbindungen mit der Gestapo anvertraute. Unsinn? Darum aber handelt es sich, daß die GPU keine anderen Kreise entdeckt hat, aus denen ich im Auslande »Terroristen« werben konnte. Jedoch ohne Entsendung von Emissären aus dem Auslande hätte meine Teilnahme am Terror einen zu abstrakten Charakter getragen.

Eine Sinnlosigkeit zieht die andere nach sich: als Agenten der Gestapo figurieren ausgerechnet fünf jüdische Intellektuelle (Olberg, Bermann, David und die zwei Lurjes)! Es ist zur Genüge bekannt, daß weite Kreise der jüdischen Intelligenz, darunter auch der deutschen, eine Wendung zur Komintern gemacht haben, nicht aus Interesse für den Marxismus und Kommunismus, sondern auf der Suche nach einem Stützpunkt gegen den aggressiven Antisemitismus. Das kann man begreifen. Aber welche politischen oder psychologischen Motive haben fünf russsisch-jüdische Intellektuelle bewegen können, den Weg des Terrors gegen Stalin ... im Bunde mit Hitler zu beschreiten? Die Angeklagten selbst umgingen sorgfältig dieses Rätsel. Auch Wyschinski hat sich seinen Kopf darüber nicht zerbrochen. Indes verdient dieses Rätsel Beachtung. Mich persönlich habe »Machtgier« geleitet. Nehmen wir an! Welche Gefühle aber haben diese fünf Unbekannten geleitet? Sie waren doch auf jeden Fall bereit, ihre Köpfe hinzuhalten. Wofür? Zum Ruhme Hitlers?

Allerdings sind die Motive Trotzkis auch gar nicht so klar, wie es die Pritts, Rosenmarks und die übrigen ausländischen Advokaten des Sowjetstaatsanwalts glauben machen möchten. Es stellt sich ja heraus, daß ich aus »Haß« gegen Stalin gerade das tat, was Stalin am meisten nötig hatte. Seit 1927 habe ich nicht dutzende-, sondern hundertemal gesagt, daß die Logik des Bonapartismus Stalin bewegen werde, der Opposition eine militärische Verschwörung oder einen terroristischen Akt unterzuschieben. Seit dem Augenblick, wo ich nach Konstantinopel kam, habe ich diese Warnungen in der Presse mehr als einmal wiederholt und politisch begründet. Also im voraus wissend, daß Stalin Attentate auf seine »geheiligte Person« dringend braucht, bin ich an die Inszenierung solcher Verschwörungen gegangen; für die Rolle der Exekutoren habe ich zufällige und mir als unzuverlässig bekannte Menschen ausgesucht; als Verbündeten Hitler erwählt; zu Gestapoagenten Juden gemacht; damit meine Zusammenarbeit mit der Gestapo, Gott behüte, nicht geheim bleibe, habe ich darüber nach links und rechts vertraulich erzählt. Mit einem Wort – ich habe das alles getan, was von mir die Phantasie eines simplen Provokateurs der GPU verlangte.

In Mexiko

Am 9. Januar, an einem heißen tropischen Morgen, lief unser Tankschiff in den Hafen von Tampico ein. Wir wußten noch immer nicht, was unser harrt. Unsere Pässe und unsere Revolver befanden sich noch immer in den Händen des Polizei-Faschisten, der auch in den territorialen Gewässern Mexikos das von der »sozialistischen« Regierung errichtete Regime aufrechterhielt. Ich habe den Polizeibeamten und den Kapitän benachrichtigt, daß ich und meine Frau nur in dem Falle freiwillig ans Land gehen werden, wenn uns Freunde abholen. Wir hatten nicht die geringste Veranlassung, den norwegischen Vasallen der GPU unter den Tropen mehr Vertrauen entgegenzubringen als auf dem Breitengrad von Oslo. Aber alles verlief gut. Bald nachdem wir angelegt hatten, kam ein Regierungskutter an das Tankschiff heran mit Vertretern der Orts- und Zentralbehörde, mit mexikanischen und ausländischen Journalisten und, das Wichtigste, mit treuen und zuverlässigen Freunden. Da waren Frieda Rivera, die Frau des berühmten Malers, den Krankheit in der Klinik festhielt; Max Shachtman, ein marxistischer Journalist und uns nahestehender Gesinnungsgenosse, der uns schon in der Türkei, in Frankreich und in Norwegen besucht hatte; schließlich George Novack, der Sekretär des New Yorker »Komitees zur Verteidigung Trotzkis«. Nach vier Monaten Haft und Isolierung war die Begegnung mit Freunden besonders warm! Der norwegische Polizeibeamte, der uns endlich unsere Pässe und Revolver aushändigte, beobachtete verlegen das zuvorkommende Benehmen des mexikanischen Polizeigenerals uns gegenüber. Nicht ohne Erregung betraten wir den Boden der Neuen Welt. Trotzdem es Januar war, atmete dieser Boden Wärme. Die Petroleumtürme Tampicos erinnerten an Baku. Im Hotel mußten wir bald fühlen, daß wir kein Spanisch verstehen. Um 10 Uhr abends reisten wir in einem uns vom Verkehrsminister, General Mujica, zur Verfügung gestellten Sonderwagen aus Tampico in die Hauptstadt ab. Der Kontrast zwischen dem nördlichen Norwegen und dem tropischen Mexiko war nicht allein am Klima zu merken. Entkommen der Atmosphäre abscheulicher Willkür und ermattender Ungewißheit, begegneten wir bei jedem Schritt Gastfreundschaft und Aufmerksamkeit. Die New Yorker Freunde erzählten optimistisch von der Arbeit ihres Komitees, von dem wachsenden Mißtrauen zu dem Moskauer Prozeß, von den Aussichten des Gegenprozesses. Die allgemeine Schlußfolgerung war, daß man so schnell wie möglich ein Buch über Stalins Prozeßfälschungen herausbringen müsse. Das neue Kapitel unseres Lebens begann sehr günstig. Aber ... wie wird es sich weiterentwickeln?

Aus den Waggonfenstern beobachteten wir gierig die tropische Landschaft. Bei dem Dorfe Cardenas, zwischen Tampico und San Luis Potosi, zogen unseren Zug zwei Lokomotiven auf ein Plateau. Es wehte eine Kühle, und wir befreiten uns bald von der uns in der Dampfatmosphäre der mexikanischen Bucht überfallenen Angst der Nordländer vor den Tropen. Am Morgen des 11. stiegen wir in Lecheria, einer kleinen Station vor der Hauptstadt, aus, wo wir Diego Rivera umarmten, der aus der Klinik gekommen war. Ihm vor allem verdankten wir unsere Befreiung aus der norwegischen Gefangenschaft. Da waren noch einige Freunde: Fritz Bach, ein früherer Schweizer Kommunist, der mexikanischer Professor geworden ist; Hidalgo, ein Teilnehmer des Bürgerkrieges in den Reihen der Zapata-Armee, und einige Jugendliche. In Automobilen brachte man uns mittags nach Coyoacan, einem Vorort von Mexiko. Wir wurden im blauen Hause Frieda Riveras untergebracht, wo in der Mitte des Hofes ein Apfelsinenbaum steht ...

In einem Danktelegramm an den Präsidenten Cardenas, das ich bereits in Tampico aufgegeben hatte, erklärte ich, daß ich mich aufs strengste von jeder Einmischung in die mexikanische Politik zurückzuhalten gedenke. Ich zweifelte keinen Moment daran, daß den sogenannten »Freunden« der USSR verantwortliche Agenten der GPU nach Mexiko zu Hilfe kommen würden, um mit allen Mitteln mir meinen Aufenthalt in dem gastfreundlichen Lande zu erschweren. Aus Europa trafen inzwischen Warnungen auf Warnungen ein. Konnte es auch anders sein? Stalin hatte zuviel, wenn nicht alles riskiert. Seine ursprüngliche Berechnung, die auf Plötzlichkeit und Schnelligkeit der Handlungen beruhte, hatte sich nur zur Hälfte bestätigt. Meine Übersiedlung nach Mexiko hat schroff das Kräfteverhältnis zuungunsten des Kremls verändert. Ich erhielt die Möglichkeit, an die öffentliche Weltmeinung zu appellieren. Wie wird das enden? mußten sich sorgenvoll jene fragen, die zu gut die Zerbrechlichkeit und Fäulnis ihrer Prozeßfälschungen kennen.

Ein Zeichen der Moskauer Unruhe sprang in die Augen: die mexikanischen Kommunisten widmeten mir ganze Nummern ihres Wochenblattes, gaben sogar Sondernummern heraus, die sie mit altem und neuem Material aus den Jauchegruben der GPU und der Komintern füllten. Die Freunde sagten: »Beachten Sie es nicht; diese Zeitung genießt die verdiente Verachtung.« Es war auch nicht meine Absicht, in eine Polemik mit Lakaien zu treten, wo mich der Kampf mit den Herren erwartete. Sehr würdelos benahm sich auch der Sekretär der Konföderation der Gewerkschaften, Lombardo Toledano. Ein politischer Dilettant aus dem Stande der Advokaten, fremd dem Proletariat und der Revolution, hatte dieser Herr im Jahre 1935 Moskau besucht und war zurückgekehrt wie es sich gehört, als uneigennütziger »Freund« der USSR. Die Rede Dimitrows auf dem VII. Kongress der Komintern über die Politik der »Volksfronten« – dieses Dokument der theoretischen und politischen Selbstentäußerung, war von Toledano proklamiert worden ... als das wichtigste Werk nach dem Kommunistischen Manifest. Seit meinem Eintreffen in Mexiko verleumdet mich dieser Herr um so ungenierter, als er im voraus, infolge meiner Nichteinmischung in das innere Leben des Landes, auf völlige Straflosigkeit rechnen darf. Die russischen Menschewiki waren wahre Ritter der Revolution im Vergleich mit solchen ungebildeten und eingebildeten Karrieristen! Unter den ausländischen Journalisten hatte sich sofort der mexikanische Korrespondent der »New-York-Times«, Kluckhohn, ausgezeichnet, der in Form von Interviews einige Male versuchte, mich einem Polizeiverhör zu unterwerfen. Es war nicht schwer zu begreifen, welche Quellen diesen Eifer inspirierten.

Hinsichtlich der mexikanischen Sektion der IV. Internationale erklärte ich öffentlich, daß ich keine Verantwortung für ihre Arbeit tragen kann. Ich schätzte zu sehr mein neues Asyl, um mir irgendeine Unvorsichtigkeit zu erlauben. Gleichzeitig habe ich die mexikanischen und nordamerikanischen Freunde gewarnt, daß man seitens der Stalinschen Agenten in Mexiko und Nordamerika auf ganz besondere Maßnahmen des »Selbstschutzes« gefaßt sein müsse. Im Kampfe um ihre internationale »Reputation« und Macht wird die regierende Clique in Moskau vor nichts haltmachen und am wenigsten vor einer Ausgabe von einigen zehn Millionen Dollar für den Kauf von menschlichen Seelen.

Ich weiß nicht, ob Stalin irgendwelche Zweifel in bezug auf die Inszenierung des neuen Prozesses gehabt hat. Ich nehme es an, es ist nicht anders möglich. Meine Übersiedlung nach Mexiko jedoch muß ihnen ein jähes Ende bereitet haben. Jetzt war es notwendig, um jeden Preis und so schnell wie möglich die bevorstehenden Enthüllungen durch die Sensation neuer Beschuldigungen zu unterdrücken. Die Vorbereitungen für den Prozeß Radek-Pjatakow gingen schon seit Ende August. Als Operationsbasis der »Verschwörung« wurde diesmal, wie zu erwarten war, Oslo gewählt: man mußte doch der norwegischen Regierung meine Ausweisung aus dem Lande erleichtern. Aber in die bereits veralteten geographischen Rahmen der Fälschung wurden in aller Eile neue, frische Elemente aufgenommen. Durch Wladimir Romm wollte ich nämlich die Geheimnisse der Washingtoner Regierung erfahren, und durch Karl Radek beabsichtigte ich, Japan für den Fall eines Krieges mit den Vereinigten Staaten mit Petroleum zu versorgen. Nur wegen der Kürze der Zeit hat es die GPU nicht vermocht, mir eine Zusammenkunft mit japanischen Agenten im mexikanischen Park Chapultepec zu organisieren.

Am 19. kam das erste Telegramm von dem bevorstehenden Prozeß. Am 21. antwortete ich darauf mit einem Artikel, den ich hier anführen zu müssen glaube. Am 23. begann der Prozeß in Moskau. Wieder, wie im August, verbrachten wir eine Woche wie unter Alpdruck. Trotzdem die Mechanik nach der Erfahrung des vergangenen Jahres im voraus ganz klar war, hatte sich der Eindruck des moralischen Entsetzens eher verstärkt als abgeschwächt. Die Telegramme aus Moskau waren wie ein Fieberwahn. Jede Zeile mußte man mehreremal nachlesen, um sich zu vergewissern, daß hinter diesen Fieberphantasien lebende Menschen stehen. Einige von diesen Menschen habe ich nahe gekannt. Sie waren nicht schlechter als andere Menschen, im Gegenteil, besser als viele andere. Aber man hat sie mit der Lüge vergiftet und dann mit dem totalitären Apparat zermalmt. Sie verleumden sich selbst, um der regierenden Clique die Möglichkeit zu geben, andere zu verleumden. Stalin hat sich das Ziel gestellt, die Menschheit an unmögliche Verbrechen glauben zu machen. Wieder mußte man sich fragen: Ist denn die Menschheit so dumm? Bestimmt nicht. Die Sache verhält sich so, daß Stalins Verleumdungen derart ungeheuerlich sind, daß sie ebenfalls als unmögliche Verbrechen erscheinen.

110

Wie die Menschheit überzeugen, daß diese offensichtliche »Unmöglichkeit« grauenhafte Realität ist? Der Zweikampf wird mit ungleichen Waffen geführt. Auf der einen Seite – GPU, Gericht, Presse, Diplomatie, eine gekaufte Agentur, Journalisten vom Typus Duranti, Advokaten vom Typus Pritt. Auf der anderen Seite – ein isolierter »Angeklagter«, mit Not dem sozialistischen Gefängnis entronnen, in einem fremden und fernen Lande, ohne eigene Presse, ohne Mittel. Und dennoch zweifelte ich keinen Augenblick, daß die allmächtigen Organisatoren des Amalgams einer Katastrophe entgegengehen. Die Spirale der Stalinschen Fälschungen, die bereits eine zu große Zahl von Menschen, Tatsachen und geographischen Punkten erfaßt hat, verbreitert sich immer mehr. Alle kann man nicht betrügen. Nicht alle wollen betrogen sein. Die französische »Liga für Menschenrechte« mit ihrem jungfräulichen Präsidenten Victor Basch ist allerdings fähig, ehrfurchtsvoll einen zweiten und zehnten Prozeß zu schlucken, wie sie den ersten geschluckt hat. Aber Tatsachen sind stärker als der patriotische Eifer zweifelhafter »Rechts«-Anhänger. Tatsachen werden sich den Weg bahnen.

Schon während des Prozesses habe ich der Presse eine Reihe dokumentarischer Widerlegungen übergeben und der Moskauer Gerichtsverhandlung eine Reihe präziser Fragen, gestellt, die an sich die wichtigsten Aussagen der Angeklagten zunichte machen. Aber die Moskauer Themis hat sich nicht nur die Augen zugebunden, sondern auch die Ohren zugestopft. Ich habe natürlich nicht mit einer unmittelbaren weitgehenden Wirkung meiner Enthüllungen gerechnet: meine technischen Möglichkeiten sind dafür zu beschränkt. Die nächste Aufgabe bestand darin, dem Denken scharfsinniger Menschen einen faktischen Stützpunkt zu geben und bei der nächsten Schicht Kritik oder mindestens Zweifel zu erwecken. Nachdem sie das Bewußtsein der Auserwählten erfaßt hat, wird sich die Wahrheit immer weiter und weiter entwickeln. Und letzten Endes wird die Spirale der Wahrheit mächtiger sein als die der Fälschung. Alles, was seit der Woche des Alpdrucks Ende Januar geschah, hat mich in meinen optimistischen Erwartungen nur bestärkt.

Vor dem neuen Prozeß

21. Januar, Coyoacan. Am 19. Januar berichtete die TASS, in vier Tagen, am 23., beginne ein neuer »Trotzkisten«-Prozeß (Radek, Pjatakow u. a.). Von der Vorbereitung dieses Prozesses wußte man schon lange, doch zweifelte man, ob sich Moskau nach dem äußerst ungünstigen Eindruck, den der Sinowjew-Kamenjew-Prozeß hinterlassen hatte, noch tatsächlich entschließen würde, einen neuen Prozeß zu inszenieren. Die Moskauer Regierung wiederholt jetzt das gleiche Manöver wie bei dem Prozeß der 16: in vier Tagen können sich die internationalen Arbeiterorganisationen nicht einmischen, gefährliche Zeugen aus dem Auslande sich nicht melden, unerwünschte Ausländer nicht einmal einen Versuch machen, nach Moskau zu gelangen. Was die erprobten und bezahlten »Freunde« betrifft, so wurden sie selbstverständlich auch diesmal rechtzeitig nach der Sowjethauptstadt eingeladen, um dann der Stalin-Wyschinski-Justiz das gebührende Lob zu singen. Wenn diese Zeilen gedruckt sein werden, wird der neue Prozeß Vergangenheit sein, die Urteile gesprochen und vielleicht auch vollstreckt. Die Absicht der Regisseure ist, was diese Seite der Sache betrifft, klar: die öffentliche Meinung zu überraschen und zu vergewaltigen. Um so wichtiger ist es, noch vor der unheilvollen Inszenierung ihren Sinn, ihre Methoden und ihre Zwecke aufzudecken. Man darf nur nicht vergessen, daß in dem Augenblick, wo diese Zeilen geschrieben werden, die Anklageschrift und sogar die volle Liste der Angeklagten noch unbekannt sind. Der Prozeß der 16 hat in der zweiten Augusthälfte stattgefunden. Ende November fand ganz unerwartet im fernen Sibirien ein zweiter »Trotzkisten«-Prozeß statt, der eine Ergänzung des Prozesses Sinowjew-Kamenjew und die Vorbereitung des Prozesses Radek-Pjatakow war. Der schwächste Punkt des Prozesses der 16 (starke Punkte hat es darin überhaupt nicht gegeben, wenn man den Mauser des Henkers nicht mitzählt) war die ungeheuerliche Beschuldigung der Verbindung mit der Gestapo. Die Beschuldigung stützte sich ausschließlich auf so problematische Unbekannte, wie Olberg, David usw., die sich selbst auf nichts stützten. Zur Befestigung des ersten Prozesses war ein zweiter Prozeß vonnöten. Bevor man jedoch eine zweite große Schau in Moskau riskieren konnte, wurde beschlossen, eine Generalprobe in der Provinz zu veranstalten.

Man versetzte diesmal das Tribunal nach Nowosibirsk, weiter von Europa, von Korrespondenten, von unerwünschten Augen überhaupt. Der Nowosibirsker Prozeß erwies sich dadurch als bedeutungsvoll, daß er auf die Bühne einen deutschen Ingenieur brachte, einen wirklichen oder angeblichen Gestapo-Agenten, und vermittels der ritualen »Reuebekenntnisse« dessen Verbindung mit sibirischen, wirklichen oder angeblichen, mir persönlich jedenfalls unbekannten »Trotzkisten« feststellte. Hauptpunkt der Anklage war diesmal nicht Terror, sondern »Industriesabotage«.

Wer aber sind diese deutschen Ingenieure und Techniker, die in verschiedenen Landesteilen verhaftet wurden und offenbar die Bestimmung hatten, die Verbindung der Trotzkisten mit der Gestapo zu personifizieren? Ich kann mich darüber nur hypothetisch äußern. Deutsche, die unter den heutigen Beziehungen der USSR mit Deutschland sich entschließen, im Dienste der Sowjetregierung zu bleiben, muß man a priori in zwei Gruppen teilen: Agenten der Gestapo und Agenten der GPU. Ein gewisser Prozentsatz der Verhafteten wird, wie anzunehmen ist, zu beiden Apparaten gehören: die Agenten der Gestapo maskieren sich als Kommunisten und dringen in die GPU ein; Kommunisten maskieren sich, auf Anweisung der GPU, als Faschisten, um in die Geheimnisse der Gestapo einzudringen. Jeder dieser Agenten bewegt sich auf einem schmalen Pfad zwischen zwei Abgründen. Kann man sich ein dankbareres Material für allerhand Fälschungen und Amalgame ausdenken?

Viel schwieriger ist, auf den ersten Blick, die Sache Pjatakow, Radek, Sokolnikow und Serebrjakow zu begreifen. Während der letzten 8–9 Jahre haben diese Menschen, besonders die zwei ersteren, auf Ehr und Gewissen der Bürokratie gedient, gegen die Opposition gehetzt, den Führern Lob gesungen, kurz, sie waren nicht nur Diener, sondern auch Zierden des Regimes gewesen. Wozu hatte Stalin dann ihre Köpfe nötig?

Sohn eines bedeutenden ukrainischen Zuckerfabrikanten, hatte Pjatakow eine solide Bildung erhalten, auch eine musikalische Ausbildung, beherrscht mehrere Sprachen, studierte fleißig Nationalökonomie und erwarb sich ernste Kenntnisse im Bankwesen. Im Vergleich zu Sinowjew und Kamenjew gehört Pjatakow zur jüngeren Generation: er ist jetzt etwa 46

Jahre alt. Innerhalb der Opposition, richtiger der Oppositionen, nahm Pjatakow einen sichtbaren Platz ein. Während des Weltkrieges kämpfte er gemeinsam mit Bucharin, damals einem äußersten Linken, gegen Lenin, besonders in der Frage des »nationalen Selbstbestimmungsrechts«. In der Epoche des Brest-Litowsker Friedens gehörte Pjatakow, zusammen mit dem gleichen Bucharin, Radek, Jaroslawski, dem verstorbenen Kuibyschew und anderen zur oppositionellen Fraktion der »linken Kommunisten«. In der ersten Periode des Bürgerkrieges trat er in der Ukraine als leidenschaftlicher Gegner der von mir verfolgten Kriegspolitik auf. 1923 schloß er sich den »Trotzkisten« an und gehörte zu unserem leitenden Kern. Pjatakow zählt zu jenen sechs Personen, die Lenin in seinem Testament nennt (Trotzki, Stalin, Sinowjew, Kamenjew, Bucharin, Pjatakow). Jedoch seine hervorragenden Fähigkeiten betonend, erwähnte Lenin gleich, daß man sich in politischer Hinsicht auf Pjatakow nicht verlassen könne, da er, wie Bucharin, von formalistischem Verstand sei, ohne dialektische Elastizität. Zum Unterschiede jedoch von Bucharin hat Pjatakow außerordentliche Eigenschaften als Administrator, die er in den Jahren des Sowjetregimes ausreichend gezeigt hat. Im Jahre 1925 wurde Pjatakow der Opposition und der Politik überhaupt müde. Die wirtschaftliche Arbeit befriedigte ihn vollständig. Aus Trägheit und auf Grund persönlicher Beziehungen blieb er noch bis Ende 1927 »Trotzkist«, brach jedoch bei der ersten Verfolgungswelle entschieden mit der Vergangenheit, legte das Oppositionsrüstzeug ab und wurde häuslich bei der Bürokratie. Während Sinowjew und Kamenjew, trotz all ihren Reuebekenntnissen, im Hinterhof bleiben mußten, wurde Pjatakow sofort in das Zentralkomitee aufgenommen und bekleidete dauernd den verantwortlichen Posten des stellvertretenden Volkskommissars für die Schwerindustrie. Nach Bildung, Fähigkeit zu systematischem Denken und administrativem Horizont überragte Pjatakow weit den offiziellen Chef der Schwerindustrie, Ordschonikidse, der hauptsächlich durch seine Autorität als Mitglied des Politbüros, durch Druckausübung und Geschrei wirkte ... Und nun stellt sich im Jahre 1936 plötzlich heraus, daß der Mensch, der vor den Augen der Regierung etwa zwölf Jahre die Industrie leitete, in Wirklichkeit nicht nur »Terrorist«, sondern auch Saboteur und Gestapo-Agent war. Was bedeutet das?

Radek – er ist jetzt an die 54 – ist nur Journalist. Er hat die glänzenden Eigenschaften dieser Kategorie, aber auch alle ihre Fehler. Radeks Bildung läßt sich eher als große Belesenheit bezeichnen. Seine nahe Kenntnis der polnischen Bewegung, seine lange Zugehörigkeit zur deutschen Sozialdemokratie, sein aufmerksames Verfolgen der Weltpresse, besonders der englischen und amerikanischen, haben seinen Horizont erweitert, seinen Gedanken große Beweglichkeit verliehen und ihn mit zahllosen Beispielen, Gegenüberstellungen und nicht zuletzt mit Anekdoten ausgerüstet. Radek fehlt aber jene Eigenschaft, die Ferdinand Lassalle »physische Kraft des Denkens« genannt hat. In allerhand politischen Gruppierungen war Radek eher Gast als verwurzelter Teilnehmer. Sein Denken ist zu impulsiv und beweglich für systematische Arbeit. Aus seinen Artikeln kann man vieles erfahren, seine Paradoxe beleuchten mitunter eine Frage von einer neuen Seite, aber selbständiger Politiker war Radek nie. Legenden, Radek sei zu gewissen Perioden Herr im Kommissariat des Auswärtigen gewesen und habe gar die Außenpolitik der Sowjetregierung bestimmt, sind völlig unbegründet. Das Politbüro schätzte Radeks Talente, nahm ihn aber niemals sehr ernst. Im Jahre 1929 kapitulierte er, nicht mit irgendwelchen geheimen Absichten, o nein! – schrankenlos, endgültig, alle Brücken hinter sich verbrennend, um ein hervorragender publizistischer Lautsprecher der Bürokratie zu werden. Seitdem hat es keine Beschuldigung gegeben, die Radek der Opposition nicht entgegengeschleudert, und es hat kein Lob gegeben, das Radek Stalin nicht gespendet hätte. Warum ist dann aber Radek auf die Angeklagtenbank geraten?

Zwei andere, nicht weniger bedeutende Angeklagte, Serebrjakow und Sokolnikow, gehören zur selben Generation wie Pjatakow. Serebrjakow ist einer der hervorragendsten Bolschewiken, die dem Arbeitermilieu entstammen. Er gehört zu dem verhältnismäßig engen Kreise derer, die die bolschewistische Partei in den schweren Jahren zwischen den zwei Revolutionen (1905–1917) aufgebaut haben. Zu Lenins Zeiten war er Mitglied des Zentralkomitees, bekleidete sogar einige Zeit den Posten des Sekretärs und spielte, dank seinem psychologischen Scharfsinn und Takt, eine merkliche Rolle bei der Schlichtung jeglicher Art von innerparteilichen Konflikten. Ausgeglichen, ruhig, bar jeder Eitelkeit, genoß Serebrjakow in der Partei die größten Sympathien. Bis Ende 1927 leitete er, neben dem im Prozeß der 16 erschossenen J. N. Smirnow, an hervorragender Stelle die linke Opposition. Serebrjakow spielte zweifellos die erste Rolle bei der Annäherung der beiden Gruppen, der linken Opposition und der Gruppe Sinowjews (»Opposition 1926«) wie auch bei der Milderung der inneren Reibungen im oppositionellen Block. Der Druck der thermidorianischen Stimmungen hat jedoch auch diesen Menschen, wie viele andere, gebrochen. Er machte ein für allemal Schluß mit den politischen Prätensionen, kapitulierte vor der regierenden Spitze, zwar in würdigerer Form als die anderen, aber nicht weniger entschieden, kehrte aus der Verbannung nach Moskau zurück, reiste mit wichtigen wirtschaftlichen Aufträgen in die Vereinigten Staaten und leistete friedlich seine Arbeit im Kommissariat für Eisenbahnwesen. Wie viele andere Kapitulanten hatte er seine oppositionelle Vergangenheit halb vergessen. Auf Bestellung der GPU haben jedoch die Angeklagten im Prozeß der 16 Serebrjakows Namen im Zusammenhang mit dem »Terror« genannt, zu dem sie selbst auch keine Beziehung hatten. Im Jahre 1917 kommt Sokolnikow, der vierte Angeklagte, zusammen mit Lenin aus der Schweiz nach Rußland, in dem sogenannten »plombierten Wagen«, und nimmt sofort eine hervorragende Stelle in der bolschewistischen Partei ein. In den verantwortlichen Monaten des Revolutionsjahres bildet Sokolnikow zusammen mit Stalin die Redaktion des Zentralorgans der Partei. Aber während Stalin, entgegen der später fabrizierten Legende, in allen kritischen Momenten eine abwartende oder schwankende Position einnahm, was in den später veröffentlichten Protokollen des Zentralkomitees festgelegt ist, führte Sokolnikow im Gegensatz dazu energisch jene Linie durch, die in den Parteidiskussionen jener Zeit »die Linie Lenin-Trotzki« genannt wurde. In den Bürgerkriegsjahren stand Sokolnikow auf sehr verantwortlichen Posten und führte eine Zeitlang an der Südfront das Kommando der 8. Armee. In der Periode der NEP hatte er als Volkskommissar für Finanzwesen den Tscherwonez mehr oder weniger stabilisiert, und war später Sowjetgesandter in London. Ein Mensch von außerordentlichen Fähigkeiten, umfassender Bildung und internationalem Horizont, neigt jedoch Sokolnikow, wie Radek, stark zu politischen Schwankungen. In den wichtigsten ökonomischen Fragen sympathisierte er mehr mit dem rechten als mit dem linken Flügel der Partei. Er hat dem Vereinigten Oppositionszentrum, das in den Jahren 1926 bis 1927 existierte, nie angehört. Sein Bekenntnis zur offiziellen Politik hat er unter allgemeinem Beifall der Delegierten auf dem gleichen XV. Kongreß (Ende 1927) abgelegt, der die linke Opposition aus der Partei ausschloß. Sokolnikow wurde damals sofort in das Zentralkomitee hineingewählt. Wie alle Kapitulanten, hörte er auf, eine politische Rolle zu spielen. Zum Unterschiede jedoch von Sinowjew und Kamenjew, die Stalin als zu bedeutende Figuren auch noch in ihrer Erniedrigung fürchtete, wurde Sokolnikow, wie Pjatakow und Radek, als sowjetischer Würdenträger sofort von der Bürokratie assimiliert. Ist es nicht erstaunlich, daß dieser Mensch nach zehn Jahren friedlicher politischer Arbeit, heute der schwersten Staatsverbrechen beschuldigt wird?[*]

Im August haben sechzehn Angeklagte um die Wette mit dem Staatsanwalt und miteinander ihrer Hinrichtung nachgejagt. Schreckliche Terroristen verwandelten sich plötzlich in Flagellanten und Streber nach dem Märtyrerkranz. Pjatakow und Radek veröffentlichten in jenen Tagen in der »Prawda« wütende Artikel gegen die Angeklagten und forderten für jeden von ihnen mehrere Todesurteile. Und in dem Augenblick, wo diese Zeilen erscheinen werden, wird die TASS, wie man annehmen kann, der ganzen Welt mitgeteilt haben, daß Radek und Pjatakow aufrichtig ihre eigenen phantastischen und unmöglichen Verbrechen bereuen und für sich die Todesstrafe fordern.

Um den Inquisitionsprozessen auch nur eine äußere Wahrscheinlichkeit zu verleihen, braucht Stalin möglichst bekannte und autoritäre Gestalten der alten Bolschewiki. »Es ist nicht möglich, daß diese erprobten Revolutionäre sich so ungeheuerlich verleumden«, sagt der Durchschnittsspießer. »Es ist andererseits nicht möglich, daß Stalin seine alten Genossen, die keine Verbrechen begangen haben, erschießen läßt.« Auf der Uninformiertheit, Naivität und Vertrauensseligkeit dieser

---

[*] Die letzten Telegramme nennen in der Liste der Angeklagten: Muralow, einen Helden der Revolution von 1905, einen der Organisatoren der Roten Armee und späteren Stellvertreter des Volkskommissars für Ackerbau; Boguslawski, den ehemaligen Vorsitzenden des Woronescher Sowjets und späteren Vorsitzenden des »Kleinen Rats der Volkskommissare«, der wichtigsten Kommission des Sowjets der Volkskommissare in Moskau; Drobnis, den Vorsitzenden des Sowjets in Poltawa, den die Weißen an die Wand gestellt, aber in der Eile nicht tödlich getroffen hatten. Wenn die Sowjetmacht in den Jahren 1918–1921 widerstand, so zum großen Teil dank den Menschen dieser Art.

Durchschnittsbürger beruhen eben die Spekulationen des Hauptorganisators dieser Prozesse, des Cäsar Borgia unserer Tage.

Im Prozeß der 16 hat Stalin seine größten Trümpfe: Sinowjew und Kamenjew, verbraucht. In seiner psychologischen Beschränktheit, die die Basis seiner primitiven Schlauheit bildet, hatte er fest damit gerechnet, daß die Geständnisse Sinowjews und Kamenjews, durch die Erschießung bekräftigt, die Welt ein für allemal überzeugen würden. Es kam anders. Die Welt war nicht überzeugt. Die Scharfsinnigeren glaubten nicht. Ihr Mißtrauen, von der Kritik gestützt, ergreift immer weitere Kreise. Dies kann die regierende Sowjetspitze keinesfalls ertragen: ihre nationale und internationale Reputation steht und fällt mit dem Moskauer Prozeß.

Schon am 15. September des vergangenen Jahres, zwei Wochen nach meiner Internierung in Norwegen, schrieb ich in einer für die Presse bestimmten Erklärung:»Der Moskauer Prozeß erscheint im Spiegel der öffentlichen Weltmeinung als ein schreckliches Fiasko ... Die regierende Clique kann das nicht ertragen. Wie nach dem Zusammenbruch des ersten Kirow-Prozesses (Januar 1935) sie gezwungen war, einen zweiten vorzubereiten (August 1936), so muß sie auch jetzt, um ihre Anklagen gegen mich zu stützen, neue Attentate, Verschwörungen usw. entdecken.« Die norwegische Regierung hat diese meine Erklärung konfisziert, die Ereignisse jedoch haben sie bestätigt. Ein neuer Prozeß ist vor allem nötig, um den alten zu stützen, um die Löcher zuzuschmieren und die Widersprüche, die die Kritik bereits aufgedeckt hat, zu verschleiern.

Radek, Pjatakow, Serebrjakow, Sokolnikow sind, wenn man von Rakowski absieht, den man vorläufig in Ruhe läßt, die autoritärsten Kapitulanten von den noch lebenden. Stalin hat offenbar beschlossen, auch sie »aufzubrauchen«. Aber nicht nur zu diesem Zwecke. Im Prozeß der 16 hat es sich nur um Terrorismus gehandelt, doch der langjährige Terrorismus lief auf die Ermordung des einen, Kirow, einer politisch zweitrangigen Figur, hinaus, durch den völlig unbekannten Nikolajew (unter engster Beteiligung der GPU, was ich schon im Jahre 1934 nachgewiesen habe). Für die Ermordung Kirows sind auf Grund verschiedener Prozesse und ohne Prozeß mindestens zweihundert Menschen erschossen worden! Man kann aber nicht endlos die Leiche Kirows benutzen zur Ausrottung der gesamten Opposition, um so weniger, als wirkliche alte Oppositionelle, die weder bereuten noch kapitulierten, seit 1928 die Gefängnisse und Verbannungsorte nicht verlassen haben. Der neue Prozeß hebt darum neue Anklagen hervor: ökonomische Sabotage, militärische Spionage, Beihilfe zur Restaurierung des Kapitalismus, sogar Attentate »zur Massenausrottung von Arbeitern«! Unter diese Formeln kann man alles bringen, was man will. Wenn Pjatakow, der faktische Leiter der Industrie während der zwei Fünfjahrpläne, sich als Hauptorganisator der Sabotage erweist, was soll man da von einfachen Sterblichen sagen? Nebenbei wird die Bürokratie versuchen, ihre ökonomischen Mißerfolge, Fehler, Unterschlagungen und andere Mißbräuche auf ... Trotzkisten abzuwälzen, die jetzt in der USSR Punkt für Punkt die gleiche Rolle spielen, wie Juden und Kommunisten in Deutschland. Es ist nicht schwer, sich vorzustellen, welch gemeine Beschuldigungen und Insinuationen man dabei gegen mich persönlich fabrizieren wird!

Der neue Prozeß muß offensichtlich noch eine andere Aufgabe lösen. Die Geschichte des »trotzkistischen Terrors« beginnt, laut dem Prozeß der 16, mit dem Jahre 1932; es bleiben damit für den Henker jene Trotzkisten unerreichbar, die seit dem Jahre 1928 in den Gefängnissen sitzen. Vieles läßt darauf schließen, daß die Angeklagten des neuen Prozesses berufen sind, Verbrechen und Pläne einzugestehen, die sich auf die Zeit vor ihrer Reueablegung beziehen. In diesem Falle müssen Hunderte alter Oppositioneller automatisch vor den Lauf des Revolvers geraten.

Kann man aber glauben, daß Radek, Pjatakow, Sokolnikow, Serebrjakow und die anderen nach der tragischen Erfahrung der 16 den Weg der Selbstbezichtigungen beschreiten werden? Sinowjew, Kamenjew und die anderen hatten Hoffnung auf Rettung. Sie wurden betrogen. Für die Geständnisse, die ihren moralischen Tod bedeuteten, hat man ihnen mit dem physischen Tode bezahlt. Ist diese Lektion tatsächlich an Radek und den anderen spurlos vorbeigegangen? Darüber werden wir in den nächsten Tagen alles erfahren. Es ist falsch, sich die Sache so vorzustellen, als habe die neue Gruppe der Opfer freie Wahl. Diese Menschen sehen während der monatelangen Untersuchung, wie sich über ihren Köpfen langsam, aber erbarmungslos der Todespendel senkt. Wer sich beharrlich weigert, unter Diktat des Staatsanwalts Reuebekenntnisse abzulegen, wird ohne Gericht erschossen. Radek, Pjatakow und den anderen läßt die GPU den Schein einer Hoffnung. »Aber ihr habt doch Sinowjew und Kamenjew erschossen?« »Ja, die haben wir erschossen, weil es notwendig war; weil sie geheime Feinde waren, weil sie sich geweigert haben, die Verbindung mit der Gestapo einzugestehen, weil ... usw. usw. Aber euch brauchen wir nicht zu erschießen. Ihr müßt uns helfen, die Opposition mit der Wurzel auszurotten und Trotzki restlos zu kompromittieren. Für diesen Dienst schenken wir euch das Leben. Nach einiger Zeit werden wir euch sogar wieder Arbeit geben usw. usw.« Gewiß, nach allem, was geschehen ist, können Radek, Pjatakow und die anderen diesen Versprechungen keinen großen Wert beimessen. Aber auf der einen Seite steht vor ihnen der sichere, unvermeidliche und sofortige Tod, auf der anderen ... auf der anderen ebenfalls der Tod, jedoch von einigen Funken der Hoffnung bestrahlt. In solchen Fällen wählen Menschen, besonders gehetzte, zerquälte, zerrüttete, erniedrigte, die Seite der Frist und der Hoffnung.

Rede auf dem Meeting
im Hippodrom in New York

Am 9. Februar sollte ich mich per Telephon mit einer Rede an das Meeting in New York wenden, das den Moskauer Prozessen gewidmet war. Freunde warnten mich, man müsse mit technischer Sabotage seitens der »Freunde« Moskaus rechnen, die zwar in den Massen nicht verwurzelt, aber bereits in verschiedenen administrativen und technischen Ämtern eingenistet sind. Das traf auch ein. Geheimnisvolle Mächte stellten sich im letzten Moment zwischen mich und meine siebentausend Zuhörer in New York. Wirre Erklärungen, die mir die beteiligten Techniker machten, wurden von ernsten Fachleuten widerlegt. Die wahre Erklärung läßt sich mit drei Buchstaben erschöpfen: GPU. Zum Glück hatte ich, in Voraussicht der eventuellen Sabotage, rechtzeitig den Veranstaltern des Meetings den Text meiner Rede eingesandt. Die Rede wurde vor einem aufmerksamen Auditorium verlesen und blieb nicht ohne Wirkung, was der weitere Verlauf der Ereignisse zeigte. Das Meeting im Hippodrom-Saal am 9. Februar wurde eine wichtige Etappe auf dem Wege zur Schaffung der Untersuchungskommission.

Verehrte Hörer, Genossen und Freunde!

Mein erstes Wort sei die Entschuldigung für meine unmögliche englische Sprache. Mein zweites Wort ist ein Dank an das Komitee, das mir die Möglichkeit verschafft hat, zu Ihnen zu sprechen. Das Thema meiner Rede sind die Moskauer Prozesse. Ich beabsichtige nicht, auch nur für einen Augenblick über den Rahmen dieses Themas hinauszugehen, der ohnehin zu umfangreich ist. Ich werde weder an die Leidenschaften noch an die Nerven, sondern an die Vernunft appellieren. Ich zweifle nicht, daß die Vernunft sich auf der Seite der Wahrheit zeigen wird.

Der Sinowjew-Kamenjew-Prozeß hat in der öffentlichen Meinung Schrecken, Fassungslosigkeit, Empörung, Mißtrauen oder, mindestens, Staunen erregt. Der Prozeß Radek-Pjatakow hat diese Gefühle verstärkt. Diese Tatsache läßt sich nicht bestreiten. Zweifel an der Gerechtigkeit bedeutet in diesem Falle Verdacht der Fälschung. Kann man sich einen tödlicheren Verdacht gegen eine Regierung ausdenken, die unter dem Banner des Sozialismus auftritt? Woran muß die Sowjetregierung selbst Interesse haben? Daran, diesen Verdacht zu zerstreuen. Worin besteht die Pflicht wahrer Freunde der Sowjetunion? Darin, der Moskauer Regierung mit allem Nachdruck zu sagen: es ist um jeden Preis notwendig, die Zweifel des Westens an der Gerechtigkeit der USSR zu zerstreuen.

Auf diese Forderung zu antworten: »Wir haben unser Gericht, alles andere geht uns nichts an« – heißt, sich nicht mit sozialistischer Aufklärung der Massen zu beschäftigen, sondern eine Politik des aufgeblasenen Prestiges zu treiben, im Stile Hitlers oder Mussolinis.

Sogar jene »Freunde der USSR«, die innerlich von der Richtigkeit des Moskauer Prozeßverfahrens überzeugt sind (wie viele solcher Menschen gibt es? Es ist bedauerlich, daß man keine Zählung der Gewissen vornehmen kann!), sogar diese unerschütterlichen »Freunde« der Bürokratie sind verpflichtet, mit uns zusammen die Schaffung einer autoritären Untersuchungskommission zu fordern. Die Moskauer Regierung wäre verpflichtet, einer solchen Kommission alle notwendigen Beweise zu liefern. Es kann doch wohl keinen Mangel daran geben, wenn auf Grund dieser in den »kirowschen« Prozessen erbrachten Beweise 49 Menschen erschossen wurden, die hundertundfünfzig ohne Gerichtsverfahren Erschossenen nicht gerechnet.

Wir wollen daran erinnern, daß vor der Weltöffentlichkeit als Bürgen für die Richtigkeit der Moskauer Urteile zwei Advokaten auftreten: Pritt aus London und Rosenmark aus Paris, läßt man den amerikanischen Journalisten Duranti unberücksichtigt. Wer aber bürgt für diese Bürgen? Beide Advokaten, Pritt und Rosenmark, verweisen mit Dankbarkeit darauf, daß die Sowjetregierung ihnen alle notwendigen Erklärungen gegeben habe. Fügen wir hinzu, daß der »königliche Rat« Pritt rechtzeitig nach Moskau eingeladen wurde, während der Termin des Prozesses vor aller Welt bis zum letzten Moment geheimgehalten war. Die Sowjetregierung hat es also nicht als entwürdigend für ihre Rechtspflege gehalten, hinter den Kulissen die Hilfe ausländischer Advokaten und Journalisten, die kein besonderes Recht auf Vertrauen besitzen, in Anspruch zu nehmen. Als aber die sozialistische und die gewerkschaftliche Internationale den Vorschlag machten, auch ihre Advokaten nach

Moskau zu entsenden, wurden sie – nicht mehr und nicht weniger – als Verteidiger der Mörder und der Gestapo bezeichnet! Ihr wißt vielleicht, daß ich kein Parteigänger der II. oder der Gewerkschaftsinternationale bin. Aber ist es nicht evident, daß deren moralische Autorität unermeßlich höher steht als die der Advokaten mit elastischen Rücken? Haben wir nicht das Recht, zu sagen: Die Moskauer Regierung ist bereit, ihr »Prestige« vor solchen Autoritäten und Experten zu vergessen, deren Zustimmung sie von vornherein sicher ist; sie ist gerne bereit, den »königlichen Rat« Pritt in einen Rat der GPU zu verwandeln. Dagegen hat sie bisher grob jede Nachprüfung abgelehnt, die Objektivität und Unparteilichkeit garantiert. Das ist eine unzweifelhafte und vernichtende Tatsache!

Vielleicht aber ist diese Schlußfolgerung falsch? Es ist nichts einfacher, als sie zu widerlegen: soll doch die Moskauer Regierung einer internationalen Untersuchungskommission ernste, präzise, konkrete Erklärungen über all die dunklen Punkte der kirowschen Prozesse geben. Aber außer dunklen Punkten enthalten sie – leider – nichts! Gerade deshalb trifft Moskau alle Maßnahmen, um mich, den Hauptangeklagten, zum Schweigen zu bringen. Unter einem furchtbaren ökonomischen Druck von Moskau hat mich die norwegische Regierung hinter Schloß und Riegel gesetzt, unter Berufung auf meinen Artikel über Frankreich in der amerikanischen »Nation«! Wer wird dem glauben? ... Welches Glück, daß die großmütige Gastfreundschaft Mexikos, auf die Initiative ihres Präsidenten, General Cardenas, mir und meiner Frau erlaubt hat, dem neuen Prozeß nicht in Gefangenschaft, sondern in Freiheit zu begegnen. Doch alle Hebel sind schon in Bewegung gesetzt, um mich wieder zum Schweigen zu zwingen. Warum fürchtet man in Moskau derart die Stimme eines einzelnen Menschen? Nur weil ich die Wahrheit weiß, die ganze Wahrheit. Nur weil ich nichts zu verbergen habe. Nur weil ich bereit bin, vor einer öffentlichen, unparteiischen Untersuchungskommission mit Dokumenten, Tatsachen und Beweisen aufzutreten und die ganze Wahrheit aufzudecken. Ich erkläre: sollte diese Kommission zu der Feststellung kommen, daß ich auch nur eines kleines Teiles jener Verbrechen schuldig bin, deren mich Stalin bezichtigt, so verpflichte ich mich im voraus, mich freiwillig den Henkern der GPU auszuliefern. Ich hoffe, das ist deutlich. Sie haben das alle gehört? Ich gebe diese Erklärung offen vor aller

Welt. Ich bitte die Presse, diese meine Worte bis in die entlegensten Winkel unseres Planeten zu tragen. Wenn aber die Kommission feststellen wird, daß die Moskauer Prozesse eine bewußte und beabsichtigte Fälschung sind, aus menschlichen Nerven und Knochen aufgebaut, so werde ich von meinen Anklägern nicht verlangen, daß sie sich freiwillig vor die Kugel stellen. Nein, für sie genügt die ewige Schande im Gedächtnis des Menschengeschlechts! Ich schleudere den Anklägern im Kreml meine Herausforderung ins Gesicht. Und warte auf ihre Antwort.

Mit dieser meiner Erklärung gebe ich nebenbei eine Antwort auf die häufigen Einwendungen oberflächlicher Skeptiker: »Warum müssen wir Trotzki glauben und nicht Stalin?« Es ist sinnlos, sich mit psychologischen Rätseln zu beschäftigen. Es geht nicht um persönliches Vertrauen. Es geht um die Nachprüfung. Ich schlage eine Nachprüfung vor! Ich fordere eine Nachprüfung! Der Prozeß Sinowjew-Kamenjew konzentrierte sich auf »Terrorismus«. Der Prozeß Pjatakow-Radek überließ den ersten Platz nun nicht mehr dem Terror, sondern dem Pakt der Trotzkisten mit Deutschland und Japan zwecks Kriegsvorbereitung, Teilung der Sowjetunion, Industriesabotage und Ausrottung der Arbeiter. Wie läßt sich diese schreiende Ungereimtheit erklären? Nach der Erschießung der 16 hat man uns doch gesagt, die Aussagen Sinowjews, Kamenjews und der anderen wären freiwillig und aufrichtig gewesen und entsprächen den Tatsachen. Sinowjew und Kamenjew haben ja selbst den Tod für sich gefordert! Warum haben sie dann vom Wichtigsten: der Verbindung der Trotzkisten mit Deutschland und Japan, dem Plane der Zerstückelung der USSR nichts gesagt? Hätten sie solche »Details« der Verschwörung vergessen können? Ist es möglich, daß sie, die Führer des sogenannten Zentrums, nicht gewußt haben, was den Angeklagten des letzten Prozesses, weniger wichtigen Menschen, bekannt war? Die Antwort ist klar: das neue Amalgam ist fabriziert worden nach der Erschießung der 16, im Verlauf der letzten fünf Monate, als eine Antwort auf das ungünstige Echo der Weltpresse.

Der schwächste Punkt im Prozeß der 16 ist die gegen alte Bolschewiki erhobene Anschuldigung, mit Hitlers Geheimpolizei, der Gestapo, im Bunde gewesen zu sein. Weder Sinowjew, noch Kamenjew, noch Smirnow, überhaupt keiner von den Angeklagten mit politischem Namen hat diese Verbindung zugegeben: vor dieser Grenze der Erniedrigung machten sie halt! Es stellt sich folglich heraus, daß ich durch dunkle Unbekannte, wie die Olberg, Bermann, Fritz David und andere, mit der Gestapo in Verbindung trat mit dem großen Ziele – einen Honduras-Paß für Olberg zu bekommen ... Das sah zu dumm aus. Dem wollte niemand glauben. Der gesamte Prozeß war kompromittiert. Man mußte um jeden Preis den Fehler des Regisseurs korrigieren. Man mußte die Lücke ausfüllen. Jagoda wurde durch Jeschow ersetzt. Auf die Tagesordnung wurde ein neuer Prozeß gestellt. Stalin beschloß, den Kritikern zu antworten: Ihr glaubt nicht, daß Trotzki fähig ist, wegen Olberg und dem Honduras-Paß mit der Gestapo in Verbindung zu treten? Gut, ich werde euch zeigen, daß der Zweck seiner Verbindung mit Hitler war, einen Krieg hervorzurufen und die Welt neu zu verteilen.

Jedoch fehlten für dieses zweite, grandiosere Schaustück die wichtigsten handelnden Personen: Stalin hatte sie bereits ermordet. Es blieb ihm nichts anderes übrig, als die Hauptrollen des neuen Hauptstückes mit Akteuren zweiter Garnitur zu besetzen! Es ist hier angebracht, zu vermerken, daß Stalin Pjatakow und Radek als Mitarbeiter sehr geschätzt hat. Aber es waren keine anderen Menschen mit bekannten Namen geblieben, die man auch nur ihrer fernen Vergangenheit nach für »Trotzkisten« hätte ausgeben können. Das Los fiel deshalb auf Radek und Pjatakow. Die Version von meiner Verbindung mit Achtgroschenjungen der Gestapo durch zufällige Unbekannte wurde verworfen. Die Sache wurde gleich auf eine Höhe im Weltmaßstabe gebracht. Jetzt ist die Rede nicht mehr vom Honduras-Paß, sondern von Teilung der USSR und sogar der Zertrümmerung der Vereinigten Staaten von Nordamerika. Es ist, als habe man mit Hilfe eines gigantischen Lifts die Verschwörung während der fünf Monate aus dem schmutzigen Polizeikeller in jene Höhen gehoben, wo sich Schicksale von Staaten entscheiden. Sinowjew, Kamenjew, Smirnow, Mratschkowski sind ins Grab gesunken, ohne etwas von den grandiosen Plänen, Bündnissen und Perspektiven zu ahnen. Das ist der Kern der Lüge des letzten Amalgams!

Um den schreienden Widerspruch zwischen den beiden Prozessen auch nur ein wenig zu vertuschen, sagten Pjatakow und Radek, unter Diktat der GPU, aus, sie hätten ein »paralleles« Zentrum gebildet, infolge ... Trotzkis Mißtrauen gegen Sinowjew und Kamenjew. Man kann kaum eine sinnlosere und falschere Erklärung ausdenken! Ich habe Sinowjew und Kamenjew nach ihrer Kapitulation tatsächlich mißtraut und mit ihnen seit Ende 1927 keine Beziehungen unterhalten. Aber ich habe noch weniger Radek und Pjatakow vertraut! Bereits im Jahre 1929 hat Radek den Oppositionellen Blumkin an die GPU verraten, der daraufhin ohne Gericht und in aller Stille erschossen wurde. Ich habe damals in dem im Auslande erscheinenden »Bulletin der russischen Opposition« folgendes veröffentlicht: »Nachdem er die letzten Reste des sittlichen Gleichgewichts verloren hat, scheut Radek vor keiner Lumperei zurück.« Nicht viel besser waren meine Urteile über Pjatakow, sowohl in der Presse wie in Privatbriefen. Es ist schmerzlich, daß man gezwungen ist, diese scharfen Urteile über Stalins unglückliche Opfer auszusprechen. Doch wäre es ein Verbrechen, aus sentimentalen Gründen die Wahrheit zu vertuschen ... Radek und Pjatakow haben selbst zu Sinowjew und Kamenjew stets emporgeblickt, und in dieser Selbsteinschätzung hatten sie sich nicht geirrt. Aber noch mehr ... Während des Prozesses der 16 nannte der Staatsanwalt den Angeklagten Smirnow »das Haupt der Trotzkisten in der USSR«. Um zu zeigen, wie nahe er mir stand, erklärte der Angeklagte Mratschkowski, daß man mich nur durch ihn hätte erreichen können, und der Staatsanwalt unterstrich diesen Umstand auf jede Weise. Wieso haben dann nicht nur Sinowjew und Kamenjew, sondern auch Smirnow »das Haupt der Trotzkisten in der USSR« und der mir so nahestehende Mratschkowski nichts von jenen Plänen gewußt, in die Radek, den ich öffentlich als Verräter gebrandmarkt hatte, eingeweiht war? Das ist die kapitale Lüge des letzten Prozesses. Sie quillt von selbst nach außen. Wir kennen die Quelle ihrer Entstehung. Wir sehen die geheimen Fäden. Wir sehen die plumpe Hand, die an ihnen zupft.

Radek und Pjatakow beichteten schreckliche Verbrechen. Aber ihre Verbrechen haben vom Standpunkte der Angeklagten, nicht der Ankläger, gar keinen Sinn. Mit Terror, Sabotage und Bündnissen mit den Imperialisten wollten sie in der USSR den Kapitalismus restaurieren. Wozu? Ihr ganzes Leben haben sie gegen den Kapitalismus gekämpft. Haben sie vielleicht persönliche Motive geleitet: Machtgier, Gewinnsucht? Unter keinem anderen Regime hätten Radek und Pjatakow hoffen können, einen höheren Rang einzunehmen als den, den sie bis zum

Tage ihrer Verhaftung einnahmen. Vielleicht opferten sie sich so sinnlos aus Freundschaft zu mir? Lächerliche Hypothese! Durch ihre Handlungen, Reden, Artikel während der letzten acht Jahre haben sich Radek und Pjatakow als meine erbitterten Feinde gezeigt. Terror? Aber konnten denn Oppositionelle nach der ganzen revolutionären Erfahrung in Rußland nicht voraussehen, daß Terror nur ein Anlaß gewesen wäre zur Ausrottung der besten Kämpfer? Nein, das haben sie gewußt, vorausgesehen, es hundertmal erklärt. Nein, Terror brauchten wir nicht. Dafür aber war er der regierenden Clique nötig wie das Leben. Am 4. März 1929, das heißt vor acht Jahren, schrieb ich in einem Stalin gewidmeten Artikel: »Stalin bleibt nur eines übrig: zu versuchen, zwischen der offiziellen Partei und der Opposition einen blutigen Strich zu ziehen. Er braucht dringend, die Opposition mit Attentaten, Vorbereitung von bewaffneten Aufständen usw. in Verbindung zu bringen.« Man erinnere sich: Bonapartismus hat noch niemals in der Geschichte ohne polizeiliche Fabrikationen von Verschwörungen existiert!

Die Opposition hätte aus Kretins bestehen müssen, um zu glauben, ein Bündnis mit Hitler oder dem Mikado, die beide dazu noch im nächsten Krieg zu einer Niederlage verurteilt sind, ein solch idiotisches, undenkbares, irrsinniges Bündnis könne revolutionären Marxisten etwas anderes bringen als Schande und Untergang. Dagegen ist ein solches Bündnis – der Trotzkisten mit Hitler – im höchsten Maße für Stalin nötig. Voltaire sagt: wenn es Gott nicht gibt, muß man ihn erfinden. Die GPU sagt: Wenn es ein Bündnis nicht gibt, muß man es fabrizieren.

Die Grundlage, auf der die Moskauer Prozesse aufgebaut sind, ist absurd. Nach der offiziellen Version haben die Trotzkisten seit 1931 die ungeheuerlichste Verschwörung organisiert, wobei sie, wie auf Kommando, das eine geschrieben und gesprochen, und ein anderes getan haben. Trotzdem in die Verschwörung Hunderte von Personen einbezogen wurden, entstanden im Laufe von fünf Jahren weder Meinungsverschiedenheiten, noch Spaltungen, noch Denunziationen, noch wurde je ein Brief abgefangen – genau so lange, bis die Stunde der allgemeinen Reue schlug. Und dann geschah ein neues Wunder. Menschen, die Morde organisiert, Kriege vorbereitet hatten, die Sowjetunion verraten, zerstückeln gewollt, diese eingefleischten Verbrecher legten im August 1936 jäh Geständnisse ab, und zwar nicht unter der Last von Indizien, nein, denn es gab keine, sondern aus irgendwelchen mystischen Gründen, die heuchlerische Psychologen für eine Eigenschaft der »russischen Seele« erklären. Man bedenke nur: gestern haben sie Eisenbahnkatastrophen verursacht, Arbeiter vergiftet – auf ein unsichtbares Kommando von Trotzki. Heute entbrennen sie in Haß gegen Trotzki und wälzen auf ihn alle ihre angeblichen Verbrechen ab. Gestern haben sie nur daran gedacht, wie sie Stalin ermorden könnten. Heute singen alle ihm Hymnen. Was ist das: ein Irrenhaus? Nein, sagen uns die Herren Duranti, das ist kein Irrenhaus, sondern die »russische Seele«. Nein, meine Herren, das ist eine Verleumdung der menschlichen Seele überhaupt!

Phantastisch ist nicht nur das Generelle und Gleichzeitige der Reuebekenntnisse. Phantastisch vor allem ist der Umstand, daß die Verschwörer nach ihren eigenen Geständnissen gerade das getan hatten, was für ihre eigenen politischen Interessen tödlich, für die regierende Clique aber von höchstem Nutzen war. Vor Gericht sprachen sie wiederum nur das, was die sklavischen Agenten Stalins hätten sagen können. Normale Menschen, die einem eigenen Willen gehorchen, würden sich vor Gericht niemals so benehmen, wie sich Sinowjew, Kamenjew, Radek, Pjatakow und die anderen benahmen. Ergebenheit den eigenen Ideen, politische Würde, ja einfacher Selbsterhaltungstrieb hätten sie zwingen müssen, um ihre Persönlichkeit, um ihre Interessen, um ihr Leben zu kämpfen. Die einzige richtige und vernünftige Frage kann nur lauten: wer und was hat diese Menschen in einen solchen Zustand gebracht, bei dem alle normalen menschlichen Reflexe zertreten sind? Die Jurisprudenz kennt ein sehr einfaches Prinzip, das den Schlüssel zu vielen Geheimnissen bietet: is fecit cui prodest, wem es nützt, der hat es getan. Das ganze Benehmen der Angeklagten ist von Anfang bis zu Ende nicht von ihren Ideen und Interessen, sondern von den Interessen der regierenden Clique erfüllt. Sowohl die angebliche Verschwörung, wie die Reuebekenntnisse, wie das theatralische Gericht und die ganz realen Erschießungen, – das alles hat die gleiche Hand ausgeführt. Wessen? Cui prodest? Stalins Hand! Weg mit der Lüge, der Verleumdung, dem Geschwätz von der »russischen Seele«! Vor Gericht haben nicht Kämpfer und nicht Verschwörer figuriert, sondern Mannequins in den Händen der GPU. Sie haben einstudierte Rollen kreiert. Der Zweck der schändlichen Vorstellung: jegliche Opposition zu zermalmen, selbst den Ursprung jedes kritischen Denkens zu vergiften, das totalitäre Regime Stalins endgültig zu festigen.

Wir wiederholen: der Anklageakt ist eine vorsätzliche Fälschung. Diese Fälschung kommt in jedem Geständnis zum Vorschein, wenn man diese Geständnisse den Tatsachen gegenüberstellt. Der Staatsanwalt Wyschinski versteht das sehr gut, denn er saß in der Küche der Fälschung. Darum hat er den Angeklagten keine einzige konkrete Frage gestellt, die ihnen Schwierigkeiten hätte bereiten können. Namen, Dokumente, Daten, Situationen, Verkehrsmittel, Bedingungen der Zusammenkünfte – alle diese entscheidenden Umstände hat Wyschinski mit einem Schleier der Schamhaftigkeit bedeckt, den man richtiger als einen Schleier der Schamlosigkeit bezeichnen kann. Wyschinski hat mit den Angeklagten nicht in der Sprache des Juristen, sondern in der verabredeten Sprache des Komplizen, des Mitverschwörers, des Meisters der Fälschung, im Gaunerjargon gesprochen. Der Insinuationscharakter der Fragen Wyschinskis – neben dem völligen Mangel materieller Beweise – bildet das zweite tödliche Indiz gegen Stalin.

Doch beabsichtige ich keinesfalls, mich auf die negativen Beweise zu beschränken, o nein! Wyschinski hat nicht bewiesen und konnte nicht beweisen, daß die subjektiven Geständnisse wahr sind, das heißt den objektiven Tatsachen entsprechen. Ich nehme auf mich eine viel schwierigere Aufgabe: zu beweisen, daß jedes dieser Geständnisse falsch ist, d. h. der Wirklichkeit widerspricht. Worin bestehen meine Beweise? Ich werde Ihnen zwei, drei Beispiele anführen. Ich würde mindestens zwei Stunden brauchen, um vor Ihnen nur zwei wichtige Episoden zu analysieren: die angebliche Reise des Angeklagten Golzmann zu mir nach Kopenhagen, um terroristische Instruktionen zu erhalten, und die angebliche Reise des Angeklagten Pjatakow zu mir nach Oslo, um Instruktionen über die Zerstükkelung der USSR zu erhalten. Ich besitze ein volles Arsenal mit dokumentarischen Beweisen dafür, daß mich weder Golzmann in Kopenhagen, noch Pjatakow in Oslo besucht haben. Ich werde gleich nur die einfachsten Beweise, die am wenigsten Zeit in Anspruch nehmen, anführen. – Zum Unterschiede von den übrigen Angeklagten hat Golzmann ein Datum genannt (23. bis 25. November 1932) – das Geheimnis ist einfach: aus den Zeitungen war bekannt, wann ich nach Kopenhagen gekommen war – und folgende konkrete Details angegeben: ihn, Golzmann, habe in Kopenhagen mit mir mein Sohn, Leo Sedow, zusammengebracht, der sich mit ihm, Golzmann, im Hotel Bristol getroffen hätte. Über das Hotel Bristol hätten sie sich noch in Berlin verständigt. In Kopenhagen angekommen, habe Golzmann Sedow angeblich tatsächlich im Vestibül des genannten Hotels getroffen. Von dort seien sie zusammen zu mir gegangen. Während des Gesprächs Golzmanns mit mir sei Sedow, nach Golzmanns Worten, häufig ins Zimmer gekommen. Welch malerische Einzelheiten! Wir atmen erleichtert auf: endlich besitzen wir nicht nur nebelhafte Reuebekenntnisse, sondern gewissermaßen Fakten. Unglücklicherweise war mein Sohn nicht in Kopenhagen, weder im November 1932 noch überhaupt jemals in seinem Leben. Das bitte ich fest in Erinnerung zu behalten! Im November 1932 befand sich mein Sohn in Berlin, d. h. in Deutschland und nicht in Dänemark, und unternahm dort vergebliche Versuche, sich mit mir und seiner Mutter in Kopenhagen zu treffen: man darf nicht vergessen, daß die Weimarer Demokratie bereits in ihren letzten Zügen lag und die Berliner Polizei immer strenger wurde. Alle Schritte meines Sohnes zur Erlangung einer Aus- und Rückreiseerlaubnis sind dokumentarisch bewiesen. Unsere täglichen telefonischen Gespräche aus Kopenhagen mit meinem Sohn in Berlin können auf dem Telefonamt Kopenhagen festgestellt werden. Dutzende von Zeugen, die mich und meine Frau in Kopenhagen die ganze Zeit umgaben, wußten, daß wir ungeduldig, aber vergeblich auf unseren Sohn warteten, andererseits wußten alle Freunde meines Sohnes in Berlin, daß er sich vergeblich um ein Visum bemühte. Gerade infolge der Beharrlichkeit der Bemühungen und den unüberwindlichen Hindernissen blieb die Tatsache des nicht stattgefundenen Zusammentreffens Dutzenden von Menschen im Gedächtnis haften. Sie leben alle im Auslande und haben es schriftlich bezeugt. Genügt das? Ich hoffe, ja! Pritt und Rosenmark werden vielleicht sagen: nein? Sie haben ja Nachsicht nur mit der GPU! Gut, ich will ihnen entgegenkommen. Ich habe noch direktere, noch unmittelbarere und ganz unbestreitbare Beweise. Die Sache ist nämlich die, daß das Zusammentreffen mit unserem Sohn stattfand, gleich nachdem wir Kopenhagen verlassen hatten, und zwar in Frankreich, unterwegs in die Türkei. Dieses Zusammentreffen wurde möglich dank dem persönlichen Eingreifen des damaligen französischen Ministerpräsidenten Herriot. Im französischen Ministerium des Auswärtigen ist das Telegramm meiner Frau an Herriot vom 1. Dezember aufbewahrt, dem Tage vor unserer Abreise aus Kopenhagen, wie auch die telegrafische Anweisung Herriots vom 3. Dezember an den französischen Konsul in Berlin, meinem Sohn unverzüglich ein Visum zu geben. Ich hatte immer Angst, Agenten der GPU in Paris würden diese Dokumente stehlen. Glücklicherweise hatten sie dazu keine Zeit gehabt. Beide Telegramme sind vor wenigen Wochen im französischen Ministerium des Auswärtigen gefunden worden. Verstehen Sie mich klar? Ich halte in den Händen Kopien beider Telegramme. Ich zitiere ihren Text, Datum und Nummern nicht, um keine Zeit zu verlieren: ich werde sie morgen der Presse übergeben*. Im Paß meines Sohnes befindet sich das vom französischen Konsulat am 3. Dezember ausgestellte Visum. Am 4., morgens, fuhr mein Sohn aus Berlin ab. In seinem Paß steht auch der Grenzstempel vom gleichen Datum. Dieser Paß ist unversehrt erhalten. Hören Sie, Bürger New Yorks, meine Stimme aus Mexiko-City? Ich möchte, daß Sie jedes meiner Worte, trotz meiner entsetzlichen englischen Sprache, verstehen! Die Begegnung mit unserem Sohne fand statt

---

* Hier der Text der Telegramme:

Telegramm

Monsieur E. Herriot
Président du Conseil

Paris

Kobenhavn PK 120   38W   I   23   50   Northern
Traversant France et désirant rencontrer mon fils Léon Sedoff étudiant Berlin, j'espère votre intervention bienveillante pour qu'il soit autorisé me rencontrer à passage
sentiments distingués

Nathalie Sedoff Trotzky

Ministère des Affaires étrangères
Telegramm

Paris, le 3 décembre 1932

Le ministre des Affaires étrangères
A Consul de France

Berlin

Mme Trotzky, qui revient du Danemark, serait heureuse de pouvoir rencontrer, à son passage sur le territoire français, son fils Léon Sedoff, qui est actuellement étudiant à Berlin.
Je vous autorise donc à viser le titre de voyage de M. Léon Sedoff pour cinq jours en France, ce dernier devant, d'autre part, s'assurer la possibilité de rentrer en Allemagne à l'expiration de ce délai.

Diplomatie

in Paris, auf der Gare du Nord, im Waggon zweiter Klasse, der uns aus Dünkirchen gebracht hatte, in Gegenwart von etwa zehn Freunden, die uns begleiteten. Ich hoffe, dies genügt. Weder die GPU noch Pritt können sich da herauswinden. Sie sitzen fest in der Klemme. Golzmann hat meinen Sohn in Kopenhagen nicht sehen können, weil sich mein Sohn in Berlin befand. Mein Sohn hat während des Gesprächs nicht ins Zimmer kommen und aus dem Zimmer gehen können. Wer wird nun noch an die Zusammenkunft glauben? Wer wird nun dem Geständnis Golzmanns überhaupt Glauben schenken können?

Aber auch das ist noch nicht alles. Golzmann sagte, seine Begegnung mit meinem Sohne habe im Hotel Bristol, im Vestibül, stattgefunden. Schön! ... Es stellt sich jedoch heraus, daß das Kopenhagener Hotel Bristol im Jahre 1917 bis auf den Grund vernichtet wurde! Im Jahre 1932 existierte von diesem Hotel nur die Erinnerung in alten Reiseführern. Der diensteifrige Pritt stellt die Hypothese von einem möglichen Schreib»fehler« auf, den aber keiner der Journalisten und Redakteure bemerkt und in den Berichten korrigiert hat. Gut! Und die Sache mit meinem Sohn, auch ein Schreibfehler? Darüber schweigt Pritt und schweigt vielsagend Wyschinski. In Wirklichkeit hat wohl die GPU durch ihre Agenten in Berlin von den Bemühungen meines Sohnes, ein Visum nach Kopenhagen zu bekommen, gehört und war überzeugt, er habe sich mit mir in Kopenhagen getroffen. Daher der Schreib»fehler«! Golzmann hatte wahrscheinlich aus der Zeit seiner Emigration das Hotel Bristol gekannt und deshalb dieses Hotel genannt. Daher der zweite Schreib»fehler«! Zwei Schreibfehler haben sich zu einer Katastrophe vereinigt: von den Geständnissen Golzmanns bleibt nur eine Staubwolke, wie vom Hotel Bristol im Augenblick seiner Vernichtung. Indes aber – vergessen Sie das nicht! – ist dies das wichtigste Geständnis im Prozeß der 16: von allen alten Revolutionären hat sich angeblich nur Golzmann mit mir persönlich getroffen und terroristische Instruktionen entgegengenommen!

Gehen wir zur zweiten Episode über. Pjatakow sei angeblich Mitte Dezember 1935 mit einem Aeroplan aus Berlin zu mir nach Oslo gekommen. Auf dreizehn präzise Fragen, die ich dem Gericht noch zu Lebzeiten Pjatakows stellte, kam keine einzige Antwort. Jede dieser Fragen erledigt die mysteriöse Reise Pjatakows. Inzwischen haben mein norwegischer Hauswirt, Konrad Knudsen, Mitglied des Stortings, und mein damaliger Sekretär, Erwin Wolff, in der Presse Erklärungen abgegeben, daß ich im Dezember 1935 keinen einzigen russischen Besucher empfangen und keine Reise unternommen habe. Genügen Ihnen diese Angaben nicht? Hier ist noch eine: die Verwaltung des Flugplatzes in Oslo hat offiziell erklärt, daß auf Grund ihrer Protokolle während des Dezembers 1935 auf dem Flugplatz kein einziges ausländisches Flugzeug gelandet ist! Vielleicht ist auch in den Protokollen des Flugplatzes ebenfalls ein – Schreibfehler passiert? Mister Pritt, lassen Sie uns in Ruhe mit Ihren Schreibfehlern, denken Sie etwas Gescheiteres aus! Doch wird Ihnen Ihre Findigkeit nichts helfen: Ich besitze noch viele direkte und indirekte Beweise dafür, daß sie falsch sind, die Aussagen des unglücklichen Pjatakows, den die GPU gezwungen hat, auf einem imaginären Flugzeug zu mir zu fliegen, genau so wie die Heilige Inquisition die Hexen zwang, auf Besen zum Rendezvous mit dem Teufel zu reiten! Die Technik hat sich verändert, der Kern blieb derselbe!

Im Hippodrom-Saal, den ich von hier aus gerne sehen möchte, gibt es sicherlich kompetente Juristen. Ich bitte Sie, zu beachten, daß sowohl Golzmann wie Pjatakow mit keinem Worte meine Adresse, das heißt den Ort des Zusammentreffens erwähnen. Sowohl der eine wie der andere haben verschwiegen, mit welchem Paß und unter welchem Namen sie in ein fremdes Land gereist sind. Der Staatsanwalt hat ihnen keine Frage wegen der Pässe gestellt. Der Grund ist klar: in der Liste der angekommenen Ausländer wären diese Namen nicht enthalten. Pjatakow hätte in Norwegen übernachten müssen, die Dezembertage sind dort sehr kurz. Er hat jedoch kein Hotel genannt. Der Staatsanwalt hat ihn nach dem Hotel nicht gefragt? Warum? Weil das Gespenst des Bristol-Hotels über Wyschinskis Kopf schwebte! Der Staatsanwalt ist kein Staatsanwalt, sondern der Inquisitor und Inspirator von Pjatakow, wie Pjatakow nur ein unglückliches Opfer der GPU ist.

Ich hätte hier noch eine riesige Zahl von Zeugenaussagen und Dokumenten anführen können, die die Angaben einer Reihe von Angeklagten bis auf den Rest widerlegen: Smirnows, Mratschkowskis, Dreizers, Radeks, Wladimir Romms, kurz aller jener, die auch nur einen Versuch gemacht haben, auf Tatsachen, Umstände, Zeit und Ort Anspielungen zu machen. Eine solche Arbeit läßt sich jedoch nur vor einer Untersuchungskommission, unter Beteiligung von Juristen, erfolgreich vornehmen, da sie Zeit erfordert zur eingehenden Prüfung der Dokumente und der Zeugenaussagen.

Aber bereits das Gesagte erlaubt, hoffe ich, den Gesamtverlauf der späteren Untersuchung vorauszusehen. Einerseits ist die Anklage ungeheuerlich in ihrem ganzen Wesen: die gesamte alte Generation der Bolschewiki wird des scheußlichsten Verrats, der weder Sinn noch Zweck hat, beschuldigt. Zur Begründung dieser Anklage besitzt der Staatsanwalt keinen einzigen Sachbeweis, trotz Tausenden von Verhaftungen und Haussuchungen. Das völlige Fehlen von Indizien ist das schwerste Indiz gegen Stalin! Die Erschießungen stützen sich ausschließlich auf erzwungene Geständnisse. Wenn aber in diesen Geständnissen Tatsachen genannt werden, fallen sie bei der ersten Berührung mit der Kritik auseinander. Die GPU ist nicht nur der Fälschung schuldig. Sie ist auch schuldig, die Fälschung schlecht, plump und dumm durchgeführt zu haben. Straflosigkeit demoralisiert. Kontrollosigkeit paralysiert die Kritik. Die Falsifikatoren arbeiten nachlässig. Sie rechnen mit dem summarischen Effekt der Geständnisse und der – Erschießungen. Wenn man das Phantastische der Anklage als Ganzes mit den bewußt erlogenen Tatsachenangaben konfrontiert, was bleibt von all den monotonen Geständnissen übrig? Ein beklemmender Geruch vom Inquisitionstribunal und nicht mehr!

Es gibt noch eine Art von Beweisen, die mir nicht weniger wichtig erscheint. In dem Jahr der Verbannung und den acht Jahren der Emigration habe ich meinen näheren und ferneren Freunden ungefähr zweitausend Briefe geschrieben, den akuten Fragen der Tagespolitik gewidmet. Die Briefe, die ich empfing, und die Kopien meiner Antworten besitze ich. Infolge ihrer Kontinuität decken diese Briefe vor allem die groben Widersprüche, Anachronismen und direkten Sinnlosigkeiten der Anklage auf, und zwar nicht nur in bezug auf mich und meinen Sohn, sondern auch in bezug auf die anderen Angeklagten. Jedoch besteht die Bedeutung der Briefe nicht nur darin. Meine gesamte politische und theoretische Tätigkeit dieser Jahre widerspiegelt sich erschöpfend in diesen Briefen. Sie werden durch meine Artikel und Bücher ergänzt. Die Untersuchung meiner Korrespondenz, scheint mir, hat entscheidende Bedeutung für die Charakteristik nicht nur meiner politischen und moralischen Persönlichkeit, sondern auch der meiner Korrespondenten. Wyschinski hat es nicht vermocht, dem Gericht auch nur einen Brief vorzulegen. Ich stelle der Kommission oder einem Gericht Tausende von Briefen zúr Verfügung, die meine wirklichen Gedankengänge wiedergeben, und zwar im Verkehr mit den Menschen, die mir am nächsten stehen und vor denen ich nichts zu verbergen habe, insbesondere mit meinem Sohn Leo. Dieser Briefwechsel allein kann durch seine innere Überzeugung das Stalinsche Amalgam im Keime töten. Der Staatsanwalt bleibt mit all seinen Kniffen und die Angeklagten bleiben mit all ihren Monologen der Verzweiflung in der Luft hängen. Solcher Art ist die Bedeutung meiner Korrespondenz. Solcher Art ist der Inhalt meiner Archive. Ich verlange von niemand Vertrauen. Ich appelliere an die Vernunft, an die Logik, an die Kritik. Ich biete Fakten und Dokumente. Ich fordere eine Nachprüfung!

Unter Ihnen, meine lieben Zuhörer, befinden sich sicherlich nicht wenige Menschen, die gerne wiederholen: »Die Geständnisse der Angeklagten sind falsch, das ist klar; aber wie gelingt es Stalin, solche Geständnisse zu erlangen: das ist das Geheimnis!« In Wirklichkeit ist das Geheimnis gar nicht so tief. Die Inquisition hat bei einer unvollkommeneren Technik Angeklagten jedes beliebige Geständnis entrissen. Das demokratische Strafrecht hat darum die mittelalterlichen Methoden abgelehnt, weil sie nicht zur Feststellung der Wahrheit führten, sondern zur Bestätigung jeglicher von der Untersuchung diktierten Beschuldigung. Die Prozesse der GPU sind durch und durch von inquisitorischem Charakter: darin liegt das simple Geheimnis der Geständnisse!

Die gesamte politische Atmosphäre der Sowjetunion ist vom Geiste der Inquisition durchdrungen. Haben Sie das Buch von André Gide »Rückkehr aus der USSR« gelesen? Gide ist ein Freund der Sowjets, aber kein Lakai der Bürokratie. Außerdem hat dieser Künstler Augen. Eine kleine Episode in Gides Buch ist zum Verständnis für die Prozesse von unschätzbarem Wert. Am Ende seiner Reise wollte Gide an Stalin ein Telegramm senden; da er aber keine Inquisitions-Erziehung erhalten hatte, sprach er Stalin mit dem einfachen demokratischen Worte »Sie« an. Man weigerte sich, das Telegramm anzunehmen. Sie glauben das nicht? Ja, ja, man weigerte sich, das Telegramm anzunehmen! Die behördlichen Personen setzten Gide

135

auseinander: »Man muß an Stalin schreiben: ›Führer der Werktätigen‹ oder ›Lehrer der Völker‹ und nicht einfach ›Sie‹.« Gide versuchte sich zu widersetzen: »Hat denn Stalin diese Schmeicheleien nötig?« Es half nichts. Man lehnte es strikt ab, das Telegramm ohne die byzantinische Schmeichelei anzunehmen. Endlich erklärte Gide: »Ich füge mich, des Kampfes müde, lehne aber jede Verantwortung ab ...« Auf diese Weise hatte man den weltberühmten Schriftsteller und geachteten Gast in wenigen Minuten zermürbt und gezwungen, nicht das Telegramm zu schreiben, das er gewollt, sondern jenes, das ihm kleine Inquisitoren diktierten. Wer eine Spur Phantasie besitzt, möge sich nicht einen berühmten Reisenden, sondern einen in Ungnade gefallenen Sowjetbürger, einen Oppositionellen, isoliert und zu Tode gehetzt, einen Paria vorstellen, der gezwungen ist, nicht ein Begrüßungstelegramm an Stalin zu schreiben, sondern das zehnte oder zwanzigste Geständnis seiner Schuld. Vielleicht gibt es in der Welt sehr viele Helden, die jegliche Foltern, physische und moralische, an sich selbst, an ihren Frauen, an ihren Kindern ertragen können ... Ich weiß es nicht ... Meine persönlichen Beobachtungen sagen mir, daß das Fassungsvermögen der menschlichen Nerven begrenzt ist. Durch die GPU ist Stalin imstande, sein Opfer in einen solchen ausweglosen Abgrund des Entsetzens, der Erniedrigung, der Ehrlosigkeit zu stürzen, wo das ungeheuerlichste Verbrechen auf sich zu nehmen mit der Aussicht auf den sicheren Tod oder mit einem schwachen Hoffnungsstrahl vor sich, der einzige Ausweg bleibt. Natürlich wenn man nicht den Selbstmord mitzählt, den Tomski vorgezogen hat! Den selben Ausweg wählten früher Joffe, zwei Mitglieder meines Kriegssekretariats: Glasmann und Butow, Sinowjews Sekretär, Bogdan, meine Tochter Sinaida und viele Dutzende andere. Selbstmord oder moralische Selbstvernichtung: ein Drittes gibt es nicht! Nur darf man nicht vergessen, daß im Gefängnis der GPU auch der Selbstmord häufig ein unerreichbarer Luxus ist!

Die Moskauer Prozesse entehren die Revolution nicht, denn sie sind Kinder der Reaktion. Die Moskauer Prozesse entehren die alte Generation der Bolschewiki nicht: sie zeigen nur, daß auch Bolschewiki aus Fleisch und Blut sind und daß sie es nicht endlos ertragen können, wenn über ihren Köpfen jahrelang das Todespendel schwankt. Die Moskauer Prozesse entehren jenes politische Regime, das sie erzeugt hat: das Regime des Bonapartismus ohne Ehre und Gewissen! Sämtliche Erschossenen starben mit Flüchen auf den Lippen gegen dieses Regime.

Wer Lust hat, mag Tränen darüber vergießen, daß die Geschichte einen solchen verwirrten Gang hat: zwei Schritte vorwärts, einen Schritt rückwärts. Tränen aber helfen nicht. Man muß, wie Spinoza es empfiehlt, nicht lachen, nicht weinen, sondern begreifen. Versuchen wir zu begreifen! Wer sind denn die Hauptangeklagten? Alte Bolschewiki, die die Partei, den Sowjetstaat, die Rote Armee, die Komintern geschaffen haben. Wer ist als Ankläger gegen sie aufgetreten? Wyschinski, ein bürgerlicher Advokat, der sich nach der Februarrevolution als Menschewik umgefärbt und sich den Bolschewiki nach derem völligen Siege angeschlossen hat. Wer hat gegen die Angeklagten in der »Prawda« scheußliche Pasquille geschrieben? Saslawski, die frühere Säule einer Bankzeitung, den Lenin im Jahre 1917 in seinen Artikeln nicht anders nannte als »Schuft«! Der frühere Redakteur der »Prawda«, Bucharin, ein alter Bolschewik, ist verhaftet. Hauptsäule der »Prawda« ist heute Michail Kolzow, ein bürgerlicher Feuilletonist, der den ganzen Bürgerkrieg im Lager der Weißen zugebracht hat. Sokolnikow, der Teilnehmer der Oktoberrevolution und des Bürgerkrieges, ist als Verräter verurteilt. Rakowski wartet auf die Anklage. Sokolnikow und Rakowski waren Gesandte in London. Ihren Platz nimmt jetzt Maiski ein, ein rechter Menschewik, der während des Bürgerkrieges Minister der Weißen Regierung auf Koltschaks Territorium war. Trojanowski, der Sowjetgesandte in Washington, erklärt die Trotzkisten für Konterrevolutionäre. Er selbst war in den ersten Jahren der Oktoberrevolution im Zentralkomitee der Menschewiki und hat sich den Bolschewiki erst angeschlossen, nachdem sie reizvolle Posten zu verteilen begannen. Bevor er Gesandter wurde, war Sokolnikow Volkskommissar für Finanzen. Wer hat diesen Posten jetzt inne? Grinko, der gemeinsam mit den Weißgardisten in den Jahren 1917–1918 im »Komitee der Rettung« gegen die Sowjets gekämpft hat. Einer der besten Sowjetdiplomaten war Joffe, der erste Sowjetgesandte in Deutschland. Man hat ihn in den Selbstmord gehetzt. Wer ersetzte ihn in Berlin? Zuerst der reuige Oppositionelle Krestinski, dann Chintschuk, ein früherer Menschewik, Teilnehmer des konterrevolutionären »Komitees der Rettung«, schließlich Suritz, der das Jahr 1917 ebenfalls jenseits der Barrikaden verbracht hat. Diesen Namensaufruf könnte ich ins Endlose fortsetzen.

Der grandiose Wechsel des Personenbestandes, besonders verblüffend in der Provinz, hat tiefe soziale Ursachen. Welche? Es ist höchste Zeit, sich endlich Rechenschaft darüber abzulegen, daß in der USSR sich eine neue Aristokratie herausgebildet hat. Die Oktoberrevolution ging unter dem Zeichen der Gleichheit. Die Bürokratie verkörpert eine ungeheuere Ungleichheit. Die Revolution hat den Adel abgeschafft. Die Bürokratie hat neue Vornehme geschaffen. Die Revolution hat Rangstufen und Orden abgeschafft. Die Bürokratie läßt wieder Marschälle, Generale und Obersten aufleben. Die neue Aristokratie verschlingt einen riesigen Teil des Nationaleinkommens. Ihre Lage vor dem Gesicht des Volkes ist falsch und verlogen. Ihre Führer sind gezwungen, die Wirklichkeit zu verbergen, die Massen zu betrügen, sich zu maskieren und Schwarz Weiß zu nennen. Die gesamte Politik der neuen Aristokratie ist eine Fälschung. Eine Fälschung ist auch die neue Konstitution.

Die Angst vor der Kritik ist Angst vor der Masse. Die Bürokratie fürchtet das Volk. Die Lava der Revolution ist noch nicht erkaltet. Mit blutigen Repressalien sich auf die Unzufriedenen und Kritisierenden nur deshalb zu stürzen, weil sie die Einschränkung der Privilegien fordern, kann die Bürokratie nicht. Die gefälschten Beschuldigungen gegen die Opposition sind darum keine zufälligen Akte, sondern ein System, das sich aus der heutigen Lage der regierenden Kaste ergibt. Erinnern wir uns, wie die Thermidorianer der französischen Revolution gegen die Jakobiner vorgingen. Der Historiker Aulard schreibt: »Les ennemis ne se contentèrent pas d'avoir tué Robespierre et ses amis: ils les calomnièrent en les représentant aux yeux de la France comme de royalistes et de gens vendus à l'étranger.« Stalin hat nichts ausgedacht. Er hat nur Royalisten durch Faschisten ersetzt.

Wenn die Stalinisten uns »Verräter« nennen, so klingt darin nicht nur Haß, sondern auch eine eigenartige Aufrichtigkeit. Sie meinen, wir hätten die Interessen der heiligen Kaste der Generale und Marschälle verraten, die angeblich allein fähig ist, den »Sozialismus aufzubauen«, die aber in Wirklichkeit die Idee des Sozialismus kompromittiert. Wir unserseits halten die Stalinisten für Verräter an den Interessen der russischen

Volksmassen und des Weltproletariats. Es ist sinnlos, diesen erbitterten Kampf mit persönlichen Motiven zu erklären. Es handelt sich nicht nur um verschiedene Programme, sondern um verschiedene soziale Interessen, die immer feindlicher aufeinanderstoßen.

Und wo ist deine Gesamtdiagnose? werden Sie fragen; wo ist die Prognose? Ich habe im voraus gesagt: meine Rede ist nur den Moskauer Prozessen gewidmet. Der sozialen Diagnose und Prognose gilt mein letztes Buch »Verratene Revolution«. Jedoch will ich in zwei Worten sagen, was ich denke. Die grundlegenden Errungenschaften der Oktoberrevolution, das heißt die neuen Formen des Eigentums, die die Entwicklung der Produktivkräfte gestatten, sind noch nicht vernichtet, aber sie sind bereits in einen unversöhnlichen Gegensatz zu dem politischen Despotismus geraten. Der Sozialismus ist undenkbar ohne Selbsttätigkeit der Massen, ohne Aufblühen der menschlichen Persönlichkeit. Der Stalinismus tritt das eine wie das andere mit Füßen. Ein offener Konflikt zwischen dem Volk und der neuen Despotie ist unvermeidlich. Stalins Regime ist dem Untergang geweiht. Wird die kapitalistische Konterrevolution oder die Arbeiterdemokratie es ersetzen? Die Geschichte hat diese Frage noch nicht gelöst. Die Lösung hängt auch von der Aktivität des Weltproletariats ab. Wenn man für einen Augenblick annimmt, der Faschismus werde in Spanien triumphieren und danach in Frankreich – dann wird das Sowjetland, vom faschistischen Ring umgeben, zum weiteren Verfall verurteilt sein, der sich vom politischen Überbau auf das soziale Fundament ausbreiten wird. Mit anderen Worten: die Niederschlagung des europäischen Proletariats wird auch unvermeidlich den Zusammenbruch der USSR bedeuten. Umgekehrt: wenn die werktätigen Massen Spaniens mit dem Faschismus fertig werden, wenn die französische Arbeiterklasse den Weg der Befreiung beschreiten wird, dann werden auch die unterdrückten Massen der USSR sich aufrichten und das Haupt erheben. Dann wird die letzte Stunde des Stalinschen Despotismus geschlagen haben.

Aber der Triumph der Sowjetdemokratie wird nicht von selbst kommen. Das hängt auch von euch ab. Man muß den Massen helfen. Die erste Hilfe ist: ihnen die Wahrheit sagen. Die Frage steht folgendermaßen: der demoralisierten Bürokra-

139

tie gegen das Volk helfen oder den fortschrittlichen Kräften des Volkes gegen die Bürokratie. Die Moskauer Prozesse sind ein Signal. Wehe dem, der es nicht hört! Der Reichstagsbrand-Prozeß war selbstverständlich von großer Bedeutung. Aber dort ging es um den verächtlichen Faschismus, um die Verkörperung aller Laster der Finsternis und Barbarei. Die Moskauer Verbrechen geschehen unter dem Banner des Sozialismus. Dieses Banner werden wir den Meistern der Fälschung nicht überlassen. Wenn unsere Generation sich als zu schwach erwiesen hat, den Sozialismus auf der Erde zu verwirklichen, so wollen wir das Banner unbefleckt unseren Kindern weitergeben. Der Kampf, der bevorsteht, übersteigt bei weitem die Kräfte einzelner Menschen, Fraktionen oder Parteien. Es ist der Kampf um die Zukunft der ganzen Menschheit. Er wird hart sein. Er wird langwierig sein. Wer physische Ruhe und seelischen Komfort sucht, der trete beiseite. In Zeiten der Reaktion ist es bequemer, sich auf die Bürokratie als auf die Wahrheit zu stützen. Aber alle, für die der Sozialismus kein leeres Wort ist, sondern der Inhalt des sittlichen Lebens – vorwärts! Weder Drohungen, noch Verfolgungen, noch Gewalt werden uns aufhalten. Vielleicht auf unseren Knochen, aber die Wahrheit wird triumphieren. Wir werden ihr den Weg bahnen. Sie wird siegen. Und unter den schrecklichen Schlägen des Gerichtstages werde ich mich glücklich schätzen, wie in den besten Tagen meiner Jugend, wenn ich gemeinsam mit euch zu ihrem Siege beitragen kann. Denn, meine Freunde, das menschliche Glück besteht nicht in der Ausnutzung der Gegenwart, sondern in der Vorbereitung der Zukunft!

Voruntersuchung in Coyoacan

Während der ersten »kirowschen« Prozesse (Dezember 1934 bis Januar 1935) war die Annäherung Paris–Moskau bereits in vollem Gange. Die »nationale« Disziplin der französischen Presse ist zu gut bekannt. Vertreter der ausländischen, insbesondere der amerikanischen Presse konnten mich infolge meines »Inkognitos« nicht erreichen. Ich war isoliert. Mein Echo auf den ersten Sinowjew-Kamenjew-Prozeß bestand in einer kleinen Broschüre, die in einer sehr beschränkten Auflage gedruckt und verbreitet wurde. In Moskau nahm man mit Befriedigung diese Tatsache zur Kenntnis: sie erleichterte die Inszenierung des kommenden großen Prozesses. Mit seiner Vorbereitung vergingen jedoch noch anderthalb Jahre. Während dieser Zeit hatte sich die Freundschaft Stalins mit den Parteien der Volksfront in Frankreich derart gefestigt, daß die GPU mit Bestimmtheit auf die wohlwollende Neutralität nicht nur der Radikalen, sondern auch der Sozialisten rechnen konnte. Tatsächlich schloß der »Populaire« vollständig seine Spalten für jegliche Enthüllungen über die Tätigkeit der GPU, nicht nur in der USSR, sondern auch in Frankreich. Die Verschmelzung der »roten« Gewerkschaften mit den reformistischen hatte unterdessen den Siegel des Schweigens auf die Lippen der CGT gelegt. Wenn Léon Blum den Streit mit Thorez vertagt, so bemüht sich Léon Jouhaux, im Frieden mit beiden zu leben. Der Sekretär der II. Internationale, Friedrich Adler, tat, was er konnte, um die Wahrheit aufzudecken. Aber mit kleinen Ausnahmen boykottierte die Internationale ihren eigenen Sekretär. Nicht zum erstenmal in der Geschichte wurden die führenden Organisationen Werkzeuge einer Verschwörung gegen die Interessen der Arbeitermassen und die Forderungen ihres Gewissens. Doch niemals vielleicht hatte die Verschwörung solch zynischen Charakter angenommen. Stalin konnte deshalb glauben, seines Spieles sicher zu sein.

Er hat sich verrechnet. Ein dumpfer, nicht immer artikulierter, aber sicherer Widerstand erhob sich von unten. Die Arbeitermassen konnten nicht ruhig die Tatsache verdauen, daß der alte bolschewistische Stab plötzlich der Verbindung mit dem Faschismus beschuldigt und der Vernichtung ausgesetzt wurde. Es schlugen Alarm die ehrlicheren und feinfühligeren Elemente der radikalen Intelligenz. Unter diesen Umständen zeigte sich auch die ganze Bedeutung der Gruppen, die unter dem Banner der IV. Internationale stehen. Sie sind noch keine Massenorganisationen – und können nach dem Charakter der reaktionären Periode, die wir durchleben, keine sein. Das sind Kader, Ferment der Zukunft. Sie haben sich formiert im Kampfe gegen die führenden Arbeiterparteien der Epoche des Niedergangs. In der Geschichte der Arbeiterbewegung war keine Fraktion solch bösartigen und vergifteten Verfolgungen ausgesetzt wie die sogenannten »Trotzkisten«. Das hat ihnen eine politische Stählung verliehen, den Geist der Opferbereitschaft eingeimpft und sie gelehrt, gegen den Strom zu schwimmen. Gehetzte junge Kader lernen viel, denken ernst und stehen ehrlich zum Programm. Nach der Fähigkeit, sich in der politischen Situation zu orientieren und deren Entwicklung vorauszusehen, überragen sie schon jetzt unermeßlich die »autoritärsten« Führer der II. und der III. Internationale. Sie sind tief der Sowjetunion ergeben, das heißt dem, was von der Oktoberrevolution dort übrig geblieben ist, und werden, zum Unterschiede von der überwiegenden Mehrzahl der offiziellen »Freunde«, in schwieriger Stunde es durch die Tat beweisen. Aber sie hassen die Sowjetbürokratie als den bösesten Feind. Deren Fälschungen und Amalgame können sie nicht täuschen. Jede dieser Gruppen war mindestens einmal selbst Opfer einer kleinen nationalen Fälschung gewesen, vorläufig allerdings noch ohne Erschießungen, aber mit Versuchen moralischen Mordes und nicht selten physischer Gewalt. Hinter den Fälschungen der Komintern steht stets die GPU. Die Moskauer Prozesse haben darum die ausländischen »Trotzkisten« nicht überrascht. Sie haben als erste das Signal der Abwehr gegeben und sofort einen sympathisierenden Widerhall in verschiedenen Schichten und Gruppierungen der Arbeiterklasse und der radikalen Intelligenz gefunden.

Die Hauptaufgabe bestand darin, eine öffentliche Untersuchung der Moskauer Verbrechen zu erreichen. Es konnte jedoch unter den gegebenen Verhältnissen nicht die Rede sein von der Schaffung einer Untersuchungskommission auf der Basis der offiziellen Arbeiterorganisationen. Es blieb nur ein anderer Weg übrig: zur Sache der Untersuchung einzelne autoritäre Menschen mit sauberer Reputation hinzuzuziehen. Gerade so hat das amerikanische »Komitee zur Verteidigung Trotzkis« und danach auch das französische die Frage gestellt.

Die Stalinsche Agentur hat in der ganzen Welt sofort ein Geheul erhoben, die Untersuchung werde »parteiisch« sein. Diese Menschen haben ihre Kriterien: die Verkörperung der Unparteilichkeit ist für sie Jagoda, der den Prozeß Sinowjew-Kamenjew vorbereitete. Vergeblich hat das New-Yorker Komitee versucht, zur Kommission Vertreter der Sowjetgesandtschaft, der amerikanischen kommunistischen Partei oder der »Freunde der Sowjetunion« hinzuzuziehen. Ein heiseres Bellen antwortete aus verschiedenen Ländern der Alten und der Neuen Welt auf die wiederholten Einladungen: es demonstrierten die heißesten Anhänger der »Unparteilichkeit« ihre Solidarität mit der Justiz Stalins und Jagodas.

Aber es heißt schon immer: die »Freunde« bellen, doch die Karawane zieht vorbei. Die Kommission wurde Tatsache. Ihr Zentrum ist natürlicherweise John Dewey, Philosoph und Pädagoge, Veteran des amerikanischen »Liberalismus«. Neben ihm sitzen in der Kommission: die radikale Schriftstellerin Suzanne La Follette; der bekannte Publizist des linken Lagers, Benjamin Stolberg; der alte deutsche Marxist des linken Flügels, Otto Rühle; der bekannte Politiker des anarchistischen Lagers, Carlo Tresca; das Haupt der amerikanischen Soziologen, Edward Alsworth Ross; der Rabbiner Edward L. Israel und andere Persönlichkeiten. Entgegen den absurden Behauptungen der Komintern-Presse ist und war kein einziges Mitglied der Kommission ein Gesinnungsgenosse von mir. Der als Marxist politisch mir am nächsten Stehende, Otto Rühle, war in unversöhnlicher Opposition zur Komintern auch in jener Periode, als ich an ihrer Leitung nahen Anteil nahm. Aber es handelt sich ja gar nicht darum. Das Moskauer Gericht beschuldigt mich nicht des »Trotzkismus«, nicht der Verteidigung des Programms der permanenten Revolution, sondern des Bündnisses mit Hitler und dem Mikado, das heißt des Verrates am' Trotzkismus. Wenn aber die Mitglieder der Kommission mit dem »Trotzkismus« sympathisieren würden (wovon in Wirklichkeit nicht die Spur ist), so würde sie dies keinesfalls geneigt machen, meinem Bündnis mit dem japanischen Imperialismus gegen die USSR, die Vereinigten Staaten und China durch die Finger zu sehen. Seine Feindschaft gegen den Faschismus hat Otto Rühle durch das Werk seines ganzen Lebens wie auch durch seine Verbannung bewiesen. Er ist weniger fähig, Milde gegen Hitlers Verbündete zu zeigen, als jene

Beamten, die auf Kommando der Vorgesetzten segnen und fluchen. Die »Parteilichkeit« der Kommissionsmitglieder besteht nur darin, daß sie weder Jagoda, noch Wyschinski, noch Stalin selbst aufs Wort glauben. Sie wollen Beweise und fordern sie. Es ist nicht ihre Schuld, wenn Stalin ihnen das verweigert, was er nicht besitzt.

An der Spitze der Pariser Kommission, die nach Direktiven aus New York arbeitet, stehen meine unversöhnlichen politischen Gegner: der sozialistische Advokat Delépine, Mitglied des Zentralkomitees der Partei Léon Blums; der italienische Advokat Modigliani, Mitglied des Exekutivkomitees der II. Internationale. Auch unter den übrigen Mitgliedern der Kommission (Frau César Chabrun, Vorsitzende des Hilfskomitees für politische Gefangene; Galtier-Boissière, Direktor der linken Zeitschrift »Le Crapouillot«; Mathe, der frühere Sekretär des Nationalen Gewerkschaftsbundes der Post- und Telegrafenangestellten, und Jacques Madaule, ein bekannter katholischer Schriftsteller) gibt es nicht einen Trotzkisten. Ich will noch hinzufügen, daß ich mit keinem einzigen Mitglied, sowohl der New-Yorker wie der Pariser Kommission, je im Leben persönliche Beziehungen oder Verbindungen unterhalten habe.

Die New-Yorker Kommission beschloß, vor allem durch eine besondere Unterkommission mich zu vernehmen, um festzustellen, ob ich über genügend Material verfüge, um die spätere Untersuchung zu rechtfertigen. Die Unterkommission bestand aus: John Dewey, La Follette, Stolberg, Otto Rühle und dem Journalisten Carleton Beals. Die Hinzuziehung des letzteren zur Unterkommission war nur deshalb erfolgt, weil einige in Aussicht genommene autoritäre Persönlichkeiten im letzten Moment verhindert waren, nach Mexiko zu reisen. Als juristischen Berater hat die Unterkommission den bekannten Advokaten John Finnerty eingeladen, einen Teilnehmer der irländischen revolutionären Bewegung und Verteidiger in den berühmten Prozessen Sacco und Vanzetti, Thom Muni und anderer. Ich meinerseits hatte als Rechtsbeistand den Chikagoer Advokaten Albert Goldmann geladen. Die Stalinsche Presse hat ihn sofort des »Trotzkismus« beschuldigt und hatte diesmal recht. Goldmann hat jedoch niemals seine politische Solidarität mit mir verheimlicht, im Gegenteil, er hat sie während der Untersuchung offen bekannt. Hätte ich vielleicht zu meinem Advokaten Herrn Pritt erwählen sollen?

Nach ihrer Ankunft in Mexiko hat die Unterkommission sofort die kommunistische Partei, die Gewerkschaften und alle Arbeiterorganisationen des Landes überhaupt eingeladen, an der Untersuchung teilzunehmen, mit dem Recht, alle Fragen, die sie für nötig halten, zu stellen und die Nachprüfung der Erklärungen zu verlangen. Aber die sogenannten »Kommunisten« und die offiziellen »Freunde« Moskaus haben mit demonstrativen Ablehnungen geantwortet, bei denen die Feigheit sich mit Hochmut zu maskieren bemühte. Wenn Stalin in die Gerichtsarena nur solche Angeklagte lassen kann, denen alle nötigen »Reuebekenntnisse« vorher entrissen wurden, so können die ausländischen »Freunde« der GPU nur in einer solchen Umgebung auftreten, wo sie auf keinen Widerspruch stoßen. Den freien Dialog vertragen diese Menschen nicht.

Die ursprüngliche Absicht der Unterkommission war, ihre Arbeit öffentlich in einem der Säle Mexikos durchzuführen. Die »kommunistische« Partei drohte mit Manifestationen. Die Partei ist zwar sehr klein, dafür aber verfügt die GPU über große finanzielle und technische Mittel. Die mexikanischen Behörden stellten der Arbeit der Unterkommission keine Hindernisse in den Weg. Jedoch würde der Schutz öffentlicher Sitzungen zuviel Mühe gekostet haben. Die Unterkommission beschloß aus eigener Initiative, ihre Sitzungen im Hause Riveras abzuhalten, in einem Raum, der fünfzig Personen faßt. Die Presse und die Vertreter der Arbeiterorganisationen, unabhängig von der Richtung, hatten freien Zutritt zu den Sitzungen. Einige mexikanische Gewerkschaftsverbände waren durch Delegierte vertreten.

Die Sitzungen der Unterkommission dauerten eine Woche, vom 10.–17. April. In der einleitenden Rede erklärte Professor Dewey: »Wenn Leo Trotzki der Taten, die man ihm vorwirft, schuldig ist, dann gibt es keine Strafe, die zu hart wäre. Der ausnehmende Ernst der Anklagen ist aber ein Grund mehr, dem Angeklagten in vollem Maße das Recht zu sichern, alle in seinen Händen befindlichen Beweise beizubringen zur Widerlegung der Anklage. Die Tatsache, daß Herr Trotzki die Beschuldigungen zurückweist, kann an sich in den Augen der Kommission nicht von Gewicht sein. Aber die Tatsache, daß er verurteilt wurde, ohne daß man ihm die Möglichkeit gab, gehört zu werden, ist für das Gewissen der ganzen Welt von größtem Gewicht.« Diese Worte drücken am besten den Geist aus, der die Arbeit der Kommission erfüllte. Nicht weniger charakteristisch sind die Schlußworte seiner Rede, in der Dewey, diesmal im eigenen Namen, erklärt, weshalb er nach langem Schwanken sich bereit gefunden habe, die schwere Pflicht des Vorsitzenden der Kommission zu übernehmen:»Ich habe mein Leben der Sache der Erziehung gewidmet, die ich als Aufklärung des Volkes im Interesse der Gesellschaft verstehe. Und wenn ich den verantwortlichen Posten, den ich heute einnehme, doch übernommen habe, so nur deshalb, weil ich zu dem Entschluß gekommen bin, daß anders zu handeln bedeutet hätte, der Sache meines Lebens untreu zu werden.« Es gab im Saale keinen einzigen Menschen, der vom tiefen sittlichen Ernst dieser in ihrer Einfachheit außerordentlichen Worte des achtundsiebenzigjährigen Mannes nicht ergriffen war.

Meine kurze Antwort enthielt unter anderem folgende Erklärung:»Ich bin mir dessen klar bewußt, daß die Teilnehmer der Kommission bei ihrer Arbeit geleitet werden von ungleich bedeutenderen und tieferen Motiven als das Interesse für das Schicksal einer einzelnen Person. Um so größer aber ist meine Hochachtung und um so aufrichtiger mein Dank!« Und weiter: »Ich bitte um Nachsicht für meine englische Sprache, die – ich erlaube mir, es im voraus zu sagen – der schwächste Punkt meiner Position ist. In allem anderen erwarte ich nicht die geringste Nachsicht. Am allerwenigsten neige ich dazu, a priori Vertrauen zu meinen Behauptungen zu verlangen. Die Aufgabe der Untersuchungskommission ist, alles, von Anfang bis zu Ende, nachzuprüfen. Meine Pflicht ist, ihr dabei zu helfen. Ich werde bemüht sein, diese Pflicht vor den Augen der ganzen Welt gewissenhaft zu erfüllen.« Die Kommission ging an die Sache in außerordentlich weitem Ausmaße heran, das durch das Wesen der Moskauer Anklagen gerechtfertigt wird. Der gesamte Verlauf der Debatten wurde von einem vereideten Gerichtsstenographen niedergeschrieben. Der Bericht, der etwa 250 000 Worte enthält, wird bald in einer amerikanischen und in einer englischen Ausgabe erscheinen. Wer den Wunsch hat, die Wahrheit zu erfahren oder sich ihr auch nur zu nähern, wird mit dem aufmerksamen Vergleich der zwei stenographischen Berichte, des Moskauer und des Coyoacaner, beginnen müssen.

Die zwei ersten Sitzungen waren meiner politischen Biographie gewidmet, im besonderen meinen Beziehungen zu Lenin.

Ich konnte mich wiederum überzeugen, daß die massive Lügenkampagne, die die Komintern unermüdlich seit zwölf Jahren führt, Spuren auch in den Gehirnen denkender und ehrlicher Menschen hinterlassen hat. Nicht alle Mitglieder kannten die wirkliche Geschichte der bolschewistischen Partei, besonders die Geschichte ihrer Entartung. Die Widerlegung der Erfindungen und Legenden der Moskauer Historiographie hätte eine zu detaillierte Arbeit, zuviel Zeit und ... eine weniger gebundene englische Zunge erfordert. Es ist möglich, daß dieser erste Teil der Vernehmung kein genügend abgeschlossenes politisches Bild ergeben hat. Mir blieb nur übrig, auf eine Reihe meiner Bücher zu verweisen und um deren Aufnahme in das Untersuchungsmaterial zu bitten.

Die zwei folgenden Sitzungen waren mit der Aufklärung über meine Beziehungen zu den Hauptangeklagten der zwei großen Prozesse ausgefüllt. Ich war bemüht, der Unterkommission klarzumachen, daß die Angeklagten nicht Trotzkisten, sondern erbitterte Feinde des Trotzkismus und insbesondere meine persönlichen Feinde gewesen waren. Tatsachen und Zitate, die ich bekanntgab, schlugen der Moskauer Version und ihren Autoren derart ins Gesicht, daß die Mitglieder der Unterkommission nur staunen konnten. Als ich auf die Fragen meines Advokaten die Geschichte der Gruppierungen und persönlichen Beziehungen in der bolschewistischen Partei während der letzten zehn Jahre darlegte, staunte ich selbst mitunter. Wie hat sich Stalin entschließen, wie hat er es wagen können, auch nur den Versuch zu machen, Sinowjew und Kamenjew, Radek und Pjatakow als meine politischen Gesinnungsgenossen hinzustellen? Die Lösung des Rätsels ist jedoch in Wirklichkeit einfach: in diesem Falle, wie in so vielen anderen, steht die Frechheit der Lüge in proportionellem Verhältnis zur Macht des Inquisitionsapparates. Stalin hat nicht nur meine Feinde gezwungen, sich als meine Freunde auszugeben, er hat sie auch genötigt, als Strafe für diese angebliche Freundschaft um ihre Hinrichtung zu bitten. Hatte Wyschinski es nötig, bei einem solchen Prozeß-Komfort sich um Tatsachen, Zitate, Chronologie und Psychologie zu kümmern?

Fast drei Sitzungen waren der Analyse und der Widerlegung der wichtigsten, gegen mich persönlich gerichteten Aussagen gewidmet, nämlich: dem angeblichen Besuch Golzmanns und der anderen bei mir in Kopenhagen im November 1932; der angeblichen Begegnung Wladimir Romms mit mir im Bois de Boulogne, Ende Juli 1933, und endlich dem angeblichen Flug Pjatakows zu mir nach Norwegen, Dezember 1935. Zu diesen drei entscheidenden Punkten legte ich die Originalkorrespondenz vor, die sich auf die entsprechenden Momente bezieht, offizielle Dokumente (Pässe, Visen, telegraphische Gesuche, Photographien usw.) und mehr als hundert notariell beglaubigte Zeugenaussagen aus allen Ecken Europas. Alle Umstände meines Lebens in diesen drei kurzen, aber entscheidenden Perioden waren mit solcher Fülle klargestellt, daß den Organisatoren der Fälschung kein Loch geblieben war, wo auch nur eine Nadel hätte durchgehen können. In diesem Teil erreichte die Untersuchung in Coyoacan ihren Höhepunkt. Die Mitglieder der Kommission, die Journalisten und das Publikum, alle erkannten und fühlten in gleicher Weise, daß der Nachweis meines Alibi in den drei einzigen Fällen, wo die Anklage Zeit- und Ortumstände nennt, dem Moskauer Gerichtsverfahren in seiner Gesamtheit einen tödlichen Schlag zufügte. Allerdings versuchte Beals, der Moskauer offiziellen Version zu Hilfe zu kommen und in meinen Antworten Widersprüche zu entdekken. Doch konnte ich diesem Kommissionsmitglied dafür nur dankbar sein, unabhängig von seinen Absichten. Meine Lage war sehr günstig: ich sprach vor vernünftigen und ehrlichen Menschen, die danach strebten, die Wahrheit zu erfahren; ich schilderte die Tatsachen, wie sie waren, und stützte mich auf unwiderlegbare Dokumente; Zeitungen, Bücher, Briefe, das menschliche Gedächtnis, die Logik und die Psychologie – alles kam mir zu Hilfe. Nach jeder Antwort auf die scharfen Fragen Beals verstummte dieses rätselhafte Mitglied der Kommission in völliger Verwirrung. Seine im Publikum sitzenden Inspiratoren hörten schließlich auf, ihm Zettelchen zu schicken. In den Geheimfächern des menschlichen Gewissens war das Schicksal des Prozesses eigentlich im voraus entschieden. Allerdings vorläufig nur im kleinen Saal des blauen Hauses in Coyoacan. Das übrige ist eine Frage der Zeit und der typographischen Mittel.

Die nächsten sechs Sitzungen beschäftigten sich mit Fragen der Sabotage, meiner Stellung zur Sowjetwirtschaft, meinen Verbindungen mit meinen Gesinnungsgenossen in der USSR, dem Terrorismus, der Verteidigung der USSR, der Tätigkeit der IV. Internationale und schließlich meiner Stellung zum Faschismus. Ich war nicht in der Lage, auch nur einen zwanzigsten Teil meines Materials auszunutzen. Die Hauptschwierigkeit bestand in der raschen Wahl der krassesten Dokumente, der kürzesten Zitate, der einfachsten Argumente. Eine unersetzbare Hilfe leisteten mir dabei meine alten Mitarbeiter: Jan Frankel und Jean Eijenoort. Die Kommissionsmitglieder bewahrten selbstverständlich äußerlich höchste Zurückhaltung. Aber doch schien es mir, als erreichten die Tatsachen und Argumente ihre Bestimmung und gruben sich ins Bewußtsein ein.

Entsprechend den Regeln des angelsächsischen Gerichtsverfahrens, ging die Leitung der Vernehmung in der zweiten Hälfte der Session von meinem Advokaten A. Goldmann zu dem juristischen Berater der Kommission, D. Finnerty, über. Die Stalinisten beschuldigten ihn, er habe die Leitung »zu milde« gehandhabt. Vielleicht. Ich meinerseits wünschte nichts so sehr als mißtrauische, kämpferische, scharfe Fragen. Doch Finnertys Lage war nicht leicht. Die Aussagen, die ich machte, und die Dokumente, die ich vorlegte, vernichteten die Anklage restlos. Formell lief die Sache nur noch darauf hinaus, die Aussagen und die Dokumente kritisch zu prüfen. Das aber war zum Teil Aufgabe der europäischen Unterkommission und hauptsächlich der Plenarkommission in New York. Im gegebenen Stadium vermochten sogar die Inspiratoren Beals keine einzige Frage vorzubringen, die auch nur indirekt die Version des Moskauer Gerichts zu bekräftigen imstande gewesen wäre.

Finnerty und andere Kommissionsmitglieder waren eifrig bemüht, festzustellen, ob sich das »Regime Stalin« tatsächlich vom »Regime Lenin-Trotzki« so stark unterscheidet. Fragen über Wechselbeziehungen zwischen Partei und Sowjets und über das innere Regime der Partei selbst in verschiedenen Perioden wurden einer sorgfältigen Untersuchung ausgesetzt. Die Mehrzahl der Kommissionsmitglieder neigte zu der Meinung, daß der Bürokratismus Stalins, mit all seinen Verbrechen, deren ich ihn beschuldige, ein unvermeidliches Resultat der revolutionären Diktatur sei. Ich konnte selbstverständlich eine solche Fragestellung nicht akzeptieren. Die Diktatur des Proletariats ist für mich kein absolutes Prinzip, das aus sich heraus wohltuende oder bösartige Folgen logisch erzeugt, sondern eine historische Erscheinung, die je nach den konkreten Bedingungen, den äußern wie den innern, sich in die Richtung der Arbeiterdemokratie und der völligen Aufhebung der Herrschaft entwickeln wie auch in einen bonapartistischen Unterdrückungsapparat ausarten kann. Der tiefe Unterschied zwischen der formal-demokratischen und der dialektischen Stellung zu historischen Problemen in dieser Frage muß aus den Protokollen der Coyoacaner Untersuchung besonders grell hervortreten und damit allein beweisen, wie weit die Mitglieder der Kommission, mindestens in ihrer Mehrheit, vom »Trotzkismus« entfernt sind.

In der zwölften Sitzung wurde die äußerst zweideutige Erklärung Beals über seinen Austritt aus der Kommission verkündet. Diese Demonstration kam für niemand überraschend. Seit dem Augenblick seiner Ankunft in Mexiko stand Beals, ein früherer Korrespondent der TASS, in enger Mitarbeit mit Lombardo Toledano, Klukhohn und anderen »Freunden« der GPU. Vor den Kollegen aus der Kommission verbarg er seine Adresse. Eine Reihe von Fragen, die er mir stellte, hatten zum Prozeß keine Beziehung, trugen aber einen bewußt provokatorischen Charakter, von dem Bestreben diktiert, mich bei der mexikanischen Behörde zu kompromittieren. Nachdem Beals seine kargen Hilfsmittel erschöpft hatte, blieb ihm nichts anderes übrig, als aus der Kommission auszutreten. Diese seine Absicht hatte er befreundeten Journalisten im voraus anvertraut, die es mit lobenswerter Unvorsichtigkeit in der mexikanischen Presse drei Tage vor Beals tatsächlichem Austritt veröffentlichten. Es ist überflüssig zu sagen, daß die Presse, die von Stalin ausgehalten wird, Beals hinter den Kulissen sorgfältig vorbereiteten Austritt auf ihre Art ausnutzte. Gleichzeitig versuchten Moskaus Agenten ein anderes Mitglied der Kommission zum Rücktritt zu bewegen, und zwar mit Hilfe von »Argumenten«, die man weder im Wörterbuch der Philosophie noch im Wörterbuch der Moral finden kann. Aber darüber wird die Geschichte ein anderes Mal erzählen.

Die letzte, dreizehnte Sitzung war zwei Reden gewidmet: meines Verteidigers und meiner eigenen. Auf den weiteren Seiten ist meine Schlußrede vor der Untersuchungskommission im Wortlaut angeführt. Ich hoffe, daß dies dem Leser, auch dem, der den stenographischen Bericht und die Dokumente nicht kennt, die Möglichkeit geben wird, sich darüber ein Urteil zu bilden: ob vom Moskauer Amalgam nach den Sitzungen in Coyoacan viel übriggeblieben ist.

Das unmittelbare Ziel der Unterkommission war, wie wir bereits wissen, aufzuklären, ob ich tatsächlich über ein solches Material verfüge, das eine weitere Untersuchung rechtfertigen kann. Am 9. Mai gab John Dewey auf einem öffentlichen Meeting in New York seinen für das Plenum der internationalen Kommission bestimmten Bericht: Der fünfte Paragraph des Berichtes lautet:»Herr Trotzki als Zeuge. Entsprechend der bestehenden Regel, müssen sogar offiziell wirkende Gerichte das Benehmen eines Zeugen bei der Erwägung des Wertes seiner Aussagen in Betracht ziehen. Wir werden vom gleichen Prinzip geleitet bei der Wiedergabe unseres Eindrucks über das Benehmen und die Handlungsweise des Herrn Trotzki. Im Laufe sämtlicher Sitzungen schien er erfüllt von dem Wunsch, mitzuarbeiten mit der Kommission bei deren Bestreben, die Wahrheit über alle Perioden seines Lebens und seiner politischen und literarischen Tätigkeit festzustellen. Bereitwillig entgegenkommend und mit offener Aufrichtigkeit und dem Wunsche, mitzuhelfen, antwortete er auf alle Fragen, die ihm der Berater der Unterkommission und ihre Mitglieder stellten.« Die praktische Schlußfolgerung des Berichtes lautet:»Unsere Unterkommission überbringt einen stenographischen Bericht über ihre Sitzungen zusammen mit den als Beweis vorgelegten Dokumenten. Dieser Bericht überzeugt uns davon, daß Herr Trotzki die Notwendigkeit einer weiteren Untersuchung vollauf begründet hat. Wir empfehlen deshalb, die Arbeit der Kommission zu Ende zu führen.«

Mehr konnte ich vorläufig nicht verlangen! Die Plenarsession der Kommission ist für September angesetzt. Ihr Verdikt wird historische Bedeutung haben.

Warum ist eine Untersuchung notwendig?
Es ist eine unbestreitbare Tatsache, daß die Prozesse Sinowjew-Kamenjew und Pjatakow-Radek in den proletarischen und den demokratischen Kreisen der ganzen Welt einen Ausbruch tiefsten Mißtrauens gegen die Sowjetjustiz hervorgerufen haben. Indes mußte man gerade in diesem Falle volle Klarheit und Überzeugungskraft vom Gerichtsverfahren erwarten. Ankläger und Angeklagte, mindestens die wichtigsten von ihnen, sind der ganzen Welt bekannt. Ziele und Motive der Beteiligten müssen sich unmittelbar aus der politischen Situation,

aus dem Charakter der handelnden Personen und aus deren gesamten Vergangenheit ergeben. Die Mehrzahl der Angeklagten ist erschossen worden: folglich ist ihre Schuld absolut bewiesen! Und doch, läßt man beiseite jene, die man durch einen einfachen telegraphischen Befehl aus Moskau von allem überzeugen kann, dann weigerte sich die öffentliche Meinung des Westens, den Anklägern und Henkern Unterstützung zu leisten. Im Gegenteil, die Unruhe und das Mißtrauen wachsen und gehen in Schrecken und Ekel über. Keiner denkt dabei an einen Justizirrtum. Die Moskauer Machthaber können nicht »aus Irrtum« Sinowjew, Kamenjew, Smirnow, Pjatakow, Serebrjakow und alle anderen erschossen haben. Das Mißtrauen zu der Justiz Wyschinski bedeutet in diesem Falle, Stalin direkt einer Rechtsfälschung mit politischen Absichten zu verdächtigen. Für eine andere Deutung bleibt kein Raum.

Vielleicht aber ist die sentimentale öffentliche Meinung voreingenommen durch Sympathien für die Angeklagten? Solche Argumente wurden wiederholt in den Fällen Francesco Ferrer in Spanien, Sacco-Vanzetti oder Muni in den Vereinigten Staaten usw. angeführt. In bezug auf die Moskauer Angeklagten kann jedoch von voreingenommenen Sympathien nicht die Rede sein. Der informierte Teil der öffentlichen Weltmeinung hegte keinerlei Sympathie, man muß offen sagen kein Vertrauen und keine Achtung für die Hauptangeklagten infolge ihrer vielfachen früheren Reuebekenntnisse und hauptsächlich infolge ihres Verhaltens vor Gericht. Die Staatsanwaltschaft schilderte die Angeklagten, mit deren eigenen Hilfe, nicht als Kapitulanten, sondern als »Trotzkisten«, in der Larve von Kapitulanten. Diese Charakteristik, soweit ihr Glauben geschenkt würde, konnte die Sympathien für die Angeklagten nicht steigern. Schließlich bildet der »Trotzkismus« selbst in der Arbeiterbewegung jetzt eine kleine Minderheit, die sich im scharfen Kampfe gegen alle anderen Parteien und Fraktionen befindet.

Viel vorteilhafter ist die Lage der Ankläger. Hinter ihnen steht die Sowjetunion. Das Anwachsen der Weltreaktion, besonders in ihrer barbarischsten Form, dem Faschismus, hat der Sowjetunion die Sympathien und Hoffnungen sogar sehr gemäßigter demokratischer Kreise zugewandt. Diese Sympathien haben gewiß einen sehr summarischen Charakter. Aber gerade deshalb besitzen die offiziellen und nichtoffiziellen

Freunde der USSR in der Regel keine Neigung, die inneren Widersprüche des Sowjetregimes zu untersuchen; im Gegenteil, sie sind von vornherein geneigt, jede Opposition gegen die regierende Schicht als freiwillige oder unfreiwillige Unterstützung der Weltreaktion zu betrachten. Man muß dazu noch die diplomatischen und militärischen Verbindungen der USSR berücksichtigen, im Gesamtkomplex der heutigen internationalen Beziehungen: die rein nationalen und patriotischen Gefühle in einer Reihe von Ländern (Frankreich, Tschechoslowakei, zum Teil Großbritannien und die Vereinigten Staaten) prädisponieren die demokratischen Massen der Bevölkerung zugunsten der Sowjetregierung als den Widersacher Deutschlands und Japans. Es ist überflüssig, daran zu erinnern, daß darüber hinaus Moskau mächtige Hebel – wägbare und unwägbare – zur Beeinflussung der öffentlichen Meinung der verschiedensten Gesellschaftsschichten besitzt ... Die Agitation um die neue Konstitution, die »demokratischste in der Welt«, die nicht zufällig gerade vor den Prozessen einsetzte, hat die Sympathien zu Moskau noch erhöht. Das gigantische Übergewicht des a priori-Vertrauens war somit der Sowjetregierung von vornherein gesichert. Und dennoch haben die allmächtigen Ankläger die öffentliche Meinung weder überzeugt noch erobert, trotz dem Versuch der Überrumpelung. Im Gegenteil, die Autorität der Sowjetregierung ist infolge der Prozesse sehr gesunken. Unversöhnliche Gegner des Trotzkismus, Verbündete Moskaus und sogar viele traditionelle Freunde der Sowjetbürokratie traten mit der Forderung auf, die Moskauer Anklagen nachzuprüfen. Es genügt, an die Initiative der II. und der Gewerkschaftsinternationale vom August 1936 zu erinnern. In der unerhört groben Antwort enthüllte der Kreml, der mit einem völligen und unbedingten Sieg gerechnet hatte, die Größe seiner Enttäuschung. Friedrich Adler, der Sekretär der II. Internationale und folglich ein unversöhnlicher Gegner des Trotzkismus, verglich die Moskauer Prozesse mit den Hexenprozessen der Inquisition. Der bekannte reformistische Theoretiker Otto Bauer, der es für möglich erachtet, in der Presse zu erklären, Trotzki spekuliere auf den künftigen Krieg (eine nicht nur falsche, sondern sinnlose Behauptung!), ist trotz seiner politischen Sympathie für die Sowjetbürokratie gezwungen, die Moskauer Prozesse als Fälschungen zu bezeichnen. Die sehr vorsichtige und von Sympathien für den

Trotzkismus sehr ferne Zeitung »New-York-Times« resümierte die Folgerungen aus dem letzten Prozeß mit den Worten: Stalin muß die Schuld Trotzkis beweisen, nicht Trotzki seine Unschuld. Schon dieser lapidare Satz führt die juristische Überzeugungskraft des Moskauer Gerichtsverfahrens auf Null zurück.

Gäbe es keine patriotischen, diplomatischen und »antifaschistischen« Erwägungen, das Mißtrauen zu den Moskauer Anklägern würde unvergleichlich offenere und schärfere Formen angenommen haben. Das läßt sich an einem nebensächlichen, aber sehr lehrreichen Beispiel nachweisen. Im Oktober 1936 erschien in Frankreich mein Buch »Die verratene Revolution«. Einige Wochen vorher war es in New York erschienen. Nicht einer meiner zahlreichen Kritiker, meistens meiner Gegner, beginnend mit dem früheren französischen Ministerpräsidenten Caillaux, erinnert auch nur daran, daß der Autor des Buches des Bündnisses mit dem Faschismus und dem japanischen Militarismus gegen Frankreich und die Vereinigten Staaten »überführt« sei. Niemand, absolut niemand erachtet es als notwendig, meine politischen Schlußfolgerungen den Beschuldigungen des Kremls gegenüberzustellen. Es ist, als hätten in Moskau keine Prozesse und Erschießungen stattgefunden. Diese Tatsache allein, überlegt man es sich genau, beweist deutlich, daß die denkenden Gesellschaftskreise, beginnend mit dem interessiertesten und empfindsamsten Lande, Frankreich, die ungeheuerliche Beschuldigung nicht nur nicht assimiliert, sondern sie einfach mit kaum verhülltem Ekel von sich gespien haben.

Wir können unglücklicherweise nicht wissen, was die niedergehaltene Bevölkerung der Sowjetunion denkt und fühlt. In der ganzen übrigen Welt aber sind die werktätigen Massen von einer tragischen Fassungslosigkeit ergriffen, die ihr Denken vergiftet und ihren Willen paralysiert. Entweder hat die ganze alte Führergeneration des Bolschewismus, mit Ausnahme einer einzelnen Person, den Sozialismus im Namen des Faschismus verraten, oder die heutige Leitung der USSR hat gegen alle, die die bolschewistische Partei und den Sowjetstaat aufgebaut haben, eine Rechtsfälschung organisiert. Ja, so eben steht die Frage: Entweder das Leninsche Politbüro bestand aus Verrätern, oder das Stalinsche Politbüro besteht aus Fälschern. Ein Drittes gibt es nicht! Aber gerade, weil es kein Drittes gibt, kann die fortschrittliche öffentliche Meinung, will sie nicht

Selbstmord begehen, der Lösung der rätselhaften und tragischen Alternative und deren Aufklärung vor den Volksmassen nicht ausweichen.

Ist eine Untersuchung politisch zulässig?

Der hochoffiziöse Einwand, dem man häufig begegnet, die Arbeit der Kommission könne der USSR »politischen Schaden« zufügen und für den Faschismus von Vorteil sein, ist – ich gebrauche einen am wenigsten energischen Ausdruck – ein Gemisch aus Stumpfsinn und Heuchelei. Nimmt man für einen Moment an, die vom Gericht gegen die Opposition erhobenen Anklagen seien begründet, das heißt Dutzende von Menschen seien nicht schuldlos erschossen, so kann es für eine mächtige Regierung keine besondere Mühe bedeuten, das Voruntersuchungsmaterial zu lüften, die Lücken des Verhandlungsberichtes zu ergänzen, die Widersprüche aufzuklären und die Zweifel zu zerstreuen. In diesem Falle könnte eine Nachprüfung die Autorität der Sowjetregierung nur steigern.

Was aber, wenn die Kommission die Moskauer Anklagen als eine bewußte Fälschung aufdeckt? Erfordert nicht in diesem Falle die politische Vorsicht, eine riskante Untersuchung zu vermeiden? Eine solche Erwägung, die selten laut und restlos ausgesprochen wird, gründet sich auf dem ängstlichen Gedanken, als könne man gegen die Macht der Reaktion mit Fiktionen, Phantomen und Betrug kämpfen, als sei das beste Mittel gegen eine Krankheit, sie nicht mit Namen zu nennen. Wenn die heutige Sowjetregierung fähig ist, zu blutigen Justizfälschungen zu greifen, um das eigene Volk zu betrügen, so kann sie nicht die Verbündete der internationalen Arbeiterklasse im Kampfe gegen die Reaktion sein. Ihre innere Unzulänglichkeit würde sich unvermeidlich beim ersten größeren historischen Stoß zeigen. Je schneller die innere Fäulnis aufgedeckt wird, um so eher wird die unvermeidliche Krise eintreten und um so mehr Hoffnungen bestehen, daß die lebendigen Kräfte des Organismus sie rechtzeitig überwinden werden. Die Augen vor der Krankheit zu schließen, bedeutet dagegen, sie ins Innere zu treiben und die schrecklichste historische Katastrophe vorzubereiten.

Stalin hat Hitler zuerst den größten Dienst mit seiner Theorie und Praxis des »Sozialfaschismus« erwiesen. Den zweiten Dienst hat er ihm durch die Moskauer Prozesse geleistet.

Diese Prozesse, in denen die höchsten moralischen Werte zertreten und beschmutzt wurden, kann man aus dem Bewußtsein der Menschheit nicht austilgen. Den Massen helfen, die ihnen zugefügte Wunde zu heilen, kann man nur durch volle Klarheit und volle Wahrheit.

Der Widerstand eines gewissen Typus von »Freunden« gegen die Untersuchung, der an und für sich ein schreiender Skandal ist, ergibt sich aus dem Umstand, daß selbst die eifrigsten Verteidiger der Moskauer Justiz keine innere Überzeugung von der Redlichkeit ihrer Sache besitzen. Ihre geheimen Befürchtungen verdecken sie mit völlig widersinnigen und unwürdigen Argumenten. Die Nachprüfung, sagen sie, sei eine »Einmischung in die inneren Angelegenheiten der USSR«! Aber hat denn die internationale Arbeiterklasse kein Recht, sich in die inneren Angelegenheiten der USSR zu mischen? In den Reihen der Komintern pflegt man doch noch bis auf den heutigen Tag zu sagen: »Die USSR ist das Vaterland aller Werktätigen.« Ein seltsames Vaterland, in dessen Schicksale man sich nicht einmischen darf! Wenn die Arbeitermassen den Handlungen ihrer Führer nicht vertrauen, dann sind diese verpflichtet, alle Erklärungen und alle Elemente für die Nachprüfung zu liefern. Weder der Staatsanwalt, noch die Richter, noch die Mitglieder des Politbüros der USSR können eine Ausnahme von dieser elementaren Regel bilden. Wer sich über die Arbeiterdemokratie stellen will, verrät sie schon damit allein.

Man muß noch hinzufügen, daß auch von rein formaler Seite die Frage keinesfalls eine »innere« Angelegenheit der USSR ist. Es sind bereits fünf Jahre, daß die Moskauer Bürokratie mir, meiner Frau und meinem ältesten Sohn die Sowjet-Staatsbürgerschaft genommen hat. Damit hat sie sich selbst irgendwelcher besonderer Rechte in bezug auf uns beraubt. Wir besitzen kein »Vaterland«, das uns Schutz erweisen könnte. Es ist darum natürlich, daß wir uns unter den Schutz der öffentlichen Meinung der Welt stellen.

Die Expertise des Professors Charles Beard

In seiner Antwort (vom 19. März 1937) an den Sekretär des New Yorker Komitees, Nowak, motiviert Herr Charles Beard seine Weigerung, an der Untersuchungskommission teilzunehmen, mit prinzipiellen Argumenten, die an sich von großem Wert sind, unabhängig von der Frage der Beteiligung oder Nichtbeteiligung des berühmten Historikers an der Untersuchungskommission.

Wir erfahren vor allem, daß Herr Beard »zahlreiche Dokumente, die sich auf die Sache beziehen, einschließlich des offiziellen Berichts über den letzten Moskauer Prozeß sorgfältigst studierte«. Das Gewicht dieser Erklärung seitens eines Gelehrten, der zu gut weiß, was »sorgfältiges Studium« bedeutet, ist ohne viel Worte klar. Herr Charles Beard teilt in sehr zurückhaltender, aber gleichzeitig unzweideutiger Form mit, daß er beim Studium der Frage auf Punkte gestoßen sei, die »auszuschließen« sind. Vor allem, sagt er, beruht die Anklage gegen Trotzki völlig auf Geständnissen. »Aus langem Studium historischer Probleme weiß ich, daß Geständnisse, sogar wenn sie freiwillig gemacht sind, keinen positiven Beweis darstellen.« Das Wort »sogar« zeigt klar genug, daß die Frage über die Freiwilligkeit der Moskauer Geständnisse dem Gelehrten mindestens zweifelhaft erscheint. Als Beispiel falscher Selbstbeschuldigungen führt Herr Beard die klassischen Muster der Inquisitionsprozesse an, neben den Offenbarungen finstersten Aberglaubens. Diese Gegenüberstellung, die sich mit den Gedankengängen Friedrich Adlers, des Sekretärs der II. Internationale, deckt, spricht allein für sich. Ferner hält es Herr Beard für richtig, in bezug auf mich die in der amerikanischen Rechtswissenschaft herrschende Regel anzuwenden: der Angeklagte ist als unschuldig befunden, da gegen ihn keine objektiven Beweise angeführt werden, die vernünftigen Zweifeln keinen Platz lassen. Und schließlich, schreibt der Historiker, »ist es in solchen Fällen fast, wenn nicht völlig, unmöglich, die negative Behauptung zu beweisen, und zwar: daß Trotzki konspirative Verbindungen, deren er beschuldigt wird, nicht eingegangen ist. Es ist natürlich, daß ein alter, in seiner Sache erfahrener Revolutionär, keine kompromittierenden Berichte über solche Operationen aufbewahrt haben würde, wenn er sich damit beschäftigt hätte. Ferner hätte niemand in der Welt nachweisen können, daß er nicht in Konspirationen verwickelt war, wenn er nicht während der ganzen Zeit, auf die sich die Anklage bezieht, unter Bewachung gewesen wäre. Meiner Ansicht nach, fährt der Autor des Briefes fort, ist Herr Trotzki nicht verpflichtet, Unmögliches zu tun, das heißt, eine negative Tatsache durch positive Beweise zu beweisen. Es ist die Pflicht

der Ankläger, etwas mehr als Geständnisse zu erbringen, nämlich: sie bekräftigende Beweise spezifischer und klarer Akte.«
Wie schon gesagt, sind die angeführten Schlußfolgerungen
an und für sich sehr wichtig, da sie ein vernichtendes Werturteil über die Moskauer Justiz enthalten. Wenn die durch nichts
bekräftigten Geständnisse von zweifelhafter »Freiwilligkeit«
nicht genügen, um mich anzuklagen, so genügen sie ebenso
wenig für die Anklage gegen alle anderen. Das bedeutet nach
Beards Meinung, daß in Moskau Dutzende Unschuldiger erschossen sind, oder solche Personen, deren Schuld nicht bewiesen ist. Die Herren Henker müssen dieses Werturteil hin-
nehmen, und zwar von einem außerordentlich gewissenhaften
Forscher auf Grund »sorgfältigen Studiums« der Frage.

Trotzdem muß ich sagen, daß aus den materiellen Schlußfolgerungen des Herrn Beard sich keinesfalls die formelle
Schlußfolgerung ergibt, und zwar: die Ablehnung, an der Untersuchung teilzunehmen. In der Tat: die öffentliche Meinung
erwartet vor allem die Lösung des Rätsels – ist die Anklage bewiesen oder nicht bewiesen? Diese Frage will ja in erster Linie
auch die Kommission lösen. Herr Beard erklärt: Ich für meinen
Teil bin zu dem Schlusse gelangt, daß die Anklage nicht bewiesen ist, und trete deshalb in die Kommission nicht ein. Mir
scheint, eine richtigere Schlußfolgerung wäre gewesen: und
trete deshalb in die Kommission ein, um sie von der Richtigkeit meiner Schlußfolgerung zu überzeugen. Es ist doch ganz
klar, daß der kollektive Beschluß einer Kommission, die aus
Vertretern verschiedener Zweige des öffentlichen Lebens und
verschiedener geistiger Waffengattungen besteht, in den Augen der öffentlichen Meinung ein größeres Gewicht hat, als die
Meinung einer einzelnen, wenn auch höchst autoritativen Person.

Die Schlußfolgerungen des Herrn Beard sind, trotz all ihrer
Wichtigkeit, unvollständig auch in ihrem materiellen Kern. Die
Frage besteht gar nicht darin, ob die Anklage gegen mich bewiesen oder nicht bewiesen ist. In Moskau sind Dutzende erschossen. Andere Dutzende warten auf die Erschießung. Hunderte und Tausende sind verdächtig, indirekt beschuldigt,
verleumdet, nicht nur in der USSR, sondern in allen Teilen des
Erdballs. Und das alles auf Grund von »Geständnissen«, die
Herr Beard gezwungen ist, mit den Geständnissen der Inquisitionsopfer zu vergleichen. Die Kernfrage muß somit so formu-

liert werden: von wem, wozu und weshalb werden diese Inquisitionsprozesse und Kreuzzüge der Verleumdung organisiert? Hunderttausende von Menschen in der Welt sind davon unerschütterlich überzeugt und Millionen vermuten es, daß diese Prozesse auf systematischen Fälschungen beruhen, diktiert von bestimmten politischen Zwecken. Eben diese Beschuldigung, die sich gegen die regierende Clique in Moskau richtet, hoffe ich vor der Kommission beweisen zu können. Es geht folglich nicht nur um eine »negative Tatsache«, das heißt darum, daß Trotzki an einer Verschwörung nicht teilgenommen, sondern um eine positive Tatsache, das heißt darum, daß Stalin die in der Weltgeschichte gewaltigste Fälschung organisiert hat.

Aber auch in bezug auf die »negativen Tatsachen« kann ich die zu kategorische Meinung des Herrn Beard nicht akzeptieren. Er vermutet, daß als erfahrener Revolutionär ich keine mich kompromittierenden Dokumente aufbewahrt haben würde. Vollkommen richtig. Aber ich würde auch nicht den Verschwörern Briefe in einer höchst unvorsichtigen und mich am stärksten kompromittierenden Form geschrieben haben. Ich würde nicht ohne jegliche Notwendigkeit mir unbekannte junge Menschen in die geheimsten Pläne einweihen, oder ihnen bei der ersten Zusammenkunft höchst verantwortliche terroristische Aufträge erteilen. Insofern mir Herr Beard Kredit als Konspirator erweist, kann ich, gestützt auf diesen Kredit, völlig die »Geständnisse« kompromittieren, in denen ich als Operettenverschwörer dargestellt werde, dessen Hauptsorge ist, dem künftigen Staatsanwalt möglichst viel Zeugen gegen mich zu liefern. Dasselbe bezieht sich auch auf die anderen Angeklagten, hauptsächlich auf Sinowjew und Kamenjew. Ohne jegliche Notwendigkeit und ohne jeglichen Sinn erweitern sie den Kreis der Eingeweihten. Ihre zum Himmel schreiende Unvorsichtigkeit trägt einen erfundenen Charakter offen zur Schau. Und trotz alledem besitzt die Anklage nicht einen Beweis. Die ganze Sache ist aufgebaut auf Gesprächen, richtiger auf Erinnerungen an Gespräche. Das Fehlen von Indizien – ich werde nicht müde werden, es zu wiederholen – annulliert nicht nur die Anklage, sondern bildet ein schreckliches Indiz gegen die Ankläger selbst.

Jedoch habe ich auch direktere und dabei vollständig positive Beweise der »negativen Tatsachen«. Das ist gar nicht so

159

selten in der Justiz. Es ist selbstverständlich schwer zu beweisen, daß ich in den acht Jahren Emigration mit keinem irgendeine geheime Zusammenkunft in Sachen einer Verschwörung gegen die Sowjetmacht gehabt habe. Aber die Frage steht auch gar nicht so. Die wichtigsten Zeugen der Anklage, die auch die Angeklagten sind, müssen nachweisen, wann und wo sie Zusammenkünfte mit mir gehabt haben. In all diesen Fällen kann ich infolge meiner besonderen Lebensweise (Polizeiaufsicht, ständige Bewachung durch Freunde, tägliche Post usw.) mit nicht zu erschütternder Sicherheit nachweisen, daß ich zur angegebenen Zeit an dem angegebenen Ort nicht gewesen sein konnte. Einen solchen positiven Beweis einer negativen Tatsache nennt man in der juristischen Sprache ein Alibi.

Es ist ferner ganz unbestreitbar, daß ich in meinen Archiven keine Aufzeichnungen über meine eigenen Verbrechen, wenn ich sie begangen hätte, aufbewahrt haben würde. Aber meine Archive sind für die Untersuchung wichtig, nicht durch das, was sie nicht enthalten, sondern durch das, was sie enthalten. Die positive Kenntnis des täglichen Ganges meiner Gedanken und meiner Handlungen im Laufe von neun Jahren (ein Jahr Verbannung und acht Jahre Landesverweisung) genügen vollkommen, um eine »negative Tatsache« zu beweisen, nämlich, daß ich Handlungen, die meiner Überzeugung, meinen Interessen und meinem ganzen Wesen zuwider sind, nicht begangen haben kann.

Eine »rein juristische« Expertise

Die Agenten der Sowjetregierung geben sich selbst vollkommen darüber Rechenschaft, daß man ohne Bekräftigung der Moskauer Urteile durch irgendwelche autoritäre Expertisen nicht auskommen kann. Zu diesem Zwecke wurde zum ersten Prozeß auf geheime Weise der englische Advokat Pritt eingeladen; zu dem zweiten ein anderer englischer Advokat, Dodley Kollard. In Paris haben drei dunkle, aber der GPU ergebene Advokaten den Versuch unternommen, zum gleichen Zwecke die Firma La Commission Juridique Internationale auszunutzen. Ein in weitesten Kreisen unbekannter französischer Advokat Rosenmark gab nach Übereinkunft mit der Sowjetgesandtschaft und unter Deckung der Liga für Menschenrechte eine ebenso wohlmeinende wie von keiner Sachkenntnis getrübte Expertise ab. In Mexiko haben die »Freunde der USSR« nicht zufällig der »Front der sozialistischen Advokaten« vorgeschlagen, eine juristische Untersuchung der Moskauer Prozesse vorzunehmen. Ähnliche Schritte werden jetzt offenbar auch in den Vereinigten Staaten unternommen. Das Moskauer Justizkommissariat hat in fremden Sprachen einen »stenographischen« Bericht über den Prozeß der Siebzehn herausgegeben (Pjatakow, Radek u. a.), um von autoritären Juristen um so leichter Zeugnisse darüber zu erhalten, daß die Opfer der Inquisition erschossen wurden in völliger Übereinstimmung mit den Regeln, die die Inquisitoren aufgestellt haben. Im wesentlichen ist die Bedeutung einer rein formalen Bestätigung, daß die äußeren Formen und Rituale des Gerichtsverfahrens gewahrt wurden, fast Null. Das Wesentliche besteht in den materiellen Bedingungen der Vorbereitung und der Durchführung der Prozesse. Wenn man aber für einen Moment von den entscheidenden Faktoren, die außerhalb des Gerichtssaales liegen, absieht, muß man auch dann gestehen, daß die Moskauer Prozesse ein direkter Hohn auf den Gedanken der Rechtspflege sind. Die Untersuchung wird im zwanzigsten Jahre der Revolution absolut geheim geführt. Die gesamte alte Generation der Bolschewiki steht vor einem Militärgericht, das aus drei namenlosen Militärbeamten zusammengesetzt ist. Den ganzen Prozeß kommandiert ein Staatsanwalt, der sein ganzes Leben ein politischer Feind der Angeklagten war und blieb. Die Verteidigung ist abgeschafft, dem Prozeßverfahren fehlt jeglicher Widerstreit. Indizien liegen dem Gericht nicht vor; man spricht von ihnen, aber es gibt sie nicht. Zeugen, von denen Staatsanwalt oder Angeklagte sprechen, werden nicht vernommen. Eine ganze Reihe Angeklagter, von denen in der Voruntersuchung die Rede war, fehlt aus unbekannten Gründen auf der Anklagebank. Zwei Hauptangeklagte, die sich im Auslande befinden, sind über das Prozeßverfahren nicht benachrichtigt und besitzen, wie die sich im Ausland befindlichen Zeugen, keine Möglichkeit, irgendwelche Schritte zur Aufklärung der Wahrheit zu unternehmen. Der Gerichtsdialog ist vollkommen auf ein vorher einstudiertes Frage- und Antwortspiel aufgebaut. Der Staatsanwalt stellt keinem einzigen Angeklagten eine konkrete Frage, die ihn eventuell in Verlegenheit bringen und die materielle Unzulänglichkeit seiner Geständnisse enthüllen könnte. Der Vorsitzende deckt ehrfurchtsvoll die Arbeit des Staatsanwalts. Gerade der »stenographische« Charakter des

161

Prozeßberichts enthüllt die böswilligen Verschweigungen des Staatsanwalts und der Richter besonders überzeugend. Man muß noch hinzufügen, daß der Bericht in bezug auf Authentizität nicht das geringste Vertrauen einflößt.

So wichtig diese Bedenken an sich auch sind, die ein breites Feld für die juristische Analyse bieten, so haben sie doch zweitrangige und drittrangige Bedeutung, da sie nur die Form der Fälschung, aber nicht ihr Wesen betreffen. Theoretisch kann man sich vorstellen, daß, wenn Stalin, Wyschinski und Jeschow noch fünf oder zehn Jahre die Möglichkeit haben sollten, ungestraft weiter ihre Prozesse zu inszenieren, sie eine solche Höhe der Technik erreichen werden, daß alle Elemente des Gerichtsverfahrens sich in formaler Übereinstimmung zueinander und zu den bestehenden Gesetzen befinden würden. Doch die Vervollkommnung der juristischen Technik der Fälschung würde diese der Wahrheit nicht um einen Millimeter näherbringen.

In einem politischen Prozeß von so außerordentlicher Bedeutung kann der Jurist die politischen Bedingungen, aus denen der Prozeß erwuchs und unter denen die Untersuchung geführt wurde, nicht abstrahieren von – konkret gesprochen – jenem totalitären Druck, dem letzten Endes in gleicher Weise Angeklagte, wie Zeugen, wie Richter und Verteidiger und sogar der Staatsanwalt unterworfen sind. Hier liegt der Kern der Frage! In einem kontrollosen und despotischen Regime, in dem alle ökonomischen, politischen, physischen und moralischen Zwangsmittel in einer Hand konzentriert sind, hört ein Gerichtsverfahren auf, ein Gerichtsverfahren zu sein. Es handelt sich um eine Prozeßinszenierung mit vorher verteilten Rollen. Die Angeklagten werden auf die Bühne gelassen erst nach einer Reihe von Proben, die dem Regisseur vorher die Sicherheit geben, daß die Angeklagten nicht aus ihren Rollen fallen werden. In diesem Sinne – wie in allen anderen – stellen diese Gerichtsverfahren nur eine Zusammenballung des gesamten politischen Regimes der USSR überhaupt dar. In allen Versammlungen sprechen alle Redner das gleiche, sich dem Hauptredner anpassend, ganz unabhängig davon, was sie selbst noch gestern gesprochen haben. In den Zeitungen kommentieren sämtliche Artikel die gleiche Direktive in den gleichen Ausdrücken. Den Bewegungen des Dirigentenstabes folgend, arbeiten Historiker, Wirtschaftler und sogar Statistiker

Vergangenheit und Gegenwart um, ohne Rücksicht auf Tatsachen, Dokumente oder sogar auf die vorletzte Ausgabe des eigenen Buches. In den Kindergärten und Schulen rühmen sämtliche Kinder mit den gleichen Worten Wyschinski und verwünschen die Angeklagten. So handelt keiner aus freiem Willen, alle tun sich Gewalt an. Die Einheitlichkeit des Prozesses, in dem die Angeklagten um die Wiederholung der Formeln des Staatsanwalts wetteiferten, ist somit keine Ausnahme von der Regel, sondern nur der abscheulichste Ausdruck des totalitär-inquisitorischen Regimes. Wir haben vor uns nicht eine Gerichtsverhandlung, sondern eine Theatervorstellung, in der die Hauptakteure ihre Rollen vor dem Lauf des Revolvers spielen. Die Vorstellung kann besser oder schlechter ablaufen; das ist eine Frage der Inquisitionstechnik, aber nicht der Rechtspflege. Eine »rein juristische« Expertise beschränkt ihre Aufgabe darauf, festzustellen, ob die Fälschung gut oder schlecht durchgeführt wurde.

Um die Frage greller zu beleuchten, sofern sie überhaupt einer Beleuchtung bedarf, nehmen wir ein frisches Beispiel aus dem Gebiete des Staatsrechts. Nach der Machteroberung erklärte Hitler, entgegen allen Erwartungen, daß er gar nicht die Absicht habe, die Grundgesetze des Staates abzuändern. Die meisten Menschen haben wahrscheinlich vergessen, daß in Deutschland die Weimarer Verfassung noch heute unangetastet besteht: Hitler hat nur in dieses juristische Futteral den Inhalt der totalitären Diktatur hineingetan. Stellen wir uns jetzt einen Experten vor, der sich eine große Brille aufsetzt und bewaffnet mit offiziellen Dokumenten das Staatsregime Deutschlands »von rein juristischem Standpunkte« studieren will. Nach einigen Stunden angespannter geistiger Arbeit wird er entdecken, daß Hitler-Deutschland eine demokratische Republik von reinstem Wasser darstellt (allgemeines Wahlrecht, ein Parlament, das dem Führer Vollmachten bewilligt, Unabhängigkeit der Justiz usw. usw.). Jeder gesund denkende Mensch wird aber ausrufen, daß eine solche juristische »Expertise« im besten Falle ein Ausdruck des »juristischen Kretinismus« ist.

Die Demokratie beruht auf dem freien Kampf der Klassen, Parteien, Programme, Ideen. Wenn man diesen Kampf erdrosselt, bleibt von der Demokratie leere Spreu, geeignet zum Verdecken einer faschistischen Diktatur. Die moderne Rechtspflege beruht auf dem Kampfe zwischen Anklage und Verteidigung, der in gewisse prozessuale Rahmen eingefügt ist. Wo der Wettstreit zwischen den Parteien mit Hilfe außergerichtlicher Gewalt erdrosselt wird, bilden die prozessualen Rahmen, wie sie auch aussehen mögen, nur einen Schirm für die Inquisition. Die wirkliche Untersuchung der Moskauer Prozesse muß allseitig sein. Sie wird selbstverständlich auch den »stenographischen« Bericht verwerten, aber nicht als Ding an sich, sondern als Bestandteil des gewaltigen historischen Dramas, deren Hauptfaktoren hinter den Kulissen des Prozeßschauspiels bleiben.

Autobiographie

In seiner Anklagerede vom 28. Januar sagte Wyschinski: »Trotzki und die Trotzkisten sind stets eine kapitalistische Agentur in der Arbeiterbewegung gewesen.« Wyschinski entlarvte das Gesicht »des echten, wahren Trotzkismus, dieses alten Feindes der Arbeiter und Bauern, des alten Feindes des Sozialismus, des treuen Dieners des Kapitalismus«. Er schilderte die Geschichte des »Trotzkismus, der mehr als dreißig Jahre seines Daseins darauf verwandte, um letzten Endes seine endgültige Umwandlung in eine Sturmabteilung des Faschismus vorzubereiten, um eine Abteilung der faschistischen Polizei zu werden«.

Während die ausländischen Publizisten der GPU (vom Daily Worker, New-Masses usw.) viel Energie verbrauchen, um mit Hilfe feinster Hypothesen und historischer Analogien zu erklären, auf welche Weise ein revolutionärer Marxist im sechsten Jahrzehnt seines Lebens sich in einen Faschisten verwandeln konnte, geht Wyschinski an die Frage ganz anders heran: Trotzki war stets ein Agent des Kapitals und ein Feind der Arbeiter und Bauern; mehr als dreißig Jahre hat er sich auf die Umwandlung in einen Agenten des Faschismus vorbereitet. Wyschinski sagt das, was die Publizisten von »New-Masses« erst nach einiger Zeit sagen werden. Ich ziehe darum vor, es mit Wyschinski zu tun zu haben. Den kategorischen Behauptungen des Staatsanwalts der UdSSR stelle ich ebenso kategorische Tatsachen meiner Autobiographie entgegen.

Wyschinski irrt, wenn er von 30 Jahren der Vorbereitung auf den Faschismus spricht. Tatsachen, Arithmetik, Chronologie wie übrigens auch die Logik sind nicht die starke Seite dieser

Beschuldigung. In Wirklichkeit waren es im vorigen Monat vierzig Jahre, seit ich ununterbrochen an der Arbeiterbewegung unter dem Banner des Marxismus teilnehme. In meinem 18. Lebensjahr organisierte ich in Nikolajew illegal den »Süd-Russischen Arbeiterbund«, dem mehr als 200 Arbeiter angehörten. Ich gab die revolutionäre Zeitung »Nasche Djelo« mittels Hektograph vervielfältigt heraus. Während meiner ersten Verbannung nach Sibirien (1900–1902) war ich der Mitbegründer des sibirischen »Kampfbundes zur Befreiung der Arbeiterklasse«. Nach der Flucht ins Ausland schloß ich mich der sozialdemokratischen Organisation »Iskra« an, an deren Spitze Plechanow, Lenin und andere standen. Im Jahre 1905 führte ich die leitende Arbeit im ersten Petersburger Sowjet der Arbeiterdeputierten.

Ich habe viereinhalb Jahre in Gefängnissen zugebracht, war zweimal in sibirischer Verbannung, insgesamt zweieinhalb Jahre, ich floh zweimal aus Sibirien, verbrachte unter dem Zarismus, mit einer Unterbrechung, zwölf Jahre in der Emigration, wurde im Jahre 1915 in Deutschland in meiner Abwesenheit wegen kriegsfeindlicher Tätigkeit zu Gefängnis verurteilt, wurde aus dem gleichen Grunde aus Frankreich ausgewiesen, in Spanien verhaftet, von der englischen Regierung in ein Konzentrationslager in Kanada gesperrt. So erfüllte ich meine Funktion als »Agent des Kapitals«.

Die Erzählungen der Stalinschen Historiker, ich wäre bis zum Jahre 1917 Menschewik gewesen, gehören zu den üblichen Fälschungen. Von dem Augenblick an, wo der Bolschewismus und der Menschewismus sich politisch und organisatorisch getrennt hatten (1904), stand ich formell außerhalb beider Fraktionen; wie aber die drei russischen Revolutionen gezeigt haben, traf sich meine politische Linie, trotz Konflikten und Polemik, in allem wesentlichen mit der Lenins.

Die wichtigste Meinungsverschiedenheit zwischen mir und Lenin in diesen Jahren war meine Hoffnung, daß man durch eine Vereinigung mit den Menschewiki die Mehrzahl von ihnen zwingen könnte, den revolutionären Weg zu beschreiten. In dieser brennenden Frage hat Lenin völlig recht behalten. Man muß aber sagen, daß im Jahre 1917 die »Vereinigungstendenzen« bei den Bolschewiki sehr stark waren. Am 1. November 1917 sagte Lenin in der Sitzung des Petrograder Parteikomitees: »Trotzki hat schon lange gesagt, daß eine Vereinigung unmöglich ist. Trotzki hat es begriffen, und seitdem gibt es keinen besseren Bolschewiken.«

Seit Ende 1904 vertrat ich die Ansicht, daß die russische Revolution nur mit der Diktatur des Proletariats enden kann, die wiederum zur sozialistischen Umwandlung der Gesellschaft führen muß, unter der Voraussetzung einer erfolgreichen Entwicklung der Weltrevolution. Die Minderheit meiner heutigen Gegner hielt diese Perspektive für phantastisch bis zum April 1917, belegte sie feindlich mit dem Namen »Trotzkismus« und stellte ihr das Programm der bürgerlichen demokratischen Republik entgegen. Was die große Mehrzahl der heutigen Bürokratie betrifft, so hat sie sich der Sowjetmacht erst nach der siegreichen Beendigung des Bürgerkrieges angeschlossen.

In den Jahren meiner Emigration beteiligte ich mich an der Arbeiterbewegung Österreichs, der Schweiz, Frankreichs und der Vereinigten Staaten. Ich denke mit Dankbarkeit daran, daß die Emigration mir die Möglichkeit gab, mich der internationalen Arbeiterklasse näher anzuschließen und den Internationalismus aus einem abstrakten Begriff in eine bewegende Kraft für mein ganzes Leben zu verwandeln.

Während des Krieges war ich zuerst in der Schweiz und dann in Frankreich als Propagandist gegen den Chauvinismus tätig, der die II. Internationale zerfraß. Über zwei Jahre lang gab ich in Paris, unter der Militärzensur, eine russische Tageszeitung heraus im Geiste des revolutionären Internationalismus. Ich war durch meine Arbeit mit den internationalen Elementen Frankreichs eng verbunden, und mit ihren Vertretern nahm ich gemeinsam teil an der internationalen Konferenz in Zimmerwald gegen den Chauvinismus (1915). Die gleiche Arbeit setzte ich fort während der zwei Monate meines Aufenthalts in den Vereinigten Staaten. Nach meiner Ankunft in Petrograd (5. Mai 1917) aus dem kanadischen Konzentrationslager, wo ich unter den gefangenen deutschen Matrosen die Ideen Liebknechts und Rosa Luxemburgs propagierte, nahm ich unmittelbarsten Anteil an der Vorbereitung und Organisierung der Oktoberrevolution, besonders während der vier entscheidenden Monate, als Lenin gezwungen war, sich in Finnland versteckt zu halten. Im Jahre 1918 mußte Stalin in einem Artikel, der die Aufgabe hatte, meine Rolle in der Oktoberrevolution zu begrenzen, schreiben: »Die gesamte Arbeit der praktischen Organisierung des Aufstandes wurde vollbracht unter unmittelbarer Leitung des Vorsitzenden des Petrograder Sowjets, Trotzki. Man kann mit Bestimmtheit behaupten, daß die Partei den schnellen Übertritt der Garnison auf die Seite der Sowjets und die geschickte Organisierung der Arbeit des Revolutionären Kriegskomitees vor allem und hauptsächlich dem Genossen Trotzki verdankt.« (»Prawda«, Nr. 241, 6. Nov. 1918.) Das hinderte Stalin nicht, sechs Jahre später zu schreiben: »Keine besondere Rolle, weder in der Partei noch beim Oktoberaufstand, hat Trotzki, ein für die Periode des Oktober für unsere Partei verhältnismäßig neuer Mann, gespielt und spielen können.« (Stalin, »Trotzkismus oder Leninismus«, S. 68–69.) Gegenwärtig hält es Stalins Schule mit Hilfe der ihr eigenen wissenschaftlichen Methoden, nach denen Gericht und Staatsanwaltschaft erzogen werden, für bewiesen, daß ich die Oktoberrevolution nicht geleitet, sondern ihr entgegengewirkt habe. Jedoch beziehen sich diese historischen Fälschungen nicht auf meine Autobiographie, sondern auf Stalins Biographie.

Nach der Oktoberumwälzung stand ich neun Jahre an der Macht, nahm unmittelbar Anteil am Aufbau des Sowjetstaates, der revolutionären Diplomatie, der Roten Armee, der wirtschaftlichen Organisationen und der Kommunistischen Internationale. Drei Jahre lang habe ich unmittelbar den Bürgerkrieg geleitet. In dieser harten Arbeit war ich gezwungen, zu entscheidenden Maßnahmen zu greifen. Ich trage dafür die volle Verantwortung vor der internationalen Arbeiterklasse und vor der Geschichte. Die Rechtfertigung der harten Maßnahmen beruht auf ihrer historischen Notwendigkeit und Fortschrittlichkeit, auf ihrer Übereinstimmung mit den grundlegenden Interessen der Arbeiterklasse. Jede Repressivmaßnahme, die der Bürgerkrieg diktierte, habe ich bei ihrem richtigen Namen genannt und über sie offen Bericht erstattet vor den werktätigen Massen. Ich hatte vor dem Volke nichts zu verbergen, wie ich jetzt vor einer Untersuchungskommission nichts zu verbergen habe.

Als in einem bestimmten Teil der Partei, nicht ohne versteckte Treibereien Stalins, eine Opposition gegen meine Methoden der Bürgerkriegsführung entstanden war, händigte mir Lenin aus eigener Initiative und ganz unerwartet für mich im Juli 1919 einen weißen Bogen Papier aus, auf dem unten geschrieben war: »Genossen, ich kenne den strengen Charakter der Verfügungen des Genossen Trotzki und bin so tief überzeugt, in so vollkommenem Maße überzeugt von der Richtigkeit, Zweckmäßigkeit und Notwendigkeit der von Genossen Trotzki im Interesse der Sache erteilten Verfügung, daß ich die erteilte Verfügung voll und ganz unterstütze. W. Uljanow (Lenin)«.

Ein Datum trug das Papier nicht. Das Datum sollte ich im Bedarfsfalle selbst hinschreiben. Lenins Behutsamkeit in allem, was die Werktätigen betraf, ist bekannt. Nichtsdestoweniger schwankte er nicht, von vornherein jeden meiner Befehle zu unterschreiben, obwohl von diesen Befehlen häufig das Schicksal vieler Menschen abhing. Lenin befürchtete einen Mißbrauch der Macht meinerseits nicht. Ich will noch hinzufügen, daß ich von der mir von Lenin erteilten carte blanche kein einziges Mal Gebrauch gemacht habe. Doch bleibt das Dokument ein Zeugnis des außerordentlichen Vertrauens seitens des Menschen, den ich für das höchste Muster der revolutionären Moral halte.

Ich beteiligte mich unmittelbar an der Ausarbeitung von Programmdokumenten und taktischen Thesen der III. Internationale. Auf Kongressen wurden die Hauptreferate über die Weltlage zwischen mir und Lenin geteilt. Die Programm-Manifeste der ersten fünf Kongresse sind von mir geschrieben. Ich überlasse es den Staatsanwälten Stalins, aufzuklären, welchen Platz diese Tätigkeit auf meinem Wege zum Faschismus einnahm. Was mich betrifft, so stehe ich auch heute unerschütterlich auf dem Boden jener Prinzipien, die ich, Hand in Hand mit Lenin, als Grundlage der Kommunistischen Internationale aufgestellt habe.

Ich trennte mich von der regierenden Bürokratie, nachdem sie, kraft besonderer historischer Ursachen, von denen zu sprechen hier nicht der Platz ist, sich zu einer privilegierten konservativen Kaste herausgebildet hatte. Die Gründe der Trennung fanden an allen Etappen ihren Ausdruck in offiziellen Dokumenten, Artikeln und Büchern, die der allgemeinen Nachprüfung zugänglich sind.

Ich verteidigte die Sowjetdemokratie gegen den bürokratischen Absolutismus; die Hebung des Lebensniveaus der Massen gegen die maßlosen Privilegien der Spitzen; die systematische Industrialisierung und Kollektivisierung im Interesse der Werktätigen und schließlich die internationale Politik im Geiste des revolutionären Internationalismus gegen den nationalen Konservatismus. In meinem letzten Buche »Verratene Revolution« habe ich den Versuch unternommen, theoretisch zu erklären, weshalb der isolierte Sowjetstaat auf der rückständigen ökonomischen Basis die ungeheuerliche Bürokratie-Pyramide ausgesondert hat, die fast automatisch von einem unkontrollierten und »unfehlbaren« Führer gekrönt wurde.

Nachdem sie die Partei mit Hilfe des Polizeiapparates erdrosselt und die Opposition zerschlagen hatte, verbannte mich die regierende Clique Anfang 1928 nach Zentralasien. Für die Weigerung, die politische Tätigkeit in der Verbannung einzustellen, vertrieb sie mich Anfang 1929 in die Türkei. Hier ging ich an die Herausgabe des »Bulletin der Opposition« heran, auf der Basis des selben Programms, das ich in Rußland verteidigt hatte, und trat in Verbindung mit dem damals noch sehr kleinen Kreis meiner Gesinnungsgenossen in der ganzen Welt.

Am 20. Februar 1932 bürgerte die Sowjetbürokratie mich und meine im Auslande befindlichen Familienglieder aus. Meine Tochter Sinaida, die sich vorübergehend zur Kur im Auslande aufhielt, wurde auf diese Weise der Möglichkeit beraubt, in die USSR, zu ihrem Manne und ihren Kindern zurückzukehren. Sie beging Selbstmord am 5. Januar 1933.

Nach der Berechnung meiner jungen Mitarbeiter, die mir bei meiner gesamten Arbeit einen aufopfernden und unersetzlichen Dienst erwiesen haben und erweisen, habe ich im Auslande etwa fünftausend gedruckte Seiten geschrieben, von den Artikeln und Briefen abgesehen, die wohl noch einige tausend Seiten betragen dürften. Ich erlaube mir zu bemerken, daß ich keinesfalls leicht schreibe, sondern mit vielen Nachprüfungen und Korrekturen. Meine literarische Arbeit und meine Korrespondenz bildeten somit in den letzten neun Jahren den Hauptinhalt meines Lebens. Die politische Richtung meiner Bücher, Artikel und Briefe spricht für sich selbst. Zitate, die Wyschinski aus meinen Arbeiten anführt, sind, wie ich nachweisen werde, grobe Falsifikationen, das heißt ein unentbehrliches Element der ganzen Prozeßfälschung.

Während der Zeit von 1923 bis 1933 stand ich in bezug auf den Sowjetstaat, seine regierende Partei und die Komintern auf dem Standpunkt, der sich lapidar mit den Worten ausdrükken läßt: Reform und nicht Revolution. Diese Position lebte von der Hoffnung, daß die linke Opposition unter einer günsti-

169

gen Entwicklung in Europa imstande sein werde, die bolschewistische Partei auf friedlichem Wege wieder aufleben zu lassen, den Sowjetstaat demokratisch umzubilden und die Komintern auf den Weg des Marxismus zurückzuführen. Erst Hitlers Sieg, vorbereitet durch die katastrophale Politik des Kremls, und die völlige Unfähigkeit der Komintern, aus der tragischen Erfahrung Deutschlands Lehren zu ziehen, haben mich und meine Gesinnungsgenossen davon überzeugt, daß die alte bolschewistische Partei und die III. Internationale für die Sache des Sozialismus endgültig verloren sind. Damit verschwand der einzige legale Hebel, mit dessen Hilfe man auf eine friedliche demokratische Reform des Sowjetstaates hoffen konnte. Seit der zweiten Hälfte 1933 komme ich immer entschiedener zu der Überzeugung, daß zur Befreiung der werktätigen Massen der USSR und der durch die Oktoberrevolution fundamentierten sozialen Grundlagen von der neuen parasitären Kaste eine politische Revolution historisch unvermeidlich ist. Es ist vollkommen natürlich, daß ein Problem von so gewaltiger Bedeutung einen leidenschaftlichen geistigen Kampf im internationalen Maßstabe hervorgerufen hat.

Die politische Entartung der Komintern, total versklavt durch die Sowjetbürokratie, hat zur Notwendigkeit geführt, die Parole der IV. Internationale aufzustellen und Grundlagen für ihr Programm auszuarbeiten. Meine sich darauf beziehenden Bücher, Artikel, Diskussionen usw. sind der beste Beweis dafür, daß es sich nicht um »Maskierung«, sondern um einen intensiven und leidenschaftlichen geistigen Kampf auf der Grundlage der Traditionen der ersten Kongresse der Kommunistischen Internationale handelt.

Ich stand die ganze Zeit in Korrespondenz mit Dutzenden alter und Hunderten junger Freunde in allen Weltteilen und kann mit Bestimmtheit und mit Stolz sagen, daß gerade aus dieser Jugend zuverlässige und feste proletarische Kämpfer der beginnenden neuen Epoche hervorgehen werden.

Die Preisgabe der Hoffnung auf eine friedliche Reform des Sowjetstaates bedeutet aber nicht die Preisgabe der Verteidigung des Sowjetstaates. Wie das gerade jetzt in New York erschienene Sammelwerk meiner Artikel aus den letzten zehn Jahren beweist (»In Defense of the Soviet Union«), habe ich unablässig und unversöhnlich gegen alle Schwankungen in der Frage der Verteidigung der Sowjetunion gekämpft. Ich habe wiederholt wegen dieser Frage mit Freunden gebrochen. In meinem Buche »Verratene Revolution« habe ich theoretisch den Gedanken begründet, daß der Krieg nicht nur die Bürokratie der Sowjetunion bedrohen würde, sondern auch die neuen sozialen Grundlagen der USSR, die einen gewaltigen Schritt vorwärts in der Menschheitsentwicklung bedeuten.

Daher ergibt sich für jeden Revolutionär die unbedingte Pflicht zur Verteidigung der USSR gegen den Imperialismus, ungeachtet der Sowjetbürokratie.

Meine Arbeiten aus der gleichen Periode geben ein fehlerloses Bild meiner Stellung zum Faschismus. Seit dem Beginn meiner Emigration schlug ich Alarm anläßlich der zunehmenden faschistischen Welle in Deutschland. Die Komintern beschuldigte mich der »Überschätzung« des Faschismus und der »Panik« vor ihm. Ich habe die Einheitsfront aller Arbeiterorganisationen gefordert. Die Komintern hat dem die sinnlose Theorie vom »Sozialfaschismus« gegenübergestellt. Ich habe eine systematische Organisierung von Arbeitermilizen gefordert. Die Komintern stellte dem prahlerisch künftige Siege gegenüber. Ich wies nach, daß die USSR im Falle eines Sieges des Hitler sich als höchst bedroht erweisen würde. Der bekannte Schriftsteller Ossietzky druckte und kommentierte meine Artikel mit großer Sympathie in seiner Zeitschrift. Es half nichts. Die Sowjetbürokratie hat die Autorität der Oktoberrevolution usurpiert, nur um sie in ein Hindernis für.den Sieg der Revolution in anderen Ländern zu verwandeln. Ohne die Politik Stalins gäbe es nicht den Sieg Hitlers! Die Moskauer Prozesse sind sogar in hohem Maße aus dem Bedürfnis des Kremls entstanden, die Welt seine verbrecherische Politik in Deutschland vergessen zu machen. Wenn man beweist, daß Trotzki ein Agent des Faschismus ist, wer wird da noch über Programm und Taktik der IV. Internationale nachdenken? Das war Stalins Kalkulation.

Es ist zur Genüge bekannt, daß während des Krieges jeder Internationalist als Agent einer feindlichen Regierung erklärt wurde. So war es in Deutschland mit Rosa Luxemburg, Karl Liebknecht, Otto Rühle und den anderen, mit den französischen Freunden (Monatte, Rosmer, Loriot u. a.), mit Eugen Debbs usw. in den Vereinigten Staaten, schließlich mit Lenin und mir in Rußland. Die britische Regierung steckte mich im März 1917 ins Konzentrationslager auf Einflüsterung der zaristischen Ochrana, ich beabsichtige im Einvernehmen mit dem deutschen Generalstab die Provisorische Regierung Miljukow-Kerenski zu stürzen. Heute erscheint diese Beschuldigung als ein Plagiat an Stalin und Wyschinski; während in Wirklichkeit Stalin und Wyschinski ein Plagiat an der zaristischen Konterspionage und am britischen Intelligence Service begangen haben.

Am 16. April 1917, als ich zusammen mit deutschen Matrosen im Konzentrationslager saß, schrieb Lenin in der »Prawda«: »Kann man auch nur einen Augenblick den guten Glauben der Nachricht annehmen, daß Trotzki, der ehemalige Vorsitzende des Sowjets der Arbeiterdeputierten in Petersburg von 1905, ein Revolutionär, der Jahrzehnte seines Lebens selbstlos dem Dienste der Revolution gewidmet hat – daß dieser Mann in Verbindung stehe mit einem Plan, der von der »deutschen Regierung« subsidiert wurde? Das ist doch eine offene, unerhörte und gewissenlose Verleumdung gegen einen Revolutionär!« (»Prawda«, Nr. 34.)

»Wie frisch klingen diese Worte jetzt«, schrieb ich am 21. Oktober 1927, ich wiederhole: 1927!, »in der Epoche der abscheulichen Verleumdungen gegen die Opposition, die sich von den Verleumdungen von 1917 gegen die Bolschewiki in nichts unterscheiden.«

Also vor zehn Jahren, lange vor der Schaffung der »vereinigten« und »parallelen« Zentren und vor dem »Fluge« Pjatakows nach Oslo, erhob bereits Stalin gegen die Opposition alle jene Insinuationen und Verleumdungen, die Wyschinski später in Anklageschriften verwandelte. Wenn jedoch Lenin im Jahre 1917 der Ansicht war, daß meine zwanzigjährige revolutionäre Vergangenheit an sich eine genügende Widerlegung schmutziger Insinuationen ist, so wage ich zu glauben, daß die danach vergangenen weiteren zwanzig Jahre, ihrem Inhalte nach genügend bedeutsame, mir das Recht geben, mich auf meine Autobiographie zu berufen, als auf eines der wichtigsten Argumente gegen die Moskauer Anklageschrift.

Meine »juristische« Lage

Allein schon die Notwendigkeit der »Rechtfertigung« gegen die Beschuldigung eines Bundes mit Hitler und dem Mikado charakterisiert die ganze Tiefe der Reaktion, die heute auf dem größten Teil unseres Planeten und insbesondere in der USSR triumphiert. Aber es ist keinem von uns gegeben, historisch bedingte Etappen zu überspringen. Mit höchster Bereitschaft stelle ich meine Zeit und meine Kräfte der Kommission zur Verfügung. Es ist überflüssig zu sagen, daß ich vor ihr keine Geheimnisse habe und keine haben kann. Sie wird selbst imstande sein, die nötige Vorsicht in bezug auf Dritte, insbesondere Bürger der faschistischen Länder und der USSR, zu wahren. Ich bin bereit, auf alle Fragen zu antworten und meine gesamte Korrespondenz, nicht nur die politische, sondern auch die private, der Kommission zur Verfügung zu stellen.

Gleichzeitig erachte ich es als notwendig, im voraus zu sagen, daß ich mich vor der Öffentlichkeit nicht in der Lage eines Angeklagten fühle. Dazu fehlen sogar formelle Gründe. Die Moskauer Regierung hat mich in keinem einzigen Prozeß vor Gericht gezogen. Und das nicht zufällig. Um mich vor Gericht zu stellen, hätte sie mich rechtzeitig vorladen oder meine Auslieferung verlangen müssen. Dazu wäre mindestens notwendig gewesen, den Zeitpunkt des Prozesses und die Anklageschrift einige Wochen vorher zu veröffentlichen. Aber sogar dies konnte Moskau nicht wagen. Die gesamte Spekulation beruhte darauf, die Öffentlichkeit zu überraschen und nur die Pritts und Durantis als Deuter und Informatoren vorher bereitzuhalten. Meine Auslieferung zu fordern, wäre nicht möglich, ohne die Frage vor einem französischen, norwegischen oder mexikanischen Gericht und unter Kontrolle der Weltpresse aufzurollen. Das aber würde für den Kreml eine bittere Niederlage bedeuten! Deshalb waren beide Prozesse nicht ein Gericht über mich und meinen Sohn, sondern nur Verleumdungen gegen uns mit Hilfe eines Gerichtsprozesses, ohne Benachrichtigung, ohne Vorladung – hinter unserem Rücken.

Das Urteil im letzten Prozeß sagt, daß Trotzki und Sedow »überführt sind – der unmittelbaren Leitung der landesverräterischen Tätigkeit« und »falls sie auf dem Territorium der USSR entdeckt (?) werden, sofort zu verhaften und dem Gericht zu übergeben sind ...« Ich lasse die Frage beiseite, mit Hilfe welcher Technik Stalin hofft, mich und meinen Sohn auf dem Territorium der USSR zu »entdecken«. (Wohl mit derselben, die der GPU die Möglichkeit verschafft hat, in der Nacht auf den 7. November 1936 einen Teil meiner Archive in einem wissenschaftlichen Institut in Paris zu »entdecken« und in sicheren diplomatischen Koffern nach Moskau zu bringen.) Es fällt vor al-

173

lem die Tatsache auf, daß, nachdem das Urteil uns, von keinem Gericht Angeklagten und von keinem Gericht Verhörten, für »überführt« erklärt hat, es gleichzeitig droht, »falls wir entdeckt werden«, uns vor Gericht zu stellen. Somit sind ich und mein Sohn zwar bereits »Überführte«, aber gerichtlich noch nicht Verfolgte. Der Sinn dieser sinnlosen, aber nicht zufälligen Formulierung besteht darin, die GPU mit der Befugnis auszustatten, uns im Falle unserer »Entdeckung« ohne jegliche Gerichtsprozedur zu erschießen; den Luxus einer öffentlichen Verhandlung gegen uns kann sich Stalin sogar in der USSR nicht leisten!

Die zynischsten der Moskauer Agenten, darunter der Sowjetdiplomat Trojanowski, treten mit folgendem Argument auf: »Verbrecher können ihre Richter nicht selbst wählen.« Im allgemeinen ist dieser Gedanke richtig. Man muß nur vorher bestimmen, auf welcher Seite der Scheidungslinie die Verbrecher sich befinden. Nimmt man an, daß die tatsächlichen Verbrecher die Organisatoren der Moskauer Prozesse sind – und dies ist die Meinung breiter und dauernd wachsender Kreise –, darf man ihnen dann erlauben, in eigener Sache als Richter aufzutreten? Gerade aus diesem Grunde steht die Untersuchungskommission über beiden Parteien.

Drei Kategorien von Beweisen
Das Gebiet, das die Moskauer Prozesse umfassen, ist unermeßlich. Wenn ich mir die Aufgabe gestellt hätte, alle gegen mich gerichteten falschen Behauptungen zu widerlegen, die allein nur in den offiziellen Berichten über die zwei wichtigsten Moskauer Prozesse enthalten sind, ich würde zuviel Zeit in Anspruch nehmen müssen; es genügt, daran zu erinnern, daß mein Name fast auf jeder Seite, und zwar mehr als einmal, figuriert. Ich hoffe, daß ich die Möglichkeit haben werde, mich noch in aller Ausführlichkeit vor der Kommission auszusprechen. Im Augenblick bin ich gezwungen, mir harte Einschränkungen aufzuerlegen. Eine ganze Reihe von Fragen, von denen jede einzeln für die Widerlegung der Beschuldigung von großer Bedeutung ist, muß zwangsweise zurückgestellt werden. Eine Reihe anderer, noch wichtigerer kann ich nur kurz streifen, nur den Gesamtrahmen jener Schlußfolgerungen zeichnen, die ich in Zukunft der Kommission darzulegen hoffe. Ich will nur versuchen, einige Knotenpunkte der Sowjetprozesse,

sowohl prinzipiellen wie empirischen Charakters, auszusondern und sie gründlich zu durchleuchten. Diese Knotenpunkte lagern in drei Ebenen.

1. Die ausländischen Apologeten der GPU wiederholen monoton das gleiche Argument: Es ist unmöglich, anzunehmen, daß verantwortliche und alte Politiker sich vor Gericht Verbrechen beschuldigen könnten, die sie nicht begangen haben. Diese Herren aber weigern sich beharrlich, das gleiche Kriterium des gesunden Menschenverstandes nicht auf die Geständnisse, sondern auf die Verbrechen selbst anzuwenden. Indes wäre es in diesem zweiten Falle besser am Platze.

Ich gehe davon aus, daß die Angeklagten zurechnungsfähige, das heißt normale Subjekte sind und folglich offensichtlich sinnlose Verbrechen, die sich gegen ihre eigenen Ideen, gegen ihre ganze Vergangenheit und gegen ihre heutigen Interessen richten, nicht begangen haben konnten.

Im Begriff, das Verbrechen zu begehen, verfügte jeder Angeklagte über das, was man vom juristischen Standpunkte aus einen freien Willen nennen kann. Er konnte das Verbrechen begehen und konnte es nicht begehen. Er überlegte, ob das Verbrechen vorteilhaft ist, ob es seinen Zielen entspricht, ob die von ihm geplanten Mittel vernünftig sind usw., kurz, er handelte wie eine freie und zurechnungsfähige Person.

Die Lage verändert sich jedoch radikal, wenn der wirkliche oder angebliche Verbrecher in die Hände der GPU gerät, die aus politischen Gründen um jeden Preis bestimmte Geständnisse erreichen muß. Da hört der »Verbrecher« auf, er selbst zu sein. Nicht er beschließt, sondern man beschließt für ihn.

Es ist deshalb notwendig, ehe man Betrachtungen darüber anstellt, ob die Angeklagten vor Gericht entsprechend den Gesetzen des gesunden Menschenverstandes gehandelt haben, eine andere Frage aufzuwerfen, nämlich: haben die Angeklagten jene unwahrscheinlichen Verbrechen begehen können, die sie bekennen?

War die Ermordung Kirows für die Opposition von Vorteil? Und wenn nicht, war es nicht für die Bürokratie von Vorteil, die Ermordung Kirows um jeden Preis der Opposition zuzuschreiben?

War es für die Opposition von Vorteil, Sabotageakte zu begehen, Bergwerke zu sprengen, Eisenbahnkatastrophen zu organisieren? Und wenn nicht, war es nicht für die Bürokratie von

Vorteil, die Verantwortung für Fehler und Katastrophen in der Wirtschaft auf die Opposition abzuwälzen? War es für die Opposition von Vorteil, in ein Bündnis mit Hitler und dem Mikado zu treten? Und wenn nicht, war es nicht für die Bürokratie von Vorteil, von der Opposition ein Geständnis zu erreichen, sie sei mit Hitler und dem Mikado im Bunde gewesen?

Qui prodest? Es genügt, klar und deutlich diese Frage zu formulieren, um damit allein die ersten Konturen der Antwort zu unterscheiden.

2. Im letzten wie in allen vorangegangenen Prozessen bilden den einzigen Stützpunkt der Beschuldigungen die Standardmonologe der Angeklagten, die, Gedanken und Ausdrücke des Staatsanwalts wiederholend, sich überbieten in Reuebekenntnissen und mich unvermeidlich als den Hauptorganisator der Verschwörung nennen. Wie ist diese Tatsache zu erklären?

In seiner Anklagerede versuchte Wyschinski diesmal das Fehlen objektiver Beweise mit dem Umstande zu erklären, daß Verschwörer bei sich keine Mitgliedskarten haben, keine Protokolle führen u. a. m. Diese kläglichen Argumente erscheinen doppelt kläglich auf russischem Boden, wo Verschwörungen und Gerichtsprozesse auf eine lange Reihe von Jahrzehnten blicken. Konspiratoren schreiben Briefe allegorisch. Aber diese in Geheimsprache geschriebenen Briefe werden bei Haussuchungen gefunden und bilden ein ernstes Indiz. Verschwörer gebrauchen häufig auch chemische Tinte. Die zaristische Polizei hat solche Briefe hundertemal abgefangen und sie dem Gericht übergeben. In die Mitte der Verschwörer dringen Provokateure ein, die der Polizei konkrete Berichte über den Gang der Verschwörung liefern und dadurch die Möglichkeit schaffen, Dokumente, Laboratorien und die Verschwörer selbst am Tatort zu fassen. Nichts ähnliches finden wir in den Prozessen Stalin-Wyschinski. Trotz der fünfjährigen Dauer der grandiosesten aller Verschwörungen, die Verzweigungen in allen Teilen des Landes hatte, und ihre Verbindungen östlich und westlich der Landesgrenzen, trotz den unzähligen Haussuchungen und Verhaftungen und sogar trotz Raub von Archiven gelang es der GPU nicht, irgendein materielles Beweisstück dem Gericht vorzulegen. Die Angeklagten verweisen nur auf ihre wirklichen oder angeblichen Gespräche über Gespräche. Die gerichtliche Untersuchung ist ein Gespräch über Gespräche. Die »Verschwörung« entbehrt des Fleisches und des Blutes.

Andererseits kennt die Geschichte des revolutionären wie des konterrevolutionären Kampfes keine Fälle, wo Dutzende eingefleischter Verschwörer eine Reihe von Jahren beispiellose Verbrechen begehen und nach der Verhaftung, trotz fehlender Indizien, alles eingestehen, sich und einander angeben und mit einer Raserei ihren abwesenden »Häuptling« schmähen. Wie ist es möglich, daß Verbrecher, die gestern Menschen gemordet, die Wirtschaft demoliert, den Krieg und die Zerstückkelung des Landes vorbereitet haben, heute so gehorsam nach der Stimmgabel des Staatsanwalts singen?

Diese zwei Grundzüge der Moskauer Prozesse: das Fehlen von Indizien und der epidemische Charakter der Reuebekenntnisse müssen bei jedem denkenden Menschen Verdacht erwecken. Um so größere Bedeutung gewinnt dabei eine objektive Nachprüfung der Geständnisse. Indes hat das Gericht eine solche Nachprüfung nicht nur nicht vorgenommen, sondern, im Gegenteil, sie auf jede Weise gemieden. Diese Nachprüfung müssen wir übernehmen. Gewiß, sie ist nicht in allen Fällen möglich. Aber das ist auch nicht notwendig. Uns wird es für den Anfang vollkommen genügen, zu beweisen, daß in einigen äußerst wichtigen Fällen die Bekenntnisse in völligem Widerspruch zu den objektiven Tatsachen stehen. Je schärfer der Standardcharakter der Bekenntnisse, um so mehr werden sie kompromittiert sein, wenn sich die Lügenhaftigkeit einiger von ihnen herausstellt.

Die Zahl der Beispiele, wo die Geständnisse der Angeklagten – ihre Denunziationen gegen sich und die andern – bei der Gegenüberstellung mit den Tatsachen in Stücke zerschellen, ist sehr groß. Das ist schon hier zur Genüge zutage getreten. Die Erfahrung der Moskauer Prozesse beweist, daß eine Fälschung von so grandiosem Ausmaße über die Kraft des mächtigsten Polizeiapparates der Welt geht. Zu viele Menschen und Umstände, Charaktere und Daten, Interessen und Dokumente sind es, die in den Rahmen des fertigen Libretto nicht hineinpassen! Der Kalender wahrt hartnäckig seine Rechte, und die Meteorologie Norwegens beugt sich nicht vor Wyschinski. Betrachtet man die Frage vom Standpunkte der Kunst, so würde eine solche Aufgabe, Hunderte von Menschen und zahllose Situationen dramatisch übereinstimmend anzuordnen, über die

177

Kraft Shakespeares gehen. Und die GPU verfügt nicht über Shakespeare. Insofern es sich um »Ereignisse« in der USSR handelt, schützt den Schein der Übereinstimmung die Inquisitionsgewalt: alle – Angeklagte, Zeugen, Sachverständige – bestätigten im Chor materiell unmögliche Tatsachen. Aber die Lage ändert sich jäh, wenn man die Fäden nach dem Auslande ausspannen muß. Und ohne die Fäden nach dem Auslande, zu mir, »dem Feind Nr. 1«, verliert der Prozeß den Hauptteil seiner politischen Bedeutung. Deshalb war die GPU gezwungen, sich auf riskante und äußerst unglückliche Kombinationen mit Golzmann, Olberg, David, Bermann, Romm und Pjatakow einzulassen.

Die Wahl der Objekte der Analyse und der Widerlegung ergibt sich somit von selbst aus jenem »Tatbestand«, über den die Anklage gegen mich und meinen Sohn verfügt. Die Widerlegung der Angaben Golzmanns über seinen Besuch bei mir in Kopenhagen; die Widerlegung der Angaben Romms über sein Zusammentreffen mit mir im Bois de Boulogne und die Widerlegung der Erzählung Pjatakows über seinen Flug nach Oslo besitzen somit nicht nur große Bedeutung an sich, insofern sie die wichtigsten Pfeiler der Anklage gegen mich und meinen Sohn umstürzen, sie erlauben auch, einen Blick zu tun hinter die Kulissen des Moskauer Rechtswesens in seiner Gesamtheit und lassen die Methoden, die dort angewandt werden, erkennen.

Dies sind die zwei ersten Etappen meiner Analyse. Wenn es uns gelingen wird, nachzuweisen, daß einerseits die sogenannten »Verbrechen« der Psychologie und den Interessen der Angeklagten widersprechen, daß andererseits die Geständnisse, mindestens in einigen typischen Fällen, den festgestellten Tatsachen widersprechen, so werden wir damit allein schon eine sehr große Arbeit in Sachen der Widerlegung der Anklage in ihrer Gesamtheit erfüllt haben.

3. Gewiß, auch dann werden noch nicht wenige Fragen bleiben, die einer Antwort bedürfen. Die wichtigsten von ihnen wären: Was sind das für Menschen, diese Angeklagten, die nach 25–30 und mehr Jahren revolutionärer Arbeit bereit sind, sich mit so phantastischen und erniedrigenden Beschuldigungen zu belasten? Mit welchen Mitteln hat die GPU ihr Ziel erreicht? Warum hat nicht einer der Angeklagten vor Gericht die Fälschung offen herausgeschrien? Und so weiter. Dem Wesen der

Sache nach bin ich nicht verpflichtet, auf diese Fragen zu antworten. Wir können weder Jagoda vernehmen (ihn vernimmt jetzt Jeschow!) noch Jeschow, noch Wyschinski oder Stalin und hauptsächlich nicht deren Opfer, von denen die meisten bereits erschossen sind. Die Kommission kann darum die Inquisitionstechnik der Moskauer Prozesse nicht mehr völlig aufdecken. Doch ihre Haupttriebfedern sind schon jetzt sichtbar ... Die Angeklagten sind nicht Trotzkisten, nicht Oppositionelle, nicht Kämpfer, sondern gehorsame Kapitulanten. Die GPU hatte sie während einer Reihe von Jahren für die Prozesse erzogen. Ich halte es darum für äußerst wichtig, zum Verständnis der Mechanik der Bekenntnisse die Psychologie der Kapitulanten, als einer politischen Gruppe, zu entblößen und eine persönliche Charakteristik der wichtigsten Angeklagten der beiden Prozesse zu geben. Ich meine nicht willkürliche psychologische Improvisationen, nachträglich konstruiert im Interesse der Verteidigung, sondern objektive Charakteristiken, die auf unbestrittenem Material beruhen und sich auf verschiedene Momente der uns interessierenden Periode beziehen. An solchem Material habe ich keinen Mangel. Im Gegenteil, meine Mappen bersten von Tatsachenmaterial. Ich wähle deshalb ein Beispiel, das grellste und typischste, und zwar Radek. Schon am 14. Juni 1929 schrieb ich über den Einfluß der mächtigen thermidorianischen Tendenzen auf die Opposition: »... Wir haben an einer Reihe von Beispielen gesehen, wie alte Bolschewiki, die bestrebt waren, die Parteitraditionen und sich selbst zu schützen, aus letzten Kräften versuchten, der Opposition zu folgen: Die einen bis 1925, die andern bis 1927 und manche auch bis 1929. Aber letzten Endes fielen sie ab: es reichten die Nerven nicht aus. Radek stellt momentan einen hastenden und lärmenden Ideologen solcher Art dar.« (»Bulletin der Opposition«, Nr. 1–2, Juli 1929.) Gerade Radek hat im letzten Prozeß die »Philosophie« der verbrecherischen Tätigkeit der Trotzkisten gegeben. Nach dem Zeugnis vieler ausländischer Journalisten schienen Radeks Aussagen vor Gericht die künstlichsten und schablonenmäßigsten und am wenigsten Glauben verdienenden. Es ist um so wichtiger, an diesem Beispiel zu beweisen, daß auf der Anklagebank nicht der reale Radek figurierte, wie ihn die Natur und seine politische Vergangenheit geschaffen haben, sondern eine Art »Roboter«, hervorgegangen aus dem Laboratorium der GPU.

Wenn es mir gelingt, dies mit der notwendigen Überzeugungskraft zu zeigen, so wird damit in hohem Maße auch die Rolle der anderen Angeklagten in diesen Prozessen erhellt werden. Das bedeutet selbstverständlich nicht, daß ich den Gedanken ablehne, die Physiognomie jedes einzelnen von ihnen zu erhellen. Im Gegenteil, ich hoffe, daß mir die Kommission die Möglichkeit geben wird, dies an der nächsten Etappe ihrer Arbeiten durchzuführen. Gebunden durch den Rahmen der Zeit bin ich jetzt gezwungen, die Aufmerksamkeit ausschließlich auf die wichtigsten Umstände und die typischsten Figuren zu konzentrieren.

Mathematische Reihen der Fälschung

1. Auf Grund offizieller Quellen ist mit Sicherheit festgestellt, daß die Vorbereitung des Attentates auf Kirow mit Wissen der GPU organisiert war. Der Chef der Leningrader GPU-Abteilung, Medwed, wurde gemeinsam mit elf anderen Agenten der GPU verurteilt, weil er, »im Besitze von Mitteilungen über ein sich vorbereitendes Attentat auf S. M. Kirow ..., die notwendigen Maßnahmen nicht ergriffen hatte«. Polizeiagenten, die »gewußt haben«, müßten doch, sollte es scheinen, in allen darauffolgenden Prozessen als Zeugen figurieren. Jedoch ist von Medwed und seinen Mitarbeitern in den späteren Prozessen nicht mehr die Rede: sie haben zuviel »gewußt«. Die Ermordung Kirows bildet die Basis aller weiteren Prozesse. Indes bildet die Basis für die Ermordung Kirows eine gigantische Provokation der GPU, die durch das Verdikt des Militärtribunals vom 29. Dezember 1934 bestätigt ist. Die Aufgabe der Organisatoren der Provokation war, in den terroristischen Akt die Opposition insbesondere mich zu verwickeln (vermittels des lettischen Konsuls Bissineks, eines Agent provocateurs im Dienste der GPU, der seit dieser Zeit ebenfalls spurlos verschwunden ist). Nikolajews Schuß war im Programm wohl nicht vorgesehen, er war eher eine Mehrausgabe des Amalgams.

Diese Frage ist in meiner Broschüre »Kirows Ermordung und die stalinsche Bürokratie«, geschrieben Anfang 1935, untersucht worden. Weder die Sowjetbehörden noch ihre ausländischen Agenturen haben es auch nur versucht, auf meine Argumente, die ausschließlich auf Moskauer Dokumenten beruhen, zu antworten.

2. Wie wir während der Untersuchung feststellten, haben

sich in der USSR sieben Prozesse abgespielt, deren Ausgangspunkt die Ermordung Kirows bildet: 1. der Prozeß Nikolajew
und Genossen, 28./29. Dezember 1934; 2. der Prozeß Sinowjew-Kamenjew, 15./16. Januar 1935; 3. der Prozeß Medwed und
Genossen, 23. Januar 1935; 4. der Prozeß Kamenjew und Genossen, Juli 1935; 5. Der Prozeß Sinowjew-Kamenjew, August 1936;
6. der Prozeß in Nowosibirsk, 19./22. November 1936; 7. der Prozeß Pjatakow-Radek, Januar 1937. Diese Prozesse sind sieben
Varianten auf das gleiche Thema. Die verschiedenen Varianten
sind kaum miteinander verbunden. Sie widersprechen einander im Kern und in den Details. In jedem Prozeß organisieren
die Ermordung Kirows immer andere Menschen, mit immer
anderen Methoden und zu anderen politischen Zwecken.
Schon allein ein Vergleich der offiziellen Sowjetdokumente
miteinander beweist, daß mindestens sechs von den sieben
Prozessen Betrug sind. In Wirklichkeit sind alle sieben Betrug.

3. Der Prozeß Sinowjew-Kamenjew (August 1936) hat bereits
eine ganze Literatur hervorgerufen, die eine Reihe äußerst
wichtiger Argumente, Zeugnisse und Erwägungen zugunsten
des Gedankens enthält, daß der Prozeß ein böswilliger Betrug
seitens der GPU ist. Ich nenne hier folgende Bücher:

Léon Sedow: »Das Rotbuch über den Moskauer Prozeß.«*
Max Shachtman: »Behind the two Moscow Trials.«
Francis Heißler: »The first two Moscow Trials.«
Victor Serge: »Destin d'une révolution URSS 1917–1937.«
Victor Serge: »16 Fusillés. Où va la révolution russe?«
Friedrich Adler: »Der Moskauer Hexenprozeß.«

Keine einzige dieser Arbeiten, die Ergebnisse ernster und
gründlicher Untersuchungen sind, hat bisher eine kritische Beurteilung gefunden, sieht man von den Pöbeleien der Kominternpresse ab, die längst kein Mensch mit Selbstachtung ernst
nimmt. Die grundlegenden Beweisführungen dieser Bücher
sind auch meine Beweisführungen.

4. Schon seit dem Jahre 1926 macht die Gruppe Stalin Versuche, die einzelnen Gruppen der Opposition zu beschuldigen:
der »Antisowjet«-Propaganda, der Verbindung mit Weißgardisten, kapitalistischer Tendenzen, der Spionage, terroristischer
Absichten und schließlich der Vorbereitung des bewaffneten
Aufstandes. Alle diese Versuche, die Rohentwürfen ähneln, ha-

---

*Edition de Lee. Antwerpen, Onderwijsstr. 33.

ben in offiziellen Akten, Zeitungsartikeln und Dokumenten der Opposition Spuren hinterlassen. Wenn man alle diese Entwürfe und Versuche der Fälschung in chronologischer Reihe ordnet, entsteht so etwas wie eine geometrische Progression falscher Beschuldigungen, deren Endglieder die Anklageschriften der letzten Prozesse sind. Auf diese Weise entdecken wir »das Gesetz der Fälschung«, und das Geheimnisvolle der angeblichen trotzkistischen Verschwörung verweht wie Rauch.

5. Genauso verhält es sich mit den ungeheuerlichen, auf den ersten Blick allen Gesetzen der menschlichen Psychologie widersprechenden Aussagen der Angeklagten. Die ritualen Reuebekenntnisse der Oppositionellen beginnen im Jahre 1924, hauptsächlich seit Ende 1927. Stellt man die Texte dieser Reuebekenntnisse nach der führenden Sowjetpresse zusammen – häufig aufeinanderfolgende Reuebekenntnisse der gleichen Personen –, dann erhält man die zweite geometrische Progression, deren Endglieder die einem Alpdruck gleichenden Geständnisse Sinowjews, Kamenjews, Pjatakows, Radeks und der anderen in den Gerichtsverhandlungen bilden. Die politische und psychologische Analyse dieses allgemein zugänglichen und unbestrittenen Materials deckt restlos die inquisitorische Mechanik der Reuebekenntnisse auf.

6. Der mathematischen Reihe der Fälschungen und der mathematischen Reihe der Reuebekenntnisse entspricht die dritte mathematische Reihe: der Warnungen und Voraussagen. Der Autor dieser Zeilen und seine nächsten Gesinnungsgenossen haben aufmerksam die Intrigen und Provokationen der GPU verfolgt und auf Grund von einzelnen Tatsachen und Anzeichen viele Dutzende Male im voraus vor provokatorischen Plänen Stalins und vor den sich vorbereitenden Amalgamen gewarnt, in Briefen wie in der Presse. Schon der Ausdruck Stalinsches »Amalgam« wurde von uns acht Jahre vor Kirows Ermordung und den darauffolgenden Monsterprozessen in Anwendung gebracht. Entsprechende dokumentarische Beweise sind der New Yorker Untersuchungskommission zur Verfügung gestellt worden. Sie zeigen mit absoluter Unanfechtbarkeit, daß es sich nicht um eine illegale Verschwörung der Trotzkisten handelte, die im Jahre 1936 angeblich plötzlich entdeckt wurde, sondern um die systematische Verschwörung der GPU gegen die Opposition, mit der Absicht, ihr Sabotage,

Spionage, Attentate und Vorbereitung eines Aufstandes in die Schuhe zu schieben.

7. Alle seit 1924 Tausenden und aber Tausenden Oppositionellen abgerungenen »Reuebekenntnisse« waren mit ihrer Spitze gegen mich gerichtet. Von allen, die in die Partei zurückkehren wollen – schreiben im »Bulletin der Opposition« (Nr. 7, November-Dezember 1929) Verbannte –, verlangt man: »Liefere Trotzkis Kopf!« Entsprechend dem uns bereits bekannten Gesetz der mathematischen Reihe, führen alle Fäden der Verbrechen, des Terrors, des Verrats und der Sabotage in den Prozessen von 1936/37 beständig zu mir und zu meinem Sohn. Aber unsere ganze Tätigkeit in den letzten acht Jahren hat sich bekanntlich im Auslande abgespielt. In dieser Beziehung ist die Untersuchungskommission, wie wir bereits gesehen haben, in vorteilhafterer Lage. Die GPU hatte im Auslande zu mir keinen Zutritt, da ich stets von einem Ring treuer Freunde umgeben war. Am 7. November 1936 stahl die GPU in Paris einen Teil meiner Archive, konnte aber von ihm bis jetzt keinen Gebrauch machen. Der Untersuchungskommission stehen mein gesamtes Archiv, Zeugnisse meiner Freunde und Bekannten zur Verfügung, von meinen eigenen Aussagen abgesehen. Sie kann meine Privatkorrespondenz mit meinen Artikeln und Büchern vergleichen und somit nachprüfen, ob in meiner Tätigkeit irgendein Element von Dualismus enthalten ist.

8. Aber mehr noch. Die Direktiven der Verschwörung kamen angeblich aus dem Auslande (aus Frankreich, Kopenhagen und Norwegen). Dank einem besonders günstigen Zusammentreffen der Umstände besitzt die Untersuchungskommission die volle Möglichkeit nachzuprüfen, ob mich in den angegebenen Zeiten und an den angegebenen Orten alle die angeblichen Verschwörer besucht haben: Golzmann, Bermann-Jurin, Fritz David, Wladimir Romm und Pjatakow. Wenn das Moskauer Gericht keinen Finger gerührt hat, um nachzuweisen, daß die Zusammenkünfte und Gespräche tatsächlich stattgefunden haben (Paßfragen, Visen, Hotels etc.), so sind wir in der Lage, hier eine viel schwierigere Aufgabe zu lösen: mit Hilfe von Dokumenten, Zeugenaussagen, Zeit- und Ortsangaben zu beweisen, daß weder diese Besuche noch diese Gespräche stattgefunden haben und daß sie nicht stattfinden konnten. Juristisch gesprochen: ich bin in der Lage, in allen wichtigen Fällen, wo Daten

183

angeführt sind, mit unerschütterlicher Bestimmtheit mein Alibi nachzuweisen.

9. Wenn der Verbrecher kein psychopathischer Kranker, sondern ein zurechnungsfähiges Subjekt und gar ein alter und erfahrener Politiker ist, so muß sein Verbrechen, so ungeheuerlich es auch sein mag, bestimmten Zwecken des Verbrechers entsprechen. Indes fehlt das entsprechende Verhältnis zwischen Zweck und Mittel in den Moskauer Prozessen völlig. Die Staatsanwaltschaft mutet denselben Angeklagten in verschiedenen Prozessen verschiedene Zwecke (bald nackten »Kampf um die Macht« unter dem Sowjetregime, bald »Restauration des Kapitalismus«) zu. Die Angeklagten folgen in dieser Frage gehorsam der Staatsanwaltschaft. Die von den Angeklagten angewandten Mittel sind vom Standpunkt der vermeintlichen Ziele völlig absurd, dafür aber wie geschaffen, der Bürokratie den besten Anlaß zur Ausrottung jeglicher Opposition zu geben.

Die Schlußfolgerungen, die sich aus den ersten Schritten der Untersuchung ergeben, sind meiner Ansicht nach folgende:

1. Trotz den vielen Jahren Kampfes gegen die Opposition, den Zehntausenden von Haussuchungen, Verhaftungen, Ausweisungen, Einkerkerungen und trotz den Hunderten von Erschießungen besitzen die Gerichtsorgane der Sowjetunion kein einziges Indiz, kein einziges Beweisstück, das die Richtigkeit der Anklage bestätigt. Diese Tatsache ist das furchtbarste Indiz gegen Stalin.

2. Läßt man aber bedingt zu, die Angeklagten, alle oder nur einige, hätten die ihnen zur Last gelegten ungeheuerlichen Verbrechen tatsächlich begangen, so haben ihre stereotypen Hinweise auf mich, als den Hauptorganisator der Verschwörung, nicht die geringste Beweiskraft: moralische Kretins, die fähig sind, Zugkatastrophen zu verursachen, Arbeiter zu vergiften, mit der Gestapo in Verbindung zu treten u. a. m., mußten natürlich bestrebt sein, sich die Nachsicht der Bürokratie durch dauernde Verleumdung deren Hauptfeindes zu verdienen.

3. Die Aussagen der Angeklagten, mindestens jener, deren politische Physiognomie bekannt ist, sind jedoch auch in dem Teil falsch, wo sie ihre eigene verbrecherische Tätigkeit entlarven. Wir haben vor uns weder Banditen noch krankhaft Entar-

tete oder moralische Kretins, sondern unglückliche Opfer des schrecklichsten aller Inquisitionssysteme.

4. Die Prozesse sind eine Justizkomödie (so schwer es auch fällt, hier das Wort »Komödie« zu gebrauchen), deren Text auf Grund zahlreicher Versuche von den Organen der GPU unter unmittelbarer und direkter Leitung Stalins jahrelang ausgearbeitet wurde.

5. Die Beschuldigung gegen alte Revolutionäre (»Trotzkisten«), sie seien auf die Position des Faschismus übergegangen, im Bunde mit Hitler, dem Mikado usw., ist von den gleichen politischen Gründen diktiert wie die Beschuldigung seitens der französischen Thermidorianer gegen Robespierre und die anderen von ihnen guillotinierten Jakobiner, sie seien »Royalisten« und »Agenten Pitts« geworden. Analoge historische Ursachen rufen analoge Wirkungen hervor.

Die politische Basis der Anklage: Terrorismus
Wenn Terror auf der einen Seite möglich ist, warum soll er auf der anderen ausgeschlossen sein? Trotz seiner bestechenden Symmetrie ist ein solcher Gedanke von Grund auf falsch. Man kann keinesfalls den Terror der Diktatur gegen die Opposition mit dem Terror der Opposition gegen die Diktatur auf eine Stufe stellen. Für die regierende Clique ist die Vorbereitung von Morden, ob durch Gericht, ob hinterrücks, nichts anderes als eine polizeitechnische Frage; im Falle des Mißerfolges kann man immer einen untergeordneten Agenten preisgeben. Für eine Opposition bedeutet der Terror die Konzentrierung aller Kräfte auf die Vorbereitung von Attentaten, wobei sie von vornherein weiß, daß in jedem Falle, des Erfolges wie des Mißerfolges, als Repressalie Dutzende der besten Männer ausgerottet werden. Eine solch irrsinnige Vergeudung konnte sich die Opposition keinesfalls leisten. Eben aus diesem und aus keinem anderen Grunde greift die Komintern in Ländern mit faschistischen Diktaturen nicht zu terroristischen Akten. Die Opposition neigt ebensowenig zur Politik des Selbstmordes wie die Komintern.

Nach der Anklageschrift, die auf Unbildung und Denkfaulheit spekuliert, hätten die „Trotzkisten" beschlossen, die regierende Gruppe umzubringen, um sich auf diese Weise den Weg zur Macht zu ebnen. Der Durchschnittsphilister, besonders wenn er das Abzeichen des »Freundes der USSR« trägt, denkt folgendermaßen: Es ist doch nicht anders möglich, als daß die Oppositionellen die Macht anstrebten und die regierende Gruppe haßten; warum sollten sie tatsächlich nicht zum Terror gegriffen haben? Mit anderen Worten: Für den Philister hört die Sache dort auf, wo sie in Wirklichkeit erst beginnt.

Die Führer der Opposition sind keine zufälligen Menschen, keine Neulinge. Es handelt sich gar nicht darum, ob sie zur Macht strebten; jede ernste politische Richtung ist bestrebt, die Macht zu erringen. Die Frage ist, ob die an der großen Erfahrung der revolutionären Bewegung erzogenen Oppositionellen auch nur für einen Augenblick glauben konnten, der Terror würde sie der Macht näherbringen. Die russische Geschichte, die marxistische Theorie, die politische Psychologie antworten: Nein, das konnten sie nicht!

Das Problem des Terrors erfordert hier eine, wenn auch nur kurze, historische und theoretische Beleuchtung. Insofern ich als der Initiator des »Antisowjet-Terrors« hingestellt werde, bin ich gezwungen, der Darstellung einen autobiographischen Charakter zu geben. Im Jahre 1902, ich war eben nach fünf Jahren Gefängnis und Verbannung aus Sibirien nach London gekommen, schrieb ich eine Glosse, die dem zweihundertjährigen Jubiläum der Schlüsselburg mit ihrem Katorgagefängnis gewidmet war; ich zählte die dort zu Tode gequälten Revolutionsopfer auf. »Sie rufen nach Rache, diese Schatten der Märtyrer«, aber ich fügte hinzu: »Nicht nach persönlicher, sondern nach revolutionärer Rache. Nicht nach der Hinrichtung der Minister, sondern nach der Hinrichtung des Selbstherrschertums.« Diese Zeilen waren ganz und gar gegen den individuellen Terror gerichtet. Der Autor war damals 23 Jahre alt. Gegner des Terrors war er seit den ersten Schritten seiner revolutionären Tätigkeit. Zwischen 1902 und 1905 habe ich in verschiedenen Städten Europas vor russischen Studenten und Emigranten Dutzende politischer Referate gegen die terroristische Ideologie gehalten, die sich zu Beginn des Jahrhunderts unter der russischen Jugend wieder auszubreiten begann.

Seit den achtziger Jahren des vergangenen Jahrhunderts haben zwei Generationen russischer Marxisten die Geschichte des Terrors aus eigener Erfahrung erlebt, haben an seinen tragischen Lehren studiert und die ablehnende Einstellung zum heroischen Abenteurertum einzelner organisch in sich aufgenommen. Plechanow, der Begründer des russischen Marxismus, Lenin, der Führer des Bolschewismus, Martow, der hervorragendste Vertreter des Menschewismus, haben dem Kampfe gegen die Taktik des Terrors Tausende von Seiten und Hunderte von Reden gewidmet. Die geistigen Einflüsse, die von diesen alten Marxisten ausgingen, haben schon in der frühesten Jugend meine Einstellung zur revolutionären Alchimie abgeschlossener Intellektuellen-Vereine mitbestimmt. Das Problem des Terrors war für uns russische Revolutionäre ein Problem auf Leben und Tod, sowohl in politischem wie in persönlichem Sinne des Wortes. Der Terrorist war für uns keine Romanfigur, sondern ein lebendiger, uns verwandter Mensch. In der Verbannung haben wir jahrelang mit den Terroristen der älteren Generation Seite an Seite gelebt. In den Gefängnissen und in der Etappe kamen wir mit gleichaltrigen Terroristen zusammen. Wir haben uns in der Peter-Paul-Festung mit den zum Tode verurteilten Terroristen durch Klopfen verständigt. Wie viele Stunden, wie viele Tage gingen in leidenschaftlichen Debatten dahin, wie viele Male brachen wir wegen dieser brennendsten Frage persönliche Beziehungen ab! Mit der russischen Literatur, die diesen Streit über den Terrorismus nährte und widerspiegelte, könnte man eine große Bibliothek zusammenstellen.

Vereinzelte terroristische Explosionen sind unvermeidlich, wenn der politische Druck gewisse Grenzen überschreitet. Solche Akte haben fast immer symptomatische Bedeutung. Eine andere Sache ist die Politik, die den Terror kanonisiert, ihn zum System erhebt. »Ihrem ganzen Wesen nach«, schrieb ich im Jahre 1909, »erfordert die terroristische Arbeit eine solche Konzentration der Energie auf den ›großen Augenblick‹, eine solche Überschätzung der Bedeutung des persönlichen Heroismus und schließlich eine solche hermetische Konspiration, die – die Agitation und Organisationsarbeit unter den Massen fast völlig ausschließen... Indem sie gegen den Terrorismus kämpfte, hat die marxistische Intelligenz ihr Recht oder ihre Pflicht verteidigt, sich aus den Arbeitervierteln nicht zu entfernen, um unter dem Palais eines Großfürsten oder Zaren eine Mine zu legen.« Die Geschichte zu betrügen oder zu überlisten, ist nicht möglich. Letzten Endes stellt sie jeden auf seinen Platz. Die Grundeigenschaft des Terrors als System ist, jene Organisation zu vernichten, die mit Hilfe chemischer Präparate den Mangel an eigener politischer Kraft zu ersetzen

187

sucht. Es gibt gewiß historische Situationen, wo der Terror Verwirrung in die Regierungsreihen hineintragen kann. Wer aber kann in diesem Falle die Früchte ernten? Jedenfalls nicht die terroristischen Organisationen selbst und nicht die Massen, hinter deren Rücken der Zweikampf sich abspielt. So haben die liberalen russischen Bourgeois seinerzeit stets mit dem Terrorismus sympathisiert. Die Ursache ist klar: »Insofern der Terror in die Reihen der Regierung Desorganisation und Demoralisation hineinträgt (mit dem Preis der Desorganisation und der Demoralisation in den Reihen der Revolutionäre)«, schrieb ich im Jahre 1909, »spielt er ihnen, den Liberalen, in die Hand.« Den selben Gedanken und fast in den selben Worten begegnen wir ein Vierteljahrhundert später im Zusammenhang mit der Ermordung Kirows.

Allein die Tatsache individueller Attentate ist ein sicheres Zeichen der politischen Rückständigkeit eines Landes und der Schwäche der fortschrittlichen Kräfte. Die Revolution von 1905, die die Macht des Proletariats offenbart hat, machte Schluß mit der Romantik des Zweikampfs zwischen dem Häuflein Intellektueller und dem Zarismus. »Der Terrorismus in Rußland ist tot«, wiederholte ich in einer Reihe von Artikeln. »...Der Terror hat sich weit nach dem Osten verschoben, in das Gebiet von Penjaba und Bengalen... Vielleicht steht dem Terrorismus auch noch in anderen Ländern des Ostens bevor, eine Periode der Blütezeit durchzumachen. In Rußland aber gehört er nun der Geschichte an.«

Seit 1907 war ich wieder in der Emigration. Der Besen der Konterrevolution arbeitete grausam, und in den europäischen Städten wurden die russischen Kolonien zahlreich. Ein ganzer Streifen meiner zweiten Emigration ist Referaten und Artikeln gegen Terror, Rache und Verzweiflung gewidmet. Im Jahre 1909 wurde aufgedeckt, daß an der Spitze der terroristischen Organisation der »Sozialrevolutionäre« der Agent provocateur Asew stand. »In der Sackgasse des Terrorismus«, schrieb ich, »wirtschaftet die Hand der Provokation sicher.« (Januar 1910.) Der Terrorismus war für mich immer nichts anderes als eine »Sackgasse«. »Die unversöhnliche Stellung der russischen Sozialdemokratie zum bürokratisierten Terror als Kampfmittel gegen die terroristische Bürokratie des Zarismus«, schrieb ich in der gleichen Periode, »fand Verständnislosigkeit und Verurteilung nicht nur bei den russischen Liberalen, sondern auch bei den europäischen Sozialisten.« Die einen wie die anderen beschuldigten uns des »Doktrinarismus«. Wir russischen Marxisten erklärten unsererseits die Sympathie für den russischen Terrorismus mit dem Opportunismus der Führer der europäischen Sozialdemokratie, die gewohnt sind, ihre Hoffnungen von den Massen auf die regierenden Spitzen zu übertragen. »Wer auf das Minister-Portefeuille Jagd macht, wie der, der mit der Höllenmaschine unterm Mantel auf den Minister selbst Jagd macht – beide müssen in gleicher Weise den Minister überschätzen: seine Person und seinen Posten. Für sie verschwindet oder rückt in die Ferne das System; es bleibt nur die mit Macht ausgestattete Person.« Diesem Gedanken, der sich durch Jahrzehnte meiner Tätigkeit hinzieht, werden wir wiederum später, im Zusammenhang mit der Ermordung Kirows, begegnen.

Im Jahre 1911 entstanden in einigen Gruppen der österreichischen Arbeiter terroristische Strömungen. Auf die Bitte Friedrich Adlers, des Redakteurs der theoretischen Wochenschrift der österreichischen Sozialdemokratie »Der Kampf«, schrieb ich im November 1911 für dieses Organ einen Artikel über Terrorismus. »Ob terroristische Attentate, sogar ›gelungene‹, Verwirrung in die herrschenden Kreise hineintragen oder nicht, hängt von den konkreten politischen Umständen ab. Jedenfalls kann diese Verwirrung nur kurzfristig sein. Ein kapitalistischer Staat stützt sich nicht auf die Minister und kann nicht durch ihre Beseitigung vernichtet werden. Die Klassen, denen er dient, werden sich stets neue Männer finden – der Mechanismus bleibt unversehrt bestehen und wirkt weiter. Viel tiefgehender jedoch ist jene Verwirrung, die terroristische Attentate in die Reihen der Arbeitermassen hineintragen. Wenn es genügt, sich mit einem Revolver zu bewaffnen, um das Ziel zu erreichen, wozu dann die Mühe des Klassenkampfes?

Wenn ein Fingerhut Pulver und ein Stückchen Blei genügen, um den Hals des Feindes zu durchschießen, wozu dann Klassenorganisation? Wenn man die Exzellenzen durch den Explosionsdonner einschüchtern kann, wozu braucht man dann die Partei? Wozu Versammlungen, Massenagitation, Wahlen, wenn es so leicht ist, von der Parlamentsgalerie aus eine Ministerbank aufs Korn zu nehmen? Der individuelle Terror ist unserer Meinung nach deshalb unzulässig, weil er die Masse in ihrem eigenen Bewußtsein erniedrigt, sie mit ihrer Ohnmacht versöhnt, ihre Blicke und ihre Hoffnungen auf den großen Rächer und Befreier lenkt, der einmal kommen und seine Sache machen wird.« Fünf Jahre später, auf dem Höhepunkt des imperialistischen Krieges, erschoß Friedrich Adler, der mich bewogen hatte, diesen Artikel zu schreiben, in einem Wiener Restaurant den österreichischen Ministerpräsidenten Stürkh. Der heroische Skeptiker und Opportunist fand keinen anderen Ausweg für seine Verzweiflung und seine Empörung. Meine Sympathie war selbstverständlich nicht auf seiten des habsburgischen Würdenträgers. Jedoch stellte ich dem individuellen Akt Friedrich Adlers die Tat Karl Liebknechts gegenüber, der während des Krieges in Berlin auf den Potsdamer Platz ging, um an die Arbeiter revolutionäre Flugblätter zu verteilen.

Am 28. Dezember 1934, vier Wochen nach der Ermordung Kirows, als die Stalinsche Justiz noch nicht wußte, in welche Richtung sie die Spitze ihrer »Gerechtigkeit« wenden sollte, schrieb ich im »Bulletin der Opposition« (Januar 1935, Nr. 41): »... Wenn die Marxisten den individuellen Terror sogar dann entschieden verurteilen ... wenn sich die Schüsse gegen die Agenten der zaristischen Regierung und der kapitalistischen Ausbeutung richteten, um so rücksichtsloser werden sie das verbrecherische Abenteurertum verurteilen und ablehnen, das sich gegen die bürokratischen Vertreter des ersten Arbeiterstaates in der Geschichte richtet. Die subjektiven Motive Nikolajews und seiner Gesinnungsgenossen bleiben dabei für uns gleichgültig. Mit den besten Absichten ist der Weg zur Hölle gepflastert. Solange die Sowjetbürokratie vom Proletariat nicht abgesetzt ist – und diese Aufgabe wird gelöst werden –, erfüllt sie die notwendige Funktion, den Arbeiterstaat zu schützen. Würde sich der Terrorismus vom Typ Nikolajews entwickeln, könnte er unter gewissen Bedingungen nur der faschistischen Konterrevolution dienen.

»Den Versuch machen, Nikolajew der linken Opposition unterzuschieben – und sei es auch der Gruppe Sinowjews, wie sie in den Jahren 1926/27 war –, können nur politische Gauner, spekulierend auf Dummköpfe. Die terroristische Organisation der kommunistischen Jugend wurde nicht durch die linke Opposition verursacht, sondern durch die Bürokratie, durch deren innere Zersetzung. Individualterror ist seinem Wesen nach die Kehrseite des Bürokratismus. Den Marxisten ist dieses Gesetz nicht erst seit gestern bekannt. Der Bürokratismus traut den Massen nicht und ist bemüht, sie durch sich selbst zu ersetzen. So handelt auch der Terrorismus, der die Massen beglücken will ohne deren Teilnahme. Die Stalinsche Bürokratie hat einen ekelhaften Führerkult geschaffen und die ›Führer‹ mit göttlichen Eigenschaften ausgestattet. Die Religion der ›Helden‹ ist auch die Religion des Terrorismus, nur mit einem umgekehrten Vorzeichen. Die Nikolajews bilden sich ein, es genüge, mit Hilfe des Revolvers einige Führer zu beseitigen, damit der Gang der Geschichte eine andere Richtung nehme. Kommunisten-Terroristen, als geistige Formation, sind Fleisch vom Fleische und Blut vom Blute der Stalinschen Bürokratie.« Diese Zeilen sind, wie der Leser sich überzeugen konnte, nicht ad hoc geschrieben. Sie resümieren die Erfahrung eines ganzen Lebens, die wiederum auf den Erfahrungen von zwei Generationen beruht.

Schon in der Epoche des Zarismus war es verhältnismäßig eine seltene Erscheinung, auf die man mit Fingern zeigte, wenn ein junger Marxist in die Reihen der terroristischen Partei überging. Aber damals gab es mindestens einen dauernden theoretischen Kampf zweier Richtungen, die Presse der beiden Parteien führte eine erbitterte Polemik, öffentliche Diskussionen hörten nicht für einen Tag auf. Jetzt aber will man uns glauben machen, daß nicht jugendliche Revolutionäre, sondern alte Führer des russischen Marxismus, auf den Schultern die Tradition von drei Revolutionen – plötzlich, ohne Kritik, ohne Diskussion, ohne Erklärungen sich dem Terror zuwandten, den sie selbst als eine Methode des politischen Selbstmordes stets abgelehnt hatten. Allein die Möglichkeit einer solchen Anklage zeigt, zu welchem Tiefstand die Stalinsche Bürokratie den offiziellen politischen und theoretischen Gedanken gebracht hat, von der Sowjetjustiz schon ganz zu schweigen. Den durch die Erfahrungen errungenen, durch die Theorie bekräftigten, im heißesten Feuer der menschlichen Geschichte gestählten politischen Überzeugungen stellen die Fälscher unzusammenhängende, widerspruchsvolle, durch nichts bestätigte Aussagen verdächtiger Anonymlinge gegenüber.

Ja, sagen Stalin und seine Agenten, wir können nicht bestreiten, daß Trotzki nicht nur in Rußland, sondern auch in anderen Ländern auf verschiedenen Etappen seiner politischen Entwicklung und unter verschiedenen Bedingungen stets in gleicher Weise dringend vor dem terroristischen Abenteurertum gewarnt hat. Doch haben wir in seinem Leben einige Momente entdeckt, die eine Ausnahme von dieser Regel bilden. In dem konspirativen Brief, den er einem gewissen Dreizer schrieb (und den niemand gesehen hat); in Gesprächen mit Golzmann, den in Kopenhagen Trotzkis Sohn (der sich zu jener Zeit in Berlin befand) zu ihm brachte; in Unterhaltungen mit Bermann und David hat Trotzki (der bis zu den ersten Prozeßberichten diese Namen nie gehört hatte) in vier oder fünf Fällen seinen Anhängern (die in Wirklichkeit seine erbittertsten Gegner waren) terroristische Instruktionen erteilt (ohne sie zu begründen, ohne sie mit der Sache seines gesamten Lebens zu verbinden). Wenn Trotzki seine programmatischen Ansichten über den Terror im Laufe von vierzig Jahren mündlich und schriftlich vor Millionen Menschen geäußert hat, so nur um zu täuschen; seine wahren Ansichten vertraute er als strengstes Geheimnis Bermann und David an ... Und, o Wunder! Diese unartikulierten »Instruktionen«, die sich auf dem Gedankenniveau des Wyschinski bewegen, genügten, damit Hunderte alter Marxisten – automatisch, widerspruchslos, stillschweigend – den Weg des Terrors beschritten. Das ist die politische Basis des Prozesses der 16. Mit anderen Worten: der Prozeß der 16 ist jeder politischen Basis bar.

Kirows Ermordung

In den Moskauer Prozessen ist die Rede von gigantischen Absichten, Plänen und Vorbereitungen von Verbrechen. Das alles spielt sich ab in Gesprächen oder, richtiger, in Erinnerungen der Angeklagten an Gespräche, die sie angeblich früher einmal geführt haben. Der Prozeßbericht bietet, wie gesagt, ein Bild von Gesprächen über Gespräche. Das einzige tatsächliche Verbrechen ist – der Mord an Kirow. Doch gerade dieses Verbrechen ist nicht von Oppositionellen oder Kapitulanten, die die GPU für Oppositionelle ausgibt, ausgeführt worden, sondern von einem, vielleicht auch zwei oder drei jugendlichen Kommunisten, die in die Netze der GPU-Provokateure geraten waren. Ganz unabhängig davon, ob die Provokateure die Sache bis zum Morde hatten bringen wollen oder nicht, fällt die Verantwortung für das Verbrechen auf die GPU, die wiederum in einer so wichtigen Angelegenheit nicht ohne direkten Auftrag von Stalin handeln konnte.

Worauf beruhen diese Behauptungen? Das notwendige Material für die Beantwortung dieser Frage ist in den offiziellen Dokumenten Moskaus enthalten. Ihre Analyse ist in meiner Broschüre »Die Ermordung Kirows und die Sowjetbürokratie« (1935), in L. Sedows »Das Rotbuch« und in anderen Arbeiten enthalten. Ich resümiere die Schlußfolgerungen daraus in kurzer Fassung.

1. Sinowjew, Kamenjew und die anderen konnten die Ermordung Kirows nicht organisiert haben, weil dieser Mord nicht den geringsten politischen Sinn gehabt hat. Kirow war eine nebensächliche Figur, ohne selbständige Bedeutung. Wer in der Welt hat Kirows Namen vor seiner Ermordung gekannt? Nimmt man aber den absurden Gedanken an, Sinowjew, Kamenjew und die anderen hätten den Weg des individuellen Terrors beschritten, so hätten sie auf jeden Fall begreifen müssen, daß die Ermordung Kirows, die keine politischen Resultate versprach, wütende Repressalien gegen alle Verdächtigen und Unzuverlässigen zur Folge haben müßte, die in der Zukunft jegliche oppositionelle, insbesondere jede terroristische Arbeit erschweren würden. Wirkliche Terroristen hätten mit Stalin begonnen. Unter den Angeklagten waren Mitglieder des Zentralkomitees und der Regierung, die überallhin freien Zutritt hatten; sie konnten Stalin mühelos ermorden. Wenn die Kapitulanten diesen Akt nicht vollbrachten, so deshalb, weil sie Stalin gedient und nicht bekämpft und keine Attentate auf ihn geplant hatten.

2. Kirows Ermordung versetzte die regierende Spitze in einen Zustand panischer Verwirrung. Obwohl Nikolajews Person sofort festgestellt wurde, verknüpfte die erste Regierungsmeldung das Attentat nicht mit der Opposition, sondern mit Weißgardisten, die angeblich aus Polen, Rumänien und anderen Nachfolgestaaten in die Sowjetunion eingedrungen waren. 104 solcher »Weißgardisten« wurden nach offiziellen Berichten erschossen! Vierzehn Tage lang betrachtete es die Regierung als notwendig, mit Hilfe summarischer Hinrichtungen die Aufmerksamkeit der öffentlichen Meinung in eine andere Richtung abzulenken und irgendwelche Spuren zu verwischen. Erst am 16. Tage ließ man die Version von den Weißgardisten fallen. Irgendeine offizielle Erklärung der ersten Periode der Regierungspanik, die sich durch über hundert Leichen kennzeichnet, ist bis jetzt nicht gegeben worden.

3. In der Sowjetpresse wurde darüber nichts gesagt: wie und unter welchen Umständen Nikolajew Kirow ermordete, welche Stellung Nikolajew bekleidete, in welchen Beziehungen er zu Kirow stand usw. Die konkreten, sowohl politischen wie einfach menschlichen Umstände des Mordes bleiben auch heute im Schatten. Die GPU kann über den Vorfall nichts erzählen, ohne ihre Initiative bei der Organisierung des Mordes an Kirow aufzudecken.

4. Trotzdem Nikolajew und die übrigen dreizehn Erschossenen alles, was man von ihnen verlangte, zugegeben hatten (ich halte es für absolut möglich, daß Nikolajew und die anderen gefoltert wurden), erwähnten sie mit keinem Worte die Teilnahme Sinowjews, Bakajews, Kamenjews oder irgendeines anderen »Trotzkisten« an dem Morde. Die GPU hat offenbar ihnen solche Fragen gar nicht gestellt. Die Situation war noch zu frisch, die Rolle der Provokation zu offensichtlich, und die GPU war nicht so sehr bemüht, die Spuren einer Opposition zu suchen, als ihre eigenen Spuren zu verwischen.

5. Während der Prozeß Radek-Pjatakow, der unmittelbar fremde Regierungen hineinverwickelte, vor offener Bühne inszeniert wurde, fand der Prozeß des Komsomolzen Nikolajew, der Kirow ermordet hatte, am 28./29. Dezember 1934 hinter verschlossenen Türen statt. Weshalb? Doch wohl nicht aus diplomatischen, sondern aus innerpolitischen Gründen: die GPU konnte ihre eigene Arbeit nicht zur Schau stellen. Man mußte im stillen alle am Attentat Beteiligten und die ihnen Nahestehenden beseitigen, sich sorgfältig die Hände waschen und erst dann die Opposition aufs Korn nehmen.

6. Die Ermordung Kirows hat in den Kreisen der Bürokratie selbst einen solchen Alarm hervorgerufen, daß Stalin, auf dem in informierten Kreisen ein Schatten des Verdachts lastete, gezwungen war, Sündenböcke zu finden. Am 23. Januar 1935 fand der Prozeß der 12 höchsten Beamten der Leningrader Abteilung der GPU mit ihrem Chef Medwed an der Spitze statt. Der Anklageakt gibt zu, daß Medwed und seine Mitarbeiter rechtzeitig »im Besitze von Nachrichten über das sich vorbereitende Attentat auf Kirow waren«. Im Urteil heißt es: »Sie haben keine Maßnahmen ergriffen«, um die Tätigkeit der terroristischen Gruppe »rechtzeitig aufzudecken und zu verhindern, obwohl sie absolut die Möglichkeit hatten, dies zu tun.« Größere Offenheit kann man nicht verlangen. Sämtliche Angeklagten wurden

zu Gefängnis von 2 bis 10 Jahren verurteilt. Es ist klar: durch ihre Provokateure spielte die GPU mit Kirows Kopf, in der Absicht, die Opposition in die Sache zu verwickeln und dann eine Verschwörung zu entdecken. Nikolajew hat jedoch den Schuß abgegeben, ohne die Erlaubnis Medweds abzuwarten, und dadurch das Amalgam schwer kompromittiert. Stalin hat Medwed als Sühneopfer dargebracht.

7. Unsere Analyse findet ihre vollständige Bestätigung in der Rolle des lettischen Konsuls Bissineks, eines notorischen Agenten der GPU. Der Konsul stand mit Nikolajew, nach dessen Geständnis, in direkten Beziehungen, gab fünftausend Rubel für die Ausführung des terroristischen Aktes und wollte von Nikolajew ohne ersichtlichen Sinn einen Brief für Trotzki haben. Um auch nur indirekt die Sache Kirow mit meinem Namen zu verbinden, schloß Wyschinski diese merkwürdige Episode dem Anklageakt an (Januar 1935), wodurch er die provokatorische Rolle des Konsuls völlig bloßstellte. Der Name des Konsuls ist allerdings erst auf das direkte Verlangen des Diplomatischen Korps veröffentlicht worden. Danach verschwand der Konsul spurlos von der Bühne. In den späteren Prozessen wurde Bissineks mit keinem Wort erwähnt, obwohl er in direktem Verkehr mit dem Mörder war und den Mord finanziert hatte. Die weiteren »Organisatoren« des Terroraktes gegen Kirow (Bakajew, Kamenjew, Sinowjew, Mratschkowski usw.) wußten vom Konsul Bissineks nichts und nannten kein einziges Mal seinen Namen. Es ist schwer, sich überhaupt eine läppischere, verwirrtere und schamlosere Provokation auszudenken!

8. Erst nachdem die wirklichen Terroristen, deren Freunde und Helfershelfer, darunter auch die zweifellos in die Verschwörung verwickelten GPU-Agenten ausgerottet waren, hält es Stalin an der Zeit, sich die Opposition vorzunehmen. Die GPU verhaftet die Spitze der ehemaligen Sinowjewisten und teilt sie in zwei Gruppen. In bezug auf sieben angesehene politische Arbeiter, frühere Mitglieder des Zentralkomitees, berichtet die TASS am 22. Dezember, es fehlten »ausreichende Anhaltspunkte, um sie vor Gericht zu stellen«. Weniger wichtige Mitglieder der Gruppe wurden, nach der traditionellen Technik der GPU, unter dem Damoklesschwert zurückgehalten. Einige von ihnen haben unter Todesdrohungen gegen Sinowjew, Kamenjew und andere Aussagen gemacht. Die Aussagen erzählten zwar nichts vom Terror, aber von »konterrevolu-

195

tionärer Tätigkeit« überhaupt (Unzufriedenheit, Kritik an Stalins Politik etc.). Doch haben diese Aussagen genügt, um Sinowjew, Kamenjew usw. ein Geständnis über ihre »moralische« Verantwortung für den Terrorakt abzuringen. Mit diesem Preis kauften sich (vorübergehend) Sinowjew und Kamenjew los von der Anklage der direkten Teilnahme an der Ermordung Kirows.

9. Am 26. Januar 1935 schrieb ich amerikanischen Freunden (dieser Brief ist im Bulletin der Opposition, Nr. 42, Februar 1935 abgedruckt): »Die Strategie, die um die Leiche Kirows entwikkelt wurde, hat Stalin keine großen Lorbeeren eingebracht. Aber gerade deshalb kann er weder haltmachen noch zurückweichen. Stalin muß das mißglückte Amalgam durch ein neues verhüllen, in größerem Maßstabe und – erfolgreicher. Man muß gerüstet sein!« Die Prozesse von 1936 und 1937 haben diese Warnung vollkommen gerechtfertigt.

**Wer hat die Liste
der »Opfer« des Terrors zusammengestellt?
(Die »Sache« Molotow)**
Der Sinowjew-Kamenjew-Prozeß (August 1936) ist gänzlich auf dem Terror aufgebaut. Die Aufgabe des sogenannten »Zentrums« bestand darin, durch Ermordung der »Führer« die Regierung zu beseitigen und die Macht an sich zu reißen. Bei einer aufmerksamen Gegenüberstellung beider Prozesse, Sinowjew-Kamenjew und Pjatakow-Radek, ist es nicht schwer, sich davon zu überzeugen, daß die Liste der Führer, die angeblich ausgerottet werden sollten, nicht von den Terroristen zusammengestellt wurde, sondern von deren vorgesehenen Opfern, das heißt vor allem von Stalin. Seine persönliche Autorschaft tritt am deutlichsten hervor bei der Frage Molotow.

Nach dem Anklageakt in Sachen Sinowjew und Genossen »hat das vereinigte Trotzkistisch-Sinowjewistische terroristische Zentrum, nachdem es Kirow ermordete, sich nicht mit der Organisierung der Ermordung Stalins allein begnügt. Das terroristische Trotzkistisch-Sinowjewistische Zentrum arbeitete gleichzeitig an der Organisierung von Morden an anderen Parteiführern, nämlich der Genossen Woroschilow, Schdanow, Kaganowitsch, Kossior, Ordschonikidse und Postyschew«. Molotows Namen enthält diese Sammelliste nicht. Die Aufzählung der von den Trotzkisten ausersehenen Opfer variiert im

Munde der verschiedenen Angeklagten, in verschiedenen Momenten der Untersuchung und der Prozeßverhandlung. Aber in einem Punkt blieb sie unverändert: keiner der Angeklagten nannte Molotow. Bei der Vernehmung während der Untersuchung sagte Reingold aus:»Die wichtigste Weisung Sinowjews bestand darin: man müsse den Schlag gegen Stalin, Kaganowitsch und Kirow führen.« In der Abendverhandlung vom 19. August 1936 sagte der nämliche Reingold:»Deshalb ist die einzige Kampfmethode terroristische Akte gegen Stalin und seine nächsten Mitkämpfer – Kirow, Woroschilow, Kaganowitsch, Ordschonikidse, Postyschew, Kossior und andere.« Unter den »nächsten Mitkämpfern« ist Molotow nicht bezeichnet. Mratschkowski gab an:»... wir sollten Stalin, Woroschilow und Kaganowitsch ermorden. In erster Linie war Stalin auserkoren.« Molotow ist wiederum nicht erwähnt. Nicht anders verhielt sich die Sache auch mit meinen terroristischen »Direktiven«. »Die Gruppe Dreizer ... bekam die Instruktion, Woroschilow zu ermorden, unmittelbar von Trotzki«, lautet der Anklageakt. Wie Mratschkowski erzählt, hat Trotzki im Herbst 1932 »wieder die Notwendigkeit betont, Stalin, Woroschilow und Kirow zu ermorden«. Im Dezember 1934 erhielt Mratschkowski durch Dreizer einen Brief von Trotzki, der »die Beschleunigung der Ermordung Stalins und Woroschilows« forderte. Dasselbe bestätigt Dreizer. Bermann-Jurin sagt aus: »Trotzki sagte, es sei notwendig, außer Stalin auch Kaganowitsch und Woroschilow zu ermorden.« Somit habe ich im Laufe von drei Jahren Auftrag erteilt, Stalin, Woroschilow, Kirow und Kaganowitsch zu ermorden. Von Molotow war keine Rede. Diese Tatsache ist um so bemerkenswerter, als sogar in den letzten Jahren meiner Zugehörigkeit zum Politbüro weder Kirow noch Kaganowitsch dieser Institution angehörten und keiner sie für politisch wichtige Figuren hielt, während Molotow in der führenden Gruppe die zweite Person nach Stalin war. Jedoch ist Molotow nicht nur Mitglied des Politbüros, sondern steht auch an der Spitze der Regierung. Seine Unterschrift schmückt neben der Stalins die wichtigsten Regierungsverfügungen. Nichtsdestoweniger ignorieren die Terroristen des vereinigten »Zentrums«, wie wir gesehen haben, beharrlich Molotows Existenz. Am seltsamsten ist, daß der Staatsanwalt Wyschinski sich über diese Ignorierung nicht nur nicht wundert, sondern sie in der Ordnung findet. So befragt

Wyschinski in der Morgensitzung des 19. August Sinowjew über die geplanten Terrorakte: »Gegen wen?«

Sinowjew: »Gegen die Führer.«

Wyschinski: »Das heißt gegen die Genossen Stalin, Woroschilow und Kaganowitsch.«

Das Wort: »das heißt« läßt keine Zweifel übrig: der Staatsanwalt schließt offiziell das Regierungshaupt von der Partei- und Landesführung aus. Schließlich, resümierend die Ergebnisse der gerichtlichen Untersuchung, geht der gleiche Staatsanwalt in seiner Anklagerede mit den Trotzkisten ins Gericht, »die die Hand erhoben haben gegen die Führer unserer Partei, gegen die Genossen Stalin, Woroschilow, Schdanow, Kaganowitsch, Ordschonikidse, Kossior und Postyschew, gegen unsere Führer, gegen die Führer des Sowjetstaates«. (Sitzung vom 22. August.)

Das Wort »Führer« ist dreimal wiederholt, es bezieht sich aber auch diesmal nicht auf Molotow.

Es ist ganz unbestreitbar, daß während der langen Vorbereitung des Prozesses des vereinigten Zentrums irgendwelche ernstlichen Gründe bestanden haben mußten, Molotow aus der Liste der »Führer« zu streichen. Die in die Geheimnisse der Spitzen nicht Eingeweihten konnten es nicht begreifen: weshalb erachteten es die Terroristen als notwendig, Kirow, Postyschew, Kossior, Schdanow – »Führer« von provinziellem Maßstabe – zu ermorden, während sie Molotow, der anerkanntermaßen um einen Kopf, wenn nicht um zwei Köpfe diese Opferkandidaten überragt, unbeachtet ließen. Schon im »Rotbuch«, das dem Prozeß Sinowjew-Kamenjew gewidmet ist, verweilt Sedow bei diesem Ostrakismus in bezug auf Molotow. Er schreibt: »In der von Stalin zusammengestellten Liste der Führer, die die Terroristen angeblich ermorden wollten, befinden sich Führer nicht nur erster Größe, sondern sogar Schdanow, Kossior und Postyschew. Molotow steht aber nicht drin. In solchen Sachen gibt es bei Stalin keine Zufälligkeiten...«

Worin besteht das Geheimnis? Von Reibungen zwischen Stalin und Molotow, in Verbindung mit der Ablehnung der Politik der »Dritten Periode«, gingen lange und beharrliche Gerüchte, die in der Sowjetpresse einen indirekten, aber deutlichen Widerhall fanden: Molotow wurde nicht zitiert, nicht gerühmt, nicht photographiert, einfach nicht erwähnt. Das »Bulletin der Opposition« hat diese Tatsache wiederholt vermerkt. Nicht an-

zuzweifeln ist jedenfalls, daß im August 1936 der Hauptmit-
kämpfer Stalins gegen alle oppositionellen Gruppen aus der Liste der regierenden Spitze in gröbster Weise öffentlich hinaus-
geworfen wurde. Man muß somit die Schlußfolgerung ziehen,
daß die »Geständnisse« der Angeklagten, wie auch meine »Direktiven«, mithelfen sollten, eine bestimmte Konjunkturauf-
gabe zu lösen: Kaganowitsch, Schdanow und andere in den
Rang von »Führern« zu erheben und den alten »Führer« Molotow zu diskreditieren.

Vielleicht aber verhält es sich so, daß die Gerichtsbehörde
zur Zeit des Prozesses noch keine Beweise für Attentate auf
Molotow in Händen hatte? Eine solche Hypothese hält keiner
Kritik stand. »Beweise« existieren bekanntlich in diesen Prozessen überhaupt nicht: das Urteil vom 23. August 1936 spricht
von Attentaten (gegen Postyschew und Kossjor), die der Prozeßbericht mit keinem Wort erwähnt. Diese an sich nicht unwichtige Erwägung tritt zurück im Vergleich mit der Tatsache, daß
in den Geständnissen der Angeklagten und vor allem der Mitglieder des »Zentrums« die Rede weniger von Attentaten als
von Attentatsplänen war. Es wurde fast ausschließlich davon
geredet, wen die Verschwörer zu ermorden als notwendig
erachteten. Die Liste der Opfer wurde folglich nicht durch das
Untersuchungsmaterial bestimmt, sondern durch die politische Einschätzung der führenden Gestalten. Um so erstaunlicher, daß die Pläne des »Zentrums« und meine »Direktiven«
alle denkbaren und undenkbaren Märtyrerkandidaten betrafen
– außer Molotow. Indes hat niemand jemals Molotow für eine
dekorative Figur, wie etwa Kalinin, gehalten. Im Gegenteil,
wenn man die Frage aufwerfen soll, wer könnte Stalin ersetzen, so muß man antworten, daß Molotow die meisten Chancen
hat.

Vielleicht haben die Terroristen auf Grund der Gerüchte von
Meinungsverschiedenheiten einfach beschlossen, Molotow zu
schonen. Wir werden sehen, daß auch diese Hypothese einer
Prüfung nicht standhält. In Wirklichkeit haben nicht die »Terroristen« Molotow schonen wollen, sondern Stalin wollte, um seinen Widersacher endgültig kirre zu machen, den Eindruck erwecken, die Terroristen hätten angeblich Molotow schonen
wollen. Die Tatsachen sprechen dafür, daß Stalins Absicht von
Erfolg gekrönt war. Schon vor dem Augustprozeß konnte man
eine Versöhnung zwischen Stalin und Molotow wahrnehmen.

Sie fand auch sofort ihre Widerspiegelung auf den Seiten der Sowjetpresse, die, auf ein Signal von oben, an die Wiedereinsetzung Molotows in seine alten Rechte ging. Man könnte auf Grund der »Prawda« ein grelles und überzeugendes Bild von der allmählichen Rehabilitierung Molotows während des Jahres 1936 geben. Das »Bulletin der Opposition« (Nr. 50, Mai 1936) verzeichnete diese Tatsache und schrieb: »Seit der Liquidierung der ›Dritten Periode‹ befindet sich Molotow bekanntlich halb in Ungnade...« »Nun aber hat er sich in die Front eingereiht. In den letzten Wochen hielt er einige Panegyriken auf Stalin... Als Entschädigung steht sein Name an zweiter Stelle, und er selbst wird ›nächster Mitarbeiter‹ tituliert.« In dieser Frage, wie in vielen anderen, löst die Gegenüberstellung der offiziellen Organe der Bürokratie mit dem »Bulletin der Opposition« viele Rätsel.

Der Prozeß Sinowjew-Kamenjew widerspiegelte die Periode, die der Versöhnung vorausging: man konnte aber doch nicht in aller Eile das ganze Material der Voruntersuchung ändern! Außerdem hatte es Stalin mit der vollen Amnestie nicht eilig: man mußte Molotow eine empfindliche Lehre erteilen. Und darum mußte sich im August Wyschinski noch an die alte Direktive halten. Dagegen fand die Vorbereitung des Prozesses Pjatakow-Radek schon nach der Versöhnung statt. Dementsprechend verändert sich die Opferliste, und zwar nicht nur in bezug auf die Zukunft, sondern auch in bezug auf die Vergangenheit. In seiner Aussage vom 24. Januar erzählt Radek, sich auf eine Unterhaltung mit Mratschkowski im Jahre 1932 berufend: »Ich hatte nicht den geringsten Zweifel, daß die Akte sich richten müssen gegen Stalin und seine nächsten Mitarbeiter: Kirow, Molotow, Woroschilow und Kaganowitsch.« In der Morgenverhandlung vom 25. Januar sagte der Zeuge Loginow aus: »Pjatakow erklärte (Anfang des Sommers 1935), daß das Trotzkistische parallele Zentrum... terroristische Akte gegen Stalin, Molotow, Woroschilow und Kaganowitsch vorbereite...« Pjatakow versäumte selbstverständlich nicht, die Aussagen Loginows zu bestätigen. Die Angeklagten des letzten Prozesses nennen im Gegensatz zu den Mitgliedern des vereinigten »Zentrums« Molotow nicht nur unter den Opfern, sondern stellen seinen Namen gleich nach Stalin.

Wer also hat die Liste der vorgemerkten Opfer zusammengestellt, die Terroristen oder die GPU? Die Antwort ist klar: Stalin durch die GPU. Die obenerwähnte Hypothese, die Trotzkisten hätten von den Reibungen zwischen Stalin und Molotow gewußt und Molotow aus politischen Rücksichten geschont, hätte nur dann auf den Schein der Glaubwürdigkeit Anspruch erheben können, wenn die Trotzkisten an die Vorbereitung der terroristischen Akte gegen Molotow erst nach dessen Versöhnung mit Stalin herangegangen wären. Es stellt sich jedoch heraus, daß die Trotzkisten schon im Jahre 1932 bestrebt waren, Molotow zu ermorden: nur haben sie im August 1936 »vergessen«, dies dem Staatsanwalt mitzuteilen, der Staatsanwalt seinerseits hat es »vergessen«, sie daran zu erinnern. Sobald aber Molotow die politische Amnestie von Stalin erreicht, ist das Gedächtnis bei dem Staatsanwalt wie bei den Angeklagten zurückgekehrt. So sind wir Zeugen eines Wunders: obwohl Mratschkowski selbst in seinen Aussagen von der Vorbereitung terroristischer Akte nur gegen Stalin, Kirow, Woroschilow und Kaganowitsch zu berichten wußte, nimmt Radek, auf Grund seiner Unterhaltung mit Mratschkowski im Jahre 1932, nachträglich Molotow in die Liste auf. Pjatakow hatte mit Loginow vom Attentat auf Molotow angeblich im Sommer 1935, das heißt mehr als ein Jahr vor dem Sinowjew-Prozeß, gesprochen. Und schließlich erzählen von einem »tatsächlichen« Attentat auf Molotow, das sich auf das Jahr 1934 bezieht – mehr als zwei Jahre vor dem Prozeß des vereinigten »Zentrums«! – die Angeklagten Muralow, Schestow und Arnold. Die Schlußfolgerungen sind absolut klar: die Angeklagten waren hinsichtlich der Wahl ihrer »Opfer« ebensowenig frei, wie in Hinsicht auf alles andere. Die Liste der Objekte des Terrors bildet in Wirklichkeit eine Liste der den Massen offiziell empfohlenen Führer. Sie verändert sich je nach den Kombinationen an der Spitze. Den Angeklagten wie dem Staatsanwalt Wyschinski blieb nur übrig, sich den totalitären Instruktionen anzupassen.

Es bleibt noch die Möglichkeit folgenden Einwandes: sieht diese ganze Machination nicht zu plump aus? Darauf kann man nur antworten: sie ist nicht im geringsten plumper als alle anderen Machinationen dieser schändlichen Prozesse. Der Regisseur appelliert nicht an Vernunft und Kritik. Er will die Rechte der Vernunft erdrücken durch die Massivität der Fälschung, bekräftigt durch die Erschießungen.

Die politische Basis der Anklage: Sabotage

Der plumpeste Teil der Justizfälschung, sowohl seinem Plane wie seiner Durchführung nach, ist jener, der die »Trotzkisten« der Sabotage beschuldigt. Dieser Teil des Prozesses, der das wichtigste Element des ganzen Amalgams ist, hat niemand überzeugt (wenn man die Herren Duranti und Co. nicht mitzählt). Aus der Anklageschrift und der Verhandlung hat die Welt erfahren, daß sich die ganze Sowjetindustrie eigentlich in den Händen eines »Haufens Trotzkisten« befand. Nicht besser verhielt es sich mit dem Transport. Worin aber bestanden eigentlich die Trotzkistischen Sabotageakte? Aus den Geständnissen Pjatakows, die durch die Aussagen seiner Untergebenen, die neben ihm auf der Angeklagtenbank sitzen, bestätigt werden, geht hervor, daß: a) die Pläne neuer Fabriken zu langsam ausgearbeitet und vielfach umgestaltet wurden; b) der Bau der Fabriken zu lange dauerte und zur Immobilisierung riesiger Kapitalien führte; c) die Unternehmen unvollendet in Betrieb genommen wurden und deshalb einem schnellen Verfall unterlagen; d) verschiedene Teile der Betriebe zueinander in Disproportion standen, was die Produktivität der Unternehmen herabsetzte; e) die Fabriken überflüssige Reserven an Rohstoff und Material anhäuften, wodurch sie lebendiges Kapital in totes verwandelten; f) mit dem Material Raubbau getrieben wurde etc. Alle diese Erscheinungen, die als chronische Krankheiten der Sowjetwirtschaft längst bekannt waren, werden heute als Folgen einer böswilligen Verschwörung proklamiert, einer Verschwörung, die Pjatakow leitete, selbstredend nach meinen Direktiven.

Es bleibt jedoch ganz unverständlich, welche Rolle dabei die staatlichen Organe der Industrie, der Finanzen und der Kontrolle spielten, schon nicht zu reden von der Partei, die in allen Institutionen und Betrieben ihre Zellen hat. Wenn man der Anklageschrift glauben soll, lag die Leitung der Wirtschaft nicht in den Händen »des genialen, unfehlbaren Führers« und nicht in den Händen seiner nächsten Mitarbeiter, der Mitglieder des Politbüros, und der Regierung, sondern in den Händen eines isolierten Mannes, der seit neun Jahren in Verbannung und im Exil lebt. Wie ist das zu verstehen? Laut einem Telegramm der »New-York-Times« (25. März 1937) aus Moskau hat der neue Chef der Schwerindustrie, W. Meschlauk, in einer Versammlung seiner Untergebenen die verbrecherische Rolle der Saboteure bei der Aufstellung falscher Pläne gebrandmarkt. Aber bis zum Tode Ordschonikidses (am 18. Februar 1937) stand Meschlauk selbst an der Spitze des Gosplans (Staatsplanes), dessen Hauptaufgabe gerade die Nachprüfung der Wirtschaftspläne und der Kostenanschläge ist. So stellt sich die Sowjetregierung in der Jagd nach Fälschungen selbst ein beschämendes Zeugnis ihrer Unfähigkeit aus. Nicht umsonst hat der »Temps«, der Offiziosus des befreundeten Frankreichs, geschrieben, daß es besser gewesen wäre, diesen Teil des Prozesses nicht ans Licht zu ziehen.

Das Obengesagte gilt auch für das Transportwesen. Die Eisenbahnfachleute rechneten damit, daß die Transportfähigkeit der Eisenbahnen bestimmte technische Grenzen habe. Seit Kaganowitsch an die Spitze des Verkehrswesens kam, wurde die »Theorie von den Grenzen« offiziell als bürgerliches Vorurteil erklärt; schlimmer noch, als eine Erfindung der Saboteure. Hunderte Ingenieure und Techniker büßten, weil sie direkt oder indirekt Anhänger der »Theorie von den Grenzen« waren. Zweifellos unterschätzten viele alte Spezialisten, die unter den Bedingungen der kapitalistischen Wirtschaft erzogen worden waren, offensichtlich die Möglichkeiten, die in den Planmethoden enthalten sind, und waren darum geneigt, zu niedrige Normen aufzustellen. Daraus jedoch folgt keinesfalls, daß das Tempo der Wirtschaft von der Inspiration und der Energie der Bürokratie abhängt. Die materielle Ausgestaltung des Landes, die gegenseitigen Angliederungen der verschiedenen Teile der Industrie, des Transports und der Landwirtschaft, der Grad der Qualifikation der Arbeiter, der Prozentsatz erfahrener Ingenieure und schließlich das materielle und kulturelle Niveau der Bevölkerung – das alles sind die grundlegenden Faktoren, denen das letzte Wort bei der Bestimmung der Grenzen gehört. Das Bestreben der Bürokratie, diese Faktoren mit Hilfe nackten Kommandos, Repressalien und Prämien (Stachanowiade) zu vergewaltigen, muß unabwendbar bezahlt werden mit Desorganisierung der Betriebe, Beschädigung der Maschinen, einem hohen Prozentsatz an Ausschuß, Havarien und Katastrophen. Zu der Sache eine Trotzkistische »Verschwörung« heranzuziehen – dafür besteht gar kein Grund.

Die Aufgabe der Anklage wird auch dadurch außerordentlich kompliziert, daß ich seit Februar 1930 in der Presse systematisch, beharrlich von Jahr zu Jahr und von Monat zu Monat jene Laster der bürokratisierten Wirtschaft geißelte, die heute der phantastischen Organisation der »Trotzkisten« zugeschoben werden. Ich wies nach, daß die Sowjetindustrie nicht maximale, sondern optimale Tempi braucht, das heißt solche, die, gestützt auf die Übereinstimmung verschiedener Teile eines Betriebes und verschiedener Betriebe untereinander, das ständige Wachstum der Wirtschaft in der Zukunft sichern. »Die Industrie jagt einer Krise entgegen«, schrieb ich im »Bulletin« am 13. Februar 1930, »verursacht vor allem durch die ungeheuerlichen bürokratischen Methoden der Planaufstellung. Der Fünfjahrplan kann durchgeführt werden nur unter der Bedingung der Wahrung aller notwendigen Proportionen und Garantien; nur unter der Bedingung der freien Beratung der Tempi und Fristen, einer Beratung, an der alle interessierten Kräfte der Industrie und der Arbeiterklasse, deren Organisationen und vor allem die Partei selbst teilnehmen; unter der Bedingung der freien Nachprüfung der gesamten Erfahrung der Sowjetwirtschaft in der letzten Periode, darunter auch der ungeheuerlichen Fehler der Leitung ... Der Plan des sozialistischen Aufbaus kann nicht in Form einer a priori erteilten Kanzleidirektive aufgestellt werden.«

Die Trotzkisten bilden, wie wir bei jedem Schritt hören, ein verschwindendes Häuflein, von den Massen isoliert und gehaßt. Darum gerade hätten sie angeblich zu den Methoden des individuellen Terrors gegriffen. Doch ändert sich das Bild völlig, sobald wir zur Sabotage übergehen. Gewiß, einen Stein in eine Maschine werfen oder eine Brücke in die Luft sprengen, kann auch ein einzelner Mensch. Doch vor Gericht hören wir von solchen Sabotagemethoden, die nur in dem Falle möglich sind, wenn der gesamte Verwaltungsapparat sich in Händen von Saboteuren befindet. So hat der Angeklagte Schestow, ein berüchtigter Agent provocateur, in der Verhandlung vom 25. Januar ausgesagt: »In allen Bergwerken, in Prokopjewsk, Anjerka, Leninsk, war Sabotage der Stachanowbewegung organisiert. Es waren Instruktionen erteilt worden, die Arbeiter zu reizen. Bevor einer an seinen Arbeitsplatz gelangte, mußte er zweihundertmal die Leitung beschimpfen. Es wurden unerträgliche Arbeitsbedingungen geschaffen. Es war unmöglich zu arbeiten, nicht nur mit Stachanowmethoden, sondern auch mit den gewöhnlichsten.« Das alles haben die Trotzkisten gemacht! Offenbar bestand die gesamte Administration, von oben bis unten, aus Trotzkisten.

Die Anklage gibt sich damit nicht zufrieden und führt Arten von Sabotage an, die ohne aktive oder zumindest passive Unterstützung der Arbeiter selbst undenkbar sind. So zitiert der Gerichtsvorsitzende eine Aussage des Angeklagten Muralow, der sich wiederum auf den Angeklagten Boguslawski beruft: »Bei der Eisenbahn arbeitende Trotzkisten zogen vorzeitig Lokomotiven aus dem Verkehr heraus, sabotierten die Fahrpläne, provozierten Verstopfung der Stationen, wodurch sie Verzögerungen der Transportzüge verursachten.« Die angeführten Verbrechen bedeuten einfach, die Eisenbahn sei in den Händen der Trotzkisten gewesen. Mit diesem Auszug aus der Aussage Muralows nicht befriedigt, fragt ihn der Vorsitzende: »Hat Boguslawski in der letzten Zeit den Bau der Linie Eiche–Sokol sabotiert?«

Muralow: »Ja.«

Der Vorsitzende: »Und letzten Endes haben Sie den Mißerfolg der Bauarbeiten erreicht?«

Muralow: »Ja.«

Und das ist alles. Auf welche Weise Boguslawski mit zwei, drei anderen »Trotzkisten« ohne Hilfe der Angestellten und Arbeiter den Zusammenbruch der Bauarbeiten einer ganzen Eisenbahnlinie erreichen konnte, bleibt unbegreiflich.

Die Datenangaben der Sabotage stehen im äußersten Widerspruch zueinander. Nach den wichtigsten Aussagen war Sabotage im Jahre 1934 das »neue Wort«. Jedoch verlegt der genannte Schestow den Beginn der Sabotage auf das Ende des Jahres 1931. Im Verlauf der Gerichtsverhandlung verschieben sich die Daten bald nach vorwärts, bald nach rückwärts. Die Mechanik dieser Verschiebungen ist völlig klar. Jede konkrete Anklage auf Sabotage oder »Diversion« stützt sich meistens auf irgendeinen tatsächlichen Mißerfolg, Fehler oder eine Katastrophe in der Industrie oder im Transport. Seit dem ersten Fünfjahrplan gab es Mißerfolge und Havarien genug. Die Anklage suchte sich jene heraus, die man mit irgendeinem der Angeklagten in Verbindung bringen kann. Daher die ewigen Sprünge in der Chronologie der Sabotage. Jedenfalls wurde die General»direktive«, soweit man es verstehen kann, von mir erst im Jahre 1934 erteilt.

Die bösartigsten Erscheinungen von »Sabotage« sind jetzt in

der chemischen Industrie aufgedeckt, wo die inneren Proportionen besonders schwer verletzt wurden. Indes habe ich vor sieben Jahren, als die Sowjetmacht erst an die Schaffung dieses Wirtschaftszweiges schritt, geschrieben: »Die Lösung der Frage, welchen Platz beispielsweise die chemische Industrie im Plane der nächsten Jahre einnehmen soll, kann nur vorbereitet werden durch den offenen Kampf verschiedener Wirtschaftsgruppierungen und verschiedener Zweige der Industrie um den Anteil der Chemie in der Volkswirtschaft. Sowjetdemokratie ist nicht die Forderung einer abstrakten Politik und noch weniger einer Moral. Sie ist Sache der wirtschaftlichen Notwendigkeit geworden.« Wie verhielt es sich in der Wirklichkeit? »Die Industrialisierung«, schrieb ich im gleichen Artikel, »wird immer mehr an der administrativen Knute gehalten. Installierung und Arbeitskraft werden forciert. Die Mißverhältnisse zwischen den verschiedenen Industriezweigen häufen sich.« Zu gut die Stalinschen Selbstverteidigungsmethoden kennend, fügte ich hinzu: »Es ist nicht schwer, vorauszusehen, welchen Widerhall unsere Analyse bei den offiziellen Kreisen finden wird. Die Bürokraten werden sagen, wir spekulieren auf eine Krise. Die Lumpen werden hinzufügen, daß wir den Sturz der Sowjetmacht wollen ... Das kann uns nicht abhalten. Intrigen vergehen, Tatsachen bleiben.«

Ich will hier die Möglichkeit, Zitate anzuführen, nicht mißbrauchen. Jedoch verpflichte ich mich, mit einer Sammlung meiner Artikel in der Hand zu beweisen, daß ich im Laufe von sieben Jahren auf Grund von Angaben der offiziellen Sowjetpresse unermüdlich gewarnt habe vor den katastrophalen Folgen des Überspringens von Perioden der laboratorischen Vorbereitung, der Inbetriebnahme unfertiger Fabriken, der Ersetzung technischer Ausbildung und einer richtigen Organisation durch irrsinnige Prämien. Alle jene ökonomischen »Verbrechen«, von denen im letzten Prozeß die Rede war, habe ich wiederholt, beginnend mit dem Februar 1930 und abschließend mit meinem letzten Buche »Verratene Revolution«, als unausbleibliche Folgen des bürokratischen Systems analysiert. Ich habe dabei nicht den geringsten Grund, auf meinen besonderen Scharfsinn stolz zu sein. Ich habe nur aufmerksam die offiziellen Berichte verfolgt und die elementaren Schlußfolgerungen aus den unbestreitbaren Tatsachen gezogen.

Wenn die »Sabotage« Pjatakows und der anderen praktisch,

laut Anklageschrift, erst um das Jahr 1934 begann, wie ist dann die Tatsache zu erklären, daß ich während der vier vorangegangenen Jahre die radikale Heilung der gleichen Krankheiten der Sowjetindustrie gefordert habe, die heute als Resultat bösartiger Tätigkeit der Trotzkisten dargestellt werden? Vielleicht war meine kritische Arbeit einfach »Maskierung«? Aber nach dem Sinn dieses Begriffs muß doch die Maskierung Verbrechen verhüllen. Meine Kritik jedoch hatte sie, im Gegensatz dazu, enthüllt. Es entsteht folgendes Bild: insgeheim »Sabotage« organisierend, habe ich mit allen Kräften versucht, die Aufmerksamkeit der Regierung auf diese Sabotageakte – und damit auf die Schuldigen zu lenken. Das alles wäre vielleicht sehr schlau gewesen, wäre es nicht völlig sinnlos gewesen.

Die Mechanik Stalins und seiner Polizei- und Justizagenten ist sehr einfach. Für große Unglücksfälle in den Betrieben, besonders für Zugkatastrophen, wurden in der Regel einige Angestellte erschossen, nicht selten jene, die man kurz vorher wegen der hohen Tempi mit Orden ausgezeichnet hatte. Die Folge war: allgemeine Unsicherheit und allgemeine Unzufriedenheit. Der letzte Prozeß sollte die Ursachen der Unglücksfälle und Katastrophen in Trotzki personifizieren. Dem guten Geiste Ormuzd ist der böse Ahriman gegenübergestellt. Nach dem heutigen ehernen Gesetz der Prozeßordnung gestehen sämtliche Angeklagten selbstverständlich ihre Schuld. Soll man sich wundern? Der GPU bereitet es keine Mühe, einen Teil ihrer Opfer vor die Alternative zu stellen: entweder sofort erschossen zu werden oder den Schatten einer Hoffnung zu bewahren, unter der Bedingung des Zugeständnisses, vor Gericht als Trotzkist zu figurieren, der die Industrie und den Transport vorsätzlich sabotierte. Das Weitere erfordert keine Erklärungen.

Das Verhalten des Staatsanwalts im Prozeß ist an sich ein tödliches Indiz gegen die wahren Verschwörer. Wyschinski begnügt sich mit nackten Fragen: Bekennen Sie sich der Sabotage schuldig? der Organisierung von Havarien und Katastrophen? Gestehen Sie, daß die Direktiven von Trotzki ausgegangen sind? Aber er fragt niemals, wie haben die Angeklagten praktisch ihre Verbrechen verwirklicht; wie gelang es ihnen, für ihre Schädlingspläne von den höchsten Staatsämtern Bestätigung zu erhalten? die Sabotage eine Reihe von Jahren vor Vorgesetzten und Untergebenen geheimzuhalten? das Schweigen der Lokalbehörden, der Spezialisten, der Arbeiter usw. usw. zu erreichen? Wie stets ist Wyschinski der Hauptkomplize der GPU in Sachen der Fälschung und des Betruges der öffentlichen Meinung.

Wie weit die Schamlosigkeit des Inquisitors dabei geht, ist daraus zu ersehen, daß die Angeklagten auf das dringliche Verlangen des Staatsanwalts aussagen – wenn auch nicht ohne Widerstand –, sie wären bewußt bestrebt gewesen, möglichst viele Menschenopfer zu verursachen, um dadurch die Unzufriedenheit der Arbeiter hervorzurufen. Doch bleibt es auch nicht dabei. Am 24. März, das heißt in den allerletzten Tagen, berichtete ein Telegramm aus Moskau, in Nowosibirsk seien drei »Trotzkisten« erschossen worden, weil sie eine Schule böswillig angezündet hatten, wobei viele Kinder verbrannten. Ich erlaube mir, hier daran zu erinnern, daß mein jüngster Sohn, Sergej Sedow, wegen der Beschuldigung verhaftet ist, Massenvergiftungen von Arbeitern vorbereitet zu haben. Stellen wir uns einen Augenblick vor, die Regierung der Vereinigten Staaten eröffnet nach dem Schulunglück in Texas, das die Welt erschüttert hat, im Lande eine wütende Kampagne gegen die Komintern, indem sie sie der böswilligen Ausrottung von Kindern beschuldigt – und wir erhalten dann eine ungefähre Vorstellung von der heutigen Politik Stalins. Solche Verleumdungen, die nur in der vergifteten Atmosphäre einer totalitären Diktatur denkbar sind, enthalten ihre Widerlegung in sich selbst.

Die politische Basis der Anklage:
Bündnis mit Hitler und dem Mikado

Zur Bekräftigung der zu unwahrscheinlichen Beschuldigung: Bündnis der Trotzkisten mit Deutschland und Japan, verbreiten die ausländischen Advokaten der GPU solche Versionen:

1. Lenin ist während des Krieges mit Ludendorffs Zustimmung durch Deutschland gereist, in der Absicht, seine revolutionären Aufgaben zu verwirklichen.

2. Die bolschewistische Regierung ist davor nicht zurückgeschreckt, Deutschland riesige Territorien abzutreten und Kontributionen zu zahlen zum Zwecke der Erhaltung des Sowjetregimes.

Schlußfolgerung: Warum ist es undenkbar, daß Trotzki mit demselben deutschen Generalstab ein Abkommen getroffen hat, um durch territoriale Abtretungen usw. die Möglichkeit zu erhalten, seine Ziele auf dem übrigen Territorium zu verwirklichen?

Diese Analogie ist in Wirklichkeit die ungeheuerlichste und infamste Verleumdung gegen Lenin und die bolschewistische Partei in ihrer Gesamtheit.

1. Lenin ist tatsächlich durch Deutschland gereist, ausnutzend die falschen Hoffnungen Ludendorffs auf einen Zerfall Rußlands infolge des inneren Kampfes. Aber wie hat Lenin dabei gehandelt?

a) Er hat keinen Augenblick weder sein Programm noch die Ziele seiner Reise verheimlicht;

b) er hat in der Schweiz eine kleinere Beratung von Internationalisten verschiedener Länder einberufen, die Lenins Plan, durch Deutschland nach Rußland zu reisen, vollständig billigten;

c) Lenin hat keinerlei politische Abmachungen mit den deutschen Behörden getroffen und hat als Bedingung gestellt, daß während der Durchreise durch Deutschland niemand seinen Wagen betreten darf;

d) sofort nach seiner Ankunft in Petersburg hat Lenin vor dem Sowjet und vor den Arbeitermassen Sinn und Charakter seiner Reise durch Deutschland dargelegt.

Kühnheit des Beschlusses und Vorsicht bei der Vorbereitung charakterisieren Lenin auch bei dieser Episode; aber nicht weniger charakterisiert ihn die absolute und unbedingte Ehrlichkeit in bezug auf die Arbeiterklasse, der er jeden Moment bereit ist, für jeden seiner politischen Schritte Rechenschaft abzulegen.

2. Die bolschewistische Regierung hat tatsächlich an Deutschland nach dem Brester Frieden riesige Territorien abgetreten, um das Sowjetregime auf dem übrigen Teil des Territoriums zu erhalten. Aber:

a) die Sowjetregierung hatte keine andere Wahl;

b) der Beschluß wurde gefaßt nicht hinter dem Rücken des Volkes, sondern als Resultat einer freien und öffentlichen Diskussion;

c) die bolschewistische Regierung hat keinen Augenblick vor den Volksmassen verheimlicht, daß der Brest-Litowsker Frieden eine vorübergehende und partielle Kapitulation der proletarischen Revolution vor dem Kapitalismus ist.

Wir haben in diesem Falle die absolute Übereinstimmung zwischen dem Ziele und den Mitteln und die absolute Ehrlichkeit der Führung gegenüber der öffentlichen Meinung der werktätigen Massen.

Wir wollen jetzt den Sinn der gegen mich erhobenen Beschuldigung untersuchen.

Ich hätte angeblich mit Faschismus und Militarismus ein Abkommen auf folgenden Grundlagen getroffen:

a) ich sei bereit, auf den Sozialismus zugunsten des Kapitalismus zu verzichten;

b) ich gebe das Signal zur Demolierung der Sowjetwirtschaft und zur Ausrottung der Arbeiter und Soldaten;

c) ich verberge vor der ganzen Welt sowohl meine wirklichen Ziele wie meine Methoden;

d) meine gesamte öffentliche politische Tätigkeit diene nur dazu, die werktätigen Massen hinsichtlich meiner wirklichen Pläne zu täuschen, in die Hitler, der Mikado und deren Agenten eingeweiht sind.

Die mir zugeschriebenen Handlungen haben somit nicht nur nichts mit den oben angeführten Beispielen aus dem Handeln Lenins gemein, sondern stehen zu ihnen in direktem Gegensatz.

Der Brest-Litowsker Frieden war ein vorübergehender Rückzug, ein erzwungenes Kompromiß, um die Sowjetmacht und die Verwirklichung des revolutionären Programms zu retten. Das Geheimbündnis mit Hitler und dem Mikado bedeutet Verrat an den Interessen der Arbeiterklasse im Namen der persönlichen Macht, richtiger des Phantoms der Macht, das heißt das niedrigste von allen denkbaren Verbrechen.

Manche von den Advokaten der GPU sind zwar geneigt, Stalins zu scharfen Wein durch Wasser zu verdünnen: Vielleicht, sagen sie, hat Trotzki nur so getan, als verpflichte er sich, den Kapitalismus wieder herzustellen, in Wirklichkeit hatte er beabsichtigt, auf dem übrigen Teil des Territoriums eine Politik im Geiste seines Programms zu verwirklichen. Vor allem widerspricht diese Variante den Angaben von Radek, Pjatakow und den anderen. Doch unabhängig davon ist sie ebenso sinnlos wie die offizielle Version der Anklage. Das Programm der Opposition ist das Programm des internationalen Sozialismus. Wieso konnte ein erwachsener und erfahrener Mensch sich einbilden, Hitler und der Mikado, die in ihren Händen die Liste all seiner Verrätereien und scheußlichen Verbrechen haben, würden ihm erlauben, ein revolutionäres Programm zu verwirklichen? Wie konnte man überhaupt hoffen, zur Macht zu kommen mit Hilfe krimineller Verbrechen im Dienste eines ausländischen Stabes? Wäre es nicht von vornherein klar gewesen, daß Hitler und der Mikado, nachdem sie einen solchen Agenten soweit wie möglich ausgenutzt, ihn wie eine ausgepreßte Zitrone weggeworfen haben würden? Konnten diese Verschwörer, an deren Spitze sechs Mitglieder des Leninschen Politbüros standen, dies nicht begreifen? Die Beschuldigung erscheint somit innerlich sinnlos in ihren beiden Varianten: in der offiziellen, wo es um die Wiederherstellung des Kapitalismus geht, wie in der offiziösen, die den Verschwörern den Geheimgedanken übrig läßt, Hitler und den Mikado zu täuschen.

Man muß hinzufügen, daß es für die Verschwörer von vornherein klar gewesen sein mußte, daß die Verschwörung in keinem Falle unentdeckt bleiben könnte. Im Prozeß Sinowjew-Kamenjew haben Olberg und andere ausgesagt, die »Zusammenarbeit« der Trotzkisten mit der Gestapo sei keinesfalls eine Ausnahme, sondern »System« gewesen. Folglich waren in dieses System Dutzende und Hunderte eingeweiht. Für terroristische Akte und besonders für Sabotage wären wiederum Hunderte und Tausende Agenten nötig. Reinfälle wären folglich absolut unvermeidlich gewesen und damit – die Enthüllung des Bündnisses der Trotzkisten mit dem Faschismus und den japanischen Spionen. Wer, außer einem Irrsinnigen, könnte hoffen, auf diesem Wege zur Macht zu kommen?

Aber das ist noch nicht alles. Sabotageakte wie terroristische Akte setzen bei den Ausführenden die Bereitschaft voraus, sich zu opfern. Wenn ein deutscher Faschist oder ein japanischer Agent in der USSR ihren Kopf riskieren, so bewegt sie ein so mächtiger Antrieb, wie Patriotismus, Nationalismus, Chauvinismus. Welches Stimulans konnte die »Trotzkisten« anspornen? Nehmen wir an, daß die »Führer« irrsinnig geworden waren und hofften, auf diese Weise zur Macht zu kommen. Aber welche bewegenden Motive konnten die Bermann, David, Olberg, Arnold und viele andere haben, die, praktisch den Weg des Terrors und der Sabotage betretend, sich zum sicheren Tode verurteilten? Sein Leben zu opfern, ist ein Mensch nur im Namen eines höheren Zieles, wenn auch eines falschen, bereit.

211

Welches höhere Ziel hatten die Trotzkisten? Die Absicht, die USSR zu zerstückeln? Für Trotzki die Macht zu erobern im Namen der Wiederherstellung des Kapitalismus? Sympathie für den deutschen Faschismus? Der Wunsch, Japan für einen Krieg gegen die Vereinigten Staaten Petroleum zu verschaffen? Weder die offizielle noch die offiziöse Version geben eine Antwort auf die Frage, in wessen Namen Hunderte »Vollstrekker« sich bereit erklärten, ihre Köpfe hinzuhalten. Die gesamte Konstruktion der Anklage hat einen mechanischen Charakter ... Sie ignoriert die Psychologie lebender Menschen. In diesem Sinne ist die Anklage ein gesetzmäßiges Produkt des totalitären Regimes, mit seiner Mißachtung und Verachtung der Menschen, wenn sie keine »Führer« sind.

Die zweite phantastische Theorie, die von den Freunden der GPU in Umlauf gesetzt wird, lautet, daß ich angesichts meiner Gesamtposition politisch an der Beschleunigung eines Krieges interessiert sei. Der Gedankengang ist so: Trotzki ist für die internationale Revolution. Bekanntlich führt ein Krieg nicht selten zu Revolutionen. Ergo: Trotzki muß an der Beschleunigung des Krieges interessiert sein.

Menschen, die so denken oder mir solche Gedankengänge zuschieben, haben von Revolution, Krieg und deren Wechselwirkung eine sehr schwache Vorstellung.

Der Krieg hat tatsächlich nicht selten die Revolution beschleunigt. Aber gerade deshalb hat er nicht selten zur Fehlgeburt geführt. Der Krieg verschärft die sozialen Gegensätze und die Unzufriedenheit der Massen. Aber das genügt für den Sieg der proletarischen Revolution nicht. Ohne revolutionäre Partei, die Stützpunkte in den Massen hat, führt eine revolutionäre Situation zu grausamen Niederlagen. Die Aufgabe besteht nicht darin, den Krieg zu »beschleunigen« – daran arbeiten unglücklicherweise nicht ohne Erfolg die Imperialisten aller Länder. Die Aufgabe besteht darin, die Zeit, die die Imperialisten den Arbeitermassen noch lassen, auszunutzen zur Schaffung einer revolutionären Partei und revolutionärer Gewerkschaften.

Das Lebensinteresse der proletarischen Revolution ist: den Krieg so weit wie möglich hinauszuschieben und möglichst viel Zeit zur Vorbereitung zu gewinnen. Je fester, mutiger, revolutionärer das Verhalten der Werktätigen ist, um so mehr schwanken die Imperialisten, um so sicherer gelingt es, den

Krieg hinauszuschieben, um so mehr Chancen bestehen, daß die Revolution vor dem Kriege geschehen und vielleicht den Krieg unmöglich machen wird.

Gerade weil die IV. Internationale für die Weltrevolution ist, bildet sie einen der Faktoren, die gegen den Krieg wirken, denn, ich wiederhole es, die einzige Bremse auf dem Wege zum neuen Krieg ist die Angst der besitzenden Klassen vor der Revolution.

Der Krieg, sagt man uns, schafft eine revolutionäre Situation. Aber hat es in der Periode von 1917 bis heute Mangel an revolutionären Situationen gegeben? Werfen wir einen flüchtigen Blick auf die Nachkriegsperiode:

Revolutionäre Situation in Deutschland in den Jahren 1918 bis 1919.

Revolutionäre Situation in Österreich und Ungarn.

Revolutionäre Situation in Deutschland im Jahre 1923 (Ruhrbesetzung).

Revolution in China in den Jahren 1925–1927, der unmittelbar kein Krieg vorangegangen war.

Tiefe revolutionäre Erschütterungen in Polen im Jahre 1926.

Revolutionäre Situation in Deutschland in den Jahren 1931 bis 1933.

Revolution in Spanien 1931–1937.

Vorrevolutionäre Situation in Frankreich seit 1934.

Vorrevolutionäre Situation in Belgien.

Trotz dem Reichtum an revolutionären Situationen haben die werktätigen Massen in keinem der angeführten Fälle einen revolutionären Sieg errungen. Was fehlt? Die Partei, die fähig ist, die revolutionäre Situation auszunutzen.

Die Sozialdemokratie hat in Deutschland zur Genüge gezeigt, daß sie der Revolution feindlich ist. Jetzt zeigt sie dasselbe in Frankreich (Léon Blum). Andererseits desorganisiert die Komintern, die Autorität der Oktoberrevolution usurpierend, die revolutionären Bewegungen in allen Ländern. Die Komintern ist in Wirklichkeit, unabhängig von ihren Absichten, die beste Helfershelferin des Faschismus und der Reaktion überhaupt geworden.

Gerade darum ist vor dem Proletariat die eiserne Notwendigkeit erwachsen, neue Parteien und eine neue Internationale aufzubauen, die dem Charakter unserer Epoche entsprechen –

einer Epoche grandioser sozialer Erschütterungen und ständiger Kriegsgefahr.

Wenn im Kriegsfalle an der Spitze der Massen keine mutige, kühne, konsequente revolutionäre Partei existieren wird, die an der Erfahrung erprobt ist und vom Vertrauen der Massen getragen wird, dann wird die neue revolutionäre Situation die Gesellschaft zurückwerfen. Der Krieg kann unter solchen Umständen nicht mit dem Siege der Revolution enden, sondern mit dem Zusammenbruch unserer gesamten Zivilisation. Man muß ein jämmerlich Blinder sein, um diese Gefahr nicht zu sehen.

Krieg und Revolution sind die ernstesten, tragischsten Erscheinungen in der menschlichen Geschichte. Mit ihnen ist nicht zu spaßen. Sie vertragen keine dilettantische Behandlung. Man muß die Wechselwirkung zwischen Krieg und Revolution klar begreifen. Ebenso klar muß man auch die Wechselwirkung zwischen objektiven revolutionären Faktoren, die nicht willkürlich zu schaffen sind, und dem subjektiven Faktor der Revolution – die zielbewußte Avantgarde des Proletariats, seine Partei – begreifen. Diese Partei muß man mit allen Kräften vorbereiten.

Kann man auch nur für einen Augenblick annehmen, daß die sogenannten Trotzkisten, der linkste, von allen anderen Strömungen gejagte und verfolgte Flügel, seine Kräfte an verächtlichen Abenteuern, Sabotage und Kriegsprovozierung vergeuden wird – statt eine neue revolutionäre Partei aufzubauen, die fähig ist, einer revolutionären Situation gerüstet entgegenzusehen? Nur die zynische Verachtung Stalins und seiner Schule für die öffentliche Weltmeinung im Bunde mit seiner primitiven Polizeischlauheit waren imstande, eine so ungeheuerliche und unsinnige Beschuldigung aufzustellen!

Ich habe in Hunderten von Artikeln und in Tausenden von Briefen auseinandergesetzt, daß eine militärische Niederlage der USSR die unvermeidliche Restaurierung des Kapitalismus bedeuten würde, und zwar in halbkolonialer Form unter einem politisch faschistischen Regime, die Zerstückelung des Landes und den Sturz der Oktoberrevolution. Viele meiner früheren politischen Freunde in verschiedenen Ländern, empört über die Politik der Stalinschen Bürokratie, kamen zu der Schlußfolgerung, daß wir die Pflicht der »unbedingten Verteidigung der

USSR« nicht auf uns nehmen könnten. Darauf antwortete ich, daß man die Bürokratie mit der USSR nicht identifizieren darf. Das neue soziale Fundament der USSR muß man gegen den Imperialismus bedingungslos verteidigen. Die bonapartistische Bürokratie wird von den werktätigen Massen nur dann gestürzt werden, wenn es gelingt, die Grundlagen des neuen ökonomischen Regimes der USSR zu schützen. Ich habe wegen dieser Frage öffentlich mit Dutzenden alter und Hunderten junger Freunde gebrochen. In meinem Archiv befindet sich eine riesige Korrespondenz, die der Verteidigung der USSR gewidmet ist. Schließlich bietet mein neues Buch »Verratene Revolution« eine ausführliche Analyse der militärischen und diplomatischen Politik der USSR, speziell unter dem Gesichtswinkel der Landesverteidigung. Jetzt stellt sich mit Hilfe der GPU folgendes heraus: während ich mit nahen Freunden brach, weil sie die Notwendigkeit der bedingungslosen Verteidigung der USSR gegen den Imperialismus nicht begriffen, ging ich gleichzeitig Bündnisse mit den Imperialisten ein und empfahl, die ökonomischen Fundamente der USSR zu zerstören ...

Es ist völlig unübersichtlich, was denn eigentlich praktisch Deutschland und Japan in den Bund hineingebracht haben. Die Trotzkisten haben dem Mikado und Hitler ihre Köpfe verkauft. Was haben sie im Austausch erhalten? Geld ist der Nerv des Krieges. Haben die Trotzkisten nun mindestens Geld von Japan und Deutschland erhalten? Davon im Prozeß kein Wort. Den Staatsanwalt interessiert diese Frage nicht. Aus Hinweisen auf andere Finanzquellen geht wiederum hervor, daß weder Deutschland noch Japan Geld gezahlt haben. Was haben sie eigentlich den »Trotzkisten« gegeben? Auf diese Frage gibt es im gesamten Prozeß nicht den Schatten einer Antwort. Das Bündnis mit Deutschland und Japan bewahrt überhaupt rein metaphysischen Charakter. Es sei erlaubt, hinzuzufügen, daß sie überhaupt die niederträchtigste aller Polizeimetaphysiken der menschlichen Geschichte ist.

Kopenhagen
Das »Kopenhagener« Kapitel des Prozesses der sechzehn (Sinowjew und die anderen) ist, nach der Anhäufung von Widersprüchen und Unsinn, das ungeheuerlichste aller Kapitel. Die sich auf Kopenhagen beziehenden Tatsachen sind längst fest-

gestellt und durchanalysiert in einer Reihe gedruckter Arbeiten, beginnend mit dem »Rotbuch« von L. Sedow. Über die »terroristische« Woche in Kopenhagen möchte ich mich deshalb so kurz wie möglich fassen.

Ich akzeptierte die Einladung dänischer Studenten, in Kopenhagen einen Vortrag zu halten, in der Hoffnung, daß es mir gelingen würde, in Dänemark oder in einem anderen europäischen Lande zu bleiben. Dieser Plan kam nicht zur Verwirklichung infolge des Druckes seitens der Sowjetregierung auf die dänische Regierung (Drohung mit ökonomischem Boykott). Um andere Länder davon abzuhalten, mir Gastfreundschaft zu gewähren, beschloß die GPU, meinen Aufenthalt in Kopenhagen auszunutzen, um eine Woche der »terroristischen Verschwörung« zu veranstalten. Es hätten mich angeblich in der Hauptstadt Dänemarks Golzmann, Bermann-Jurin und David besucht. Alle drei seien unabhängig voneinander gekommen, und jeder einzelne habe von mir terroristische Instruktionen erhalten. Olberg, der sich in Berlin befand, habe von mir aus Kopenhagen gleichfalls Instruktionen erhalten, aber nur schriftlich.

Einer der wichtigsten Zeugen gegen mich und L. Sedow ist Golzmann, ein altes Parteimitglied und ein uns beiden persönlich bekannter Mensch. Golzmanns Geständnisse während der Voruntersuchung und vor Gericht zeichnen sich von den Geständnissen der anderen Angeklagten durch äußerste Zurückhaltung aus: es genügt zu sagen, daß Golzmann, trotz allem Drängen des Staatsanwalts, jegliche persönliche Teilnahme an terroristischer Tätigkeit geleugnet hat. Golzmanns Aussagen kann man als Gesamtkoeffizient aller Aussagen betrachten: er war nur bereit, die terroristischen Pläne Trotzkis und die Beteiligung Sedows an ihnen zu »gestehen«. Gerade die Kargheit der Golzmannschen Geständnisse verleiht ihnen auf den ersten Blick besonderes Gewicht. Indes zerfällt gerade sein Zeugnis in Staub bei der ersten Berührung mit den Tatsachen. Die Dokumente und die Beweise, die ich der Kommission vorgelegt habe, stellen mit Bestimmtheit fest, daß Sedow, entgegen Golzmanns Erklärung, in Kopenhagen nicht war und folglich Golzmann zu mir nicht gebracht haben kann. Um so weniger aus dem Hotel Bristol, das im Jahre 1917 abgerissen wurde. Außerdem untergraben sich die Geständnisse der drei anderen »Terroristen«, Bermann, David und Olberg – unwahrscheinlich an und für sich – gegenseitig und untergraben gänzlich die Aussagen Golzmanns.

Golzmann, Bermann und David wurden, wie sie sagen, in gleicher Weise von Sedow nach Kopenhagen geschickt. Sedows Anwesenheit in Kopenhagen erwähnt jedoch weder Bermann noch David. Sie haben selbst den Weg zu mir gefunden. Nur Golzmann traf sich angeblich mit Sedow im Vestibül des abgerissenen Hotels.

Die, wie aus ihren eigenen Worten hervorgeht, mir völlig unbekannten Bermann und David sind mir zum erstenmal angeblich von meinem Sohne empfohlen worden, dem damals sechsundzwanzigjährigen Studenten. Während ich also meine terroristischen Ansichten vor meinen nächsten Menschen verheimlichte, erteilte ich gleichzeitig terroristische Aufträge den ersten besten. Diese rätselhafte Tatsache läßt sich nur auf eine Weise erklären: Die »ersten besten« für mich waren nicht die ersten besten für die GPU.

Der vierte Terrorist, Olberg, sagte in der Abendverhandlung vom 20. August 1936: »Noch vor meiner Abreise in die Sowjetunion hatte ich vor, zusammen mit Sedow nach Kopenhagen zu Trotzki zu fahren. Unsere Reise kam nicht zustande; nach Kopenhagen fuhr die Frau Sedows, Susanne, allein und brachte, von dort zurückgekehrt, einen Brief von Trotzki, adressiert an Sedow, in dem Trotzki sich mit meiner Reise in die USSR einverstanden erklärt...«

Meine Berliner Freunde, Franz Pfemfert, der Herausgeber der Zeitschrift »Die Aktion«, und dessen Frau, Alexandra Ramm, hielten Olberg, wie aus ihren warnenden Briefen vom April 1930 hervorgeht, schon zu jener Zeit, wenn nicht für einen Agenten der GPU, so für einen Kandidaten auf diesen Posten. Ich hatte sein Angebot, aus Berlin als mein russischer Sekretär nach Prinkipo zu kommen, abgelehnt. Nichtsdestoweniger habe ich ihm zwei Jahre später »terroristische Instruktionen« erteilen können ... Zum Unterschiede von Bermann und David, stand Olberg tatsächlich einige Zeit mit mir in Korrespondenz, kannte in Berlin Sedow, traf sich mit ihm einigemal, kannte Freunde Sedows, kurz, befand sich in gewissem Grade in dessen Umgebung. Olberg konnte wissen und, wie seine Aussage zeigt, wußte es tatsächlich, daß die Versuche meines Sohnes, nach Kopenhagen zu reisen, erfolglos blieben und daß Sedows Frau, die einen französischen Paß hatte, hinfuhr.

Alle vier »Terroristen« erklären, daß Sedow sie mit mir in Verbindung gebracht habe. Dann aber gehen ihre Aussagen auseinander. Nach Golzmann befand sich Sedow in Kopenhagen. Bermann und David erwähnen Sedows Anwesenheit in Kopenhagen nicht. Schließlich erklärt Olberg kategorisch, Sedows Reise nach Kopenhagen habe nicht stattgefunden. Das Seltsamste an dem Ganzen ist, daß der Staatsanwalt diese Widersprüche nicht im geringsten beachtet.

Die Kommission besitzt, wie gesagt, dokumentarische Beweise dafür, daß Sedow nicht in Kopenhagen war. Das gleiche bezeugen Olbergs Angaben und Bermanns und Davids Schweigen. Die eindrucksvollste aller Aussagen gegen Sedow und mich, die Angaben Golzmanns, zerfallen somit in Staub. Es ist nicht weiter verwunderlich, daß die Freunde der GPU um jeden Preis versuchen, Golzmanns Aussagen zu retten, auf denen die Version von der »terroristischen Woche« in Kopenhagen beruht. Daher die Hypothese: Sedow konnte illegal gekommen sein, was Olberg und den anderen unbekannt blieb. Um dem Gegner kein Schlupfloch zu lassen, will ich kurz bei dieser Hypothese verweilen.

Aus welchem Grunde sollte Sedow das Risiko einer illegalen Reise eingegangen sein? Alles, was wir von seinem vermeintlichen Aufenthalt in Kopenhagen wissen, ist, daß er Golzmann aus dem Hotel Bristol in meine Wohnung begleitete und während meiner Unterhaltung mit Golzmann »rein- und rausgegangen« sei. Das ist alles! Hat es sich gelohnt, deshalb illegal aus Berlin zu kommen?

Bermann und David, die nach ihrem eigenen Geständnis mich vorher niemals gesehen hatten, fanden mich in Kopenhagen ohne Sedows Hilfe, der, wie aus ihren Worten folgt, ihnen in Berlin alle notwendigen Instruktionen gegeben hatte. Um so leichter hätte mich Golzmann finden können, der sich schon früher mit mir traf. Es wird kein vernünftiger Mensch glauben, daß Sedow mit einem fremden Paß aus Berlin nach Kopenhagen fuhr, um Golzmann in meine Wohnung zu begleiten, während er Bermann und David, die er doch angeblich ebenfalls aus Berlin zu mir schickte – und die ich doch persönlich nicht kannte – unbeachtet ließ.

Vielleicht aber ist Sedow illegal nach Kopenhagen gekommen, um die Eltern zu sehen? Diese Vermutung könnte man auf den ersten Blick für wahrscheinlicher halten, wenn er nicht wenige Tage später völlig legal nach Frankreich gekommen wäre mit der gleichen Absicht, sich mit den Eltern zu treffen. Aber vielleicht, sagen die Freunde der GPU, hat Sedow die zweite, legale Reise nur gemacht, um die Spuren der ersten, illegalen zu verwischen. Stellen wir uns einen Moment diese Kombination konkret vor. Sedow unternimmt offen und mit Wissen vieler Menschen Schritte, um nach Kopenhagen zu reisen, er verbirgt vor keinem seinen Wunsch, uns zu sehen. Alle unsere Freunde in Kopenhagen wissen, daß wir unseren Sohn erwarten. Seine Frau und sein Rechtsanwalt kommen nach Kopenhagen und erzählen unseren Freunden vom Mißerfolg der Bemühungen unseres Sohnes. Jetzt will man uns glauben machen, daß Sedow, nachdem er kein Visum erhalten hatte, mit einem fremden Paß nach Kopenhagen gekommen sei, für keinen unserer Freunde sichtbar. Hier trifft er im Vestibül des nichtexistierenden Hotels Golzmann, bringt ihn, unsichtbar für meine Bewachung, zu mir und geht während meiner Unterhaltung mit Golzmann »rein und raus«. Dann verschwindet Sedow aus Kopenhagen ebenso geheimnisvoll, wie er gekommen war. Nach Berlin zurückgekehrt, gelingt es ihm, in aller Eile ein Visum zu erhalten, und am 6. Dezember trifft er uns nun wieder auf dem Nordbahnhof in Paris. Wozu das alles?

Einerseits besitzen wir die Aussagen Golzmanns, der mit keinem Wort erwähnt, mit welchem Paß er selbst nach Kopenhagen gelangte (der Staatsanwalt fragt ihn selbstverständlich danach nicht) und der, um das Unglück voll zu machen, als Ort des Zusammentreffens mit dem abwesenden Sedow ein nicht existierendes Hotel nennt. Anderseits haben wir: das Schweigen Bermanns und Davids über Sedow; die richtige Angabe Olbergs, daß Sedow in Berlin geblieben war; zwei Dutzend Aussagen, die die Erklärung Sedows, seiner Mutter und die meine bestätigen, und darüber hinaus den gesunden Menschenverstand, dem man gewisse Rechte nicht absprechen kann.

Schlußfolgerungen: Sedow war nicht in Kopenhagen, Golzmanns Angabe ist falsch. Und Golzmann ist der Hauptzeuge der Anklage. Die ganze »Kopenhagener Woche« zerfällt in Staub.

Ich bin in der Lage, eine Reihe ergänzender Beweise anzuführen, die die letzten Zweifel zerstreuen müssen, falls sie in dieser Sache noch möglich sind.

1. Kein einziger meiner angeblichen Besucher nennt meine Adresse oder den Stadtteil, in dem die Zusammenkunft stattgefunden haben soll.

2. Die kleine Villa, die wir bewohnten, gehörte einer Tänzerin, die ins Ausland verreist war. Die gesamte Einrichtung entsprach der Profession der Hauswirtin und konnte der Aufmerksamkeit der Besucher nicht entgehen. Wenn Golzmann, Bermann und David mich besucht hätten, sie würden unbedingt die Wohnungseinrichtung erwähnen.

3. Während unseres Aufenthalts in Kopenhagen ging durch die Weltpresse eine Kunde von Sinowjews Tod. Die Nachricht war falsch. Doch standen wir alle unter ihrem Eindruck. Kann man sich vorstellen, daß meine Besucher, die zum Empfang »terroristischer« Instruktionen gekommen waren, von uns nichts über Sinowjews Tod gehört oder diese Tatsache vergessen haben könnten?

4. Kein einziger meiner Besucher erwähnt auch nur mit einem Wort meine Sekretäre, meine Wache usw.

5. Bermann und David sagen nichts darüber aus, mit welchen Pässen sie gekommen waren, wie sie uns fanden, wo sie übernachteten usw.

Richter und Staatsanwalt stellen nicht eine konkrete Frage, um nicht durch eine unvorsichtige Bewegung das zerbrechliche Gebäude umzustürzen.

Die Zeitung der dänischen Regierungspartei, »Sozial-Demokraten«, hat sofort nach dem Prozeß gegen Sinowjew und Kamenjew, am 1. September 1936, festgestellt, daß das Hotel Bristol, wo angeblich die Zusammenkunft zwischen Golzmann und Sedow stattgefunden haben soll, im Jahre 1917 abgerissen wurde. Diese nicht unwichtige Enthüllung ist von der Moskauer Justiz mit konzentriertem Schweigen beantwortet worden. Einer der Advokaten der GPU – ich glaube der unersetzliche Pritt – äußerte die Vermutung, die Stenotypistin hätte den Namen »Bristol« – irrtümlich aufgenommen. Berücksichtigt man, daß die Verhandlung in russischer Sprache geführt wurde, so ist es ganz unverständlich, wie sich die Stenotypistin in einem so nicht-russischen Worte, wie Bristol, irren konnte. Die sorgfältig korrigierten Prozeßberichte wurden von Richtern und Publikum gelesen. Ausländische Journalisten waren im Gerichtssaal anwesend. Niemand

220

hat den »Schreibfehler« vor der Feststellung des »Sozial-Demokraten« entdeckt. Die Episode bekam natürlicherweise weite Popularität. Die Stalinisten schwiegen fünf Monate lang. Erst im Februar dieses Jahres machte die Kominternpresse eine rettende Entdeckung: in Kopenhagen gebe es zwar kein Hotel Bristol, dafür aber eine Konditorei Bristol, die mit der einen Mauer an ein Hotel stößt. Zwar heißt dieses Hotel »Grand Hôtel Kopenhagen«, aber es ist immerhin ein Hotel. Die Konditorei ist zwar kein Hotel, dafür aber heißt sie »Bristol«. Nach Golzmanns Worten fand die Zusammenkunft im Vestibül des Hotels statt. Die Konditorei hat allerdings kein Vestibül. Man muß noch hinzufügen, daß, wie sogar aus den Zeichnungen der Kominternpresse hervorgeht, die Eingänge zur Konditorei und zum Hotel sich in zwei verschiedenen Straßen befinden. Wo also fand die Zusammenkunft statt? Im Vestibül ohne »Bristol« oder im »Bristol« ohne Vestibül?

Nehmen wir aber nun an, daß Golzmann, als er Sedow in Berlin das Rendez-vous gab, Konditorei und Hotel verwechselte. Wie hat Sedow dann den Rendez-vous-Platz gefunden? Aber kommen wir den Autoren der Hypothese noch weiter entgegen und nehmen wir an, Sedow entwickelte eine außerordentliche Findigkeit, ging in die andere Straße, fand dort den Eingang zu einem Hotel mit einem anderen Namen und traf im Vestibül Golzmann. Doch konnte sich Golzmann im Namen des Hotels nur vor der Begegnung geirrt haben. Während der Begegnung müßte doch der Irrtum aufgeklärt worden und um so fester im Gedächtnis der beiden Teilnehmer haften geblieben sein. Nach dem Zusammentreffen hätte doch Golzmann keinesfalls vom Vestibül – der Konditorei Bristol sprechen können. Die Hypothese zerschellt somit bei der ersten Berührung.

Um die Lage noch mehr zu verwirren, behauptet die Presse der Komintern, die Konditorei Bristol sei von jeher der Versammlungsplatz dänischer und zugereister Trotzkisten gewesen. Das ist ein offenbarer Anachronismus. Wir fanden in Dänemark im Jahre 1932 keinen einzigen »Trotzkisten«. Deutsche »Trotzkisten« kamen nach Dänemark erst im Jahre 1933, nach der faschistischen Umwälzung. Nimmt man aber für einen Augenblick an, daß es im Jahre 1932 in Dänemark Trotzkisten gegeben hat und daß sie die Konditorei Bristol zu jener Zeit bereits okkupiert hatten, dann erweist sich die neue Hypothese als noch sinnloser. Kehren wir zu Golzmanns Aussagen – nach dem offiziellen Bericht – zurück.

»... Sedow sagte mir: ›Da Sie vor der Reise in die USSR stehen, so wäre es gut, wenn Sie mit mir nach Kopenhagen reisten, wo sich mein Vater befindet ...‹ Ich war einverstanden. Erklärte aber, daß wir aus konspirativen Rücksichten nicht zusammen fahren dürfen. Ich verabredete mit Sedow, daß ich in zwei, drei Tagen nach Kopenhagen kommen und im Hotel Bristol absteigen würde ...«

Es ist klar, daß ein alter Revolutionär, der die Reise nicht zusammen mit Sedow machen wollte – denn ein Besuch in Kopenhagen, wenn er entdeckt worden wäre, bedeutete für Golzmann den sicheren Tod – keinesfalls eine Zusammenkunft in einem Raume bestimmen würde, der, nach den Worten der Kominternpresse, »seit einer Reihe von Jahren (!) der Treffpunkt der dänischen Trotzkisten wie auch der dänischen und der ausländischen und der letzteren miteinander war«. In diesem Umstande, der, wie gesagt, an sich die reinste Erfindung ist, sehen die übereifrigen Agenten der Komintern eine Bekräftigung ihrer Hypothese. Also: Golzmann wählte als Treffpunkt eine den Stalinisten als »trotzkistisch« bekannte Konditorei. Eine Sinnlosigkeit gesellt sich zur anderen. Ist aber die Konditorei den dänischen und den fremden Trotzkisten so bekannt, vor allem auch Golzmann, dann hätte er sie erstens nicht mit dem Grand Hôtel Kopenhagen verwechselt und zweitens würde er sie als »trotzkistisch« verrufene wie das Feuer gemieden haben. So wird der »Schreibfehler« der Stenotypistin korrigiert ...

Wie aus den Dokumenten hervorgeht, konnte Sedow auch in der berühmtesten »trotzkistischen« Konditorei nicht gewesen sein, weil er überhaupt nicht in Kopenhagen war. Im »Rotbuch« von Sedow ist die Episode mit dem »Bristol« nur als Kuriosität geschildert, die die Schluderarbeit der GPU charakterisiert. Die Hauptaufmerksamkeit ist vielmehr auf den Beweis konzentriert, daß Sedow im November 1932 in Berlin war: zahlreiche Dokumente und Zeugnisse lassen hier keinen Raum für Zweifel. Man will uns glauben machen, daß Sedows Gespenst Eingang fand in das gespenstische Vestibül einer Konditorei, die die Phantasie der GPU-Agenten in ein Hotel verwandelt hatte.

Golzmann hat seine angebliche Reise getrennt von Sedow gemacht und selbstverständlich mit einem falschen Paß, um alle Spuren zu verwischen. Ausländer werden heutzutage in allen Ländern angemeldet. Golzmanns Angaben sind in wenigen Minuten nachzuprüfen, wenn man weiß, mit welchem Paß er aus Berlin nach Kopenhagen gereist war. Kann man sich ein Gericht vorstellen, wo der Staatsanwalt in einem ähnlichen Falle dem Angeklagten die Frage nach seinem Paß nicht stellen würde? Golzmann hat bekanntlich seine Verbindung mit der Gestapo kategorisch bestritten. Um so mehr Grund hätte der Staatsanwalt gehabt, Golzmann zu fragen, wer ihm den falschen Paß verschafft hat. Wyschinski aber stellte selbstverständlich diese Frage nicht, um seine eigene Arbeit nicht zu sabotieren. Nach den ganzen Umständen hätte Golzmann in Kopenhagen übernachten müssen. Wo? Vielleicht in der Konditorei Bristol? Wyschinski interessiert auch diese Frage nicht. Wyschinskis Funktion besteht darin, die Angeklagten gegen eine Nachprüfung ihrer Aussagen zu schützen.

Gewiß, der Irrtum hinsichtlich des Hotels Bristol kompromittiert die Anklage. Der Irrtum hinsichtlich des Zusammentreffens mit dem abwesenden Sedow kompromittiert den Prozeß doppelt. Jedoch am meisten kompromittiert den Prozeß und Wyschinski selbst die Tatsache, daß er dem Angeklagten die Fragen nicht stellte nach dem Paß, nach der Quelle, von der der Paß herrührt, nach dem Ort der Übernachtung, obwohl diese Fragen sich von selbst aufdrängen. Das Schweigen Wyschinskis entlarvt ihn auch in diesem Falle als den Mittäter bei der Prozeßfälschung.

Radek

In seiner Anklagerede (28. Januar) sagte der Staatsanwalt: »Radek ist einer der bedeutendsten und, man muß ihm Gerechtigkeit widerfahren lassen, der begabtesten und beharrlichsten Trotzkisten ... Er ist unverbesserlich ... Er ist einer der vertrautesten und dem Hauptataman dieser Bande, Trotzki, am nächsten stehenden Menschen.« Alle Elemente dieser Charakteristik sind falsch, außer vielleicht dem Hinweis auf Radeks Begabung; aber auch da muß hinzugefügt werden: als Journalist. Nicht mehr! Von Radeks »Beharrlichkeit«, von seiner »Unverbesserlichkeit« als Oppositioneller und von seiner Nähe zu mir kann man höchstens in Form eines deplacierten Scherzes sprechen.

Radek kennzeichnen in Wirklichkeit Impulsivität, Unbeständigkeit, Unzuverlässigkeit, Neigung, bei der ersten Gefahr in Panik zu verfallen, und ganz außerordentliche Geschwätzigkeit in ruhigen Zeiten. Diese Eigenschaften machen ihn zu einem Zeitungs-Figaro von hoher Qualifikation, zu einem unschätzbaren Informator für ausländische Journalisten und Touristen, aber völlig ungeeignet für die Rolle des Konspirators. Im Kreise informierter Menschen ist es ganz undenkbar, von Radek als von einem Inspirator terroristischer Attentate oder Organisator einer internationalen Verschwörung zu sprechen!

Der Staatsanwalt jedoch stattet Radek nicht zufällig mit Eigenschaften aus, die dessen tatsächlichem Charakter gerade entgegengesetzt sind: anders wäre es nicht möglich, auch nur den Schein einer psychologischen Basis für die Anklage zu schaffen. In der Tat, wenn ich als den politischen Leiter des »rein trotzkistischen« Zentrums Radek gewählt und gerade ihn in erster Linie in meine Verhandlungen mit Deutschland und Japan eingeweiht haben würde, so wäre klar, daß Radek nicht nur ein »beharrlicher« und »unverbesserlicher« Trotzkist gewesen sein müßte, sondern auch einer meiner »Vertrautesten« und »Nächsten«. Die Charakteristik Radeks in der Anklagerede ist ein notwendiger Bestandteil der gesamten Prozeßfälschung.

Radek ist, nach den Worten des Staatsanwalts, der »Portefeuillebewahrer der Außenpolitik – im Trotzkistischen Zentrum«. Mit Fragen der Außenpolitik hat sich Radek tatsächlich viel beschäftigt, jedoch ausschließlich als Journalist. In den ersten Jahren nach der Oktoberrevolution war er allerdings Mitglied des Kollegiums des Volkskommissariats des Äußern. Doch beklagten sich alle Sowjetdiplomaten im Politbüro: was man in Gegenwart von Radek spricht, weiß am nächsten Tag ganz Moskau. Er wurde bald aus dem Kollegium entfernt.

Eine Zeitlang war Radek Mitglied des Zentralkomitees und hatte in dieser Eigenschaft das Recht, die Sitzungen des Politbüros zu besuchen. Auf Lenins Initiative wurden geheime Fragen stets in Radeks Abwesenheit behandelt. Lenin schätzte Radek als Journalisten, konnte ihn aber gleichzeitig wegen seines Mangels an Selbstbeherrschung, seines unernsten Verhaltens zu ernsten Fragen und wegen seines Zynismus nicht ausstehen.

Es soll hier das Urteil angeführt werden, das Lenin über Radek auf dem VII. Parteitag (1918) während der Debatten über den Brest-Litowsker Frieden fällte. Anläßlich Radeks Bemerkung: »Lenin tritt Raum ab, um Zeit zu gewinnen«, sagte Lenin: »Ich kehre zum Genossen Radek zurück und will hier vermerken, daß es ihm gelang, zufällig einen ernsten Satz zu sagen...« Und weiter: »Es zeigte sich diesmal, daß bei dem Genossen Radek ein ganz ernster Satz entstand.« Diese zweimal gebrauchte Wendung gibt den Kern wieder nicht allein von Lenins Stellung zu Radek, sondern auch die von Lenins nächsten Mitarbeitern. Ich will hier noch anführen, daß sechs Jahre später, im Januar 1924, auf der Parteikonferenz, die kurz vor Lenins Tod stattfand, Stalin sagte: »Bei den meisten Menschen regiert der Kopf die Zunge, bei Radek regiert die Zunge den Kopf.« Bei all ihrer Grobheit sind diese Worte recht zutreffend. Sie haben jedenfalls keinen überrascht, am allerwenigsten Radek selbst; er war an solche Einschätzungen gewöhnt. Wer kann nun glauben, daß ich an die Spitze einer grandiosen Verschwörung einen Mann gestellt habe, bei dem die Zunge den Kopf regiert und der darum nur fähig ist, »zufällig« ernste Gedanken auszusprechen?

Radeks Stellung zu mir hat zwei Stadien durchgemacht: im Jahre 1923 schrieb er über mich einen panegyrischen Artikel, der mich durch seinen gehobenen Ton verblüffte (»Leo Trotzki – der Organisator des Sieges«, »Prawda«, 14. März 1923). In den Tagen des Moskauer Prozesses (21. August 1936) dagegen schrieb Radek über mich seinen verleumderischsten und zynischsten Artikel. Die Periode zwischen diesen beiden Arbeiten ist durch die Kapitulation Radeks in zwei Hälften geteilt: 1929 wurde das Umbruchsjahr in seiner Politik und in seiner Stellung zu mir. Die Geschichte unserer Beziehungen vor und nach 1929 läßt sich aus Artikeln und Briefen jahraus, jahrein verfolgen. Die wichtigsten Tatsachen rekonstruieren, heißt auch in dieser Frage die Anklage entlarven.

In den Jahren 1923-1926 schwankte Radek zwischen der linken Opposition in Rußland und der rechten kommunistischen Opposition in Deutschland (Brandler, Thalheimer usw.). Im Augenblick des offenen Bruches zwischen Stalin und Sinowjew (Anfang 1926) versuchte Radek vergeblich, die linke Opposition zu einem Block mit Stalin hinzureißen. Radek gehörte dann fast während dreier Jahre (für ihn eine außerordentliche Frist!) zur linken Opposition. Jedoch innerhalb der Opposition lief er bald nach rechts, bald nach links.

Im August 1927, das Thema über die Gefahr des Thermidors entwickelnd, schrieb er in seinen Programmthesen: »Die Tendenz zur thermidorianischen Umwandlung der Partei und ihrer führenden Institutionen äußert sich in folgenden Momenten: d) in der Linie des wachsenden Gewichtes des Parteiapparates im Gegensatz zu dem der unteren Parteiorganisationen, die ihren klassischen Ausdruck gefunden hat in Stalins Ausspruch im Plenum (August 1927): ›Diese Kader können abgesetzt werden nur durch den Bürgerkrieg‹ – einer Erklärung, die eine klassische Formel der Bonapartistischen Umwälzung ist; e) in der Außenpolitik, wie sie Sokolnikow projektiert. Diese Tendenzen muß man offen als thermidorianische bezeichnen ... und offen sagen, daß sie im ZK ihren vollen Ausdruck in seinem rechten Flügel (Rykow, Kalinin, Woroschilow, Sokolnikow) und teils im Zentrum (Stalin) gefunden haben. Man muß offen sagen, daß die thermidorianischen Tendenzen im Wachstum begriffen sind.«

Dieses Zitat ist wichtig in doppelter Hinsicht:

1. Es zeigt erstens, daß Stalin schon im Jahre 1927 die Bürokratie (»Kader«) als unabsetzbar proklamierte und jede Opposition gegen sie von vornherein dem Bürgerkrieg gleichsetzte (Radek hat gemeinsam mit der gesamten Opposition diese Erklärung als Manifest des Bonapartismus qualifiziert).

2. Es charakterisiert unzweideutig Sokolnikow nicht als einen Gesinnungsgenossen, sondern als Vertreter des rechten, thermidorianischen Flügels. Im letzten Prozeß aber figuriert Sokolnikow als Mitglied des »Trotzkistischen« Zentrums.

Ende 1927 wird Radek mit Hunderten anderen Oppositionellen aus der Partei ausgeschlossen und nach Sibirien verschickt. Sinowjew, Kamenjew und später Pjatakow legen Reuebekenntnisse ab. Schon im Frühjahr 1928 wird Radek schwankend, hält sich aber noch etwa ein Jahr auf den Beinen.

So schreibt Radek am 10. Mai aus Tobolsk an Preobraschenski: »Ich verwerfe die Sinowjewiade und die Pjatakowiade als Dostojewskiaden. Sie legen gegen ihre Überzeugung Reuebekenntnisse ab. Man kann der Arbeiterklasse nicht durch Lügen helfen. Die Übriggebliebenen müssen die Wahrheit sagen.«

Am 24. Juni schreibt mir Radek, sich gegen meine Befürchtungen verteidigend: »Niemand plant eine Lossagung von unseren Ansichten. Eine solche Lossagung wäre um so lächerlicher, als die Nachprüfung durch die Geschichte die Richtigkeit dieser Ansichten glänzend bewiesen hat.«

Für Radek besteht folglich kein Zweifel, daß Oppositionelle nur mit der Absicht bereuen können, sich das Wohlwollen der Bürokratie wiederzugewinnen. Ihm kommt es gar nicht in den Sinn, daß hinter den Reuebekenntnissen irgendwelche teuflische Pläne verborgen sein könnten.

Am 3. Juli schreibt Radek dem Kapitulanten Wardin: »Sinowjew und Kamenjew haben Reuebekenntnisse abgelegt, angeblich um der Partei Hilfe zu leisten, in Wirklichkeit haben sie nur eines gewagt: Artikel gegen die Opposition zu schreiben. Das ist die Logik der Dinge, denn der Reuige muß Reue beweisen.« Diese Zeilen werfen ein vernichtendes Licht auf die späteren Prozesse, wo nicht nur Sinowjew und Kamenjew, sondern auch Radek gezwungen sein werden, die Aufrichtigkeit all ihrer vorangegangenen Reuebekenntnisse zu »beweisen«.

Im Sommer 1928 arbeitet Radek gemeinsam mit Smilga politische Thesen aus, in denen unter anderem steht: »Es irren sich tief jene, die, wie Pjatakow und andere, sich beeilen, durch Verrat ihre Vergangenheit zu begraben.« So urteilt Radek über seinen späteren Mitarbeiter in dem mythischen »parallelen Zentrum«. Radek selbst schwankt schon in jener Zeit. Aber psychologisch konnte er noch die Kapitulation Pjatakows nicht anders einschätzen denn als Verrat.

Jedoch sind Radeks Absichten, sich mit der Bürokratie auszusöhnen, in seinen Briefen bereits so durchsichtig, daß F. Dingelstedt, einer der angesehensten Verbannten aus der jüngeren Generation, Radeks »Kapitulanten«-Tendenzen offen brandmarkt. Am 8. August antwortet Radek Dingelstedt: »Der Versand der Briefe über die Kapitulation ist Leichtsinn, Säen von Panik, unwürdig eines alten Revolutionärs ... Wenn Sie es sich überlegen und Ihre Nerven ins Gleichgewicht kommen werden (und wir brauchen starke Nerven, denn die Verbannung ist eine Lappalie im Vergleich zu dem, was uns noch zu sehen bevorsteht), so werden Sie, ein altes Parteimitglied, sich schämen, so leicht den Kopf zu verlieren. Mit Komm.-Gruß!

K. R.« In diesem Brief sind besonders bemerkenswert die Worte: die Verbannung nach Sibirien sei eine Lappalie im Vergleich mit den bevorstehenden Repressalien. Radek ahnt gleichsam die künftigen Prozesse voraus.

Am 16. September schreibt Radek an die Verbannten im Dorfe Kolpaschewo: »Wenn Stalin von uns das Eingeständnis unserer ›Irrtümer‹ und das Vergessen seiner Irrtümer fordert, so bedeutet diese Formel die Forderung unserer Kapitulation als besondere Richtung und unsere Unterwerfung. Unter dieser Bedingung ist er bereit, uns zu begnadigen. Wir können diese Bedingung nicht akzeptieren.« (»Bulletin der Opposition«, Nr. 3–4, September 1929). Am gleichen Tage schreibt Radek an Wratschew über die auf ihn hagelnden Schläge seitens der standhafteren Oppositionellen: »Zurechtweisungen werden mich von meiner Pflichterfüllung nicht abhalten. Wer aber auf Grund dieser Kritik (d. h. der Kritik von Radek) noch weiter von der Vorbereitung eines Falles Pjatakow schwatzen wird, stellt sich damit ein Zeugnis geistiger Armut aus.« Pjatakow bleibt für Radek noch das Maß des äußersten politischen Sinkens. Allein schon diese Zitate, die den tatsächlichen Zersetzungsprozeß der Opposition und den Übergang ihres schwankenden und opportunistischen Flügels in das Lager der Bürokratie zeigen, vernichten die Polizeiversion der Anklage von den beabsichtigten Kapitulationen als einer Verschwörungsmethode gegen die Partei.

Im Oktober 1928 appelliert Radek an das Zentralkomitee, es möge die Verfolgungen der Opposition einstellen oder mindestens mildern. »Ohne Rücksicht darauf, daß die Älteren von uns ein Vierteljahrhundert für den Kommunismus gekämpft haben«, schreibt er aus Sibirien nach Moskau, »habt ihr uns aus der Partei ausgeschlossen und wie Konterrevolutionäre verbannt – auf Grund einer Beschuldigung, die nicht uns entehrt, sondern jene, die sie gegen uns erheben« (Art. 58 des Strafgesetzbuches). Radek zählt eine Reihe von Fällen grausamer Behandlung der Verbannten auf – Sibirjakow, Alski, Horetschko – und fährt fort: »Aber die Geschichte mit Trotzkis Krankheit macht der Geduld ein Ende. Wir können nicht schweigen und teilnahmslos bleiben, wenn die Malaria die Kräfte eines Kämpfers zerfrißt, der sein ganzes Leben der Arbeiterklasse gedient hat und der das Schwert der Oktoberrevolution war.«

Das ist eine der letzten Äußerungen Radeks als Oppositioneller und sein letztes positives Urteil über mich. Seit Beginn 1929 lehnt er es bereits ab, seine Schwankungen zu verbergen, und Mitte Juni kehrt Radek nach Verhandlungen mit Organen der GPU und der Partei als Kapitulant nach Moskau zurück, wenn auch noch unter Eskorte. Auf einer sibírischen Eisenbahnstation hat er eine Auseinandersetzung mit Verbannten, die ein Beteiligter in einer »Korrespondenz nach dem Auslande« folgendermaßen schildert (»Bulletin der Opposition«, Nr. 6, Oktober 1929): »Frage: ›Und wie ist Ihre Stellung zu L. D. (Trotzki)?‹ Radek: ›Mit L. D. habe ich endgültig gebrochen. Von nun an sind wir politische Feinde ... Mit einem Mitarbeiter von Lord Beaverbrook haben wir nichts gemein.‹ Frage: ›Werden Sie die Abschaffung des Artikels 58 fordern?‹ Radek: ›Keinesfalls! Wer mit uns gehen wird, wird automatisch von ihm befreit sein. Aber wir werden jene von dem Artikel 58 nicht befreien, die die Partei untergraben und die Unzufriedenheit der Massen organisieren.‹ Agenten der GPU ließen uns nicht zu Ende sprechen. Sie trieben Karl (Radek) in den Waggon, während sie ihn der Agitation gegen Trotzkis Ausweisung beschuldigten. Aus dem Waggon schrie Radek: ›Ich agitiere gegen Trotzkis Ausweisung? Ha-ha-ha ... Ich agitiere dafür, daß die Genossen in die Partei zurückkehren!‹ Die Agenten der GPU schwiegen und drängten Karl in die Mitte des Waggons. Der Eilzug setzte sich in Bewegung ...« Über diese grelle Erzählung, die Radek wie lebend zeigt, schrieb ich in einer Redaktionsnotiz: »Unser Korrespondent sagt, die Basis (der Kapitulationen) sei ›Feigheit‹. Diese Formulierung kann vielleicht vereinfacht erscheinen, aber im Kern ist sie richtig. Selbstverständlich handelt es sich um politische Feigheit – persönliche ist dabei nicht unbedingt notwendig, obwohl sie nicht selten zusammentreffen.« Diese Charakteristik stimmt mit meinem Urteil über Radek vollkommen überein.

Schon am 14. Juni, kaum daß der Telegraph die Kunde von Radeks »aufrichtigem Reuebekenntnis« gebracht hatte, schrieb ich: »Indem er kapitulierte, hat sich Radek einfach aus der Liste der Lebenden ausgestrichen. Er wird in die von Sinowjew verkörperte Kategorie der Halbgehenkten, Halbbegnadigten geraten. Diese Menschen fürchten sich, laut ein Wort auszusprechen, fürchten sich, eine eigene Meinung zu haben, und leben nur davon, daß sie sich nach ihrem eigenen Schatten umschauen.« (»Bulletin der Opposition«, Nr. 1/2, Juli 1929.)

Etwa einen Monat später (7. Juli) schrieb ich in einem anderen Artikel in bezug auf die Kapitulationen: »Allgemein gesprochen hat noch niemand Radek der Beharrlichkeit und der Konsequenz beschuldigt.« (»Bulletin der Opposition«, Nr. 1/2, Juli 1929.) Diese Worte hören sich an wie eine politische Replik, gerichtet an die Adresse des Staatsanwalts Wyschinski, der sieben Jahre später Radek zum erstenmal den Vorwurf der »Beharrlichkeit und Konsequenz« macht.

Ende Juli kehrte ich zum selben Thema zurück, diesmal mit einer breiteren Perspektive: »Die Kapitulation von Radek, Smilga und Preobraschenski ist in ihrer Art ein bedeutsames politisches Faktum. Sie beweist vor allem, wie stark sich die große und heroische Generation der Revolutionäre verbraucht hat, die vom Schicksal ausersehen war, durch Krieg und Oktoberrevolution zu gehen. Drei alte und verdiente Revolutionäre haben sich aus dem Buche der Lebenden ausgestrichen. Sie haben sich des Wichtigsten beraubt: des Rechts auf Vertrauen. Das wird ihnen niemand zurückgeben.«

Seit Mitte 1929 wird Radeks Name in den Reihen der Opposition zum Symbol der würdelosesten Formen der Kapitulation und treubrüchigsten Schläge in den Rücken der gestrigen Freunde. Der obenerwähnte Dingelstedt schreibt, um die Schwierigkeiten Stalins besser zu schildern, ironisch: »Wird ihm dabei der Renegat Radek helfen können?« Um seine Verachtung gegen das Dokument eines neuen Kapitulanten zu unterstreichen, fügt Dingelstedt hinzu: »Das öffnet dir den Weg zu Radek.« (22. September 1929.)

Ein anderer verbannter Oppositioneller schreibt am 27. Oktober aus Sibirien im »Bulletin der Opposition« (Nr. 7, November/Dezember 1929): »Einen besonders scheußlichen Charakter – ein anderes Wort finde ich nicht – hat Radeks Arbeit angenommen. Er lebt von Intrigen und Klatsch und bespuckt grimmig seinen gestrigen Tag.«

Im Herbst 1929 schildert Rakowski, wie Preobraschenski und Radek den Weg der Kapitulation betraten: »Der erstere mit einer gewissen Konsequenz, der zweite wie gewöhnlich in Winkelzügen und Sprüngen von der linken Position auf die rechteste und zurück.« (»Bulletin der Opposition«, Nr. 7, November/Dezember 1929.) Rakowski bemerkt sarkastisch, daß jeder Kapitulant verpflichtet ist, bevor er die Opposition verläßt, »mit seinen Hufen, die mit Radekschen Nägeln beschlagen sind,

Trotzki einen Tritt zu versetzen«. Alle diese Zitate sprechen für sich selbst. Nein, das Kapitulantentum war keine Kriegslist des »Trotzkismus«!

Im Sommer 1929 besuchte mich in Konstantinopel das frühere Mitglied meines Kreissekretariats Blumkin, der sich damals in der Türkei befand. Als er nach Moskau zurückgekehrt war, sprach Blumkin von seiner Begegnung mit mir zu Radek. Radek verriet ihn sofort. Damals war die GPU noch nicht auf den »Terrorismus« gekommen. Nichtsdestoweniger wurde Blumkin erschossen, ohne Prozeß, in aller Heimlichkeit. Ich habe damals auf Grund von Briefen aus Moskau vom 25. Dezember 1929 folgendes im »Bulletin« veröffentlicht: »Die nervöse Geschwätzigkeit Radeks ist allgemein gut bekannt. Heute ist er völlig demoralisiert, wie die meisten Kapitulanten... Die letzten Reste eines sittlichen Gleichgewichts verloren, macht Radek vor keiner Scheußlichkeit halt.« Weiter wird Radek ein »verwüsteter Hysteriker« genannt. Die Korrespondenz erzählt ausführlich, wie »Blumkin sich nach dem Gespräch mit Radek verraten sah«. In den Reihen der Trotzkisten wird Radek seitdem die odiöseste Figur: er ist nicht nur Kapitulant, sondern auch Verräter.

Nach sieben Jahren – ich muß hier vorauseilen – berichtet Radek in einem Artikel, in dem er für Sinowjew und die anderen den Tod fordert (»Iswestja«, 21. August 1936), ich hätte im Jahre 1929 Blumkin aufgetragen, »Überfälle auf Handelsvertretungen im Auslande zu organisieren, um Geld zu erbeuten, das benötigt wird (von mir) für die Antisowjetarbeit«. Ich will bei der Sinnlosigkeit dieses »Auftrages« nicht verweilen: die Handelsvertretungen halten wohl ihr Geld nicht zu Hause, sondern in einer Bank!

Uns interessiert hier etwas anderes: Im August 1936 war Radek noch, wie er sagte, Mitglied des Trotzkistischen Zentrums. Während der vier Monate Haft hat er, nach seinen eigenen Worten vor Gericht, jegliche Teilnahme an der Verschwörung geleugnet, das heißt, nach der Charakteristik des Staatsanwalts, sich als hartnäckiger und eingefleischter Trotzkist gezeigt. Wozu hat er dann am 21. August 1936 – ohne daß es im geringsten nötig war – mich, den »Führer« der Verschwörung, mit ungeheuerlichen und sinnlosen Verbrechen belastet? Soll doch jemand eine Erklärung finden, die in das Schema Wyschinskis hineinpaßt. Ich persönlich lehne einen solchen Versuch ab.

Die erbitterte Feindschaft zwischen Radek und der Opposition kann man noch weiter, von Jahr zu Jahr, verfolgen. Ich bin gezwungen, mich in der Auswahl der Illustrationen einzuschränken.

Dreizehn verbannte Oppositionelle in Kansk (Sibirien), die sich an das Präsidium des XVI. Parteitags der WKP (Juni 1930) mit einem Protest wenden, schreiben unter anderem: »Das Kollegium der GPU der USSR verurteilte, auf Grund der verräterischen Mitteilung des Renegaten Karl Radek, den Genossen Blumkin, Mitglied der WKP bis in die letzten Tage, zur höchsten Strafe.« Ein verbannter Oppositioneller charakterisiert im »Bulletin der Opposition« (Nr. 19, März 1931) die politische und moralische Zersetzung der Kapitulanten und vergißt nicht, hinzuzufügen: »Im schnellsten Tempo verfault Radek. Nicht nur die Masse der Kapitulanten, sondern auch die führenden Kapitulanten anderer Gruppen geben offen zu verstehen, daß sie mit ihm weder politisch noch persönlich etwas zu tun haben wollen. Die Aufrichtigeren sagen direkt: ›Radek hat die schmutzige Denunziantenrolle übernommen‹ ...Ich will nur«, fährt der Briefschreiber fort, »eine kleine, aber charakteristische Tatsache des Radekschen Zynismus mitteilen. Die Bitte, einem schwerkranken verbannten Bolschewiken zu helfen, lehnte Radek mit der Bemerkung ab: ›Wird dann eher zurückkehren.‹ Mißt mit seinem kurzen, schmutzigen Maß!«

Aus Moskau schreibt man dem »Bulletin« am 15. November 1931: »An der ›Front‹ der Kapitulanten keine Veränderungen. Sinowjew schreibt an einem Buch über die II. Internationale. Politisch existiert weder er noch Kamenjew. Von den übrigen gar nicht zu reden. Eine Ausnahme bildet nur Radek. Dieser beginnt, eine ›Rolle‹ zu spielen. Faktisch kommandiert Radek die ›Iswestja‹. Berühmt geworden ist er in seinem neuen Emploi als ›persönlicher Freund Stalins‹, Spaß! Bei jeder Unterhaltung bemüht sich Radek, darauf anzuspielen, daß er mit Stalin auf intimem Fuße steht: ›Gestern, als ich bei Stalin Tee trank...‹« usw. usw. (»Bulletin der Opposition«, Nr. 25/26, November/Dezember 1931). Wenn Radek, zum Unterschiede von den anderen Kapitulanten, irgendeine »Rolle« zu spielen begann, so nur deshalb, weil er durch sein ganzes Benehmen das Vertrauen der Spitzen sich zurückerobert hatte. Ich will noch bemerken, daß die hier angeführte Korrespondenz aus Rußland gerade in dem Augenblick veröffentlicht wurde, als ich, laut Anklage, die nötigen Maßnahmen traf, um Radek auf den Weg des Terrors zu locken. Wahrscheinlich untergrub ich mit der linken Hand, was ich mit der rechten tat.

Die Diskussion um Radek nahm internationalen Charakter an. So veröffentlichte die deutsche oppositionelle Gruppe »Leninbund« eine Erklärung Radeks, Smilgas und Preobraschenskis und schlug mir vor, »unter gleichen Rechten« meinerseits eine Erklärung abzugeben. Im Oktober 1929 antwortete ich der Leitung des Leninbundes: »Ist das nicht ungeheuerlich? Ich verteidige in meiner Broschüre den Standpunkt der russischen Opposition. Radek, Smilga und Preobraschenski sind Renegaten, erbitterte Feinde der russischen Opposition, wobei Radek vor keiner Verleumdung zurückschreckt.« Man kann in der Presse der linken Opposition der verschiedensten Sprachen aus jener Zeit nicht wenige entrüstete oder verächtliche Artikel und Glossen gegen Radek finden.

Der amerikanische Journalist Max Shachtman, einer meiner Gesinnungsgenossen, der in die inneren Beziehungen der russischen Opposition gut eingeweiht war, sandte mir aus New York am 13. März 1932 einige ältere Meinungsäußerungen Radeks über mich mit folgender Anmerkung: »Angesichts des Stalinschen Chors, in dem heute auch Radek singt, wäre es vielleicht lehrreich, die kommunistischen Arbeiter daran zu erinnern, daß vor etwa zwölf Jahren, als der Kampf gegen den ›Trotzkismus‹ noch keine einträgliche Beschäftigung war, Radek andere Lieder sang.«

»Im Februar 1932«, sagte Radek vor Gericht aus, »erhielt ich von Trotzki einen Brief... Trotzki schrieb, daß er, da er mich als aktiven Menschen kenne, überzeugt sei, ich würde zum Kampfe zurückkehren.« Am 24. Mai 1932, drei Monate nach diesem angeblichen Brief, schrieb ich einen Brief an Weissbord in New York: »...Die geistige und moralische Zersetzung Radeks zeigt nicht nur, daß Radek nicht aus einem erstklassigen Material gemacht ist, sondern auch, daß das Stalinsche Regime sich nur entweder auf Beamte ohne eigene Persönlichkeit oder auf moralisch zersetzte Menschen stützen kann.« Das war meine tatsächliche Einschätzung dieses »aktiven Menschen«!

Im Mai 1932 druckte die deutsche liberale Zeitung »Berliner Tageblatt« in einer dem wirtschaftlichen Aufbau der Sowjetunion gewidmeten Sondernummer einen Artikel von Radek, in dem dieser zum hundertundersten Male meinen Unglauben an die Möglichkeit des Aufbaus des Sozialismus in einem Lande geißelte. »Diese These wird nicht nur von den offenen Feinden der Sowjetunion abgelehnt«, schrieb Radek, »sondern auch von Leo Trotzki bestritten.« Ich antwortete ihm in einer Glosse im »Bulletin« (Nr. 28, Juli 1932): »Ein unernster Mensch über eine ernste Frage.« Ich will daran erinnern, daß Radek gerade im Frühling jenes Jahres nach Genf kam, wo er angeblich durch Romm einen Brief von mir erhielt mit der Empfehlung, so schnell wie möglich die Sowjetführer auszurotten. Es stellt sich heraus, daß ich einem »unernsten Menschen« einen recht »ernsten« Auftrag erteilt hatte!

Im Laufe der Jahre 1933–1936 war meine Verbindung mit Radek, wenn man seinen Angaben glauben soll, von unzerreißbarem Charakter. Das hindert ihn nicht, zugunsten Stalins die Geschichte der Revolution mit aller Leidenschaft umzumodeln. Am 21. November 1935, drei Wochen vor dem »Fluge« Pjatakows nach Oslo, berichtete Radek in der »Prawda« über seine Unterhaltung mit einem Ausländer: »Ich erzählte ihm, wie der nächste Mitkämpfer Lenins, Stalin, die Organisierung der Fronten und die Ausarbeitung der strategischen Pläne, auf Grund derer wir gesiegt haben, leitete.« Aus der Geschichte des Bürgerkrieges erwies ich mich auf diese Weise als gänzlich ausgeschlossen. Indes konnte der gleiche Radek auch anders schreiben. Ich habe schon seinen Artikel »Leo Trotzki – der Organisator des Sieges« (»Prawda«, 14. März 1923) erwähnt. Ich bin hier gezwungen, daraus zu zitieren: »Es war ein Mensch notwendig, der die Verkörperung des Aufrufes zum Kampfe bedeutete, der, sich der Notwendigkeit dieses Kampfes völlig unterwerfend, zur Glocke würde, die zu den Waffen ruft, zum Willen, der von allen unbedingte Unterwerfung unter die große blutige Notwendigkeit fordert. Nur ein Mensch, der so arbeitet wie Trotzki, nur ein Mensch, der sich selbst so wenig schont wie Trotzki, nur ein Mensch, der zum Soldaten so sprechen kann, wie Trotzki sprach – nur ein solcher Mensch konnte zum Bannerträger des bewaffneten werktätigen Volkes werden. Er war alles in einer Person.« Im Jahre 1923 war ich »alles«. Im Jahre 1935 wurde ich für Radek »nichts«. In einem umfangreichen Artikel im Jahre 1923 wird Stalin nicht erwähnt. Im Jahre 1935 ist er der »Organisator des Sieges«.

Radek verfügt also über zwei verschiedene Geschichten des Bürgerkrieges: eine für das Jahr 1923, eine andere für das Jahr 1935. Beide Varianten, unabhängig davon welche von ihnen richtig ist, charakterisieren fehlerlos sowohl den Grad der Wahrhaftigkeit Radeks wie seine Stellung zu mir und zu Stalin in verschiedenen Perioden. Sein Schicksal mit mir durch das Band der Verschwörung angeblich verknüpfend, schmähte und lästerte er mich unermüdlich, und umgekehrt, als er beschloß, Stalin zu ermorden, putzte er ihm sieben Jahre lang begeistert die Stiefel.

Aber auch das ist noch nicht alles. Im Januar 1935 werden Sinowjew, Kamenjew und andere, im Zusammenhang mit der Ermordung Kirows, zu Jahren Gefängnis verurteilt. Vor Gericht legen sie ein Bekenntnis ab von ihrem Bestreben, »den Kapitalismus wieder herzustellen«. Im »Bulletin der Opposition« qualifizierte ich diese Anklage als grobe und sinnlose Fälschung. Wer erhob sich zur Verteidigung Wyschinskis? Radek! »Es handelt sich nicht darum«, schrieb er in der »Prawda«, »ob der Kapitalismus das Ideal der Herren Trotzki und Sinowjew ist, sondern darum, daß, wenn der Aufbau des Sozialismus in unserem Lande unmöglich ist ...« usw. Ich antwortete im »Bulletin« (Nr. 43, April 1935): »Radek plaudert aus, daß Sinowjew und Kamenjew keinerlei Verschwörungen anzettelten mit der Absicht, den Kapitalismus wieder herzustellen – entgegen dem, was der offizielle Bericht schamlos behauptete –, sondern daß sie, alles in allem, die Theorie vom Sozialismus in einem Lande ablehnten.«

Radeks Artikel vom Januar 1935 war ein natürliches Glied in der Kette seiner Verleumdungen gegen die Opposition und eine Vorbereitung auf den Artikel vom August 1936: »Die Sinowjewistisch-trotzkistische Bande und ihr Hetman Trotzki.« Dieser letztere Artikel wiederum war die Einleitung zu den gerichtlichen Aussagen Radeks im Januar 1937. Jede folgende Etappe resultierte logisch aus der vorangegangenen. Gerade deshalb würde niemand Radek glauben, wenn er auf dem Prozeß nur als Zeuge der Anklage figuriert haben würde. Man mußte Radek in einen Angeklagten verwandeln, über ihn das Damoklesschwert des Todesurteils hängen, damit seine Zeugenaussagen gegen mich Gewicht bekommen. Wie wurde die Verwandlung Radeks in einen Angeklagten erreicht – das ist eine besondere Frage, die im wesentlichen in das Gebiet der Inquisitionstechnik gehört. Hier genügt uns die Tatsache, daß Radek auf der Anklagebank Platz genommen hat – nicht als mein gestriger Gesinnungsgenosse, Mitarbeiter und Freund, sondern als alter Kapitulant, als Verräter Blumkins, als demoralisierter Agent Stalins und der GPU, als der treubrüchigste meiner Feinde.

Hier muß man die Frage erwarten: wie konnte sich, angesichts all dieser Dokumente und Tatsachen, die Regierung entschließen, Radek als Führer der Trotzkistischen Verschwörung hinzustellen? Diese Frage kann sich weniger auf Radek beziehen als auf den Prozeß in seinem Gesamtkomplex. Radek ist mit den gleichen Methoden in einen Trotzkisten verwandelt worden, mit denen ich in einen Verbündeten des Mikado verwandelt wurde, und aus den gleichen politischen Motiven. Kurz läßt sich die Frage so beantworten: 1. Für das System der »Geständnisse« eigneten sich nur Kapitulanten, die die lange Schule von Bekenntnissen, Erniedrigungen und Selbstverleugnungen durchgegangen sind; 2. für die Rolle, die sie Radek zugewiesen haben, hatten die Organisatoren des Prozesses keinen passenderen Kandidaten und konnten keinen haben; 3. die gesamte Spekulation der Organisatoren ist aufgebaut auf dem summarischen Effekt der öffentlichen Reuebekenntnisse und der Erschießungen, die die Stimme der Kritik ersticken sollten. Das ist Stalins Methode. Das ist das heutige politische System der USSR. Das Beispiel Radek ist nur eine grelle Illustration.

Der »Zeuge« Wladimir Romm

Das gesamte Gewebe des Prozesses ist verfault.

Wir wollen als Beispiel die Aussagen Wladimir Romms näher untersuchen, eines sehr wichtigen Zeugen, der überdies unter Eskorte aus dem Gefängnis zur Verhandlung gebracht wurde. Läßt man Pjatakows Reise nach Oslo mit dem mysteriösen Flugzeug beiseite, so bildet Romm – nach dem Plan der Anklage – das wichtigste Verbindungsglied zwischen mir und dem »parallelen Zentrum« (Pjatakow–Radek–Sokolnikow–Serebrjakow). Durch Romm gingen die Briefe von mir an Radek und von Radek an mich. Romm traf sich nicht nur mit meinem Sohn, Leo Sedow, sondern auch mit mir. Wer ist nun dieser Zeuge? Was hat er getan, und was hat er gesehen? Welches sind die Motive für seine Teilnahme an der Verschwörung? Wir wollen ihn aufmerksam anhören.

Romm ist selbstverständlich »Trotzkist«; ohne von der GPU bestellte Trotzkisten hätte es auch keine Trotzkistische Verschwörung gegeben. Doch möchten wir wissen, wann sich Romm den Trotzkisten angeschlossen hat, falls er überhaupt jemals zu ihnen gehörte. Schon auf diese erste und, wie es scheinen sollte, nicht unwichtige Frage vernehmen wir eine sehr verdächtige Antwort.

Wyschinski: »Was hat Sie mit Radek in der Vergangenheit verbunden?«

Romm: »Anfangs kannte ich ihn nur im Zusammenhang mit literarischen Angelegenheiten, später, im Jahre 1926/27, verband mich mit ihm die gemeinsame, gegen die Partei gerichtete Trotzkistische Arbeit.«

Das ist die ganze Antwort auf die suggestive Frage Wyschinskis! Auffallend vor allem ist die Ausdrucksweise: der Zeuge spricht nicht von seiner oppositionellen Arbeit; mit keinem Wort charakterisiert er deren Inhalt; nein, er gibt ihr gleich eine kriminelle Qualifikation: »Trotzkistische, gegen die Partei gerichtete Arbeit« – und basta. Romm bietet dem Gericht gleich die fertige Formel, die für den Prozeßbericht nötig ist. So verfährt bei den Stalin-Wyschinski-Prozessen jeder disziplinierte Angeklagte und Zeuge (die Undisziplinierten werden vor der Verhandlung erschossen). Aus Dankbarkeit für den erwiesenen Dienst belästigt der Staatsanwalt den Zeugen nicht weiter mit Fragen wie etwa, unter welchen Umständen sich dieser der Opposition angeschlossen und worin sich die »gegen die Partei gerichtete« Arbeit geäußert hat. Wyschinskis Grundregel ist: Zeugen und Angeklagten keine Schwierigkeiten zu bereiten. Aber auch ohne die Hilfe des Staatsanwalts ist es nicht schwer, zu begreifen, daß Romm schon in dieser ersten Erklärung die Unwahrheit spricht. Die Jahre 1926–1927 waren eine Periode der breitesten Entfaltung der oppositionellen Tätigkeit; eine Plattform der Opposition wurde ausgearbeitet und gedruckt, in der Partei entwickelte sich eine heiße Diskussion; es fanden gut besuchte Versammlungen der Opposition statt, an denen allein in Moskau und Leningrad viele zehntausend Arbeiter teilnahmen, und schließlich beteiligte sich die Opposition an der November-Manifestation mit ihren eigenen Plakaten. Wäre Romm zu jener Zeit tatsächlich bei der

Opposition gewesen, er müßte mit vielen Personen Beziehungen gehabt haben. Er aber nennt vorsichtigerweise nur Radek.

Allerdings hat Trojanowski in New York allen Menschen versichert, Romm wäre »tatsächlich« Trotzkist gewesen, jedoch widerlegt der stenographische Prozeßbericht das falsche Zeugnis des Diplomaten endgültig. Radek sagt über Romm aus: »Ich kenne Romm seit 1925 ... Er war kein Politiker im allgemeinen Sinne, er hatte sich uns nur in der chinesischen Frage angeschlossen.« Das will sagen, daß er in allen anderen Fragen mit der Opposition auseinanderging. Und diesen Menschen, der sogar nach Radeks Aussage mit ihm nur vorübergehend, nur in der »chinesischen Frage« (1927) einverstanden war, hat man ans Licht gezerrt als ... Terroristen.

Warum fiel das Los gerade auf Romm, sich für einen Verbindungsagenten auszugeben? Weil er in seiner Eigenschaft als ausländischer Korrespondent Genf, Paris und die Vereinigten Staaten besuchte und folglich technisch die Möglichkeit besaß, jenen Auftrag auszuführen, den ihm nachträglich die GPU erteilte. Da man aber nach den zehnfachen Säuberungen, denen seit Ende 1927 alle ausländischen Vertretungen und Institutionen der Sowjetunion unterworfen waren, einen »Trotzkisten«, und sei es auch einen Kapitulanten, im Auslande auch nicht mit der Laterne hätte finden können, so mußte Jeschow zum Trotzkisten Romm ernennen und Wyschinski sich stillschweigend mit der Antwort von der »gegen die Partei gerichteten« Verbindung mit Radek in den Jahren 1926–1927 begnügen.

Was aber hat Romm nach 1927 getan? Hat er mit der Opposition gebrochen oder blieb er ihr treu? Hat er ein Reuebekenntnis abgelegt oder hatte er nichts zu bereuen? Darüber kein Wort. Den Staatsanwalt interessiert nicht politische Psychologie, sondern nur Geographie.

Wyschinski: »Sie waren in Genf?«

Romm: »Ja. Ich war Korrespondent der TASS in Genf und in Paris. In Genf war ich von 1930–1934.«

Hat Romm während der Jahre seines Aufenthalts im Auslande das »Bulletin der Opposition« gelesen? Hat er Zahlungen dafür geleistet? Hat er auch nur einen Versuch gemacht, mit mir in Verbindung zu treten? Von all dem kein Wort. Indes, aus Genf oder Paris an mich einen Brief zu schreiben, hätte keiner großen Mühe bedurft. Es war dazu nichts weiter notwendig, als sich für die Opposition, insbesondere für meine Tätigkeit zu interessieren. Ein solches Interesse erwähnt Romm nicht, und selbstverständlich fragt auch der Staatsanwalt nicht danach. Es ergibt sich also, daß Romm seine »gegen die Partei gerichtete« Arbeit, die nur Radek bekannt war, im Jahre 1927 beendete, will man für einen Augenblick annehmen, daß er sie jemals begann. Man darf nicht vergessen, daß man als Korrespondenten der TASS nach Genf und Paris nicht den ersten besten schickt. Die GPU wählt die Leute sorgfältigst aus und versichert sich gleichzeitig ihrer absoluten Bereitschaft, mitzuarbeiten. Es ist deshalb nicht verwunderlich, daß Romm im Auslande keinerlei »oppositionelles« Interesse für mich und meine Tätigkeit bewies.

Wyschinski aber braucht einen Verbindungsagenten zwischen Radek und mir. Einen passenderen Kandidaten gibt es nicht. So stellt sich plötzlich heraus, daß Romm im Sommer 1931 auf der Durchreise durch Berlin Putna trifft, der ihm den Vorschlag macht, ihn mit Sedow »zusammenzubringen«. Wer ist Putna? Ein angesehener Offizier des Generalstabes, Teilnehmer des Bürgerkrieges und später Militärattaché in London. Putna hatte, wie ich noch vor meiner Verbannung nach Zentralasien (1928) hörte, tatsächlich eine gewisse Zeit mit der Opposition sympathisiert, vielleicht sogar an ihr teilgenommen. Ich persönlich war nur sehr wenig mit ihm in Berührung gekommen und nur in militärischen Angelegenheiten; über Fragen der Opposition habe ich mit ihm niemals gesprochen. Ob er später offiziell bereuen mußte, weiß ich nicht. Als ich in Prinkipo las, Putna sei für den verantwortlichen Posten des Militärattachés in London ernannt, nahm ich an, daß es ihm gelungen sei, sich das Vertrauen der Behörden völlig wiederzuerwerben. Unter diesen Umständen konnte es im Auslande weder für mich noch für meinen Sohn irgendwelche Verbindungen mit Putna geben. Aus dem Prozeßbericht jedoch erfahre ich neben anderen Überraschungen, daß gerade Putna vorgeschlagen hatte, Romm mit Sedow »zusammenzubringen«. Zu welchem Zwecke? Romm hatte danach nicht gefragt. Er akzeptierte einfach diesen Vorschlag Putnas, mit dem er früher keine politischen Beziehungen unterhalten hatte, jedenfalls erwähnt er davon nichts. Romm erklärte sich mithin – nach einer vierjährigen Pause – aus unbekannten Gründen bereit, die »gegen die Partei gerichtete Trotzkistische« Arbeit wieder aufzunehmen. Treu seinem System, erwähnt er vor Gericht mit kei-

239

nem Wort seine politischen Motive; wollte er die Macht ergreifen, beabsichtigte er den Kapitalismus wieder herzustellen, brannte er vor Haß gegen Stalin, zog ihn die Verbindung mit dem Faschismus an, oder leitete ihn einfach die alte Freundschaft zu Radek, der allerdings schon zwei Jahre zuvor Reuebeteuerungen abgelegt und an allen Straßenecken auf die Opposition geflucht hatte? Der Staatsanwalt setzt dem Zeugen selbstverständlich mit unbequemen Fragen nicht zu. Romm ist nicht verpflichtet, politische Psychologie zu besitzen. Seine Aufgabe ist: die Verbindung zwischen Radek und Trotzki zu verwirklichen und nebenbei Putna zu kompromittieren, der unterdessen im Gefängnis der GPU für künftige »Geständnisse« präpariert wird.

»Ich traf Sedow«, fährt Romm fort, »und auf seine Frage, ob ich bereit sei, nötigenfalls (!) einen Auftrag an Radek zu vermitteln, antwortete ich zustimmend ...« Romm antwortet stets zustimmend, ohne jegliche Erklärung seiner Motive. Dabei konnte es Romm nicht unbekannt geblieben sein, daß Blumkin für einen Besuch bei mir in Stambul im Jahre 1929 und für den Versuch, Freunden in Rußland einen Brief von mir zu übermitteln, erschossen wurde. Dieser Brief befindet sich, nebenbei gesagt, noch heute in den Archiven der GPU. Doch eignet er sich so wenig für die Ziele Wyschinskis und Stalins, daß sie nicht daran denken, ihn zu veröffentlichen. Jedenfalls mußte Romm, um die Mission eines Verbindungsagenten zu übernehmen, nach der Erschießung Blumkins, ein ganz besonders aufopferungsfähiger und heroischer Oppositioneller gewesen sein. Warum hat er dann vier Jahre lang geschwiegen? Warum hat er auf die zufällige Begegnung mit Putna und die »Zusammenkunft« mit Sedow gewartet? Und warum genügt wiederum die einmalige Zusammenkunft, damit Romm einen so gefährlichen Auftrag unbedenklich übernimmt? Menschliche Psychologie existiert in diesem Prozeß nicht. Zeugen wie Angeklagte erzählen nur von »Taten«, die der Staatsanwalt Wyschinski braucht. Das Verbindungsglied zwischen den angeblichen »Taten« sind nicht Gedanken und Gefühle lebendiger Menschen, sondern ein A priori-Schema des Anklageaktes.

Im Frühling des nächsten Jahres, als Radek nach Genf kam, gab ihm Romm »einen Brief von Trotzki, den er kurz vorher in Paris von Sedow bekommen hatte«. Also, im Frühjahr 1931 stellte Sedow hypothetisch die Frage nach einer Verbindung mit Radek »nötigenfalls«. Hat Sedow Radeks Reise nach Genf vorausgesehen? Wohl kaum. Denn im Sommer 1931 hatte Radek seine Reise nach Genf selbst wohl kaum vorausgesehen. Wie dem auch sei, drei Vierteljahre nach dem Berliner Gespräch erhielt Sedow die Möglichkeit, das ihm von Romm gegebene Versprechen auszunutzen. Was hatte sich in Romms Kopf zwischen dem Sommer 1931, als er prinzipiell den Weg der »Verschwörung« betrat, und dem Frühjahr 1932, als er den ersten praktischen Schritt tat, abgespielt? Hat er wenigstens jetzt versucht, mit mir in Verbindung zu treten? Hat er Interesse gezeigt für meine Bücher, Veröffentlichungen, für meine Freunde? Hat er mit Sedow politische Gespräche geführt? Nichts von alledem. Romm hat nur einfach einen kleinen Auftrag übernommen, der ihn den Kopf kosten konnte. Alles andere interessierte ihn nicht. Sieht Romm aus wie ein überzeugter Trotzkist? Wohl kaum. Dagegen aber würde er wie ein Tropfen Wasser dem anderen einem Agent provocateur der GPU ähneln, wenn er ... ja, wenn er tatsächlich jene Taten begangen hätte, die er beichtet. In Wirklichkeit sind alle diese Taten nachträglich ausgedacht. Wir werden noch die Möglichkeit haben, uns davon zu überzeugen.

Unter welchen Umständen übergab Sedow im Frühjahr 1932 Romm den Brief für Radek? Die Antwort auf diese Frage ist höchst bemerkenswert: »Einige Tage vor meiner Abreise nach Genf, als ich in Paris war«, erzählt Romm, »erhielt ich durch die Stadtpost einen Brief, in dem ein kurzer Zettel von Sedow war mit der Bitte, den im beigefügten Kuvert liegenden Brief Radek zu übergeben.« Also: neun bis zehn Monate nach der einzigen Begegnung mit Romm – wie viele Reueerklärungen, Verrätereien und Provokationen hatten in diesen Monaten stattgefunden! – schickt Sedow ohne irgendeine vorherige Nachprüfung Romm einen konspirativen Brief. Um den Leichtsinn zu verdoppeln, tut er es vermittels der »Stadtpost«. Warum übergab er den Brief nicht persönlich? Wyschinski stellt diese heikle Frage natürlich nicht. Wir unserseits jedoch wollen dafür eine Erklärung vorschlagen. Weder die GPU noch Wyschinski, folglich auch nicht Romm, wissen sicher, wo sich Sedow im Frühjahr 1932 aufhielt: in Berlin oder in Paris. Soll die Zusammenkunft nach dem Tiergarten verlegt werden? Soll man als Rendez-vous-Platz Montparnasse wählen? Lieber die unterirdischen Klippen umgehen. Zwar ist der »Stadtbrief« ein Hinweis darauf, daß Sedow in Paris war. Aber »nötigenfalls« kann man ja immer noch sagen, Sedow habe aus Berlin den Brief seinem französischen Agenten geschickt und dieser habe die Pariser Stadtpost benutzt. Wie unvorsichtig, wie hilflos sind doch die Trotzkistischen Verschwörer! Vielleicht aber hat Trotzki seinen Brief mindestens chiffriert oder mit unsichtbarer Tinte geschrieben? Hören wir darüber den Zeugen.

Romm: »Ich habe diesen Brief mit nach Genf genommen und ihn Radek bei der Begegnung übergeben.«

Wyschinski: »Hat Radek den Brief in Ihrer Gegenwart gelesen oder waren Sie nicht dabei?«

Romm: »Er hat ihn in meiner Gegenwart schnell durchgelesen und dann in die Tasche gesteckt.«

Welch unnachahmliches Detail! Radek hat den Brief nicht verschluckt, nicht auf die Straße geworfen, auch nicht dem Sekretariat des Völkerbundes übergeben, sondern einfach – »in die Tasche gesteckt«. Alle Geständnisse sind voll von solchen »konkreten« Gemeinplätzen, deren sich der talentloseste Autor von Detektivromanen schämen würde. Wir erfahren jedenfalls, daß Radek den Brief in Gegenwart von Romm »schnell durchgelesen« hat. Einen chiffrierten oder gar mit chemischer Tinte geschriebenen Brief kann man nicht an Ort und Stelle, vor den Augen des Überbringers »schnell durchlesen«. Folglich war der mit der Stadtpost angekommene Brief auf die gleiche Weise niedergeschrieben, wie man eine Geburtstagsgratulation schreibt. Vielleicht aber hat dieser erste Brief keine besonderen Geheimnisse enthalten? Hören wir weiter.

Wyschinski: »Was hat Ihnen nun Radek über den Inhalt des Briefes mitgeteilt?« Romm: »Daß er Direktiven enthalte für eine Vereinigung mit den Sinowjewisten, für einen Übergang zur terroristischen Kampfmethode gegen die Leitung der WKP (B), in erster Linie gegen Stalin und Woroschilow.«

Wir sehen, das Sendschreiben ist gar nicht so harmlos. Es enthält die »Direktive«, Stalin und Woroschilow umzubringen, später auch alle anderen. Und gerade dieses Briefchen sandte Sedow per Stadtpost dem ihm kaum bekannten Romm, zehn Monate nach dem ersten und einzigen Zusammentreffen mit diesem! Unser Staunen hört aber noch lange nicht auf. Wyschinski stellte, wie wir soeben vernahmen, dem Zeugen direkt die Frage: »Was hat Ihnen nun Radek über den Inhalt des Briefes mitgeteilt?« Als ob Radek den Inhalt eines höchst geheimen Briefes einem einfachen Verbindungsagenten mitteilen muß! Die elementarste Regel der Konspiration lautet, daß jeder Teilnehmer einer illegalen Organisation nur das wissen darf, was unmittelbar zu seinen Pflichten gehört. Da Romm aber im Auslande blieb und offenbar weder Stalin noch Woroschilow, noch die anderen zu ermorden vorhatte (mindestens hat er von einer solchen Absicht nichts verlauten lassen), so hatte Radek, wenn er bei vollen Sinnen war, nicht die geringste Veranlassung, Romm den Inhalt des Briefes mitzuteilen. Nicht die geringste Veranlassung – vom Standpunkt des Oppositionellen, Verschwörers, Terroristen. Die Frage stellt sich aber anders dar unter dem Gesichtspunkt der GPU. Wenn Radek Romm vom Inhalt des Briefes nichts mitgeteilt haben würde, könnte doch dieser die terroristische Direktive Trotzkis nicht entlarven, und seine Aussage würde in dieser Hinsicht jedes Interesse verlieren. Wir wissen: Zeugen und Angeklagte sagen aus, nicht das, was sich aus dem Charakter der konspirativen Tätigkeit oder aus ihrer persönlichen Psychologie ergibt, sondern das, was der Herr Staatsanwalt braucht, den die Natur mit sehr trägem Gehirn ausgestattet hat. Darüber hinaus sind Angeklagte und Zeugen nicht verpflichtet, auf die Überzeugungskraft des Prozeßberichtes bedacht zu sein.

Der Leser wird fragen: was tat nun der Korrespondent der TASS, als er plötzlich von der Direktive Trotzkis erfuhr: so schnell wie möglich alle »Führer« der Sowjetunion auszurotten? War er entsetzt? Fiel er in Ohnmacht? Äußerte er Empörung oder war er im Gegenteil von der »Direktive« entzückt? Kein Wort darüber. Von den Zeugen wie von den Angeklagten wird keine Psychologie verlangt. Romm hat »nebenbei« Radek den Brief ausgehändigt. Radek hat »nebenbei« Romm die terroristische Direktive mitgeteilt. »Danach reiste Radek nach Moskau, und ich sah ihn bis zum Herbst 1932 nicht.« Schluß. Einfacher Übergang zur Tagesordnung.

Hier korrigiert Radek, um die Lebhaftigkeit des Dialogs besorgt, unvorsichtigerweise Romm: »Im ersten Brief Trotzkis«, sagt er, »figurieren die Namen Stalin und Woroschilow nicht, weil wir in unseren Briefen niemals Namen nannten.« Für die Korrespondenz mit mir hatte also Radek damals noch keine Chiffre. »Trotzki hat keinesfalls«, drängt er weiter, »Stalin und Woroschilow nennen können.« Es fragt sich aber, woher hat Romm diese Namen doch her. Aber wenn er solch eine »Lappa-

243

lie«, wie die Namen Stalins und Woroschilows, als der nächsten Opfer des Terrors, sich einfach ausgedacht hat, vielleicht hat er den ganzen Brief ausgedacht? Den Staatsanwalt geht das nichts an.

Im Herbst 1932 kam Romm auf eine Abkommandierung nach Moskau und traf Radek, der nicht versäumte, ihm sofort mitzuteilen, daß »in Erfüllung der Direktive Trotzkis sich der Trotzkistisch-Sinowjewistische Block organisiert habe, daß aber er und Pjatakow sich diesem Zentrum nicht angeschlossen hätten«. Wieder können wir beobachten, wie Radek nur darauf wartet, Romm irgendein wichtiges Geheimnis zu verraten, nicht etwa aus Leichtsinn oder einer ihm angeborenen uneigennützigen Geschwätzigkeit, sondern zu einem höheren Zweck: aus der Notwendigkeit heraus, dem Staatsanwalt Wyschinski behilflich zu sein, die späteren Lücken in den Geständnissen Sinowjews, Kamenjews und anderer auszufüllen. In der Tat, niemand konnte bis jetzt begreifen, wie und weshalb Radek und Pjatakow, die ja in der Voruntersuchung bereits von den Angeklagten im Prozeß der 16 als »Komplizen« entlarvt waren, nicht rechtzeitig einbezogen wurden. Niemand konnte begreifen, wieso Sinowjew, Kamenjew, Smirnow und Mratschkowski von den internationalen Plänen Radeks und Pjatakows (Beschleunigung des Krieges, Zerreißung der USSR usw.) nichts gewußt hatten. Menschen, die eines gewissen Scharfsinns nicht entbehren, waren geneigt zu glauben, daß diese grandiosen Pläne wie die Idee des »parallelen Zentrums« überhaupt bei der GPU erst nach der Erschießung der 16 entstanden, um durch die eine Fälschung die andere zu stützen. Aber nicht doch. Radek hatte rechtzeitig, bereits im Herbst 1932, Romm mitgeteilt, das Trotzkistisch-Sinowjewistische Zentrum sei entstanden, aber er, Radek, und Pjatakow seien nicht hineingegangen und bewahren sich auf für das »parallele Zentrum«, wo die Trotzkisten überwiegen. Die Mitteilsamkeit Radeks ist somit hellseherisch. Das ist aber nicht etwa so zu verstehen, daß Radek im Herbst 1932 tatsächlich vom parallelen Zentrum gesprochen hätte, gleichsam die künftigen Sorgen Wyschinskis im Jahre 1937 vorausahnend. Nein, die Sache verhält sich einfacher: Radek und Romm bauten unter Leitung der GPU im Jahre 1937 retrospektiv das Schema der Ereignisse von 1932 auf. Und man muß die Wahrheit sagen: sie bauten schlecht.

Nachdem Radek dem Romm vom Zentrum und dem parallelen Zentrum erzählt hatte, versäumte er nicht, hinzuzufügen, daß er »über diese Frage eine Direktive von Trotzki einholen will«.

Ohne diese Aussage wäre Romms Zeugnis wertlos. »In Durchführung der Trotzkistischen Direktive« wurde das terroristische Zentrum gebildet. Jetzt braucht man Trotzkis Direktive zur Schaffung eines parallelen Zentrums. Ohne Trotzki können diese Menschen keinen Schritt tun. Oder, richtiger gesagt, sie sind bemüht, durch alle Kanäle das Weltall zu unterrichten, daß alle Schandtaten nicht anders als auf Trotzkis Direktive hin geschehen.

Die Reise Romms benutzt Radek selbstverständlich, um Trotzki einen Brief zu schreiben.

Wyschinski: »Was stand in diesem Brief? Wußten Sie das?«

Romm: »Ja, weil mir der Brief ausgehändigt und dann (!), vor meiner Abreise nach Genf, in den Deckel eines deutschen Buches eingebunden wurde.«

Der Staatsanwalt zweifelt von vornherein nicht daran, daß Romm der Inhalt des Briefes bekannt ist; zu diesem Zwecke wurde ja der unglückselige Korrespondent der TASS in einen Zeugen verwandelt. Und doch liegt in Romms Antwort mehr Gehorsam als Sinn: der Brief wird ihm zuerst eingehändigt und dann in den Einband eines deutschen Buches eingebunden. Was bedeutet eigentlich »eingehändigt«? Wer hat ihn in den Einband getan? Würde Radek den Brief einfach in ein Buch eingebunden und Romm beauftragt haben, das Buch zu übergeben, wie es jeder revolutionäre Abc-Schütze getan hätte, Romm hätte dem Gericht nichts anderes mitteilen können, als daß er dem Adressaten ein »deutsches Buch« abgeliefert habe. Wyschinski aber genügt das nicht. Deshalb wurde der Brief zuerst Romm »eingehändigt« – zum Durchlesen? – und »dann« in einen Einbanddeckel getan, damit später der Staatsanwalt seinen Geist nicht zu sehr zu strapazieren braucht. Die Menschheit erfährt auf diese Weise ohne viel Mühe, daß Radek Trotzki nicht von Spektralanalyse, sondern vom berüchtigten terroristischen Zentrum Mitteilung gemacht hat.

Auf der Durchreise in Berlin schickte Romm vom Bahnhof aus das Buch als Drucksache an die Adresse, die ihm Sedow gegeben hatte: »Postlagernd an eines der Berliner Postämter«. Diese Herren haben sich an dem Prozeß der 16 die Finger verbrannt und gehen nun vorsichtig ans Werk. Romm hat weder Sedow noch eine dritte von diesem ihm genannte Person besucht, denn in diesem Falle hätte man doch die Adresse und die Person nennen müssen. Das aber war riskant. Romm hat den Brief auch nicht an die Adresse irgendeines mit Sedow in Verbindung stehenden Deutschen gesandt, obwohl dies jeder illegalen Tradition entsprochen hätte, aber auch in diesem Falle hätte man Name und Adresse des Deutschen kennen müssen. Es ist deshalb viel vorsichtiger (nicht vom Standpunkt der Konspiration, aber vom Standpunkt der Falsifikation), das Buch »postlagernd, an eines der Berliner Postämter« zu spedieren.

Die nächste Begegnung Romms mit Sedow fand »im Juli 1933« statt. Merken wir uns dieses Datum. Wir nähern uns dem zentralen Punkte der Aussage. Hier muß auch ich auf die Bühne treten.

Wyschinski: »Aus welchem Anlaß, wie und wo trafen Sie sich wieder?«

Romm: »In Paris. Ich war aus Genf gekommen, und einige Tage später rief mich Sedow telephonisch an.«

Es bleibt unbekannt, woher Sedow von der Ankunft Romms erfahren hatte. Auf den ersten Blick mag diese Bemerkung als Nörgelei erscheinen. In Wirklichkeit aber enthüllt sie wiederum das System ängstlichen Verschweigens. Um Sedow von seiner Ankunft zu benachrichtigen, hätte Romm dessen Adresse oder Telephonnummer wissen müssen. Romm weiß weder das eine noch das andere. Es ist besser, die Initiative Sedow zu überlassen, seine eigene Adresse kennt ja Romm. Sedow bestimmte eine Zusammenkunft in einem Café auf dem Boulevard Montparnasse und sagte, »er wolle mir (Romm) eine Begegnung mit Trotzki vermitteln«. Wir wissen, daß Romm als Verbindungsagent unbedenklich seinen Kopf riskiert hatte, ohne bisher den geringsten Wunsch gezeigt zu haben, sich mit mir zu treffen oder mit mir in Korrespondenz zu treten. Auf Sedows Vorschlag hin aber war er sofort bereit. Ebenso hatte er sich zwei Jahre vorher auf Putnas Vorschlag sofort zu einem Treffen mit Sedow begeben. Ebenso war er nach den ersten Worten Sedows sofort bereit, Radek Briefe zu übermitteln. Romms Funktion ist: mit allem einverstanden zu sein, aber keine eigene Initiative zu entwickeln. Offenbar hatte er sich mit der GPU auf dieses »Minimum« an verbrecherischer Tätig-

keit geeinigt, in der Hoffnung, so seinen Kopf zu retten. Ob er
ihn retten wird, ist eine andere Frage ...

Einige Tage nach dem Telephongespräch traf sich Sedow
mit Romm »im gleichen Café«. Aus Vorsicht wird das Café
nicht genannt: plötzlich könnte sich herausstellen, das Café sei
am Vorabend abgebrannt! Die Geschichte mit dem Kopenhagener Hotel Bristol haben sie sich nun ein für allemal gemerkt.
»Von dort (dem unbekannten Café) begaben wir uns in den
Bois de Boulogne, wo wir uns mit Trotzki trafen.«

Wyschinski: »Wann war das?« Romm: »Ende Juli 1933.«

Wahrhaftig, eine unpassendere Frage hätte Wyschinski
nicht stellen können! Es ist wahr, Romm hatte schon früher
die Bemerkung gemacht, die Episode spiele im Juli 1933.
Doch er hätte sich geirrt oder versprochen haben können.
Man hätte ihn erschießen und dann einen der Pritts beauftra-
gen können, den Irrtum zu korrigieren. Doch auf Drängen
des Staatsanwalts wiederholt und präzisiert Romm, die Zusammenkunft habe »Ende Juli 1933« stattgefunden. Hier hat
die Vorsicht Wyschinski völlig verlassen! Romm hat ein
wahrhaft fatales Datum genannt, das allein imstande ist, nicht
nur Romms Aussagen, sondern auch den ganzen Prozeß zu
begraben. Wir müssen jedoch den Leser um ein wenig Geduld bitten. Auf den fatalen chronologischen Irrtum und seine
Quellen werden wir an entsprechender Stelle eingehen. Jetzt
wollen wir den gerichtlichen Dialog oder richtiger das Duett
weiterverfolgen.

Die Begegnung Romms mit mir im Bois de Boulogne – seine
überhaupt erste Begegnung mit mir, wie aus seiner eigenen
Erzählung folgt – mußte doch, sollte man annehmen, in seinem
Gedächtnis haften geblieben sein. Aber wir vernehmen von
ihm nichts: weder über den ersten Augenblick der Bekanntschaft noch über den äußeren Eindruck oder den Verlauf des
Gesprächs; gingen wir durch die Alleen oder saßen wir auf einer Bank, rauchte ich, Zigarren, Zigaretten oder Pfeife? – kein
lebendiger Strich, kein subjektives Erlebnis, kein Wahrneh-
mungseindruck! Trotzki in der Allee des Bois de Boulogne
bleibt für Romm ein Gespenst, eine Abstraktion, eine Figur aus
den Mappen der GPU. Romm sagt nur, das Gespräch habe
»etwa 20 bis 25 Minuten« gedauert.

Wyschinski: »Zu welchem Zwecke hat sich Trotzki nun mit
Ihnen getroffen?«

247

Romm: »Ich habe es so verstanden (!), um die Weisungen, die ich in dem Brief nach Moskau mitnahm, mündlich zu bestätigen.« Bemerkenswerte Worte: ich habe es »so verstanden«. Der Zweck der Zusammenkunft war, wie sich herausstellt, derart unbestimmt, daß Romm darüber nur nachträglich Vermutungen aufzustellen vermag. In der Tat, nachdem ich in dem Brief Radek rituelle Instruktionen hinsichtlich der Ausrottung von Führern, Schädlingsarbeit usw. erteilt hatte, welchen Grund sollte ich noch gehabt haben, mich mit einem mir unbekannten Verbindungsagenten zu unterhalten. Es kommt vor, daß man mündlich erteilte Direktiven schriftlich bestätigt. Es kommt vor, daß man durch eine autoritative Person Direktiven, die man einer untergeordneten Stelle gegeben hat, bestätigt. Es ist aber unbegreiflich, wozu ich es nötig hatte, durch den für niemand autoritären Romm mündlich jene Direktiven zu bestätigen, die ich Radek schriftlich erteilt hatte. Jedoch, wenn diese Handlungsweise vom Standpunkt des Verschwörers unbegreiflich ist, so ändert sich die Sache sofort, wenn man die Interessen des Staatsanwalts berücksichtigt. Ohne Begegnung mit mir hätte Romm nur aussagen können, er habe Radek einen in einem Bucheinband versteckten Brief übergeben. Diesen Brief besitzt aber weder Radek, noch Romm, noch der Staatsanwalt. Den in einem Einband enthaltenen Brief hätte Romm nicht lesen können. Vielleicht war der Brief gar nicht von mir? Vielleicht war darin gar kein Brief. Um Romm aus der schwierigen Lage zu befreien, habe ich das Buch für Radek nicht durch einen geschützten Vermittler, sagen wir einen Franzosen, dem Verbindungsagenten übergeben lassen, was jeder Konspirator getan hätte, der das fünfzehnte Lebensjahr überschritten hat, sondern ich, der das fünfzigste Lebensjahr bereits überschritt, habe gerade umgekehrt gehandelt, nämlich: meinen Sohn in die Operation verwickelt, was an sich ein grober Fehler war, und außerdem auch noch selbst 20 bis 25 Minuten lang Romm seine späteren Aussagen eingepaukt. Die Methodologie der Fälschung zeichnet sich nicht durch Raffiniertheit aus!

Im Gespräch habe ich selbstverständlich erklärt, daß ich »mit der Idee des parallelen Zentrums einverstanden bin, aber unter der Bedingung des Aufrechterhaltens des Blocks mit den Sinowjewisten und ferner unter der Bedingung, daß das parallele Zentrum nicht tatenlos bleiben, sondern aktiv arbeiten wird, indem es die aufrechten Kader um sich sammelt«. Welch tiefe und fruchtbare Gedanken!... Ich mußte natürlich »die Aufrechterhaltung des Blocks mit den Sinowjewisten« fordern, andernfalls hätte Stalin keine Gelegenheit gehabt, Sinowjew, Kamenjew, Smirnow und die anderen zu erschießen. Ich habe aber auch die Schaffung des parallelen Zentrums gutgeheißen, um Stalin die Möglichkeit zu geben, Pjatakow, Serebrjakow und Muralow zu erschießen. Übergehend zu der Frage von der Notwendigkeit, nicht nur Terror, sondern auch Industriesabotage anzuwenden, empfahl ich, vor Opfern an Menschen nicht zurückzuschrecken. Romm äußerte seine »Verwunderung«: Das würde ja bedeuten, »die Verteidigungsfähigkeit des Landes zu untergraben«! Ich habe folglich im Bois de Boulogne mich einem unbekannten jungen Menschen, der nicht einmal meine »defaitistischen« Einstellungen teilte, mein Herz ausgeschüttet. Und das alles, weil Romm im Jahre 1927 sich Radek in der »chinesischen Frage« angeschlossen hat.

Selbstverständlich hat der gewissenhafte Romm nicht nur pünktlich den nie geschriebenen Brief abgeliefert, sondern Radek dabei auch von dem erdachten Gespräch mit mir berichtet – um Wyschinski die Möglichkeit zu geben, sich auf zwei Zeugnisse zu stützen. Ende September 1933 übergab Radek Romm die Antwort. Über den Inhalt des Briefes teilt Romm diesmal nichts mit, es ist auch nicht notwendig, da die Briefe in diesem Prozeß sich alle ähneln wie die Beschwörungen von Schamanen. Das Buch mit dem Brief übergab Romm Sedow »in Paris im November 1933«. Die nächste Zusammenkunft fand statt im April 1934, wiederum im Bois de Boulogne. Romm kam mit der Kunde, daß er bald nach Amerika versetzt werden würde. Sedow »bedauerte es«, bat aber, von Radek einen »ausführlichen Bericht über die Lage« zu bringen.

Wyschinski: »Haben Sie den Auftrag ausgeführt?«

Romm: »Ja, ich habe ihn ausgeführt.«

Wie hätte Romm ihn nicht ausführen können? Im Mai 1934 übergab er in Paris Sedow ein englisch-russisches technisches Wörterbuch (welche Genauigkeit!), das »ausführliche Berichte sowohl des aktiven wie des parallelen Zentrums« enthielt. Beachten wir diesen kostbaren Umstand! Keinem einzigen der 16 Angeklagten, von Sinowjew bis Reingold, der alles gewußt und alle denunziert hat, war im August 1936 von der Existenz eines parallelen Zentrums auch nur das geringste

249

bekannt. Romm aber war seit Herbst 1932 auf das genaueste über die Idee des parallelen Zentrums und seiner Realisierung unterrichtet. Nicht weniger bemerkenswert ist die Tatsache, daß Radek, der dem aktiven Zentrum nicht angehörte, trotzdem »ausführliche Berichte des aktiven wie des parallelen« Zentrums versandte. Über den Inhalt dieser Berichte sagt Romm nichts und Wyschinski belästigt ihn natürlicherweise nicht. Denn was hätte Romm auch sagen können? Im Mai 1934 war Kirow noch nicht ermordet, durch Nikolajew unter Beteiligung der GPU und deren Agenten, des lettischen Konsuls Bissineks. Romm hätte sagen müssen, daß die Tätigkeit des »aktiven und des parallelen Zentrums« darin bestand, von mir Direktiven zu verlangen und in Empfang zu nehmen. Aber das wissen wir ohnehin. Belassen wir deshalb die »ausführlichen Berichte« Radeks in den Tiefen des technischen Wörterbuchs.

Wyschinski interessiert sich ferner dafür, worauf das Gespräch mit Sedow bezüglich Romms Versetzung nach Amerika hinauslief. Romm berichtet unverzüglich von der durch Sedow übermittelten Bitte Trotzkis:»wenn es etwas Interessantes auf dem Gebiete der sowjet-amerikanischen Beziehungen geben würde, ihn zu informieren«. An sich klingt die Bitte auf den ersten Blick harmlos: als Politiker und Schriftsteller hatte ich natürlich Interesse für die sowjet-amerikanischen Beziehungen, um so mehr, als ich in den vergangenen Jahren in der amerikanischen Presse wiederholt in Artikeln und Interviews für die Anerkennung der Sowjets durch die Vereinigten Staaten eingetreten war. Aber Romm, der sich nicht weiter wunderte, als man durch ihn Instruktionen über Terror und Sabotage übermittelte, hatte es diesmal für seine Pflicht gehalten, sich zu wundern. »Als ich fragte, weshalb es denn so interessant sei (!), sagte Sedow:ηDas ergibt sich aus der Einstellung Trotzkis auf die Niederlage der USSR.‹«

Wieder einmal ein Punkt über dem i. Aber ich habe mich doch in meinen Artikeln stets für die Verständigung mit der USSR ausgesprochen; ich habe öffentlich mit jenen meiner angeblichen Gesinnungsgenossen gebrochen, die Zweifel äußerten an der Pflicht eines Revolutionärs, die USSR zu verteidigen, trotz dem Stalinschen Regime. Es bleibt also nichts anderes übrig, als anzunehmen, daß mein »Defaitismus«, der in absolutem Gegensatz zu meiner publizistischen Tätigkeit stand, ein strenges Geheimnis der wenigen Eingeweihten bildete. Es lohnt sich nicht, davon zu sprechen, wie weit eine solche Hypothese politisch und psychologisch läppisch ist. Aber die Anklage beruht völlig darauf, steht und fällt mit ihr. Wyschinski, der in Details, Daten und Adressen usw. so Vorsichtige ist absolut stumpfsinnig in bezug auf die grundlegenden Probleme des Prozesses. Wenn Romm Sedow fragt, weshalb mich die sowjet-amerikanischen Beziehungen »interessieren« (eine an sich sinnlose Frage), antwortet Sedow, anstatt auf meine literarische Tätigkeit zu verweisen, eilfertig: »Das ergibt sich aus Trotzkis Einstellung auf die Niederlage der USSR.« Es stellt sich also heraus, daß ich aus meinem »Defaitismus« gar kein Geheimnis machte. Wozu dann meine gesamte angestrengte theoretische und publizistische Arbeit? Daran denken die Herren Ankläger nicht, sie sind unfähig, daran zu denken. Ihre Fälschung entfaltet sich auf einer psychologisch viel niedrigeren Ebene. Sie werden ohne Psychologie fertig. Ihnen genügt der Inquisitionsapparat.

Auf die weitere Frage Wyschinskis antwortet Romm: »Ja, ich erklärte mich bereit, die Trotzki interessierenden Informationen zu senden.« Jedoch habe Romm im Mai 1934 den »letzten Auftrag« erfüllt. Nach der Ermordung Kirows beschloß er, »die aktive Arbeit einzustellen«. Deshalb habe er mir keine Informationen aus den Vereinigten Staaten gesandt... Unter meinen amerikanischen Freunden befinden sich Menschen von hoher wissenschaftlicher und politischer Qualifikation, die jederzeit bereit sind, mich über alle Fragen, die den Kreis meiner Interessen bilden, zu informieren. Mich um Informationen an Romm zu wenden, hatte ich folglich gar keinen Grund... sieht man von dem Bedürfnis ab, ihm mein »defaitistisches« Programm mitzuteilen.

Diese gesamte Episode ist in die Aussagen Romms wohl eingefügt worden – wie wahrscheinlich der ganze Romm in den Prozeß – erst nachdem man erfahren hatte, daß ich im Begriff stand, nach Amerika überzusiedeln. Die Einbildungskraft der GPU war bestrebt, jenes Tankschiff zu überholen, das mich von Oslo nach Tampico brachte. Die Regierung der Vereinigten Staaten erhielt auf diese Weise von Anfang an eine Warnung: In Washington trieb der Trotzkistische Agent Romm sein Unwesen, der »bereit war«, Trotzki eine Information zu senden. Was für eine? Ganz klar: eine, die die Lebensinteressen der Vereinigten Staaten bedrohte. Radek vertiefte die Warnung:

ein Teil meines Programms sei, »Japan im Falle eines Krieges mit den Vereinigten Staaten mit Petroleum zu versorgen« (Verhandlung vom 23. Januar). Das war wohl auch der Grund, weshalb ich als Verkehrsmittel aus Oslo nach Tampico das Tankschiff gewählt hatte, als ein unentbehrliches Instrument bei meinen weiteren Operationen mit Petroleum. Beim nächsten Prozeß wird sich Romm wahrscheinlich erinnern, daß ich ihn beauftragte, den Panamakanal abzusperren und den Niagara zur Überschwemmung New Yorks abzuleiten – das alles als Beschäftigung in seinen von der Arbeit als Korrespondent der »Iswestja« freien Stunden… Sind alle diese Menschen wirklich so dumm? Nein, sie sind gar nicht dumm, aber ihre Gedanken sind durch das Regime der totalitären Verantwortungslosigkeit völlig demoralisiert.

Beim einigermaßen aufmerksamen Lesen kompromittiert jede Frage Wyschinskis im voraus Romms Antwort. Jede Antwort Romms überführt Wyschinski. Der Dialog als Ganzes befleckt den Prozeß. Die Serie dieser Prozesse schändet auf nicht gutzumachende Weise Stalins System. Indes haben wir das Wichtigste noch nicht gesagt. Daß Romms Aussagen falsch sind, ergibt sich aus ihnen von selbst für jeden, der nicht blind und nicht taub ist. Doch wir besitzen Beweise auch für Blinde und Taube.

Ich war nicht im Bois de Boulogne Ende Juli 1933. Ich konnte nicht dort gewesen sein. Ich befand mich zu jener Zeit fünfhundert Kilometer von Paris entfernt, am Ufer des Atlantischen Ozeans und war krank. Ich habe dies schon durch die »New-York-Times« (am 17. Februar 1937) mitgeteilt. Ich will hier die ganze Episode etwas ausführlicher darstellen, sie verdient es!

Am 24. Juli 1933 sollte der italienische Dampfer »Bolgaria« mit mir, meiner Frau und vier meiner Mitarbeiter (zwei Amerikaner: Sara Weber, Max Shachtman, der Franzose Van Heijenoort und der deutsche Emigrant Adolf) im Marseiller Hafen landen. Nach einem mehr als vierjährigen Aufenthalt in der Türkei übersiedelten wir nach Westeuropa. Unserer Einreise nach Frankreich waren langwierige Bemühungen vorausgegangen, wobei der Hinweis auf meinen Gesundheitszustand die wichtigste Stelle einnahm. Die Regierung Daladier, die mir die Erlaubnis erteilt hatte, wahrte jedoch große Vorsicht: sie befürchtete Attentate, Manifestationen und andere Zwischenfälle, besonders in der Hauptstadt. Am 29. Juni 1933 teilte der Innenminister Chautemps dem Deputierten Henri Guernut schriftlich mit, daß mir »aus Gesundheitsgründen das Recht erteilt werde, in einem der südlichen Departements Aufenthalt zu nehmen und später mich auf Korsika niederzulassen« (Korsika hatte ich selbst in einem Brief bedingt genannt). Somit war die Rede von Anfang an nicht von der Hauptstadt, sondern von einem entfernten Departement. Ich konnte keinen Beweggrund haben, diese Verabredung zu verletzen, da ich selbst genügend daran interessiert war, während meines Aufenthalts in Frankreich alle Komplikationen zu vermeiden. Schon allein der Gedanke daran, daß ich, kaum französischen Boden betreten, entgegen dem Übereinkommen, mich den Augen der Polizei entziehen und mich geheim nach Paris begeben haben könnte, zum Zwecke eines völlig überflüssigen Rendezvous mit Romm, muß man als völlig phantastisch zurückweisen.

Nein, die Sache war ganz anders...

Ermutigt durch den Sieg Hitlers in Deutschland, erhob die Reaktion in Frankreich ihr Haupt. Gegen meine Einreise ins Land wurde eine wütende Kampagne geführt von solchen Blättern wie »Matin«, »Journal«, »Liberté«, »Echo de Paris« usw. Besonders schrill klang in diesem Chor die Stimme der »Humanité«. Die französischen Stalinisten hatten noch nicht den Befehl erhalten, die Sozialisten und die Radikalen als »Brüder« anzuerkennen. Ganz im Gegenteil, Daladier wurde von der Komintern als Radikal-Faschist behandelt, Léon Blum, der Daladier stützte, als Sozial-Faschist gebrandmarkt. Was mich betrifft, so hatte ich nach der Bestimmung von Moskau die Funktion eines Agenten des amerikanischen, englischen und französischen Imperialismus zu erfüllen.

Das Inkognito, unter dem wir unsere Plätze auf dem Dampfer eingenommen hatten, wurde unterwegs selbstverständlich gelüftet. Es waren nun Manifestationen im Marseiller Hafen seitens der Faschisten und noch mehr seitens der Stalinisten zu befürchten. Unsere Freunde in Frankreich hatten allen Grund, Vorkehrungen zu treffen, damit unsere Ankunft von keinen Zwischenfällen begleitet werde, die unseren Aufenthalt in Frankreich hätten gefährden können. Um die Wachsamkeit der Feinde zu täuschen, hatten unsere Freunde zusammen mit meinem Sohn, dem es inzwischen gelungen war, aus dem Hitler-Deutschland nach Paris zu kommen, einen komplizierten strategischen Plan ausgearbeitet, der, wie der letzte Moskauer

Prozeß beweist, glänzend gelang. Der Dampfer »Bolgaria« hielt auf ein Funktelegramm aus Frankreich hin einige Kilometer vom Marseiller Hafen entfernt an, wo uns ein Motorboot erwartete, in dem sich mein Sohn, der Franzose Raymond Molinier, ferner ein Kommissar der Sûreté Générale und zwei Bootsleute befanden. Für die Fahrtunterbrechung von drei Minuten war, soviel ich mich erinnere, die Summe von tausend Francs zu zahlen. Im Journal des Dampfers ist diese Episode bestimmt eingetragen; außerdem berichtete darüber die gesamte Weltpresse. Mein Sohn kam auf unser Schiff und übergab Van Heijenoort eine schriftliche Instruktion. In das Boot stiegen nur ich und meine Frau, während unsere vier Reisegefährten mit dem ganzen Gepäck den Weg nach Marseille fortsetzten. Unser Boot legte an einem stillen Orte, Cassis, an, wo uns zwei Automobile und zwei französische Freunde, Leprince und Lasté, erwarteten. Ohne eine Minute Aufenthalt fuhren wir in die Richtung nordwestlich von Marseille, zur Mündung der Gironde, in das Dorf Saint-Palais, bei Royan, wo für uns auf den Namen Molinier bereits ein Sommerhaus gemietet war.

Unterwegs übernachteten wir in einem Hotel. Die Eintragungen im Hotelbuch sind festgestellt und von mir der Untersuchungskommission übergeben worden.

Unser gesamtes Gepäck war in der Türkei zur Wahrung des Inkognito auf den Namen Max Shachtman aufgegeben worden. Die Holzkisten, in denen meine Bücher und Papiere nach Mexiko gebracht wurden, zeigen noch jetzt diese Initialen. Angesichts des aufgehobenen Inkognitos konnte es für die Agenten der GPU in Marseille kein Geheimnis mehr sein, daß das Gepäck mir gehörte, und da meine Mitarbeiter damit in die Richtung nach Paris weiterfuhren, folgerten die GPU-Agenten, ich sei mit meiner Frau in einem Automobil oder einem Flugzeug ebenfalls in die Hauptstadt gereist. Man darf nicht vergessen, daß die Beziehungen zwischen der sowjetrussischen Regierung und Frankreich zu jener Zeit noch sehr gespannt waren. Die Presse der Komintern hatte damals sogar behauptet, ich sei mit der bestimmten Mission nach Frankreich gekommen, dem damaligen Premierminister Daladier, dem heutigen Kriegsminister, zu helfen – einen Überfall auf die USSR vorzubereiten. Wie kurz ist das menschliche Gedächtnis! ... Zwischen der GPU und der französischen Polizei konnten folglich keine intimen Beziehungen bestanden haben. Die GPU wußte über mich nur das, was die Zeitungen brachten. Romm konnte nur das wissen, was die GPU wußte. Die Presse aber hatte unsere Spur gleich nach der Landung verloren.

Auf Grund von Nachforschungen in Telegrammen ihrer eigenen Korrespondenten aus jener Zeit schrieb die Redaktion der »New York Times« am 17. Februar dieses Jahres: »Das Schiff, das im Jahre 1933 Trotzki aus der Türkei nach Marseille bringen sollte, traf dort ein, nachdem er unterwegs geheim ans Ufer gegangen war, laut einem Telegramm aus Marseille der ›The New York Times‹ vom 25. Juli 1933. Trotzki hatte drei Meilen vom Hafen entfernt ein Motorboot bestiegen und war in Cassis gelandet, wo ein Automobil wartete ... Damals kamen sich widersprechende Nachrichten: Trotzki habe sich nach Korsika begeben, in das Heilbad Royan im Zentrum Frankreichs, bei Vichy und schließlich, er sei nach Vichy gereist.«

Diese Auskunft, die der Genauigkeit des Zeitungskorrespondenten alle Ehre macht, bestätigt vollständig die vorangegangene Schilderung. Bereits am 24. Juli erging sich die Presse in Vermutungen über unser weiteres Schicksal. Die Lage der GPU, das sei zugegeben, war sehr schwierig.

Die Organisatoren der Fälschung wähnten wohl: Trotzki mußte immerhin mindestens einige Tage in Paris verbracht haben, um seine Angelegenheiten zu regeln und einen Aufenthaltsort in der Provinz zu finden. Der GPU war unbekannt, daß alle Fragen im voraus geregelt waren und ein Sommerhaus vor unserer Ankunft gemietet war. Wiederum fürchteten sich Stalin, Jeschow und Wyschinski, die Zusammenkunft mit Romm auf den August oder auf einen späteren Monat zu verlegen – man mußte das Eisen schmieden, solange es heiß war. Deshalb wählten die vorsichtigen und vorausschauenden Männer als Termin der Zusammenkunft Ende Juli, wo ich, ihrer Meinung nach, in Paris gewesen sein mußte. Aber gerade dabei hatten sie sich verspekuliert. In Paris waren wir nicht. In Begleitung meines Sohnes und dreier französischer Freunde sind wir, wie gesagt, am 25. Juli in Saint-Palais bei Royan angekommen. Gleichsam um die Lage der GPU noch zu erschweren, hatte sich der Tag unserer Ankunft durch einen Brand auf unserem Grundstück ausgezeichnet: eine Laube, ein Stück des Zaunes und ein Teil der Bäume im Garten waren in Flammen aufgegangen. Der Brand war entstanden durch Funken aus einer Lokomotive. In den Lokalzeitungen vom 26. Juli kann man

Berichte darüber lesen. Die Nichte unseres Hausbesitzers kam wenige Stunden später, um die Folgen des Brandes zu besichtigen.

Die Zeugenaussagen beider Personen, die unsere Chauffeure waren, Leprince und Raymond Molinier, wie die des uns begleitenden Lasté schildern die Reise in allen ihren Einzelheiten. Das von der Feuerwehr erteilte Zeugnis bestätigt das Datum des Brandes. Der Reporter Albert Bardon, der über den Brand Berichte an die Presse sandte, hat mich im Automobil gesehen und dies bezeugt. Eine Aussage hat auch die früher erwähnte Nichte unseres Hauswirtes gemacht.

In der Wohnung erwarteten uns Wera Lanis, die die Pflichten der Hausfrau übernommen hatte, und Segal, der uns bei der Einrichtung behilflich war. Alle diese Personen haben die letzten Julitage mit uns verbracht und waren Zeugen, daß ich, kaum in Saint-Palais angekommen, mich mit einem Lumbago und Fieber niederlegen mußte.

Von unserer Ankunft war der Präfekt des Departements Charente Inférieure sofort durch ein Geheimtelegramm aus Paris benachrichtigt worden. Wir lebten bei Royan wie überhaupt in Frankreich inkognito. Unsere Papiere wurden nur durch höhere Beamte der Sûreté Générale in Paris kontrolliert. Dort kann man zweifellos Spuren unserer Marschroute finden.

In Saint-Palais war ich zwei Monate krank und in Behandlung eines Arztes. In der »Times« schrieb ich, daß mich in Saint-Palais etwa dreißig Freunde besucht hätten. Wie ich später aus dem Gedächtnis und aus Aufzeichnungen feststellen konnte, besuchten mich dort mindestens fünfzig Personen: etwa dreißig Franzosen, vorwiegend Pariser, sieben Holländer, zwei Belgier, drei Engländer, zwei Italiener, zwei Deutsche, ein Schweizer usw. Unter den Besuchern waren Menschen mit bekannten Namen, wie etwa der französische Schriftsteller André Malraux, der Schriftsteller und Übersetzer meiner Bücher, Parichanin, der holländische Deputierte Snevliet, die holländischen Journalisten Schmidt und Dekadt, der frühere Sekretär der englischen Unabhängigen Arbeiterpartei, Paton, der deutsche Emigrant W., der deutsche Schriftsteller G. und andere (ich nenne Emigranten nicht beim Namen, um ihnen keine Unannehmlichkeiten zu bereiten, doch werden sie es alle selbstverständlich vor einer Kommission bestätigen). Würde ich die letzten Julitage in Paris verbracht haben, die meisten meiner Besucher hätten nicht nötig gehabt, die Fahrt nach Royan zu machen. Sie wußten aber alle, daß ich in Paris nicht war und nicht sein konnte ... Von den vier Mitarbeitern, die mit uns die Reise gemacht hatten, kamen drei von Paris nach Royan. Nur Max Shachtman fuhr über Le Havre nach New York, ohne sich von mir verabschieden zu können. Ich habe der Kommission einen Brief vom 8. August 1933 unterbreitet, in dem Max Shachtman sein Bedauern ausspricht, daß er sich unterwegs von uns losgerissen hatte, ohne sich auch nur zu verabschieden. Nein, an Beweisen mangelt es nicht ...

Anfang Oktober hatte sich mein Gesundheitszustand gebessert, und meine Freunde brachten mich mit einem Auto nach Bagneur in den Pyrenäen, noch weiter von Paris entfernt. Dort verlebte ich mit meiner Frau den Monat Oktober. Allein nur deshalb, weil unser Aufenthalt in Royan wie in den Pyrenäen ohne Zwischenfälle verlaufen war, willigte die Regierung ein, daß wir uns der Hauptstadt näherten, empfahl uns aber, außerhalb der Grenzen des Seine-Departements Aufenthalt zu nehmen. Anfang November kamen wir nach Barbizon, wo für uns ein Häuschen gemietet war. Von Barbizon aus besuchte ich tatsächlich einigemal die Hauptstadt, stets in Begleitung von zwei bis drei Freunden, wobei das Programm des Tages im voraus präzis festgelegt war und die wenigen Wohnungen, die ich besuchte, wie auch die Liste der Personen, die mich besuchten, genau festzustellen sind. Das alles bezieht sich jedoch auf den Winter 1933. Die GPU aber hat Romms Begegnung mit mir im Juli 1933 veranstaltet. Diese Begegnung fand nicht statt. Sie konnte nicht stattfinden. Wenn es in der Welt überhaupt den Begriff Alibi gibt, so findet er hier seinen vollständigen und vollendeten Ausdruck. Der unglückliche Romm hat gelogen. Die GPU zwang ihn zu lügen. Wyschinski hat seine Lüge gedeckt. Nur dieser Lüge wegen war Romm verhaftet und zum Zeugen gemacht worden.

Pjatakows Flug nach Norwegen

Bereits am 24. Januar, am Tage nach Beginn des letzten Prozesses und nach der ersten Aussage Pjatakows, als man sich nur auf die kurzen Berichte der Telegraphenagenturen stützen konnte, schrieb ich in einem Communiqué für die Weltpresse: »Wenn Pjatakow nach Oslo unter seinem eigenen Namen gekommen wäre, die gesamte norwegische Presse hätte das mitgeteilt. Folglich ist er unter einem fremden Namen gekommen. Unter welchem? Sämtliche höheren Sowjetwürdenträger im Auslande stehen in ständiger telephonischer und telegraphischer Verbindung mit ihren Gesandtschaften und Handelsvertretungen und können auch nicht für eine Stunde der Überwachung der GPU entgehen. Wie hätte Pjatakow seine Reise nach Norwegen ohne Wissen der Sowjetgesandtschaften in Deutschland und in Norwegen machen können? Er möge doch die Einrichtung meiner Wohnung beschreiben. Hat er meine Frau gesehen? Trug ich einen Bart oder nicht? Wie war ich angezogen? Der Eingang in mein Arbeitszimmer führte durch Knudsens Wohnung, und unsere sämtlichen Bekannten, ohne Ausnahme, wurden der Familie Knudsen vorgestellt. Hat sie Pjatakow gesehen? Haben sie Pjatakow gesehen? Dies ist ein Teil jener präzisen Fragen, mit deren Hilfe es einem einigermaßen ehrlichen Gericht leicht wäre zu beweisen, daß Pjatakow nur Erfindungen der GPU wiederholt.«

Am 27. Januar 1937, am Tage vor der Anklagerede des Staatsanwalts, wandte ich mich bezüglich der angeblichen Begegnung Pjatakows mit mir in Norwegen vermittels der Telegraphenagenturen an das Moskauer Gericht mit dreizehn Fragen. Die Bedeutung meiner Fragen motivierte ich mit folgenden Worten: »Es handelt sich um Aussagen Pjatakows. Er berichtete, daß er mich im Dezember 1935 in Norwegen zum Zwecke konspirativer Verhandlungen besucht hätte. Pjatakow sei angeblich aus Berlin nach Oslo mit einem Flugzeug gekommen. Die enorme Bedeutung dieser Aussage ist klar. Ich habe es mehr als einmal erklärt und erkläre es jetzt wieder, daß Pjatakow und Radek in den letzten neun Jahren keine Freunde von mir waren, sondern meine bösesten und skrupellosesten Feinde, und daß von Begegnungen und Gesprächen zwischen uns keine Rede sein konnte. Wenn es bewiesen wird, daß Pjatakow mich tatsächlich besucht hat, dann ist meine Position hoffnungslos kompromittiert. Dagegen, wenn ich beweise, daß die Erzählung über den Besuch von Anfang bis zu Ende erfunden ist, dann wird kompromittiert sein das System der ›freiwilligen Geständnisse‹. Wenn man selbst annimmt, das Moskauer Gericht sei über jeden Verdacht erhaben, so bleibt unter Verdacht der Angeklagte Pjatakow. Seine Aussagen müssen unbedingt nachgeprüft werden. Das ist nicht schwer. Unverzüglich, solange Pjatakow nicht erschossen ist, muß man ihm die folgenden präzisen Fragen vorlegen.« Ich will noch einmal betonen, daß die Fragen, die ich gestellt hatte, auf den ersten telegraphischen Meldungen fußten und deshalb in einigen nebensächlichen Details ungenau sind. Im wesentlichen aber haben sie auch jetzt noch ihre Kraft behalten. Meine ersten Pjatakow betreffenden Fragen standen dem Gericht bereits am 25. Januar zur Verfügung. Spätestens am 28. Januar, das heißt an dem Tage, an dem der Staatsanwalt seine Anklagerede hielt, war das Gericht im Besitz meiner dreizehn Fragen. Spätestens am 26. Januar erhielt der Staatsanwalt telegraphisch die Nachricht, daß die norwegische Presse die Mitteilung von Pjatakows Flug kategorisch bestreitet. Die Rede des Staatsanwalts enthält sogar einen indirekten Hinweis darauf. Trotzdem wurde nicht eine meiner dreizehn konkret formulierten Fragen dem Angeklagten vorgelegt, für den der Staatsanwalt die Erschießung forderte. Der Staatsanwalt hat den Versuch, zu dem er verpflichtet war, nämlich die Hauptaussage des Hauptangeklagten nachzuprüfen, um damit vor der ganzen Welt unwiderruflich die Anklage gegen mich und die anderen zu bekräftigen, nicht unternommen. Wären mein Telegramm aus Oslo und meine telegraphischen Fragen nicht gewesen, man würde noch von Unachtsamkeit, Versäumnis, geistiger Unfähigkeit des Staatsanwalts und der Richter sprechen können. Unter den geschilderten Umständen kann von einem Irrtum des Gerichts nicht die Rede sein. Der Staatsanwalt wie der Gerichtsvorsitzende sind bewußt den Fragen ausgewichen, die sich aus den Aussagen Pjatakows unvermeidlich ergaben. Sie widersetzten sich der Nachprüfung, nicht darum, weil diese unmöglich war – im Gegenteil, sie war sehr einfach! –, sondern weil sie nach ihrer ganzen Rolle die Nachprüfung nicht zulassen konnten. Im Gegenteil, sie beeilten sich, Pjatakow zu erschießen. Aber die Nachprüfung wurde ohne sie vorgenommen. Sie hat absolut und unzweifelhaft die Aussage des Hauptangeklagten zur Hauptfrage widerlegt und damit den gesamten Anklageakt umgestürzt.

Heute besitzen wir den sogenannten »stenographischen« Prozeßbericht von der Gerichtsverhandlung gegen Pjatakow und die anderen. Das aufmerksame Studium der Vernehmung Pjatakows und des Belastungszeugen Bucharzew ergibt an und für sich, daß in diesem restlos abgekarteten, gefälschten und lügenhaften Verhandlungsdialog die Aufgabe des Staatsanwalts darin bestand, Pjatakow zu helfen, ohne allzuviel Albernheiten jene phantastische Version darzustellen, die ihm die GPU aufgezwungen hatte. Wir wollen darum in unserer Analyse zwei Wege einschlagen: zuerst auf Grund des offiziellen Berichts die innere Verlogenheit der Vernehmung Pjatakows durch Wyschinski nachweisen und dann objektive Tatsachen dafür erbringen, daß Pjatakows Flug und seine Begegnung mit mir ein Ding der Unmöglichkeit sind. Auf diese Weise werden wir nicht nur das Lügenhafte des Hauptzeugnisses des Hauptangeklagten aufdecken, sondern auch die Beteiligung des Staatsanwalts Wyschinski und der Richter an der Fälschung enthüllen.

»In der ersten Dezemberhälfte« 1935 will Pjatakow seine mysteriöse Reise nach Oslo über Berlin gemacht haben. Eine Art Vermittler bei der Organisierung der Reise spielte Bucharzew, der Korrespondent der »Iswestja« in Berlin, ähnlich wie Romm, der Korrespondent der »Iswestja« in Washington der Vermittler zwischen mir und Radek war. Seltsamerweise hat die Regierungszeitung zu ihren Korrespondenten an den wichtigsten internationalen Punkten »trotzkistische« Verbindungsagenten gewählt. Wäre es nicht richtiger, zu sagen: GPU-Agenten? Pjatakows Erklärung, daß »Bucharzew mit Trotzki in Verbindung stand«, ist reinste Erfindung. Sowohl von Bucharzew wie von Romm wußte ich nicht das geringste, und zwar weder persönlich noch literarisch. Die »Iswestja« sehe ich fast nie, und ausländische Korrespondenzen lese ich in der Sowjetpresse überhaupt nicht.

Es liegt kein Grund vor, daran zu zweifeln, daß Pjatakow am 10. Dezember 1935 in amtlichen Angelegenheiten nach Berlin gekommen war. Diese Tatsache ist leicht auf Grund der deutschen und der sowjetrussischen Presse nachzuprüfen, die sicherlich den Tag der Ankunft Pjatakows in der deutschen Hauptstadt und den Tag seiner Rückkehr nach Moskau vermerkt hat*. Die GPU war gezwungen, die angebliche Reise Pjatakows nach Oslo seiner tatsächlichen Reise nach Berlin anzu-

---

* Das »Berliner Tageblatt« vom 21. Dezember 1935 berichtet: »Zur Zeit hält sich in Berlin der erste Stellvertretende Volkskommissar für Schwerindustrie der USSR, Herr Pjatakow, auf, ebenso der Leiter der Import-Verwaltung des Kommissariats für Außenhandel der USSR, Herr Smolenski, der über Aufträge mit einer Reihe deutscher Firmen Verhandlungen führt.«

passen: daher die Wahl eines so unglücklichen Monats wie Dezember.

In Berlin traf sich Pjatakow sofort (»am gleichen oder am nächsten Tage«, das heißt am 11. oder 12.), wie er aussagte, mit Bucharzew. Dieser hätte mich angeblich schon im voraus von der bevorstehenden Ankunft Pjatakows benachrichtigt gehabt. Durch einen Brief? Durch ein chiffriertes Telegramm? Welchen Inhalts? An welche Adresse? Niemand bringt Bucharzew mit solchen Fragen in Verlegenheit. Adressen und Daten werden in diesem Gerichtssaal wie die Pest gemieden. Nachdem ich die Benachrichtigung von Bucharzew erhalten hatte, schickte ich meinerseits unverzüglich eine Vertrauensperson nach Berlin mit einem Zettel: »J. L., dem Überbringer dieses Zettels kann man absolut vertrauen.« Das Wort »absolut« war unterstrichen ... Dieses nicht sehr originelle Detail muß uns, wie wir sehen werden, für den Mangel anderer, wesentlicherer Mitteilungen entschädigen. Mein Bote, mit dem Namen »so etwas wie Heinrich oder Gustav« (Pjatakows Aussage), übernahm die Organisierung der Reise nach Oslo. Die Begegnung Heinrich-Gustavs mit Pjatakow fand am 11. oder 12. im Tiergarten statt und dauerte im ganzen »anderthalb bis zwei Minuten«. Ein zweites kostbares Detail! ... Pjatakow erklärte sich einverstanden, nach Oslo zu reisen, obwohl, wie er zweimal wiederholt, »dies für mich mit dem größten Risiko verbunden ist, entdeckt und überführt zu werden«. In der russischen Ausgabe fehlen diese Worte, und zwar nicht zufällig. Die Aufsicht, unter der die sowjetrussischen Würdenträger im Auslande stehen, ist sehr streng. Pjatakow hatte keine Möglichkeit gehabt, für zweimal vierundzwanzig Stunden sich aus Berlin zu entfernen, ohne den Sowjetorganen mitzuteilen, wohin er reist und ohne eine Adresse zu hinterlassen, unter der er zu erreichen wäre. Als Mitglied des ZK und der Regierung konnte Pjatakow jeden Moment irgendeinen Auftrag aus Moskau erhalten. Die in dieser Beziehung bestehenden Regeln sind dem Staatsanwalt und den Richtern sehr gut bekannt. Außerdem hatte ich schon am 24. Januar das Gericht telegraphisch befragt: »Auf welche Weise konnte Pjatakow seine Reise ohne Wissen der Sowjetvertretungen in Deutschland und in Norwegen machen?« Am 27. Januar wiederholte ich: »Wie war es Pjatakow möglich, sich vor den Sowjetvertretungen in Berlin und Oslo zu verbergen? Wie hat er sein Verschwinden nach der Rückkehr motiviert?«

Niemand hat selbstverständlich dem Angeklagten mit diesen Fragen zugesetzt.

Pjatakow vereinbarte mit Heinrich-Gustav eine Zusammenkunft »für den nächsten Tag« (12. oder 13.) morgens auf dem Flugplatz Tempelhof. Der Staatsanwalt, der in Fragen, die nicht von Bedeutung sind und keiner Nachprüfung unterliegen, mitunter große Genauigkeit fordert, interessiert sich nicht im geringsten für die Präzisierung von außerordentlich wichtigen Daten. Indes wäre es möglich gewesen, nach dem Journal der Handelsvertretung in Berlin mühelos den Arbeitskalender Pjatakows festzustellen. Das aber mußte gerade vermieden werden ...

»Am nächsten Tag, am frühen Morgen, erschien ich beim Eingang zum Flugplatz.« Am frühen Morgen? Wir hätten gerne die Stunde gewußt. In solchen Fällen wird die Stunde vorher fixiert. Aber Pjatakows Inspiratoren fürchten offenbar, sich gegen den meteorologischen Kalender zu vergehen. Am Flugplatz traf Pjatakow den Heinrich-Gustav. »Er stand vor dem Eingang und führte mich hinein. Zuerst zeigte er einen Paß, der für mich vorbereitet war. Es war ein deutscher Paß. Alle Zollformalitäten erledigte er selbst, so daß ich nur meine Unterschrift zu leisten hatte. Wir setzten uns ins Flugzeug und flogen davon ...« Sogar hier unterbricht keiner den Angeklagten. Der Staatsanwalt interessiert sich, so unwahrscheinlich das ist, für die Paßfrage nicht. Ihm genügt, daß es ein »deutscher« Paß war. Aber deutsche Pässe, wie alle anderen in der Welt, werden auf Namen ausgestellt. Auf welchen nun? Nomina sunt odiosa. Der Staatsanwalt ist nur darum besorgt, Pjatakow die Möglichkeit zu verschaffen, so schnell es geht an diesem heiklen Punkt vorbeizugleiten. »Zollformalitäten?« Die hat Heinrich-Gustav erledigt. Pjatakow hatte nur nötig, die »Unterschrift zu leisten«. Es sollte scheinen, daß hier der Staatsanwalt nun die Frage nicht umgehen könnte, welchen Namen Pjatakow geschrieben habe. Doch wohl den, der im deutschen Paß stand. Aber den Staatsanwalt interessiert es nicht. Es schweigt auch der Gerichtsvorsitzende. Es schweigen die Richter. Kollektive Vergeßlichkeit infolge Übermüdung? Aber ich hatte ja rechtzeitig Maßnahmen ergriffen, um das Gedächtnis dieser Herren aufzufrischen. Schon am 24. Januar habe ich das Gericht gefragt, unter welchem Namen ist Pjatakow nach Oslo geflogen? Drei Tage später bin ich auf diesen Punkt zurückgekommen. Die vierte der dreizehn Fragen, die ich gestellt hatte, lautet: »Mit welchem Paß ist Pjatakow von Berlin nach Oslo geflogen? Hatte er ein norwegisches Visum gehabt?« Meine Fragen haben die Zeitungen der ganzen Welt nachgedruckt. Wenn Wyschinski trotzdem Pjatakow die Paß- und Visumfragen nicht stellte, so war er sich also dessen bewußt, daß man darüber schweigen muß. Dieses Schweigen allein genügt vollkommen, um zu sagen, hier liegt eine Fälschung vor!

Folgen wir aber Pjatakow weiter: »Wir setzten uns ins Flugzeug und flogen davon, es wurde nirgendwo Station gemacht und gegen drei Uhr nachmittags landeten wir auf dem Flugplatz in Oslo. Dort stand ein Automobil. Wir setzten uns in dieses Automobil und fuhren los. Wir fuhren etwa dreißig Minuten und kamen in einen Villenvorort. Wir stiegen aus, betraten ein Häuschen, das nicht schlecht eingerichtet war, und dort erblickte ich Trotzki, den ich seit 1928 nicht gesehen hatte.« Verrät diese Erzählung nicht restlos einen Menschen, der nichts zu erzählen hat? Kein lebendiger Strich! »Setzten uns ins Flugzeug und flogen davon ...« »Setzten uns ins Automobil und fuhren los ...« Pjatakow hat nichts gesehen, mit keinem gesprochen. Er kann nichts über Heinrich-Gustav mitteilen, der ihn aus Berlin bis vor meine Türe begleitete.

Wie war die Landung? Ein ausländisches Flugzeug mußte doch das Interesse der norwegischen Flugbehörde erweckt haben? Sie hat doch die Pässe Pjatakows und seiner Reisebegleiter kontrollieren müssen? Wir vernehmen auch darüber kein Wort. Die Reise geschieht gleichsam im Traumlande, wo Menschen lautlos huschen, ohne von Polizei- und Zollbeamten belästigt zu werden. In dem »nicht schlecht eingerichteten Häuschen« erblickte Pjatakow Trotzki, den er »seit 1928 nicht gesehen hatte«. (In Wirklichkeit seit Ende 1927.) Unmittelbar nach diesen Gemeinplätzen folgt die ebenso sich in allgemeinen Redensarten bewegende Schilderung einer Unterhaltung, die geradezu extra für ein Polizeiprotokoll bestimmt war. Ähnelt denn das dem Leben und lebenden Menschen? Nach dem Sinn des Amalgams war ja Pjatakow zu mir als Gesinnungsgenosse gekommen, als Freund, nach einer langen Trennung. Einige Jahre, etwa von 1923 bis 1928, standen wir uns wirklich recht nahe, Pjatakow kannte meine Familie und fand seitens meiner Frau stets herzlichen Empfang. Er mußte offenbar ein ganz besonderes Vertrauen zu mir behalten haben, wenn er

263

nach einem Brief von mir sich in einen Terroristen, Saboteur und Defaitisten verwandelte, und auf das erste Signal hin mit dem Einsatz seines Kopfes zu mir geflogen kam. Man mußte unter diesen Umständen annehmen, daß Pjatakow, nach achtjähriger Trennung, das elementarste Interesse für mich bezeugt hätte. Davon nicht die Spur. Wo fand die Begegnung statt? In meiner Wohnung oder in einem fremden Haus? Das erfahren wir nicht. Wo war meine Frau? Erfahren wir nicht. Auf die Frage des Staatsanwalts antwortet Pjatakow, bei unserer Zusammenkunft sei kein Dritter dabei gewesen, sogar »Heinrich-Gustav« war hinter der Türe geblieben. Das ist alles! Indes hätte doch Pjatakow nach der äußeren Situation, nach meinem Schreibtisch, nach dem Vorhandensein russischer Bücher und Zeitungen leicht feststellen können, ob er sich in meinem Arbeitszimmer oder in einem fremden Raume befand. Ich meinerseits hätte doch gar keinen Grund gehabt, diese harmlosen Umstände vor dem befreundeten Gast zu verheimlichen, dem ich meine verborgensten Pläne und Absichten anvertraute. Pjatakow hätte mich doch nach meiner Frau fragen müssen. Am 24. Januar stellte ich die Frage: »Hat er meine Frau gesehen?« Am 27. wiederholte ich: »Hat Pjatakow meine Frau gesehen? War sie an diesem Tage zu Hause?« (Die Reise meiner Frau zu einem Arzt nach Oslo ist leicht nachzuprüfen.) Aber um keine Nachprüfung zuzulassen, haben ja eben Pjatakows Lehrmeister ihm elastische Formeln und nichtssagende Redewendungen beigebracht – aus Vorsicht. Jedoch verrät gerade diese Vorsicht die Fälschung vom anderen Ende.

Das Flugzeug sei um drei Uhr nachmittags gelandet, den 12. oder 13. Dezember. Pjatakow sei bei mir etwa um halb vier Uhr eingetroffen. Das Gespräch dauerte annähernd zwei Stunden. Mein Gast war doch sicherlich hungrig. Habe ich ihm etwas angeboten? Es sollte scheinen, das hätte die elementarste Gastfreundschaft erfordert. Ich aber hätte dies ohne die Hilfe meiner Frau oder der Wirtin des »nicht schlecht eingerichteten Häuschens« nicht gemacht haben können. Darüber vor Gericht kein Wort. Pjatakow verließ mich um halb sechs Uhr abends. Wohin hat er sich mit dem deutschen Paß in der Tasche aus dem Villenvorort begeben? Der Staatsanwalt fragt ihn danach nicht. Wo hat er die Dezembernacht verbracht? Doch wohl kaum unter freiem Himmel? Noch weniger ist anzunehmen, daß er in der Sowjetgesandtschaft übernachtete. Wohl auch nicht in der deutschen. Also im Hotel? Aber in welchem? Unter den dreizehn Fragen, die ich dem Gericht stellte, ist auch diese: »Pjatakow hat unvermeidlich in Norwegen übernachten müssen. Wo? In welchem Hotel?« Der Staatsanwalt hat danach den Angeklagten nicht gefragt. Der Vorsitzende schwieg.

Wenn zu mir ein alter Freund gekommen wäre und dazu noch der Komplize einer Verschwörung, müßte ich doch, wie jeder andere an meiner Stelle, alles getan haben, um den Gast vor unangenehmen Überraschungen und überflüssiger Gefahr zu schützen. Nach der zweistündigen Unterredung hätte ich ihm zu essen geben und um sein Nachtquartier mich sorgen müssen. Eine so kleine Mühe hätte mir wohl keine sonderlichen Schwierigkeiten bereiten können, wo ich doch in der Lage war, ohne weiteres eine »Vertrauensperson« nach Berlin zu beordern und zum Flugplatz ein Sonderautomobil zur Ankunft des Sonderflugzeuges zu entsenden. Um sich nicht in einem Hotel oder in den Straßen Oslos zu zeigen, hätte ja Pjatakow ein natürliches Interesse daran gehabt, bei mir zu übernachten. Nach der langen Trennung hätten wir ja auch genügend miteinander zu sprechen gehabt! Aber die GPU fürchtete diese Variante, denn Pjatakow müßte sich in diesem Falle in Einzelheiten meines Daseins einlassen. Lieber an der Lebensprosa vorüberhuschen. In Wirklichkeit lebte ich bekanntlich bei Oslo nicht in einem Villenvorort, sondern in einem entlegenen Dorfe; nicht dreißig Minuten vom Flugplatz entfernt, sondern mindestens zwei Stunden, besonders im Winter, wo man Ketten um die Wagenräder spannen muß. Nein, lieber vergessen: Nahrung, Dezembernacht, Gefahr einer Begegnung mit Menschen aus der Sowjetgesandtschaft. Lieber schweigen. Wie früher, unterwegs, so ähnelt Pjatakow auch in Norwegen einem körperlosen Schatten aus einem Traum. Mögen Dummköpfe diesen Schatten für eine Realität halten!

Aus der Vernehmung des Zeugen Bucharzew, des Korrespondenten der »Iswestja«, erfahren wir nicht unwichtige ergänzende Details über die Reise. »Heinrich-Gustav« hieß, stellt sich heraus, Gustav Stirner. Dieser Name sagt mir absolut nichts, wenn auch Stirner, nach Bucharzews Bericht, meine Vertrauensperson war.

Jedenfalls erachtete es mein geheimnisvoller Bote als notwendig, sich dem Zeugen des Staatsanwalts genau vorzustellen. Werden wir in einem späteren Prozeß dem Stirner aus

Fleisch und Blut begegnen? Oder ist er ein reines Phantasieprodukt? Ich weiß es nicht. Der deutsche Name läßt einiges vermuten.

In gewissen Momenten versuchte Pjatakow seine Zusammenkunft mit mir fast wie eine traurige Notwendigkeit zu schildern: der Selbsterhaltungstrieb brach immerhin schüchtern durch die Geständnisse der Angeklagten durch. Nach Bucharzews Worten verhielt sich die Sache dagegen anders: als er von meiner Einladung erfuhr, sagte Pjatakow, er sei sehr froh, das entspreche ganz seinen Absichten, und er werde gerne dieses Rendezvous annehmen. Welch unmotivierte Expansivität seitens eines Konspirators! Doch der Ankläger braucht sie. Die Aufgabe des Zeugen besteht darin, die Schuld des Angeklagten zu erschweren, während die Aufgabe des Angeklagten darin besteht, die Hauptlast der Schuld auf mich abzuwälzen. Schließlich besteht die Aufgabe des Staatsanwalts darin, die Lügen der beiden für seine Zwecke auszubeuten.

Vom Standpunkt der Verschwörung und sogar nur der Luftreise nach Oslo erscheint Bucharzew als ganz überflüssige Person; sogar Wyschinski ist gezwungen, wie wir sehen werden, dies einzugestehen. Gustav Stirner aber, falls er auf der Erde existiert, ist offenbar für den Staatsanwalt unerreichbar. Wenn es aber den Stirner nicht gibt, dann gibt es auch keinen Zeugen. Die Schilderung, wie Pjatakow in das Flugzeug eingestiegen und wie er später ausgestiegen, müßte sich in diesem Falle auf Pjatakow allein stützen. Das wäre zu wenig. Wenn der vom Staatsanwalt geladene Bucharzew am Gang der Handlungen auch nicht teilnimmt, so erfüllt er doch die Funktion des »Boten« in der klassischen Tragödie: er meldet die hinter der Bühne sich abspielenden Ereignisse. So versäumte Pjatakow nicht, am Vorabend seiner Rückkehr aus Berlin nach Moskau (an welchem Datum?) dem Boten mitzuteilen, daß er »dort war und ihn gesehen hat«. Bucharzew geht das alles eigentlich nichts an. Indem er unnötigerweise einem Dritten Mitteilungen machte, beging Pjatakow einen Akt verbrecherischen Leichtsinns. Doch hatte er nicht anders handeln können, ohne Bucharzew die Möglichkeit zu verschaffen, nützlicher Zeuge der Anklage zu sein.

An dieser Stelle erinnert sich der Staatsanwalt plötzlich eines Versäumnisses. »Haben Sie Ihre Photographie gegeben?« fragt er unvermittelt Pjatakow, die Vernehmung Bucharzews unter-

266

brechend. Wyschinski ähnelt einem Schüler, der aus einem Gedicht eine Zeile ausgelassen hat. Pjatakow antwortet lakonisch: »Ja.«

Es handelt sich wohl um die Photographie für den Paß. Eine Photographie muß auf jedem Paß sein, auch auf einem deutschen. Indem er auf diese Weise seine Wachsamkeit bewies, riskierte der Staatsanwalt nichts. Über Namen und Visum schweigt er natürlicherweise auch diesmal. Dann nimmt sich der Hüter des Gesetzes wieder Bucharzew vor. »Ist Ihnen bekannt, wo Stirner den Paß hernahm? Wo er das Flugzeug hernahm? Ist denn das in Deutschland so leicht zu machen?« Bucharzew antwortet, daß Stirner sich auf Einzelheiten nicht einließ und ihn, Bucharzew, bat, sich keine Sorgen zu machen – eine der wenigen Antworten, die natürlich und vernünftig klingen. Der Staatsanwalt aber gibt keine Ruhe.

Wyschinski: »Haben Sie sich denn dafür nicht interessiert?«

Bucharzew: »Er hat mir nichts gesagt; er wollte auf keine Details eingehen.«

Wyschinski: »Hat es Sie nicht dennoch interessiert?«

Bucharzew: »Er hat mir doch nicht geantwortet.«

Wyschinski: »Aber Sie haben versucht, ihn danach zu fragen?«

Bucharzew: »Ich habe versucht, aber er antwortete mir nicht.«

Und so weiter in gleicher Weise. Doch wir unterbrechen hier den lehrreichen Dialog, um den Staatsanwalt selbst zu verhören. »Sie, Herr Ankläger, haben soeben nach der Photographie für den Paß gefragt? Der Paß aber selbst interessierte Sie nicht? Der Untersuchungsrichter hat Pjatakow darüber nicht vernommen? Sie haben ebenfalls vergessen, Ihre Pflicht zu erfüllen? Zweimal: am 24. und am 27. Januar habe ich Sie telegraphisch daran erinnert. Sie haben meine Frage nicht beachtet? Sie haben sich auch für meine Adresse nicht interessiert, nicht für meine Wohnung, für meine Lebensverhältnisse? Sie fragten nicht, wo Pjatakow übernachtete? Wer ihm das Hotel empfohlen hatte? Wie er sich dort eingetragen hat? Verdienen alle diese Umstände Ihre Aufmerksamkeit tatsächlich nicht? Bucharzew konnte sich doch mindestens damit ausreden, daß Gustav Stirner ihn in seine Geheimnisse nicht eingeweiht hat. Sie, Herr Vertreter der Justiz, können sich dieser Ausrede nicht bedienen, denn Pjatakow hat keine Geheimnisse vor dem Staatsanwalt. Pjatakow schweigt nur darüber, worüber ihm zu schweigen befohlen ist. Aber auch Sie, Herr Staatsanwalt, sind nicht zufällig Ihren direkten Pflichten ausgewichen: Pjatakow aus der vierten Dimension zurückzuholen, auf die sündige Erde, mit ihren Zollämtern, Restaurants, Hotels und anderen beschwerlichen Details. Sie haben über all das geschwiegen, weil Sie – einer der Hauptorganisatoren der Fälschung sind!« Wyschinski kann sich nicht beruhigen:

»Und das Flugzeug?«

Bucharzew: »Ich fragte ihn (Stirner): ›Wie wird Pjatakow fahren können?‹ Er sagte, ein Sonderflugzeug werde ihn nach Oslo und von dort zurückbringen.«

Stirner, stellt sich heraus, ist gar nicht so schweigsam. Er hätte doch dem zudringlichen Bucharzew sagen können: »Das geht Sie nichts an; Pjatakow weiß selbst, was er zu tun hat.« Aber Stirner hatte offenbar nicht vergessen, daß vor ihm ein Bote aus der Tragödie steht; deshalb teilte er ihm mit, daß Pjatakow mit einem »Sonderflugzeug« gesandt werden würde; mit anderen Worten, er gab zu verstehen: das Flugzeug stellt die deutsche Regierung zur Verfügung. Wyschinski nutzt sofort die programmgemäß vorbereitete Indiskretion Stirner-Bucharzews aus: »Aber die Reise im Flugzeug über die Grenze hat doch nicht Trotzki organisiert?« Bucharzew antwortet mit vielsagender Bescheidenheit: »Das weiß ich nicht.« Wyschinski: »Und das Flugzeug? Sie sind doch ein erfahrener Journalist; es muß Ihnen doch bekannt sein, daß es nicht so einfach ist, aus einem Staat in den anderen über die Grenze zu fliegen?« (Leider, leider vergißt es der Staatsanwalt selbst, wenn es sich um die Landung des Flugzeugs, um den Paß, das Visum, die Übernachtung im Hotel usw. handelt!) Bucharzew kommt dem Staatsanwalt einen Schritt entgegen: »Ich habe das so verstanden, daß er, Stirner, das alles durch deutsche offizielle Persönlichkeiten machen kann.« Was zu beweisen war!

Als komme ihm etwas in den Sinn, sagt Wyschinski plötzlich: »Konnte man bei dieser Sache nicht ohne Sie auskommen? Wozu haben Sie an dieser Operation teilgenommen?« Die gefährliche Frage ist zu dem Zweck gestellt, Bucharzew die Möglichkeit zu geben, vor Gericht zu erzählen, wie Radek »seinerzeit« (wann denn?) ihm, dem »Trotzkisten«, angekündigt hatte, er werde verschiedene Aufträge auszuführen haben, und ihm

268

gleichzeitig mitgeteilt, »daß Pjatakow ein Mitglied des Zentrums ist«. Also: Radek hat alles vorausgesehen und für jeden Fall den künftigen Zeugen mit den nötigen Informationen ausgerüstet.

Wie dem auch sei. Dank Bucharzew erfahren wir endlich, daß Pjatakow nicht nur nach Oslo mit dem »Sonderflugzeug« flog, sondern auch auf dem gleichen Wege nach Berlin zurückkehrte. Diese außerordentlich wichtige Mitteilung bedeutet, daß das Flugzeug nicht etwa nur für wenige Minuten gelandet war, sondern den Rest des Tages und die ganze Nacht, das heißt, nicht weniger als 15 Stunden auf dem Flugplatz in Oslo blieb. Offenbar hat es sich dort auch mit Benzin versorgt. Wie wir gleich sehen werden, erweist Bucharzews Mitteilung uns einen größeren Dienst als dem Staatsanwalt. Wir kommen dicht an den Knotenpunkt der Aussage Pjatakows und des ganzen Prozesses heran.

Die konservative norwegische Zeitung »Aftenposten« hat sofort nach Pjatakows Aussagen eine Auskunft vom Flugplatz eingeholt und schon in ihrer Abendausgabe vom 25. Januar veröffentlicht, daß im Dezember 1935 in Oslo kein einziges ausländisches Flugzeug angekommen ist. Diese Nachricht hat selbstverständlich sofort die Runde um die Welt gemacht. Wyschinski war gezwungen, auf diese unangenehme Nachricht aus Oslo zu reagieren. Er tat es auf seine Manier. In der Gerichtssitzung vom 27. fragte der Staatsanwalt Pjatakow, ob er auch wirklich auf einem norwegischen Flugplatze gelandet sei und auf welchem? Pjatakow antwortet: »Bei Oslo.« Einen Namen weiß er nicht. Ob es nicht irgendwelche Schwierigkeiten bei der Landung gegeben habe?

Pjatakow, stellt sich heraus, ist zu sehr erregt gewesen und hat nichts Besonderes wahrgenommen. Wyschinski: »Sie bestätigen, daß Sie auf einem Flugplatz bei Oslo gelandet sind?« Pjatakow: »In der Nähe von Oslo. Ich erinnere mich dessen gut.« Wer könnte auch eine solche Sache vergessen! Danach verliest der Staatsanwalt ein Dokument, das viele Zeitungen milde mit dem Wort »überraschend« bezeichnet haben, und zwar einen Bericht der Sowjetvertretung in Norwegen, der bestätigt, »daß ... der Flugplatz Kjeller bei Oslo, den internationalen Regeln entsprechend, das ganze Jahr für Flugzeuge anderer Länder geöffnet ist und daß Landungen und Abflüge auch in den Wintermonaten möglich sind«. Nichts mehr! Der Staatsanwalt bittet, sein wertvolles Dokument zu den Gerichtsakten zu nehmen. Die Frage ist erschöpft!

Nein, die Frage beginnt erst. Die norwegischen Quellen behaupteten ja gar nicht, daß der Flugzeugverkehr in Norwegen im Winter unmöglich sei. Ist es aber die Aufgabe des Moskauer Gerichts, ein meteorologisches Nachschlagewerk für Flieger aufzustellen? Die Frage steht viel konkreter: Ist im Dezember 1935 in Oslo ein ausländisches Flugzeug angekommen oder nicht? Konrad Knudsen, Mitglied des Stortings, sandte am 29. Januar 1937 folgendes Telegramm nach Moskau: »Staatsanwalt Wyschinski, Oberstes Militärkollegium, Moskau. Teile Ihnen mit, daß heute offiziell bestätigt wurde, daß im Dezember 1935 kein ausländisches oder privates Flugzeug auf dem Flugplatz Oslo landete. Als Hauswirt Leo Trotzkis bestätige ich ferner, daß im Dezember 1935 eine Unterhaltung zwischen Trotzki und Pjatakow in Norwegen nicht stattgefunden haben kann. Konrad Knudsen, Mitglied des Parlaments.«

Am gleichen Tage, dem 29. Januar, unternahm das »Arbeiderbladet«, die Zeitung der Regierungspartei, eine neue Untersuchung über das »Sonderflugzeug«. Es sei hier erwähnt, daß diese Zeitung nicht nur meine Internierung durch die norwegische Regierung gutgeheißen, sondern auch während meiner Haft äußerst gehässige Artikel gegen mich gedruckt hat. Ich führe die Meldung des »Arbeiderbladet« wörtlich an:

Wundersame Reise Pjatakows nach Kjeller
Pjatakow hält sein Geständnis aufrecht, daß er im Dezember 1935 mit einem Flugzeug nach Norwegen gekommen und auf dem Flugplatz Kjeller gelandet sei. Das Russische Kommissariat des Auswärtigen stellte eine Untersuchung an, die dazu dienen sollte, die Aussage zu bestätigen.

Der Flugplatz Kjeller hat schon früher die Mitteilung kategorisch bestritten, daß im Dezember 1935 dort ein ausländisches Flugzeug gelandet sei. Gleichzeitig teilte Konrad Knudsen, Mitglied des Parlaments und Wohnungswirt Trotzkis, seinerseits mit, daß Trotzki in dieser Zeit überhaupt keinen Besuch gehabt hat.

»Arbeiderbladet« wandte sich heute trotzdem nochmals an den Flugplatz Kjeller, und Direktor Gulliksen, mit dem wir gesprochen haben, bestätigte uns, daß im Dezember 1935 kein einziges ausländisches Flugzeug in Kjeller gelandet ist.

Während dieses Monats war nur ein Flugzeug auf dem Flugplatz heruntergegangen, und zwar ein norwegisches Flugzeug, das aus Linköping gekommen war. Doch hatte dieses Flugzeug keine Passagiere.

Direktor Gulliksen hat, bevor er uns diese Mitteilung machte, eine Revision des Buches, in dem die täglichen Zollprotokolle eingetragen werden, vorgenommen, und auf unsere diesbezügliche Frage fügte er hinzu, es sei völlig ausgeschlossen, daß irgendein Flugzeug landen könne, ohne entdeckt zu werden. Die ganze Nacht befindet sich auf dem Flugplatz eine Militärpatrouille.

»Wann ist das letztemal vor Dezember 1935 ein ausländisches Flugzeug in Kjeller gelandet?« fragte unser Mitarbeiter Herrn Direktor Gulliksen.

»Am 19. September. Es war ein englischer Apparat, G. A. Z. S. F., der aus Kopenhagen gekommen war. Er war vom englischen Flieger Herrn Robertson gesteuert, den ich sehr gut kenne.«

»Und nach dem Dezember 1935, wann kam dann das erste ausländische Flugzeug nach Kjeller?«

»Am 1. Mai 1936.«

»Mit anderen Worten: aus den Büchern des Flugplatzes ergibt sich, daß zwischen dem 19. September 1935 und dem 1. Mai 1936 kein einziges ausländisches Flugzeug in Kjeller gelandet ist?«

»Ja.«

Um gar keinen Zweifeln Raum zu lassen, wollen wir die offizielle Bestätigung des Zeitungsinterviews anführen. Auf eine Anfrage meines norwegischen Advokaten antwortete der selbe Direktor des einzigen Flugplatzes in Oslo, Herr Gulliksen, am 12. Februar:

Flugplatz Kjeller
Direktion

Kjeller, den 14. II. 1937.

Herrn Rechtsanwalt Andreas Steilen
E. Slotgate 8, Oslo

In Beantwortung ihres Briefes vom 10. d. M., teile ich Ihnen mit, daß meine Erklärung im »Arbeiderbladet« richtig wiedergegeben ist.

Ergebenst

Gulliksen.

271

Mit anderen Worten: wenn wir der GPU einen Kredit für Pjatakows Flug nicht auf 31 Tage (Dezember), sondern auf volle 224 Tage (19. September bis 1. Mai) geben, kann Stalin auch dann seine Lage nicht retten. Die Frage betreffend Pjatakows Flug nach Oslo ist damit, hoffe ich, für alle Ewigkeit erschöpft.

Am 29. Januar war das Urteil noch nicht gesprochen. Die Mitteilungen Knudsens und des »Arbeiderbladet« waren Tatsachen von so ausnehmender Bedeutung, daß sie eine Nachuntersuchung erforderten. Aber die Moskauer Themis ist nicht von der Art, daß sie den Tatsachen erlaubt, sie in ihrem Lauf aufzuhalten. Es ist höchst wahrscheinlich – und fast mit Sicherheit anzunehmen –, daß man Pjatakow und Radek bei den Vorverhandlungen versprochen hatte, ihnen das Leben zu schenken. Die Erfüllung dieses Versprechens war in bezug auf Pjatakow, den angeblichen »Organisator« der angeblichen »Sabotage«, überhaupt nicht leicht. Wenn aber bei Stalin in dieser Hinsicht noch irgendwelche Schwankungen bestanden, so mußten die Mitteilungen aus Oslo ihnen ein Ende bereiten. Am 29. Januar habe ich durch die Presse erklärt: »Die ersten Untersuchungsschritte in Norwegen haben dem Deputierten Knudsen ermöglicht, festzustellen, daß im Dezember in Oslo überhaupt kein ausländisches Flugzeug angekommen ist ... Ich befürchte sehr, daß die GPU sich beeilen wird, Pjatakow zu erschießen, um weiteren unbequemen Fragen zuvorzukommen und die künftige internationale Untersuchungskommission zu hindern, von Pjatakow präzise Erklärungen zu verlangen.« Am nächsten Tage, dem 30. Januar, wurde Pjatakow zum Tode verurteilt, am 1. Februar – erschossen.

Durch die Vermittlung der gelben norwegischen Zeitung »Tidens-Tijn«, den amerikanischen Presseerzeugnissen Hearsts verwandt, versuchten die Freunde der GPU dem Fluge Pjatakows eine neue Version zu verleihen. Vielleicht ging das deutsche Flugzeug nicht auf dem Flugplatz nieder, sondern auf einem zugefrorenen Fjord? Vielleicht hat Pjatakow Trotzki nicht in dem Villenvorort bei Oslo, sondern im Walde besucht? Nicht in dem »nicht schlecht eingerichteten« Häuschen, sondern in einer Waldhütte? Nicht dreißig Minuten, sondern drei Fahrstunden von Oslo entfernt? Vielleicht ist Pjatakow nicht mit einem Automobil angekommen, sondern mit Schlitten oder Skiern? Vielleicht war die Zusammenkunft nicht am 12.–13., sondern am 21. bis 22. Dezember? Diese Schöpfung ist nicht schlechter und nicht besser als die Versuche, die Kopenhagener Konditorei für das Hotel Bristol auszugeben. Die Hypothesen »Tidens-Tijn« haben den Fehler, daß sie von den Aussagen Pjatakows nichts übrig lassen und gleichzeitig an den Tatsachen zerschellen. Die Widerlegung dieser Phantasien ist bereits durch die norwegische Presse erfolgt, insbesondere durch die liberale Zeitung »Dagblat«, und zwar auf Grund der Nachprüfung der wichtigsten Tatsachen, das heißt der Zeit- und der Ortumstände. Der Deputierte Konrad Knudsen hat die verspäteten Erfindungen in den Spalten des gelbesten Blattes, das inzwischen ein Orakel der Komintern geworden ist, einer nicht weniger vernichtenden Kritik unterzogen.

Ich will hier noch hinzufügen, daß der dänische Schriftsteller Andersen Nexö, der sich durch einen glücklichen Zufall (wie Pritt, wie Duranti und manche andere) während des Prozesses gerade in Moskau aufgehalten und mit »eigenen Ohren« die Geständnisse Pjatakows angehört hat, Anfang März extra nach Oslo kam, um einen Vortrag zu halten. Ob Nexö Russisch versteht, ist gleichgültig; es genügt, daß der skandinavische Ritter der Wahrheit an der Richtigkeit der Aussagen Pjatakows »nicht zweifelt«. Wenn Romain Rolland auf sich die erniedrigende Mission nahm, die vom völligen Verlust des moralischen und psychologischen Feingefühls zeugt, warum soll das nicht auch Herr Nexö tun? Die Demoralisation, die die GPU in die Mitte eines gewissen Teiles der radikalen Schriftsteller und Politiker der ganzen Welt hineinträgt, hat wahrhaft bedrohliche Dimensionen angenommen. Welche Methoden die GPU in jedem individuellen Falle anwendet, will ich hier nicht untersuchen. Es ist zur Genüge bekannt, daß diese Methoden nicht immer ideologischer Art sind (davon hat schon vor längerer Zeit mit dem ihm eigenen Zynismus der irländische Schriftsteller O'Flaherty erzählt). Einer der Gründe meines Bruches mit Stalin und seinen Mitkämpfern war, nebenbei gesagt, die seit 1924 praktizierten Bestechungen der in der europäischen Arbeiterbewegung stehenden Männer. Ein indirektes, aber äußerst wichtiges Resultat der Arbeit der Kommission wird, hoffe ich, die Reinigung der radikalen Reihen von »linken« Sykophanten sein, von politischen Parasiten, »revolutionären« Höflingen und jenen Herren, die Freunde der USSR bleiben, solange sie Freunde des Staatsverlags sind oder einfache Pensionäre der GPU.

Was wurde im letzten Prozeß widerlegt?

Die Agenten Moskaus haben in der allerletzten Zeit folgende Argumente gebraucht: »Während seines Aufenthalts in Mexiko hat Trotzki keinerlei Beweise beigebracht. Es besteht kein Grund, anzunehmen, er würde sie in Zukunft beibringen. Somit ist die Kommission von vornherein zur Unfruchtbarkeit verurteilt.« Wie kann man, frage ich, ohne Untersuchung der Tatsachen und Dokumente eine Fälschung umstoßen, die während einer Reihe von Jahren vorbereitet und aufgebaut wurde? »Freiwillige Geständnisse« von Stalin, Jagoda, Jeschow und Wyschinski besitze ich tatsächlich nicht, das gestehe ich im voraus. Wenn ich bis jetzt keine magische Formel beigebracht habe, die alle Beweise erschöpft, so ist es unwahr, daß ich keine Beweise beigebracht hätte. Während des letzten Prozesses gab ich täglich in der Presse Erklärungen mit genauen Widerlegungen ab. Den stenographischen Bericht des zweiten Prozesses habe ich erst vor zwei Wochen erhalten. Von einer abgeschlossenen Widerlegung kann unter diesen Umständen nicht die Rede sein. Jedoch habe ich – obwohl ich über keine Tageszeitung oder auch nur Wochenzeitung verfüge, wo ich mich in aller Freiheit aussprechen könnte – alle Angaben des letzten Prozesses, die gegen mich persönlich gerichtet waren, völlig widerlegt und damit das gesamte Prozeßamalgam untergraben.

Sich in seinem Schlußwort gegen die Beschimpfungen des Staatsanwalts verteidigend, der die Angeklagten nur als Gauner und Banditen charakterisierte (der Staatsanwalt Wyschinski ist selbst ein zynischer Karrierist, ein früherer rechter Menschewik), überschritt Radek offensichtlich die vorher festgelegten Grenzen der Selbstverteidigung und sagte mehr, als nötig war, und mehr, als er selbst gewollt hatte. Das ist ja überhaupt der bemerkenswerteste Zug an Radek! Diesmal aber hat er Dinge von hervorragender Bedeutung ausgesprochen. Aus diesem Grunde ist es wichtig, das letzte Wort des Angeklagten ganz besonders aufmerksam zu lesen. Die terroristische Tätigkeit und die Verbindung der Trotzkisten mit der Konterrevolution und den Schädlingsorganisationen sind, nach Radeks Worten, restlos bewiesen.».... Aber«, fährt er fort, »der Prozeß hat zwei Zentren, er hat noch eine andere riesige Bedeutung. Er hat die Schmiede des Krieges gezeigt, und er hat gezeigt, daß die trotzkistische Organisation eine Agentur jener Kräfte wurde, die den Weltkrieg vorbereiten. Welche Beweise gibt es für diese Tatsache? Für diese Tatsache gibt es Zeugenaussagen zweier Menschen: die eine von mir, der ich Direktiven und Briefe von Trotzki erhielt – die ich leider verbrannte – und die Zeugenaussagen von Pjatakow, der Trotzki gesprochen hat. Alle übrigen Aussagen der anderen Angeklagten beruhen auf unseren Aussagen. Wenn ihr es mit reinen Kriminellen zu tun habt, mit Spitzeln, worauf basiert dann Eure Sicherheit, daß das, was wir gesagt haben, die Wahrheit ist, die unerschütterliche Wahrheit?« Man traut seinen Augen nicht, wenn man diese zynisch-offenen Zeilen im Prozeßbericht liest. Weder der Staatsanwalt noch der Vorsitzende machten auch nur den geringsten Versuch, Radek zu berichtigen oder zu korrigieren: zu riskant! Indes töten Radeks verblüffende Worte den gesamten Prozeß. Ja, die ganze Anklage gegen mich stützt sich auf Radeks und Pjatakows Aussagen. An Belastungsmaterial existiert keine Spur. Briefe, die Radek von mir angeblich erhielt, hat er »leider« verbrannt (im russischen Prozeßbericht ist die Anklageschrift jedoch so verfaßt, als habe er meine Briefe im Original zitiert). Der Staatsanwalt behandelt Radek und Pjatakow wie prinzipienlose Lügner, die nur eine Aufgabe verfolgen: die Behörden zu betrügen. Radek antwortet: Wenn unsere Aussagen falsch sind (sowohl Radek wie der Staatsanwalt wissen, daß die Aussagen falsch sind!), was bleibt Euch als Beweis dafür, daß Trotzki mit Deutschland und Japan einen Bund geschlossen hat zu dem Zwecke, den Krieg zu beschleunigen und die USSR zu zerreißen? Euch bleibt nichts. Dokumente gibt es nicht. Die Aussagen der anderen Angeklagten stützen sich auf unsere Aussagen ... Der Staatsanwalt schweigt. Der Vorsitzende schweigt. Es schweigen auch die ausländischen »Freunde«. Ein drückendes Schweigen! Das ist das wahre Gesicht des Prozesses. Ein grauenhaftes Gesicht!

Wir wollen noch einmal an die faktische Seite der Aussagen von Radek und Pjatakow erinnern. Radek stand angeblich mit mir in Verkehr durch Wladimir Romm. Wladimir Romm hatte mich ein einziges Mal gesehen: Ende Juli 1933, im Bois de Boulogne bei Paris. Durch genaueste Daten, Tatsachen und Zeugen, darunter auch die französische Polizei, habe ich bewiesen, daß ich Ende Juli 1933 im Bois de Boulogne nicht war und dort nicht gewesen sein konnte, da ich als Kranker von Marseille direkt nach Saint-Palais bei Royan kam und mich also einige hundert Kilometer von Paris entfernt befand.

Pjatakow gab an, im Dezember 1935 mit einem deutschen Flugzeug zu mir nach Oslo gekommen zu sein. Die offiziellen norwegischen Behörden brachten jedoch zur allgemeinen Kenntnis, daß vom 19. September 1935 bis 1. Mai 1936 überhaupt kein einziges ausländisches Flugzeug nach Oslo kam. Das sind absolut kategorische Zeugnisse. Pjatakow hat mich ebensowenig in Oslo besucht, wie mich Romm im Bois de Boulogne gesprochen hat. Radeks Verbindung mit mir war aber ausschließlich über Romm gegangen. Der Zusammenbruch der Rommschen Aussagen läßt nichts übrig von Radeks Aussagen. Nicht mehr bleibt auch von Pjatakows Aussagen übrig. Aber nach Radeks Geständnis, das vom Gericht stillschweigend bestätigt wurde, beruht die Anklage gegen mich ausschließlich auf den Aussagen von Radek und Pjatakow. Alle anderen Aussagen haben nur den Charakter von Ersatz- und Hilfsmitteln. Sie müssen Stützpunkte für Radek und Pjatakow, den Hauptangeklagten, sein, richtiger den Hauptzeugen Stalins gegen mich. Radeks und Pjatakows Bestimmung ist, die direkte Verbindung der Verbrecher mit mir nachzuweisen. »Alle übrigen Aussagen beruhen auf den unseren«, gesteht Radek. Mit anderen Worten: sie beruhen auf nichts. Die Hauptanklage ist zusammengebrochen. Sie zerfällt in Staub. Man braucht die Ziegelsteine des Gebäudes nicht auseinanderzunehmen, wenn die zwei Grundpfeiler, auf die es sich stützte, eingestürzt sind. Meine Herren Ankläger können im Schutt auf dem Bauche herumkriechen und die Ziegelsteinsplitter sammeln ...

Der Staatsanwalt als Fälscher

Meine »terroristische« und »defaitistische« Tätigkeit bildete bekanntlich ein strengstes Geheimnis, in das ich nur die vertrautesten Personen eingeweiht hatte. Dagegen war meine dem Terrorismus und Defaitismus feindliche öffentliche Tätigkeit nur »Maskierung«. Auf dieser Position balancierend, verfällt der Staatsanwalt manchmal doch in Versuchung, auch in meiner öffentlichen Tätigkeit die Propagierung von Terror und Defaitismus nachzuweisen. Wir wollen an einigen wichtigen Beispielen zeigen, daß die literarischen Fälschungen Wyschinskis nur ein Hilfsmittel seiner Prozeßfälschungen sind.

1.

Am 20. Februar 1932 beraubte das Zentralexekutivkomitee der USSR durch ein besonderes Dekret mich und meine im Auslande befindlichen Familienmitglieder der Sowjetbürgerschaft. Nebenbei gesagt ist allein schón der Text des Dekrets ein Amalgam. Ich wurde nicht nur als Trotzki bezeichnet, sondern auch mit dem Namen meines Vaters – Bronstein, obwohl dieser Name vorher in keinem Sowjetdokument genannt war. Gleichzeitig wurden auch Menschewiki mit dem Namen Bronstein aufgestöbert und auch diese in den Akt der Ausbürgerung aufgenommen. Das ist der politische Stil Stalins!

Ich antwortete mit einem »Offenen Brief an das Präsidium des ZEK der USSR« am 1. März 1932. (»Bulletin der Opposition«, Nr. 27.) Der »Offene Brief« erinnert an eine Reihe von Fälschungen, begangen von der Sowjetpresse auf Befehl der Kommandospitze, mit der Absicht, mich in den Augen der werktätigen Massen der USSR zu kompromittieren. Seine wichtigsten Irrtümer in Fragen der Innen- und Außenpolitik aufzählend, brandmarkte der »Brief« Stalins bonapartistische Tendenzen. »... Unter der Knute der Stalinschen Clique«, sagt der Brief, »hilft das unglückliche, eingeschüchterte, verwirrte und zerzauste Zentralkomitee der deutschen Kommunistischen Partei den Führern der deutschen Sozialdemokratie, die deutsche Arbeiterklasse Hitler zur Kreuzigung auszuliefern.« In weniger als einem Jahr hat sich diese Prophezeiung unglücklicherweise völlig bestätigt! Der »Offene Brief« enthält ferner folgenden Satz: »... Stalin hat euch in eine Sackgasse hineingeführt. Man kann den Weg aus ihr nicht anders finden, als indem man die Staliniade liquidiert. Man muß der Arbeiterklasse vertrauen, man muß der proletarischen Avantgarde die Möglichkeit geben, das gesamte Sowjetsystem zu überprüfen und vom angesammelten Kehricht erbarmungslos zu reinigen. Man muß endlich den dringenden Rat Lenins erfüllen: Stalin entfernen.« Den Vorschlag, »Stalin entfernen«, motivierte ich mit folgenden Worten: »Ihr kennt Stalin ebenso gut wie ich ... Stalins Stärke lag stets nicht in ihm, sondern im Apparat oder in ihm, insofern er die vollendetste Verkörperung des bürokratischen Automatismus ist. Vom Apparat getrennt, ihm gegenübergestellt, ist Stalin ein Nichts, ein leerer Platz ... Es ist Zeit, von dem Mythos Stalin Abschied zu nehmen.« Daß hier nicht die Rede ist von der physischen Vernichtung Stalins, sondern von der Liquidierung seiner Apparat-Allmacht, ist völlig klar. Gerade dieses Dokument: Der »Offene Brief an das ZEK«, wurde später, so unwahrscheinlich das sein mag, für Stalin-Wyschinski die Grundlage der Prozeßfälschungen.

In der Gerichtssitzung vom 20. August 1936 sagte der Angeklagte Olberg aus: »... Zum erstenmal sprach mit mir Sedow über meine Reise in die USSR nach Trotzkis Aufruf, der an seine Ausbürgerung anknüpft. In diesem Aufruf entwickelte Trotzki den Gedanken, daß es notwendig sei, Stalin zu ermorden. Dieser Gedanke wurde ausgedrückt mit den Worten: ›Man muß Stalin entfernen.‹ Sedow zeigte mir den auf einer Schreibmaschine abgetippten Text dieses Aufrufs und erklärte: ›Nun, jetzt sehen Sie, deutlicher kann man es nicht sagen. Das ist die diplomatische Formulierung.‹ Damals hat mir Sedow den Vorschlag gemacht, in die USSR zu gehen.«

Der »Offene Brief« heißt bei Olberg vorsichtigerweise »Aufruf«. Das ganze Zitat führt Olberg nicht an. Der Staatsanwalt verlangt nichts Näheres. Die Worte »Stalin entfernen« werden gedeutet: man muß Stalin ermorden.

Laut Prozeßbericht sagt Golzmann am 21. August aus, daß Trotzki im weiteren Gespräch geäußert habe, »man muß Stalin entfernen« ... Wyschinski: »Was bedeutet das, Stalin entfernen? Erklären Sie es.« Golzmann erklärt es, selbstverständlich wie Wyschinski es braucht.

Gleichsam um alle Zweifel über die Quelle seiner eigenen Fälschung zu zerstreuen, sagt Wyschinski am 22. August 1936 in seiner Anklagerede: »... Deshalb hat sich Trotzki im März 1932 in einem Anfall konterrevolutionärer Wut mit einem offenen Brief entladen, wo er fordert, Stalin zu entfernen (dieser Brief wurde aus der Geheimwand des Golzmannschen Koffers herausgeholt und als Beweisstück in die Akten aufgenommen).«

Der Staatsanwalt spricht direkt von einem »Offenen Brief«, der im März 1932 als Antwort auf meine Ausbürgerung mit der Forderung »Stalin entfernen« geschrieben wurde. Das eben ist mein »Offener Brief an das Zentralexekutivkomitee«! Nach den Worten des Staatsanwalts wurde dieser Brief »aus der Geheimwand des Golzmannschen Koffers herausgeholt«. Es ist möglich, daß Golzmann bei seiner Abreise aus dem Auslande eine

Nummer des Bulletins mit meinem Offenen Brief im Koffer
versteckte, das ist eine alte Tradition der russischen Revolutionäre. Jedenfalls weisen die genauen Kennzeichen des Staatsanwalts: a) Bezeichnung: Offener Brief; b) Datum: März 1932; c)
Thema: Dekret über die Ausbürgerung, und schließlich d) die
Parole:»Stalin entfernen«, mit absoluter Sicherheit darauf hin,
daß es sich um meinen»Offenen Brief an das Zentralexekutivkomitee« handelt, und daß gerade um dieses Dokument sich
die Aussagen Olbergs und Golzmanns wie auch die Anklagerede im Prozeß Sinowjew-Kamenjew drehte.

In seiner Anklagerede im Prozeß Pjatakow-Radek (am 28. Januar 1937) kehrt Wyschinski zum»Offenen Brief« als der
Grundlage der terroristischen Direktive zurück.»... In unseren
Händen befinden sich Dokumente, die dafür zeugen, daß
Trotzki mindestens zweimal, und zwar in offener, unverschlei-
erter Form den Grundsatz des Terrors aufgestellt hat, Dokumente, die der Autor urbi et orbi (der ganzen Welt) verkündete.
Ich meine erstens jenen Brief von 1932, in dem Trotzki seinen
verräterischen, schändlichen Ruf – ›Stalin entfernen‹ – aus-
stieß.« Unterbrechen wir hier für einen Augenblick das Zitat,
aus dem wir wiederum erfahren, daß die terroristische Direktive von mir offen ausgegeben oder, wie der Staatsanwalt sagt,
»urbi et orbi verkündet« wurde, mit einem Wort, es handelt sich
wiederum um den gleichen Offenen Brief, in dem ich, mich auf
Lenins Testament berufend, empfehle, Stalin vom Posten des
Generalsekretärs zu entfernen.

Es ist nun klar! In den zwei Hauptprozessen gegen Sinowjewisten und Trotzkisten bildet der Ausgangspunkt der Anklage
wegen Terror eine bewußt falsche Deutung eines Artikels, den
ich in verschiedenen Sprachen veröffentlicht habe und den jeder, der des Lesens mächtig ist, nachprüfen kann. Das sind die
Methoden Wyschinskis! Das sind die Methoden Stalins!
2.
In der gleichen Anklagerede (vom 28. Januar 1937) fährt der
Staatsanwalt fort: »... Zweitens meine ich ein Dokument, das
sich auf eine spätere Zeit bezieht, das Trotzkistische ›Bulletin
der Opposition‹, Nr. 36–37, Oktober 1934 (1933!), wo wir eine
Reihe direkter Hinweise auf den Terror als die Kampfmethode
gegen die Sowjetmacht finden.« Es folgt ein Zitat aus dem Bulletin:»Es wäre eine Kinderei zu glauben, man könne die Stalinsche Bürokratie mittels eines Partei- oder Sowjetkongresses

absetzen. Zur Beseitigung der regierenden Clique sind keine normalen konstitutionellen Wege geblieben ... Sie zwingen, die Macht der proletarischen Avantgarde zu übergeben, kann man nur mit Gewalt.« (»Bulletin der Opposition«, Nr. 36–37, Oktober 1933.) »Wie soll man das kennzeichnen, wenn nicht als einen direkten Aufruf zum Terror? Einen anderen Namen kann ich dem nicht geben.« Um diese Schlußfolgerung vorzubereiten, erklärt Wyschinski einleitend: »Ein Gegner des Terrors, der Gewalt hätte gesagt: ›Es ist (eine Staatsumwälzung) auf friedlichem Wege möglich, sagen wir, auf der Basis der Konstitution.‹ Ja, eben: ›sagen wir, auf der Basis der Konstitution!‹...«

Alle diese Erwägungen beruhen auf der Identifizierung von revolutionärer Gewalt mit individuellem Terror. Sogar die zaristischen Staatsanwälte nahmen nur selten zu solchen Kniffen Zuflucht! Ich habe mich niemals für einen Pazifisten, Tolstojaner oder Gandhisten ausgegeben. Ernste Revolutionäre spielen nicht mit der Gewalt. Aber sie lehnen es niemals ab, zur revolutionären Gewalt zu greifen, wenn die Geschichte keine anderen Wege übrig läßt. Vom Jahre 1923 bis 1933 verteidigte ich den Gedanken der »Reform« in bezug auf den staatlichen Sowjetapparat.

Und gerade deshalb empfahl ich noch im März 1932 dem Zentralexekutivkomitee, Stalin zu entfernen. Nur allmählich und unter dem Druck unabwendbarer Tatsachen bin ich zu der Schlußfolgerung gekommen, daß die Volksmassen die Bürokratie nicht anders werden stürzen können als auf dem Wege der revolutionären Gewalt. Entsprechend dem Grundprinzip meiner Tätigkeit habe ich meine Schlußfolgerung sofort offen geäußert. Ja, ich glaube, daß man das System des Stalinschen Bonapartismus nur durch eine neue politische Revolution liquidieren kann. Jedoch werden Revolutionen nicht auf Bestellung gemacht. Revolutionen erwachsen aus der Entwicklung der Gesellschaft. Man kann sie nicht künstlich hervorrufen. Noch weniger kann man die Revolution durch das Abenteuer terroristischer Attentate ersetzen. Wenn Wyschinski, anstatt diese zwei Methoden gegenüberzustellen, individuellen Terror und Aufstand der Massen, sie identifiziert, dann streicht er die gesamte Geschichte der russischen Revolution und die gesamte Philosophie des Marxismus aus! Und was setzt er an ihre Stelle? Die Fälschung!

3.

Genau wie Wyschinski hat auch der Gesandte Trojanowski gehandelt, der bekanntlich während des letzten Prozesses entdeckte, daß ich in einer meiner Kundgebungen terroristische Ansichten selbst eingestanden hätte. Trojanowskis Entdeckung wurde gedruckt, man hat darüber diskutiert, und es war notwendig, sie zu dementieren. Ist das nicht beleidigend für die menschliche Vernunft? Es stellt sich heraus, daß ich einerseits in meinen Büchern, Artikeln und Erklärungen über die letzten Prozesse die Beschuldigung des Terrorismus kategorisch widerlegte und meine Widerlegung mit theoretischen, politischen und faktischen Motiven begründete. Andererseits aber gab ich der Zeitung Hearsts eine Erklärung ab, in der ich, alle meine früheren Erklärungen widerrufend, dem Sowjetgesandten meine terroristischen Verbrechen offen eingestand. Wo sind die Grenzen des Unsinns? Wenn Trojanowski vor den Augen der gesamten zivilisierten Welt solche, ihrer Plumpheit und ihres Zynismus nach unerhörten Fälschungen für zulässig hält, so ist es nicht schwer, sich vorzustellen, was alles hinter den Gefängnismauern die GPU begeht!

4.

Nicht besser verhält sich bei Wyschinski die Sache mit meinem Defaitismus. Die ausländischen Advokaten der GPU fahren fort, sich an der Frage die Köpfe zu zerbrechen, wie das frühere Haupt der Roten Armee Defaitist werden konnte. Für Wyschinski und die anderen Moskauer Falsifikatoren existiert diese Frage schon längst nicht mehr; Trotzki war stets Defaitist, sagen sie, auch während des Bürgerkrieges. Darüber besteht bereits eine ganze Literatur. Der an ihr erzogene Staatsanwalt sagt in seiner Anklagerede: »... Man muß sich dessen erinnern, daß Trotzki bereits vor zehn Jahren seine defaitistische Position in bezug auf die USSR mit der Berufung auf die bekannte These (?) Clémenceaus verteidigt hat. Trotzki schrieb damals: ›Man muß die Taktik Clémenceaus wieder aufstellen‹, der sich bekanntlich (!) gegen die französische Regierung erhoben hat zu einer Zeit, als die Deutschen 80 Kilometer vor Paris standen* ...‹ Trotzki und seine Komplizen haben nicht um-

---

*In der englischen Ausgabe stehen diese Worte sogar in Anführungszeichen, was die Mitglieder der Untersuchungskommission veranlaßte, sie für ein Zitat zu halten. In Wirklichkeit ist der Satz vom Staatsanwalt frei erfunden. Die gerichtlichen »Zitate« Wyschinskis sind von der gleichen Zuverlässigkeit wie die literarischen »Zitate« Stalins: diese Schule hat einen gemeinsamen Stil.

sonst Clémenceaus These hervorgehoben. Sie sind zu dieser These zurückgekehrt, aber jetzt weniger theoretisch als durch praktische Vorbereitung, die Vorbereitung einer Aktion, um im Bunde mit der ausländischen Konterspionage eine militärische Niederlage der USSR herbeizuführen.«

Es ist schwer zu glauben, daß der Text dieser Rede in fremden Sprachen und sogar Französisch gedruckt wurde. Die Franzosen waren wohl nicht wenig verwundert, als sie erfuhren, daß sich Clémenceau im Kriege »gegen die französische Regierung erhoben hat«. Sie haben niemals geahnt, daß Clémenceau Defaitist und Verbündeter einer »ausländischen Konterspionage« war. Im Gegenteil, sie nannten ihn den »Vater des Sieges«. Was aber bedeutet dieser ganze Gallimathias des Herrn Staatsanwalts? Es handelt sich darum, daß die Stalinsche Bürokratie bereits im Jahre 1926, zur Rechtfertigung ihrer Willkür gegen die Sowjets und die Partei, begann, an die Kriegsgefahr zu appellieren: die klassische Methode des Bonapartismus! Demgegenüber habe ich mich stets in dem Sinne ausgesprochen, daß die Freiheit der Kritik nicht nur in Friedenszeiten, sondern auch im Kriegsfalle notwendig ist. Ich verwies darauf, daß sogar in den bürgerlichen Ländern, besonders in Frankreich, die regierende Klasse während des Krieges, trotz aller Angst vor den Massen, es nicht wagte, die Kritik völlig zu unterdrücken. Damit im Zusammenhang erinnerte ich an das Beispiel Clémenceaus, der, trotz der Nähe der Front von Paris oder, richtiger, gerade deshalb, die Unfähigkeit der französischen Kriegspolitik geißelte. Schließlich gelang es bekanntlich Clémenceau, das Parlament zu überzeugen, er kam an die Spitze der Regierung und sicherte den Sieg. Wo ist da ein »Aufstand«? Wo Defaitismus? Wo die Verbindung mit ausländischer Konterspionage? Ich erinnere nochmals daran, daß der Hinweis auf Clémenceau von mir in der Periode gemacht wurde, als ich noch absolut an einen friedlichen Weg der Umbildung des Regierungssystems in der USSR glaubte. Heute könnte ich mich auf Clémenceau nicht berufen, gerade deshalb, weil der Bonapartismus Stalins die Wege legaler Reformen abgeschnitten hat. Ich stehe aber auch heute auf dem Boden der Verteidigung der USSR, das heißt der Verteidigung ihrer sozialen Grundlagen, sowohl gegen jeden Imperialismus von außen wie auch gegen jeden Bonapartismus im Lande.

In der Frage des »Defaitismus« stützte sich der Staatsanwalt zuerst auf Sinowjew, dann auf Radek, als auf die Hauptzeugen gegen mich. Ich will mich hier auf Sinowjew und Radek als auf Zeugen gegen den Staatsanwalt berufen. Ich werde ihre freie und unverfälschte Ansicht wiedergeben.

Die abscheuliche Hetze gegen die Opposition behandelnd, schrieb Sinowjew am 6. September 1927 an das Zentralkomitee: »Es genügt, auf den Artikel des nicht unbekannten N. Kusmin in der ›Komsomolskaja Prawda‹ zu verweisen, in dem dieser ›Lehrer‹ unserer militärischen Jugend – des Genossen Trotzkis Erwähnung Clémenceaus als eine Forderung deutet, die Bauern im Kriegsfalle an der Front zu erschießen. Was ist das anderes als offene thermidorianische, um nicht zu sagen Schwarzhundert-Agitation? ...«

. Gleichzeitig mit dem Brief Sinowjews schrieb Radek (September 1927) in seinen Programm-Thesen: »... In der Frage des Krieges muß man in der Plattform Dinge wiederholen, die bei verschiedenen Gelegenheiten gesagt wurden, und sie unter einen Nenner bringen, und zwar: unser Staat ist ein Arbeiterstaat, obwohl starke Tendenzen an der Änderung dieses Charakters arbeiten. Die Verteidigung dieses Staates ist die Verteidigung der proletarischen Diktatur ... Die Frage, die die Stalingruppe aufwirft, indem sie Trotzkis Erwähnung Clémenceaus entstellt, darf man nicht ignorieren, sondern muß darauf klar antworten: Wir werden die Diktatur des Proletariats auch unter der falschen Leitung der heutigen Mehrheit verteidigen, wie wir das bereits erklärt haben; aber das Pfand des Sieges liegt darin, daß die Fehler dieser Leitung korrigiert werden und die Partei unsere Plattform annimmt.«

Die Zeugnisse von Sinowjew und Radek sind in doppeltem Sinne wertvoll: einerseits stellen sie die Ansicht der Opposition über die Verteidigung der USSR richtig dar, andererseits zeigen sie, daß die Stalingruppe meine Erwähnung Clémenceaus schon im Jahre 1927 auf jede Weise entstellt hat, um der Opposition defaitistische Tendenzen unterzuschieben. Es ist bemerkenswert, daß der gleiche Sinowjew in seinen späteren Reuebekenntnissen die offizielle Fälschung des Falles Clémenceau gehorsam in sein Arsenal aufnahm. »... Die gesamte Partei wird«, schrieb Sinowjew am 8. Mai 1933 in der »Prawda«, »wie ein Mann unter dem Banner Lenins und Stalins kämpfen ... Nur verächtliche Renegaten werden versuchen, an die

283

berüchtigte Clémenceau-These zu erinnern.« Ähnliche Zitate könnte man sicherlich auch bei Radek entdecken. Also der Staatsanwalt hat auch diesmal nichts erfunden. Er hat nur eine kriminelle Bearbeitung der traditionellen thermidorianischen Hetze gegen die Opposition geliefert. Und auf solchen niedrigen Kniffen ist die ganze Anklage aufgebaut. Lüge und Fälschung! Fälschung und Lüge! Und im Resultat – Erschießungen.

Die Theorie der »Maskierung«

Einige »Juristen« von jener Art, die Mücken seihen und Kamele schlucken, möchten den Einwand machen, meine Korrespondenz besitze keine »juristische« Beweiskraft, da noch immer für die Annahme Raum bleibt, sie wurde mit dem beabsichtigten Ziele geführt, meine wirklichen Gedanken und Handlungen zu maskieren. Dieses Argument, entnommen der banalen Kriminalpraxis, eignet sich absolut nicht für einen politischen Prozeß von grandiosem Maßstabe. Zum Zwecke der Maskierung kann man fünf, zehn, hundert Briefe schreiben. Man kann aber nicht während einer Reihe von Jahren über die verschiedensten Fragen, mit den verschiedensten Menschen, nahe- und fernstehenden, eine intensive Korrespondenz führen, mit dem einzigen Zweck: alle und jeden zu täuschen. Man muß zu den Briefen die Bücher und Artikel hinzuzählen. Auf »Maskierung« kann man die Kräfte und die Zeit verwenden, die nach der Hauptarbeit übrigbleiben.

Jedoch ununterbrochen eine riesige Korrespondenz führen kann man nur, wenn man an ihrem Inhalt und an ihren Folgen tief interessiert ist. Gerade deshalb widerspiegeln die zahllosen, vom Geiste des Proselytismus durchdrungenen Briefe das wahre Gesicht des Autors und keinesfalls eine vorübergehend angenommene Maske.

Als Zeuge in Sachen des mißlungenen Überfalls der Faschisten auf meine Archive am 11. Dezember 1936 in Norwegen auftretend, führte ich ein Beispiel aus dem Gebiete der Religion an. Bringen wir hier ein Beispiel aus dem Gebiete der Kunst. Nehmen wir an, jemand erklärt, Diego Rivera sei ein Geheimagent der katholischen Kirche. Wenn ich an einer Kommission zur Untersuchung dieser Verleumdung teilnehmen würde, würde ich zuerst allen an dieser Frage Interessierten empfehlen, die Fresken Riveras zu betrachten: Man kann wohl kaum einen leidenschaftlicheren ud intensiveren Ausdruck des Hasses gegen die Kirche finden. Mag dann ein Jurist zu erwidern versuchen: Vielleicht hat Rivera seine Fresken mit der Absicht gemacht, um seine wahre Rolle zu maskieren?

Um Verbrechen zu maskieren (ich spreche diesmal von Verbrechen der GPU), kann man, mit Hilfe eines gedungenen Apparates, eine Anklageschrift fabrizieren, eine Reihe monotoner Geständnisse erpressen und auf Staatskosten einen »stenographischen« Prozeßbericht drucken. Die inneren Widersprüche und die Plumpheit der Mache enthüllen an sich genügend die bestellte bürokratische »Schöpfung«. Ohne Überzeugung und ohne intellektuelle Leidenschaft lassen sich aber nicht gigantische Fresken malen, die in der Sprache der Kunst die Unterjochung des Menschen durch den Menschen geißeln, oder eine lange Reihe von Jahren unter den Schlägen des Feindes Ideen der Weltrevolution entwickeln. Man kann nicht zum Zwecke der Maskierung wissenschaftliche, künstlerische oder politische Arbeiten mit »Herzblut und Nervensaft« (Börne) tränken. Menschen, die eine Ahnung von schöpferischer Arbeit haben, überhaupt ernste und feinfühlige Menschen, werden verächtlich über die bürokratische und »juristische« Kasuistik lachen und zur Tagesordnung übergehen. Wollen wir schließlich die unparteiische Arithmetik zur Sache heranholen. Der Inhalt meiner verbrecherischen Arbeit, wie er sich aus den Zeugenaussagen in den beiden Prozessen ergibt, ist der folgende: drei Zusammenkünfte in Kopenhagen, zwei Briefe an Mratschkowski und die anderen, drei Briefe an Radek, ein Brief an Pjatakow, einer an Muralow, eine Zusammenkunft mit Romm von 20 bis 25 Minuten Dauer, eine Zusammenkunft mit Pjatakow von zwei Stunden. Alles! Insgesamt haben mich Unterredungen und Korrespondenz mit den Verschwörern, nach deren eigenen Aussagen, 12 bis 13 Stunden gekostet. Ich weiß nicht, wieviel Zeit ich verloren habe auf die Zusammenkünfte mit Hess und den japanischen Diplomaten. Rechnen wir noch zwölf Stunden. Zusammen wird das kaum drei Arbeitstage ausmachen. Für die acht Jahre meiner letzten Verbannung kann ich etwa 2 920 Arbeitstage ausrechnen. Daß ich diese Zeit nicht nutzlos vergeudet habe, beweisen die Bücher, die ich in diesen Jahren herausgab, die zahllosen Artikel und noch zahlreicheren Briefe, die nach Umfang und Charakter sich Artikeln nähern. Wir kommen somit zu einer recht paradoxen Schlußfolgerung: Im Laufe von 2 917 Arbeitstagen schrieb ich Bücher, Artikel, Briefe, führte Unterhaltungen, die der Verteidigung des Sozialismus, der proletarischen Revolution und dem Kampfe gegen Faschismus und Reaktion überhaupt gewidmet waren. Aber drei Tage – ganze drei Tage – widmete ich der Verschwörung im Interesse des Faschismus. Meinen Büchern und Artikeln, die im Geiste der kommunistischen Revolution geschrieben sind, haben sogar die Gegner gewisse Qualitäten nicht abgesprochen. Dagegen zeichnen sich, nach dem Moskauer Bericht, meine Briefe und die mündlichen Direktiven – die von Interesse für den Faschismus inspiriert sind – durch äußerste Dummheit aus. In den zwei Zweigen meiner Tätigkeit, der offenen und der geheimen, macht sich somit eine außerordentliche Disproportion bemerkbar. Die offene, das heißt die heuchlerische Tätigkeit, die zur Maskierung dienende, überwog die geheime, das heißt die »wirkliche«, fast tausendfach quantitativ und, ich wage es zu hoffen, auch qualitativ. Es entsteht der Eindruck, als habe ich einen Wolkenkratzer aufgebaut, um eine krepierte Ratte zu »maskieren«. Nein, das ist nicht überzeugend!

Das gleiche bezieht sich auch auf die Zeugenaussagen. Selbstverständlich habe ich im Kreise politischer Freunde gelebt und Beziehungen hauptsächlich, obwohl nicht ausschließlich, mit meinen Gesinnungsgenossen unterhalten. Man kann unschwer einen Versuch machen, die Aussagen meiner Zeugen als parteiisch (»ex parte«) abzulehnen.

Ein solcher Versuch muß jedoch von vornherein als unzulänglich erkannt werden. In ungefähr dreißig Ländern bestehen heute größere oder kleinere Organisationen, die entstanden sind und sich entwickelt haben, besonders in den letzten acht Jahren, in enger Verbindung mit meinen theoretischen Arbeiten und politischen Artikeln. Hunderte von Mitgliedern dieser Organisationen sind mit mir in persönliche Korrespondenz getreten, haben mit mir diskutiert und mich bei der ersten Möglichkeit besucht. Jeder von ihnen hat dann seine Eindrücke mit Dutzenden und manchmal mit Hunderten anderer geteilt. Also handelt es sich nicht um irgendeine abgeschlossene Gruppe, die Familienegoismus oder Gemeinsamkeit materieller Interessen verbindet, sondern um eine breite internationale Bewegung, die sich ausschließlich von ideologischen

Quellen nährt. Man muß noch hinzufügen, daß in allen diesen dreißig Organisationen all diese Jahre ein intensiver geistiger Kampf vor sich gegangen ist, der häufig zu Spaltungen und Ausschlüssen führte. Das innere Leben dieser Organisationen hat wiederum in Bulletins, Zirkularbriefen und polemischen Artikeln seinen Ausdruck gefunden. An all dieser Arbeit habe ich aktiv teilgenommen. Es fragt sich nun: hat die internationale Organisation der »Trotzkisten« von meinen »wahren« Plänen und Absichten (Terrorismus, Krieg, Niederlage der USSR, Faschismus) gewußt? Wenn ja, dann ist es ganz unerklärlich, wieso dieses Geheimnis nicht bekannt geworden ist (aus Unvorsichtigkeit oder aus böser Absicht), besonders wenn man die vielen Konflikte und Spaltungen berücksichtigt. Wenn nicht, so bedeutet das, daß es mir gelungen ist, eine wachsende internationale Bewegung ins Leben zu rufen, und zwar auf Grund von Ideen, die in Wirklichkeit gar nicht meine Ideen waren, sondern mir nur zur Maskierung gerade entgegengesetzter Ideen gedient haben. Aber eine solche Annahme ist doch ein zu großer Unsinn! Nun sei noch hinzugefügt, daß ich vorschlage, Dutzende von Menschen als Zeugen zu laden, die mit der Trotzkistischen Organisation gebrochen haben oder aus ihr ausgeschlossen wurden und heute meine politischen Gegner, teils recht erbitterte, sind. Für diese breiten Maßstäbe – die Quantität geht auch hier in Qualität über – den engen Begriff ex parte anzuwenden, heißt, im Namen des Schattens die Realität aus den Augen zu verlieren.

Wozu und weshalb diese Prozesse?
Ein amerikanischer Schriftsteller klagte mir im Gespräch: »Es fällt mir schwer zu glauben, daß Sie mit den Faschisten ein Bündnis eingegangen sind, aber es fällt mir auch schwer zu glauben, daß Stalin eine so schreckliche Fälschung begangen hat.« Ich konnte meinen Gesprächspartner nur bedauern. Es ist in der Tat schwer, eine Lösung zu finden, wenn man an die Frage ausschließlich von der individuell-psychologischen und nicht von der politischen Seite herangeht. Ich will damit die Bedeutung des individuellen Elements in der Geschichte nicht bestreiten. Sowohl Stalin wie ich befinden uns nicht zufällig auf unseren heutigen Posten. Aber diese Posten haben nicht wir geschaffen. Jeder von uns ist in das Drama hineingezogen worden als Vertreter bestimmter Ideen und Prinzipien. Wie-

derum hängen Ideen und Prinzipien nicht in der Luft, sondern haben tiefe soziale Wurzeln. Man muß darum nicht die psychologische Abstraktion Stalin als »Menschen« nehmen, sondern seine konkrete historische Figur als Führer der Sowjetbürokratie. Stalins Handlungen kann man nur verstehen, wenn man von den Existenzbedingungen der neuen privilegierten Schicht ausgeht, die, gierig nach der Macht, gierig nach den Gütern des Lebens, Angst hat um ihre Positionen, Angst vor den Massen – und jegliche Opposition tödlich haßt.

Die Lage der privilegierten Bürokratie in der Gesellschaft, die sie selbst sozialistisch nennt, ist nicht nur widerspruchsvoll, sondern auch falsch. Je schärfer der Sprung von der Oktoberrevolution, die die soziale Lüge bis auf den Grund enthüllte, zur heutigen Lage, die eine Kaste von Parvenus zwingt, die sozialen Wunden zu maskieren – um so tiefer die thermidorianische Lüge. Es handelt sich folglich nicht um eine individuelle Lasterhaftigkeit der einen oder der anderen Person, sondern um das Lasterhafte einer ganzen sozialen Gruppe, für die die Lüge eine politische Lebensfunktion geworden ist. Im Kampfe um ihre neuen Positionen hat sich diese Kaste selbst ganz neu erzogen und parallel damit hat sie ihre Führer erzogen oder richtiger demoralisiert. Sie hat auf ihren Schultern jenen hochgehoben, der am besten, am entschiedensten und am erbarmungslosesten ihre Interessen ausdrückt. So wurde Stalin, der einstmals ein Revolutionär war, zum Führer der thermidorianischen Kaste.

Die Formeln des Marxismus, die die Interessen der Massen ausdrücken, haben die Bürokratie immer mehr behindert, insofern sie sich unvermeidlich gegen die Interessen dieser Bürokratie wenden. Seit ich mich in die Opposition zur Bürokratie gestellt habe, begannen deren Hoftheoretiker das revolutionäre Wesen des Marxismus Trotzkismus zu nennen. Gleichzeitig veränderte sich der offizielle Begriff Leninismus von Jahr zu Jahr, indem er immer mehr den Bedürfnissen der regierenden Kaste angepaßt wurde. Bücher, die der Geschichte der Partei, der Oktoberrevolution oder der Theorie des Leninismus gewidmet waren, wurden jedes Jahr abgeändert. Ich habe ein Beispiel aus der literarischen Tätigkeit Stalins angeführt. Im Jahre 1918 schrieb er, daß der Sieg des Oktoberaufstandes »vor allem und am meisten« durch Trotzkis Leitung gesichert war. Im Jahre 1924 schrieb er, daß Trotzki bei der Oktoberumwälzung keine besondere Rolle spielen konnte. Nach dieser Stimmgabel wurde die ganze Historiographie abgetönt. Das bedeutet praktisch, daß Hunderte junger Gelehrter und Tausende von Journalisten systematisch im Geiste einer Fälschung erzogen wurden. Wer Widerstand leistete, dem schnürte man die Kehle zu. In noch größerem Maße gilt das für die Propagandisten, Beamten, Richter, von den Staatsanwälten der GPU ganz zu schweigen. Die ununterbrochenen Säuberungen der Partei waren vor allem auf die Ausrottung des Trotzkismus gerichtet, wobei als Trotzkisten nicht nur unzufriedene Arbeiter bezeichnet wurden, sondern auch alle jene Schriftsteller, die gewissenhaft historische Tatsachen und Zitate anführten, die dem letzten offiziellen Standard widersprachen. Dichter und Künstler unterwarfen sich dem gleichen Regime. Die geistige Atmosphäre des Landes wurde durch und durch vom Gifte der Konvention, der Lüge und der direkten Fälschung erfüllt.

Alle Möglichkeiten auf diesem Wege waren jedoch bald erschöpft. Theoretische und historische Falsifikationen erfüllten nicht mehr den Zweck: man gewöhnte sich zu sehr an sie. Man mußte den bürokratischen Repressalien eine massivere Begründung geben. Den literarischen Falsifikationen kamen Beschuldigungen kriminellen Charakters zu Hilfe.

Meine Ausweisung aus der USSR wurde offiziell damit motiviert, daß ich einen »bewaffneten Aufstand« vorbereitet hätte. Allerdings wurde diese mir persönlich vorgehaltene Beschuldigung von der Presse nicht einmal gedruckt. Es mag vielleicht jetzt unglaublich scheinen, aber schon im Jahre 1929 beschuldigte die Sowjetpresse die Trotzkisten der »Sabotage«, »Spionage«, »Vorbereitung von Eisenbahnkatastrophen« usw. Prozesse hat es jedoch wegen dieser Beschuldigungen nicht gegeben. Die Sache beschränkte sich auf literarische Verleumdungen, die jedoch ein wichtiges Glied in der Vorbereitung späterer Prozeßfälschungen waren. Um die Repressalien zu rechtfertigen, brauchte man falsche Beschuldigungen. Um den falschen Beschuldigungen Gewicht zu verleihen, mußte man sie durch noch schärfere Repressalien bekräftigen. So stieß die Logik des Kampfes Stalin auf den Weg der blutigen Prozeßamalgame.

Sie wurden für ihn eine Notwendigkeit auch aus internationalen Gründen. Wenn die Sowjetbürokratie Revolutionen nicht wünscht und sie fürchtet, so kann sie dennoch nicht offen von der revolutionären Tradition sich lossagen, ohne ihre Reputation im Innern der USSR völlig zu untergraben. Ein offener Bankrott der Kommunistischen Internationale schafft Raum für eine neue Internationale. Seit dem Jahre 1933 hat der Gedanke neuer revolutionärer Parteien unter dem Banner der IV. Internationale große Fortschritte in der Alten und in der Neuen Welt gemacht. Ein außenstehender Beobachter kann schwer die tatsächlichen Ausmaße dieser Erfolge einschätzen. Sie lassen sich mit der Statistik der Mitgliedskarten allein nicht berechnen. Viel größere Bedeutung hat die allgemeine Tendenz der Entwicklung. Durch alle Sektionen der Komintern gehen tiefe Risse, die beim ersten historischen Stoß zu Spaltungen und Zusammenbrüchen führen werden. Wenn Stalin Angst hat vor dem kleinen »Bulletin der Opposition« und seine Einfuhr in die USSR mit Erschießungen bestraft, dann ist es nicht schwer zu begreifen, welche Furcht die Bürokratie davor hat, daß in die USSR Nachrichten dringen könnten über die aufopferungsvolle Arbeit der IV. Internationale im Dienste der Arbeiterklasse.

Die moralische Autorität der Führer der Bürokratie und vor allem Stalins hält sich in großem Maße auf dem Babylonischen Turm von Verleumdungen und Fälschungen, der im Laufe von dreizehn Jahren errichtet wurde. Die moralische Autorität der Komintern hält sich voll und ganz auf der moralischen Autorität der Moskauer Bürokratie. Wiederum braucht Stalin unbedingt die moralische Autorität der Komintern und deren Unterstützung vor der russischen Arbeiterklasse. Dieser Babylonische Turm, der seine Erbauer selbst schreckt, hält sich im Inneren der USSR mit Hilfe immer schrecklicherer Repressalien, außerhalb der USSR – mit Hilfe des gigantischen Apparates, der auf Kosten der sowjetrussischen Arbeiter und Bauern die öffentliche Weltmeinung mit Mikroben der Lüge, Fälschung und Erpressung vergiftet. Millionen Menschen in der ganzen Welt identifizieren die Oktoberrevolution mit der thermidorianischen Bürokratie, die Sowjetunion – mit Stalins Clique, die revolutionären Arbeiter – mit dem durch und durch demoralisierten Apparat der Komintern.

Die erste größere Bresche im Babylonischen Turm wird dazu führen, daß er völlig zusammenstürzt und unter seinen Trümmern die Autorität der thermidorianischen Führer begräbt. Deshalb ist es für Stalin eine Frage auf Tod und Leben:

die IV. Internationale im Keime totzuschlagen! In dem Augenblick, da wir hier die Moskauer Prozesse analysieren, tagt in Moskau, nach den Zeitungsberichten, das Exekutivkomitee der Komintern. Auf ihrer Tagesordnung steht: Kampf gegen den Welttrotzkismus. Diese Session des Exekutivkomitees der Komintern ist nicht nur ein Glied in der langen Kette der Moskauer Fälschungen, sondern auch ihre Projektion auf die Weltarena. Wir werden morgen von neuen Verbrechen der Trotzkisten in Spanien hören, von ihrer direkten oder indirekten Unterstützung der Faschisten. Wir werden morgen hören, daß Trotzkisten in den Vereinigten Staaten Eisenbahnkatastrophen vorbereiten und im Interesse Japans den Panamakanal zuschütten wollen. Wir werden übermorgen hören, daß die Trotzkisten in Mexiko Maßnahmen zur Restaurierung Porfirio Díaz' treffen. Man kann einwenden, Diaz sei schon lange tot? Die Moskauer Schöpfer des Amalgams machen vor solchen Kleinigkeiten nicht halt. Sie machen überhaupt vor nichts halt. Politisch und moralisch steht für sie die Frage auf Leben und Tod. Die Emissäre der GPU jagen durch alle Länder der Alten und der Neuen Welt. Mangel an Geld leiden sie nicht. Was bedeutet für die regierende Clique eine Mehrausgabe von 20–50 Millionen Dollar, wenn ihre Autorität und ihre Macht auf dem Spiele stehen! Menschliche Gewissen werden von diesen Herren wie Kartoffeln gekauft. Wir werden nicht wenige solcher Beispiele sehen.

Zum Glück sind nicht alle käuflich. Andernfalls wäre die Menschheit schon längst verfault. In der Untersuchungskommission besitzen wir eine wertvolle Zelle des unbestechlichen öffentlichen Gewissens. Alle, die sich nach einer Reinigung der öffentlichen Atmosphäre sehnen, wird die Kommission instinktiv anziehen. Trotz den Intrigen, Bestechungen und Verleumdungen wird sie bald ein Panzer von Sympathie der breiten Volksmassen umgeben.

Meine Herren Mitglieder der Kommission! Es sind nun fünf Jahre, ich wiederhole: fünf Jahre(!), daß ich unablässig die Schaffung einer internationalen Untersuchungskommission fordere. Der Tag, an dem ich das Telegramm von der Bildung Ihrer Untersuchungskommission erhielt, war ein großes Fest in meinem Leben. Freunde fragten mich, nicht ohne Besorgnis: Werden nicht Stalinisten in die Kommission eindringen, wie sie in das Komitee zur Verteidigung Trotzkis eingedrungen sind? Ich antwortete: Bei Tageslicht sind die Stalinisten nicht schrecklich. Im Gegenteil: ich werde die vergifteten Fragen der Stalinisten begrüßen; um sie zu zerschmettern, brauche ich nur zu erzählen, was in Wirklichkeit war. Die Weltpresse wird meinen Antworten die notwendige Öffentlichkeit verschaffen. Ich habe gewußt, daß die GPU einzelne Journalisten und ganze Zeitungen bestechen wird. Doch habe ich keinen Augenblick gezweifelt, daß man das Weltgewissen nicht bestechen kann und daß es in diesem Falle einen seiner glänzenden Siege erringen wird.

Die Enthauptung
der Roten Armee

Ist es noch nötig, in Details zu wühlen, die Prozeßberichte den Buchstaben nach zu prüfen, Widerlegungen zu sammeln, die Fälschungen einer mikroskopischen Analyse zu unterziehen? Stalin widerlegt sich selbst mit unvergleichlich massiveren Argumenten. Jeder Tag bringt sensationelle Nachrichten aus der USSR, die davon zeugen, daß das Regime von der letzten Krise erfaßt ist, die man Agonie nennen könnte, wenn diese Analogie mit lebendigen Organismen nicht die Vorstellung von zu kurzen Fristen erwecken würde.

Die »alte Garde«, in deren Namen im Jahre 1923 der Kampf gegen den »Trotzkismus« begann, ist politisch längst liquidiert. Ihre physische Vernichtung wird jetzt im Stalinschen Stile vollendet, der sadistische Grausamkeit mit bürokratischem Pedantismus vereinigt. Es wäre jedoch zu oberflächlich, die mörderischen und selbstmörderischen Maßnahmen Stalins allein mit Herrschsucht, Grausamkeit, Rachsucht und anderen persönlichen Eigenschaften zu erklären. Stalin hat schon längst die Kontrolle über die eigene Politik verloren. Die Bürokratie insgesamt hat die Kontrolle über die eigenen Selbstverteidigungsreflexe verloren. Die neuen Verfolgungen, die alle Grenzen des Faßbaren überschritten haben, werden durch die Progression der alten Verfolgungen aufgezwungen. Ein Regime, das vor den Augen der ganzen Welt eine Fälschung nach der anderen inszenieren, den Kreis seiner Opfer automatisch erweitern muß, ein solches Regime ist dem Untergang geweiht.

Nach den gemachten Erfahrungen ist Stalin bereits gezwungen, auf »öffentliche« Prozesse zu verzichten. Offiziös wird dieser Verzicht damit motiviert, daß vor dem Lande »wichtigere Aufgaben« stehen. Unter dieser Parole bekämpfen im Westen die »Freunde« den Gegenprozeß. Inzwischen werden in verschiedenen Teilen der USSR immer neue Herde »des Trotzkismus, der Sabotage und Spionage« entdeckt. Im Fernen Osten sind, nach den veröffentlichten Angaben, seit Anfang Mai dreiundachtzig »Trotzkisten« erschossen worden. Die Arbeit geht weiter. Weder über den Verlauf der Prozesse noch sogar über die Namen der Opfer bringt die Presse etwas. Wer sind die Erschossenen? Einen gewissen Prozentsatz stellen wahrschein-

293

lich wirkliche Spione: im Fernen Osten ist an ihnen kein Mangel. Der andere Teil wird aus Oppositionellen, Unzufriedenen, Unbequemen gewählt. Einen dritten Teil bilden Agents provocateurs, die als Verbindung zwischen den »Trotzkisten« und den Spionen gedient haben und damit zu gefährlichen Zeugen geworden sind. Aber es gibt noch einen vierten Teil, der immer mehr anwächst: das sind die Verwandten, Freunde, Untergebenen, die Bekannten der Erschossenen, Menschen, die von den Fälschungen wissen und in der Lage sind, wenn nicht zu protestieren, so doch von Stalins Verbrechen anderen Menschen zu erzählen.

Was sich unten, besonders in den Randgebieten, abspielt, wo die Morde anonymen Charakter tragen, kann man nur an dem ermessen, was oben geschieht. Stalin ist es seinerzeit nicht gelungen, einen öffentlichen Prozeß gegen Bucharin und Rykow zu inszenieren, weil die Angeklagten sich weigerten, »Reuebekenntnisse« abzulegen. Man ist gezwungen, ihre Erziehung fortzusetzen. Nach einigen Nachrichten sind Rykow und Bucharin, das ehemalige Haupt der Regierung und das ehemalige Haupt der Komintern, zu acht Jahren Gefängnis verurteilt worden, hinter geschlossenen Türen, wie im Juli 1935 – zwischen zwei Prozeßkomödien – Kamenjew hinter geschlossenen Türen zu zehn Jahren Gefängnis verurteilt worden war. Schon allein diese Gegenüberstellung drängt die Schlußfolgerung auf, daß das Urteil über Rykow und Bucharin kein endgültiges ist. Die von dem unverschämten Analphabeten Mechlis, einem früheren Privatsekretär Stalins, geleitete Presse fordert die »Ausrottung« der Feinde des Volkes. Das Erstaunlichste – wenn man sich den Luxus des Staunens noch leisten darf – ist fast die Tatsache, daß Rykow und Bucharin heute »Trotzkisten« genannt werden, wo doch die Hauptschläge der linken Opposition sich stets und unabänderlich gegen den rechten Flügel gerichtet hatten, den Rykow und Bucharin repräsentierten. Andererseits hatte im Kampfe gegen den Trotzkismus nur Bucharin so etwas wie eine Doktrin geliefert, auf die sich Stalin während einer Reihe von Jahren stützte – soweit er sich überhaupt auf irgendeine Doktrin stützt. Es stellt sich jetzt heraus, daß Bucharins unzählige Artikel und Bücher gegen den Trotzkismus, an denen der gesamte Apparat der Komintern erzogen wurde, nur zur Verschleierung seiner geheimen Arbeit mit den Trotzkisten auf dem Boden des Terrors dienten, wie dem Bischof von Canterbury die kirchlichen Funktionen nur zur Maskierung seiner atheistischen Propaganda dienen. Aber wer kümmert sich heute um solche Lappalien! Jene, die die Vergangenheit kennen, sind ausgerottet oder aus Angst vor der Ausrottung zum Schweigen gezwungen. Die Mietlinge der Komintern, die vor einigen Jahren vor Bucharin auf allen Vieren krochen, fordern jetzt, daß man ihn als »Trotzkisten« und Feind des Volkes kreuzige.

Revolutionäre Epochen schweißen die Volksmassen zusammen. Umgekehrt bedeuten reaktionäre Perioden den Sieg der Zentrifugalkräfte. Während der letzten 14 Jahre ist nicht ein Riß in der bolschewistischen Partei ausgebessert worden, nicht eine Wunde vernarbt, nicht ein Konflikt durch Versöhnung aus der Welt geschaffen worden. Kapitulationen und Erniedrigungen haben nichts genützt. Die Zentrifugalkräfte verbreiterten jeden Spalt, bis sie ihn zu einer unüberwindlichen Kluft gestalteten. Wer nur mit dem kleinen Finger in den Spalt geriet, war unwiderruflich verloren.

Mit der »alten Garde«, das heißt mit den Bolschewiken aus der Zeit der zaristischen Illegalität ist im wesentlichen Schluß gemacht worden. Jetzt ist der Mauser der GPU auf die nächste Generation gerichtet, die ihren Aufstieg mit dem Bürgerkrieg begann. Allerdings haben schon in den früheren Prozessen neben den alten Bolschewiki jüngere Angeklagte figuriert. Jedoch waren es Hilfsfiguren, die man für die Abrundung des Amalgams nötig hatte. Die Überprüfung der Vierzigjährigen, das heißt der Generation, die Stalin half, die alte Garde zu erledigen, bekommt nun systematischen Charakter. Jetzt geht es bereits nicht mehr um zufällige Figuren, sondern um Sterne zweiter Größe.

Postyschew war dank seiner eifrigen Beteiligung an dem Kampf gegen den Trotzkismus zum Posten des Sekretärs des ZK aufgestiegen. In der Ukraine unternahm er im Jahre 1933 eine Säuberung des Partei- und Staatsapparates von »Nationalisten« und trieb mit seiner Hetze wegen »Begönnerung der Nationalisten« den ukrainischen Volkskommissar Skrypnik zum Selbstmord. Diese Tatsache hat die Partei um so mehr verblüfft, als ein Jahr zuvor der sechzigste Geburtstag Skrypniks, eines alten Bolschewiken, Mitglied des ZK und hundertprozentigen Stalinisten, in Charkow und in Moskau feierlich begangen wurde. Im Oktober 1933 schrieb ich aus diesem Anlaß: »... Die

Tatsache, daß das Stalinsche System solcher Opferungen bedarf, beweist, von welch scharfen Gegensätzen es sogar auf der obersten Spitze zerrissen wird.« (»Bulletin der Opposition«, Nr. 36/37.) Vier Jahre später zeigte es sich, daß Postyschew, der nach seinen Heldentaten als Diktator in der Ukraine belassen wurde, sich der Begönnerung der Nationalisten selbst schuldig gemacht hatte; als in Ungnade gefallener Würdenträger wurde er vor kurzem ins Wolgagebiet versetzt. Man kann annehmen: nicht für lange. Nicht nur Wunden, auch Kratzer vernarben nicht mehr. Ob Postyschew zum Selbstmord greifen oder Reuebekenntnisse über nicht begangene Verbrechen ablegen wird, Rettung gibt es für ihn in keinem Falle. In Weißrußland erschoß sich der Vorsitzende des Zentralexekutivkomitees, Tscherwjakow. In seiner Vergangenheit war er mit den Rechten verbunden, hatte sich aber schon vor langer Zeit öffentlich dem Kampfe gegen sie angeschlossen. Der offizielle Bericht sagt verschämt, Tscherwjakow, der nach der Konstitution gleiche Rechte wie Kalinin besaß, habe Selbstmord aus »Familiengründen« begangen. Stalin hat sich also doch nicht entschließen können, ein Haupt der USSR als deutschen Agenten zu bezeichnen. Doch gleichzeitig mit diesem Selbstmord wurden in Minsk die Volkskommissare Weißrußlands verhaftet, die mit Tscherwjakow eng verbunden waren. Ebenfalls aus »Familiengründen«? Betrachtet man die Bürokratie als eine »Familie«, dann kann man allerdings sagen, daß sich diese Familie im Stadium der Verwesung befindet.

Viel erstaunlicher (wenn man sich wiederum das Staunen gestatten darf) ist die Sternenbahn Jagodas, der in den letzten zehn Jahren Stalins nächste Person war. Keinem einzigen Mitglied des Politbüros vertraute Stalin jene Geheimnisse an, die er dem Chef der GPU anvertraute. Daß Jagoda ein Lump ist, wußten alle. Aber erstens unterschied er sich nicht sonderlich von manchen seiner Kollegen. Zweitens brauchte ihn Stalin gerade in der Eigenschaft eines vollendeten Lumpen für die Ausführung der dunkelsten Aufträge. Der ganze Kampf gegen die Opposition, der eine Kette wachsender Falsifikationen und Fälschungen darstellt, wurde unter Jagodas Leitung nach unmittelbaren Direktiven Stalins durchgeführt. Und dieser Hüter des Staates, der die ältere Generation der Partei mit der Wurzel ausgerottet hat, erweist sich als Gangster und Verräter. Er wird verhaftet. Legt er Reuebekenntnisse ab nach dem von ihm ausgearbeiteten Ritual? Sein Schicksal wird es nicht ändern. Indes stellt die Weltpresse mit ernster Miene Erwägungen darüber an, ob Jagoda mit den ... Trotzkisten in Verbindung gestanden habe. Warum auch nicht? Wenn Bucharin den Trotzkismus theoretisch erledigte, so konnte Jagoda die Trotzkisten physisch erledigen, um so seine Verbindung mit ihnen besser zu maskieren. Aber die allerseltsamsten Dinge gehen im Kriegsministerium vor, und zwar an seiner allerhöchsten Spitze. Nachdem Stalin die Partei und den Sowjetapparat enthauptet hatte, ging er an die Enthauptung der Armee.

Am 11. Mai wurde der ruhmreiche Marschall Tuchatschewski seines Postens als Stellvertretender Volkskommissar für Landesverteidigung plötzlich enthoben und auf einen kleinen Posten in die Provinz versetzt. In den folgenden Tagen wurden die Kommandierenden der Militärbezirke und einige hervorragende Generale versetzt. Diese Maßnahmen verhießen nichts Gutes. Am 16. Mai wurde ein Dekret veröffentlicht, das die Militärischen Sowjets an der Spitze der Bezirke, in der Flotte und der Armee wieder herstellt. Es war klar, die regierende Spitze trat in einen ernsten Konflikt mit dem Offizierskorps. »Revolutionäre Militärsowjets« wurden von mir während des Bürgerkrieges eingeführt. Ein Sowjet bestand aus dem Kommandierenden und zwei, manchmal drei politischen Mitgliedern. Obwohl der Chef formell die absoluten Kommandorechte besaß, hatten doch seine Befehle ohne die Unterschrift der politischen Sowjetmitglieder keine Kraft. Die Notwendigkeit dieser Rückversicherung, die als ein vorübergehendes Übel betrachtet wurde, ergab sich aus dem Mangel an einem zuverlässigen Kommandobestand und dem Mißtrauen der Soldaten auch zu den loyalen Kommandeuren. Die allmähliche Formierung eines roten Offizierskorps sollte mit den Sowjets ein Ende machen und das auf dem militärischen Gebiet unvermeidliche Prinzip der Einzelleitung wieder herstellen. Frunse, der mich im Jahre 1925 als Haupt des Kriegskommissariats ablöste, führte die Einzelleitung im beschleunigten Tempo durch. Den gleichen Weg ging dann Woroschilow. Der Sowjetstaat hatte, sollte man meinen, Zeit genug, einen zuverlässigen Offiziersbestand zu erziehen und die lästige Notwendigkeit, den Kommandeur durch einen Kommissar zu kontrollieren, abzuschaffen. Es kam aber anders. Am Vorabend des zwanzigsten Jubiläums der Revolution, als die Moskauer Oligarchie daran ging, den Kommandobestand zu zerschlagen, hielt sie es für nötig, das Kollegiumsprinzip in der Armee wieder einzuführen. Die neuen militärischen Sowjets heißen nicht mehr »revolutionäre«. Und in der Tat, sie haben mit ihrem Urbild nichts gemein. Die militärischen Sowjets des Bürgerkrieges sicherten der revolutionären Klasse die Kontrolle über die Kriegstechniker, die einer feindlichen Klasse entstammten. Die Sowjets von 1937 haben die Aufgabe, der Oligarchie, die sich über die revolutionäre Klasse erhoben hat, zu helfen, die von ihr usurpierte Macht gegen Attentate seitens ihrer eigenen Marschälle und Generale zu schützen.

Nach der Absetzung Tuchatschewskis fragte sich jeder Eingeweihte: wer wird nunmehr die Sache der Landesverteidigung leiten? Der an Tuchatschewskis Stelle berufene Marschall Jegorow, ein Oberstleutnant aus dem großen Kriege, ist eine verschwommene Mittelmäßigkeit. Der neue Stabschef, Schaposchnikow, ist ein gebildeter und gewissenhafter Offizier der alten Armee, jedoch ohne strategische Begabung und ohne Initiative. Woroschilow? Es ist kein Geheimnis, daß der »alte Bolschewik« Woroschilow – nur eine dekorative Figur ist. Bei Lenins Lebzeiten war es keinem in den Sinn gekommen, ihn in das Zentralkomitee aufzunehmen. Während des Bürgerkrieges bewies Woroschilow neben unbestreitbarem persönlichem Mut einen völligen Mangel an militärischen und administrativen Qualitäten und außerdem hinterwäldlerische Enge des Horizonts. Seine einzige Legitimation für den Posten eines Mitgliedes des Politbüros und des Volkskommissars für Landesverteidigung besteht darin, daß er schon in Zarizyn im Kampfe gegen das Kosakentum eine Stütze der Stalinschen Opposition gegen jene Kriegspolitik war, die den Sieg im Bürgerkriege gesichert hat. Weder Stalin noch die übrigen Mitglieder des Politbüros haben sich übrigens je Illusionen in bezug auf Woroschilow als einen militärischen Führer gemacht. Sie waren deshalb bestrebt, ihn durch qualifizierte Mitarbeiter zu stützen. Die wirklichen Leiter der Armee waren in den letzten Jahren zwei Männer gewesen: Tuchatschewski und Gamarnik.

Weder der eine noch der andere gehörten zur alten Garde. Beide haben sich im Bürgerkrieg ausgezeichnet, nicht ohne die Beteiligung des Autors dieser Zeilen. Tuchatschewski hat zweifellos hervorragende strategische Begabung bewiesen. Es fehlte ihm jedoch die Fähigkeit, eine militärische Situation allseitig einzuschätzen. Seine Strategie zeigte stets ein Element von Abenteurertum. Auf diesem Boden hatten wir einige Zusammenstöße, übrigens der Form nach absolut freundschaftliche. Ich mußte auch Kritik üben an den Versuchen Tuchatschewskis, mit Hilfe elementarer Formeln des Marxismus, die er sich in aller Eile angeeignet hatte, eine »neue Kriegsdoktrin« zu schaffen. Man darf jedoch nicht vergessen, daß Tuchatschewski damals sehr jung war und einen zu großen Sprung gemacht hatte: aus den Reihen des Gardekorps in das Lager des Bolschewismus. Seit jener Zeit hat er offenbar fleißig gelernt, wenn nicht Marxismus (das lernt heute in der USSR keiner), so doch das Kriegshandwerk. Er hat gelernt, die neue Technik zu verstehen und spielte, nicht ohne Erfolg, die Rolle des »Mechanisators« der Armee. Ob es ihm gelungen war, das notwendige innere Gleichgewicht zu gewinnen – ohne das es überhaupt keinen großen Heerführer geben kann –, hätte nur ein neuer Krieg beweisen können, in dem Tuchatschewski die Rolle des Generalissimus im voraus zugewiesen war.

Jan Gamarnik, der aus einer jüdischen Familie in der Ukraine stammt, hat sich schon während des Bürgerkrieges durch politische und administrative Fähigkeiten ausgezeichnet, allerdings in provinziellem Maßstabe. Im Jahre 1924 hörte ich über ihn, als einen ukrainischen »Trotzkisten«. Meine persönlichen Beziehungen zu ihm waren bereits abgebrochen. Die damals in der Partei führende »Troika« (Sinowjew-Stalin-Kamenjew) war vor allem bemüht, die fähigen Trotzkisten aus ihrer gewohnten Umgebung zu reißen, sie an neue Orte zu versetzen und womöglich durch Perspektiven einer Karriere zu bestechen. Gamarnik wurde aus Kiew nach dem Fernen Osten gesandt, wo er die administrative Leiter schnell emporstieg und mit dem »Trotzkismus« bereits im Jahre 1925 radikal brach, das heißt zwei bis drei Jahre vor der Kapitulation der angesehensten Angeklagten der letzten Prozesse. Als die »Umerziehung« Gamarniks abgeschlossen war, holte man ihn nach Moskau und stellte ihn an die Spitze der politischen Verwaltung der Armee und Flotte. Zehn Jahre lang bekleidete Gamarnik verantwortliche Posten, in der Mitte des Parteiapparates und in täglicher Zusammenarbeit mit der GPU – ist es denkbar, unter solchen Bedingungen zwei politische Linien zu verfolgen: die eine für die Außenwelt, die andere geheim? Mitglied des ZK und höchster Vertreter der regierenden Partei in der

Armee, war Gamarnik wie Tuchatschewski Fleisch vom Fleische und Blut vom Blute der regierenden Kaste. Warum aber sind diese beiden Führer der bewaffneten Macht vor die Kugel geraten? Sinowjew und Kamenjew gingen zugrunde, weil sie dank ihrer Vergangenheit gefährlich schienen und hauptsächlich weil Stalin durch ihre Erschießung hoffen konnte, dem »Trotzkismus« einen tödlichen Schlag zu versetzen. Pjatakow und Radek, frühere angesehene Trotzkisten, waren die einzigen passenden Figuren für einen neuen Prozeß, der die Fehler des ersten, zu plumpen Gebräus korrigieren sollte. Weder Tuchatschewski noch Gamarnik waren für diese Aufgaben geeignet. Tuchatschewski war niemals Trotzkist gewesen. Gamarnik hat den Trotzkismus in einer Periode gestreift, als sein Name noch völlig unbekannt war. Warum aber hatte Radek den Befehl, während der gerichtlichen Untersuchung Tuchatschewskis Namen zu nennen? Und warum geriet Gamarnik sofort nach seinem geheimnisvollen Tode in die Liste der »Feinde des Volkes«?

Als Erzieher des Kommandokorps und zukünftiger Generalissimus mußte Tuchatschewski um die begabten Heeresführer sehr besorgt sein. Putna war einer der hervorragendsten Offiziere des Generalstabs. Vielleicht hatte ihn Tuchatschewski tatsächlich zu Radek gesandt, um irgendwelche Auskünfte zu holen. Radek war der Offiziosus der Außenpolitik, Putna – Militärattaché in England. Tuchatschewski konnte durch Putna irgendwelche Nachrichten von Radek erhalten, wie Stalin nicht selten für seine Reden und Interviews Informationen von Radek benutzte. Es ist allerdings auch möglich, daß diese ganze Episode freie Erfindung ist, wie so vieles andere. Die Sache ändert es nicht. Tuchatschewski hat wahrscheinlich für Putna wie für andere Offiziere, die die GPU in ihr Amalgam hineinzog, interveniert. Man mußte ihm eine Lehre erteilen. Was war dabei die Rolle Woroschilows? Seine Verbindung mit Stalin hat bis jetzt Woroschilows Politik stärker bestimmt als die Verbindung mit der Armee. Außerdem hat Woroschilow, ein beschränkter und unberechenbarer Mensch, nicht anders als feindselig auf seinen zu begabten Stellvertreter zu blicken vermocht. Dies kann der Beginn des Konfliktes gewesen sein.

Gamarnik nahm leitenden Anteil an allen Säuberungen in der Armee und machte alles, was man von ihm verlangte. Doch hat es sich früher wenigstens um Oppositionelle, Unzufriedene, Verdächtige gehandelt, folglich um Interessen des »Staates«. Im letzten Jahre jedoch stellte sich die Notwendigkeit heraus, aus der Armee ganz schuldlose Menschen hinauszuwerfen, die durch irgendwelche alte Verbindungen, durch ihr Amt oder einfach zufällig zur Organisierung einer neuen Justizfälschung gebraucht wurden. Mit vielen dieser Kommandeure waren Gamarnik wie Tuchatschewski durch Bande der Kameradschaft und der Freundschaft verbunden. Als Chef der PUR (politische Verwaltung der revolutionären Sowjets) war Gamarnik verpflichtet, seine Mitarbeiter nicht nur Wyschinski auszuliefern, sondern sich auch an der Fabrikation falscher Beschuldigungen gegen sie zu beteiligen. Es ist sehr wahrscheinlich, daß er mit der GPU einen Kampf aufgenommen und sich über Jeschow bei ... Stalin beschwert hat. Dies schon allein kann ihn vor die Kugel gebracht haben.

Von Interessen der Landesverteidigung bewegt, können sich Kommandierende der Militärbezirke wie überhaupt verantwortliche Generale für Tuchatschewski eingesetzt haben. Der Wirrwarr der Versetzungen und Verhaftungen während des Monats Mai und der ersten Junitage läßt sich nur mit der Panik in den regierenden Kreisen erklären. Am 31. Mai erschoß sich Gamarnik – oder wurde erschossen. Die Kommandierenden der Militärbezirke hatten kaum Zeit, die neuen Bestimmungsorte ihrer Versetzungen zu erreichen, als sie schon verhaftet und vor Gericht gestellt waren. Man verhaftete: den eben nach Samara versetzten Tuchatschewski, den eben nach Leningrad versetzten Jakir, den Kommandierenden des Weißrussischen Militärbezirks, Uborewitsch, den Chef der Kriegsakademie, Kork, den Chef der Personalverwaltung der Armee, Feldmann, den Chef der Osoaviachim, Eidemann, kurze Zeit vorher den früheren Militärattaché in Japan und England, Putna, und den Kavalleriegeneral Primakow. Alle acht wurden zum Tode verurteilt und erschossen.

Die Armee muß sich bis ins Mark erschüttert gefühlt haben. Von der Legende umwehte Helden des Bürgerkrieges, begabte Heerführer und Organisatoren, Führer der Armee, gestern noch Stütze und Hoffnung des Regimes – wie und weshalb sind sie umgekommen?

Zwei Worte wollen wir jedem von ihnen widmen.

Wenn Tuchatschewski aus einem zaristischen Offizier ein Bolschewik wurde, so wurde Jakir aus einem jungen, tuberkulösen Studenten ein roter Kommandeur. Schon bei den ersten Schritten bewies er Phantasie und Scharfsinn eines Strategen; alte Offiziere betrachteten nicht selten mit Verwunderung den hageren Kommissar, wenn er mit einem Streichholz die Karte absteckte. Seine Ergebenheit für die Revolution und die Partei hat Jakir unmittelbarer beweisen können als Tuchatschewski. Nach Beendigung des Bürgerkrieges studierte er *ernst*. Die Autorität, die er genoß, war groß und verdient. In eine Reihe mit ihm kann man den weniger glanzvollen, aber ebenso erprobten und zuverlässigen Heerführer des Bürgerkrieges, Uborewitsch, stellen. Diesen beiden war der Schutz der Westgrenze übertragen, und sie haben sich jahrelang auf ihre Rolle im nächsten großen Krieg vorbereitet. Kork, ein Zögling der zaristischen Kriegsakademie, kommandierte in den kritischen Jahren erfolgreich eine Armee, dann einen Militärbezirk und kam zuletzt an die Spitze der Kriegsakademie, an die Stelle von Eidemann, der zur nächsten Umgebung Frunses gehörte. In den letzten Jahren war Eidemann der Chef der Osoaviachim, die die aktive Verbindung der Zivilbevölkerung mit der Armee verwirklicht. Putna war ein gebildeter, junger General mit internationalem Horizont. In Feldmanns Händen lag die unmittelbare Überwachung des Kommandobestandes; das allein zeigt das Maß des Vertrauens, das er genoß. Primakow war zweifellos nach Budjonny der hervorragendste Chef der Kavallerie. Man kann ohne Übertreibung sagen, daß in der ganzen Roten Armee kein Name, außer Budjonny, übriggeblieben ist, der sich mit der Popularität, von Begabung und Kenntnissen zu schweigen, mit den Namen dieser plötzlich zu Verbrechern Gestempelten messen könnte. Die Vernichtung der leitenden Spitze der Roten Armee ist demnach mit großer Sachkenntnis durchgeführt worden!

Schärfste Aufmerksamkeit verdient die Organisierung des Gerichts: unter Vorsitz des geringwertigen Beamten Ulrich war eine Gruppe älterer Generale mit Budjonny an der Spitze gezwungen, ihren Kriegskameraden das von Stalins Sekretariat diktierte Todesurteil zu sprechen. Das war eine teuflische Prüfung auf Treue. Die am Leben gebliebenen Heerführer sind durch die Schande, mit der er sie bewußt bedeckt hat, von nun an zu Knechten Stalins geworden. Das System der Intrigen geht indes weiter. Stalin hat Angst nicht nur vor Tuchatschewski, sondern sogar vor Woroschilow. Das beweist insbesondere die Ernennung Budjonnys zum Kommandierenden des Moskauer Militärbezirks. Als alter Kavallerie-Unteroffizier hat Budjonny stets den militärischen Dilettantismus Woroschilows verachtet. In der Periode der gemeinsamen Arbeit in Zarizyn haben sie wiederholt einander mit dem Revolver bedroht. Die hohe Karriere hat die äußeren Formen der Feindschaft abgeschliffen, aber nicht gemildert. Die militärische Macht in der Hauptstadt ist aber jetzt als Gegengewicht gegen Woroschilow Budjonny übertragen. Wer von ihnen in der Liste der Geweihten an der Reihe ist, wird die Zukunft zeigen.

Die Beschuldigung gegen Tuchatschewski, Jakir und die anderen, sie wären Agenten Deutschlands gewesen, ist derart dumm und schändlich, daß sie kaum widerlegt zu werden verdient. Stalin hat auch gar nicht gehofft, man würde im Auslande dieser schmutzigen Verleumdung Glauben schenken. Doch hat er auch diesmal durch stark wirkende Argumente die Ermordung der begabten und selbständigen Menschen vor den russischen Arbeitern und Bauern rechtfertigen müssen. Er rechnet auf die hypnotische Wirkung der totalitären Presse und des nicht weniger totalitären Radios.

Welches aber sind die wirklichen Gründe der Ausrottung der besten Sowjetgenerale? Darüber kann man sich nur hypothetisch äußern, auf Grund einer Reihe direkter und indirekter Symptome. In Anbetracht der nahenden Kriegsgefahr konnten die verantwortlichen Kommandeure nicht ohne Sorge die Tatsache betrachten, daß an der Spitze der bewaffneten Kräfte Woroschilow steht. Zweifellos hatte man in diesen Kreisen an dessen Stelle Tuchatschewskis Kandidatur vorgeschoben. In seinem ersten Stadium hat das Generals-»Komplott« wahrscheinlich versucht, sich auf Stalin zu stützen, der schon lange das ihm gewohnte Doppelspiel spielte und den Antagonismus zwischen Tuchatschewski und Woroschilow für seine Zwecke ausnutzte. Tuchatschewski und seine Anhänger haben offenbar ihre Kräfte überschätzt. Im letzten Moment vor die Notwendigkeit der Wahl gestellt, zog Stalin Woroschilow vor, der bis jetzt ein gehorsames Werkzeug war, und verriet Tuchatschewski, der unter Umständen ein gefährlicher Rivale werden konnte. Die in ihren Hoffnungen betrogenen und durch den »Verrat« Stalins gereizten Generale konnten davon gesprochen haben, daß man die Armee überhaupt von der Bevormundung des Politbüros befreien müßte. Von hier bis zur direkten

Verschwörung ist es noch weit. Aber unter dem totalitären Regime bedeutet das den ersten Schritt dazu.

Wenn man die Vergangenheit der Erschossenen und die Physiognomie jedes einzelnen von ihnen richtig wägt, ist es schwer anzunehmen, daß sie irgendein gemeinsames politisches Programm verband. Jedoch konnte ein Teil von ihnen mit Tuchatschewski an der Spitze auf dem Gebiete der Landesverteidigung ein eigenes Programm gehabt haben. Man darf nicht vergessen, daß nach Hitlers Machtantritt Stalin alles tat, um die freundschaftlichen Beziehungen mit Deutschland aufrechtzuerhalten. Die Sowjetdiplomaten kargten nicht mit zuvorkommenden Erklärungen an die Adresse des Faschismus, die heute skandalös klingen. Die Philosophie dieser Politik wurde von Stalin geliefert: »Vor allem muß man den Aufbau des Sozialismus in unserem Lande schützen. Faschismus und Demokratie sind Zwillinge und keine Gegensätze. Frankreich wird uns nicht überfallen, und die Bedrohung seitens Deutschlands kann man durch Zusammenarbeit mit ihm neutralisieren.« Auf ein Zeichen von oben waren die Führer der Armee bemüht, freundschaftliche Beziehungen mit den deutschen Militärattachés, Ingenieuren und Industriellen zu unterhalten und ihnen den Gedanken an eine mögliche Zusammenarbeit der beiden Länder einzuflößen. Einige der Generale akzeptierten diese Politik um so bereitwilliger, als ihnen die deutsche Technik und die deutsche »Disziplin« stark imponierten.

Stalin war jedoch gezwungen, die »freundschaftlichen« Beziehungen mit Deutschland durch ein Defensivbündnis mit Frankreich zu ergänzen. Darauf konnte Hitler nicht eingehen. Er braucht freie Hand in die eine wie in die andere Richtung. Als Antwort auf die Annäherung Moskaus an Paris stieß er Stalin demonstrativ weg. Nach ihm tat es auch Mussolini. Entgegen seinen ursprünglichen Absichten war Stalin gezwungen, die Philosophie von den »Zwillingen« aufzugeben und Kurs auf eine Freundschaft mit den westlichen »Demokratien« zu nehmen. Im Ministerium des Auswärtigen wurde ein symbolischer Wechsel vorgenommen: der Stellvertreter Litwinows, Krestinski, der frühere Sowjetgesandte in Deutschland, wurde entfernt, an seine Stelle kam Potemkin, der frühere Sowjetgesandte in Frankreich. An der Spitze der Generalität konnte man die Wendung nicht so leicht vollziehen, was im Charakter der Militärkaste, einer zahlreicheren und unbeweglicheren als die der Diplomatie, liegt.

Nimmt man an, daß Tuchatschewski tatächlich bis in die letzten Tage eine progermanische Orientierung vertrat (ich bin davon nicht überzeugt), so jedenfalls nicht als Agent Hitlers, sondern als Sowjetpatriot, aus strategischen und ökonomischen Erwägungen, die noch vor kurzem von Stalin geteilt wurden. Außerdem haben sich einige Generale an die vorangegangenen Freundschaftsbeteuerungen für Deutschland gebunden gefühlt. Da Stalin lange lavierte, bemüht, beide Türen offenzuhalten, gab er absichtlich den Generalen kein Signal zum Rückzug. Auf seine Unterstützung rechnend, können die Generale weitergegangen sein, als sie ursprünglich beabsichtigt hatten. Es ist auch sehr wahrscheinlich, daß andererseits Woroschilow, der als Mitglied des Politbüros von der neuen Orientierung rechtzeitig unterrichtet war, absichtlich Tuchatschewski die Militär- und Parteidisziplin überschreiten ließ, um dann mit der ihm eigenen Grobheit plötzlich einen Kurswechsel zu verlangen. Die Frage, ob man mit Deutschland oder mit Frankreich gehen müsse, verwandelte sich in eine Frage, wer die Armee leiten soll: das Politbüro-Mitglied Woroschilow oder Tuchatschewski, der die Blüte des Kommandobestandes hinter sich hatte. Da es keine öffentliche Meinung, keine Partei, keine Sowjets gibt und das Regime die letzten Reste der Elastizität verloren hat, wird jede akute Frage durch den Mauser entschieden. Stalin ging um so williger auf eine blutige Lösung ein, als er, um den neuen internationalen Verbündeten seine Treue zu beweisen, Sündenböcke für jene Politik brauchte, von der er sich gestern losgesagt hatte.

Die Stellung der Generale zur linken Opposition? Gamarnik wurde nach seinem Tode von den Moskauer Zeitungen als »Trotzkist« bezeichnet. Einige Monate zuvor wurde Putna in den Prozessen Sinowjew und Radek als »Trotzkist« erwähnt. Die anderen hat niemand mit diesem schrecklichen Namen belegt, weder vor dem Prozeß noch, wie anzunehmen ist, im Prozeß, denn sowohl Richter wie Angeklagte brauchten hinter verschlossenen Türen keine Komödie zu spielen. Von der Umwandlung Tuchatschewskis, Jakirs, Uborewitschs, Eidemanns und der anderen in »Trotzkisten« hielt ab nicht nur das Fehlen jeglicher äußeren Anhaltspunkte, sondern auch der Wunsch, die Macht des Trotzkismus in der Armee nicht zu

305

sehr aufzubauschen. Dennoch werden einen Tag nach der Hinrichtung im Befehl Woroschilows sämtliche Erschossenen bereits als Trotzkisten tituliert. Wie wir sehen, hat auch die Fälschung ihre Logik: wenn die Generale, wie die Trotzkisten, Deutschland gedient haben zum Zwecke der »Wiederherstellung des Kapitalismus«, so mußte Deutschland sie in seinen Interessen vereinigt haben. Außerdem ist »Trotzkismus« schon längst zum Sammelbegriff für all das geworden, was der Ausrottung unterliegt.

Unsere Betrachtungen über die Gründe der Enthauptung der Armee enthalten ein Element der Mutmaßung. In den Details, die man nicht so bald erfahren wird, mag die Sache anders geschehen sein. Doch ist der politische Sinn der neuen Schlächterei schon jetzt klar. Wenn Stalin die Generäle hätte retten wollen, so hätte er die Möglichkeit gehabt, ihnen die Rückzugsbrücken rechtzeitig zu öffnen. Aber er wollte nicht. Er fürchtet, Schwäche zu zeigen. Er fürchtet die Armee. Er fürchtet die eigene Bürokratie. Und nicht ohne Grund. Tausende und aber Tausende Beamter und Kommandeure, die dem Bolschewismus entstammen oder sich dem Bolschewismus anschlossen, haben Stalin bis vor kurzem auf Treu und Gewissen gestützt. Doch die jüngsten Ereignisse erweckten in ihnen Angst – um das Schicksal des Regimes und um das eigene Schicksal. Jene, die Stalin geholfen haben, aufzusteigen, erweisen sich immer untauglicher dafür, ihn auf der schwindelerregenden Höhe zu halten. Stalin ist gezwungen, die Werkzeuge seiner Herrschaft immer wieder zu erneuern. Und gleichzeitig fürchtet er, daß die erneuerten Werkzeuge an ihre Spitze einen anderen Führer stellen könnten.

Besonders scharf steht diese Gefahr in bezug auf die Armee. Wenn eine Bürokratie sich von der Kontrolle des Volkes befreit, dann strebt die Militärkaste unvermeidlich danach, sich von der Vormundschaft der Zivilbürokratie zu befreien. Der Bonapartismus hat stets die Tendenz, die Form der offenen Herrschaft des Säbels anzunehmen. Unabhängig von den wirklichen oder angeblichen Ambitionen Tuchatschewskis muß das Offizierskorps immer mehr vom Bewußtsein seiner Überlegenheit über die Diktatoren im Zivilrock durchdrungen werden. Anderseits muß Stalin einsehen, daß die Polizeiherrschaft über das Volk, die er mit Hilfe der Hierarchie der Parteisekretäre ausübt, einfacher und direkter verwirklicht werden kann von einem der »Marschälle« mit Hilfe des Militärapparates. Die Gefahr ist zu evident. Eine Verschwörung hat es zwar noch nicht gegeben, doch steht sie auf der Tagesordnung. Die Schlächterei trug präventiven Charakter. Stalin hat einen »glücklichen« Zufall benutzt, um dem Offizierskorps eine blutige Lehre zu erteilen.

Doch kann man im voraus sagen, daß diese Lehre niemand zurückhalten wird. Stalin gelang es, die Rolle des Totengräbers des Bolschewismus zu erfüllen, nur weil er selbst – ein alter Bolschewik ist. Diese Deckung hat die Bürokratie nötig gehabt, um die Massen zu ersticken und die Schale der spartanischen Tradition zu zerbrechen. Das Lager des Thermidors ist aber nicht einheitlich. Die Oberschicht der Privilegierten repräsentieren Menschen, die von den Traditionen des Bolschewismus selbst noch nicht ganz frei sind. Auf dieser Zwischenformation: den Postyschews, Tscherwjakows, Tuchatschewskis, Jakirs, von den Jagodas ganz zu schweigen, kann sich das Regime nicht halten. Die nächstfolgende Schicht verkörpern gleichgültige Administratoren, wenn nicht durchtriebene Kanaillen und Karrieristen. Stalin kennt diese Schichtung besser als sonst einer. Deshalb wähnt er, nun, nachdem die Massen erdrosselt sind und die alte Garde ausgerottet ist, läge die Rettung des Sozialismus in ihm allein.

Es handelt sich nicht einfach um persönliche Machtgier oder Grausamkeit. Stalin muß die juristische Festigung seiner persönlichen Macht anstreben, als lebenslänglicher »Führer«, als mit allen Vollmachten ausgestatteter Präsident oder schließlich als gekrönter Imperator. Gleichzeitig aber muß er fürchten, daß aus der Mitte der Bürokratie selbst oder vor allem aus der Armee sich gegen seine cäsaristischen Pläne Widerstand erheben kann. Das bedeutet, daß, bevor er – mit oder ohne Krone – stürzt, Stalin vor allem versuchen wird, die besten Elemente des Staatsapparates zu vernichten.

Der Roten Armee hat er jedenfalls einen schrecklichen Schlag zugefügt. Als Folge der neuen Justizfälschung ist sie um einige Köpfe kleiner geworden. Moralisch ist sie bis auf den Grund erschüttert. Die Interessen der Landesverteidigung sind den Interessen der Selbsterhaltung der regierenden Clique geopfert worden. Nach den Prozessen Sinowjew-Kamenjew, Radek-Pjatakow bezeichnet der Prozeß Tuchatschewski, Jakir usw. den Anfang vom Ende der Stalinschen Diktatur.

Stalin über seine Fälschungen

Mit dem ihm eigenen prahlerischen Zynismus verrät Hitler das Geheimnis seiner politischen Strategie: »Es gehört zur Genialität eines großen Führers, selbst auseinanderliegende Gegner immer nur als zu einer Kategorie erscheinen zu lassen, weil die Erkenntnis verschiedener Feinde bei schwächlichen und unsicheren Charakteren nur zu leicht zum Anfang des Zweifels am eigenen Recht führt.« (»Mein Kampf«.) Dieses Prinzip ist der marxistischen Politik wie auch jeder wissenschaftlichen Erkenntnis direkt entgegengesetzt, denn die letztere beginnt mit der Zergliederung, der Gegenüberstellung, der Aufdeckung nicht nur der hauptsächlichen Unterschiede, sondern auch der Übergangsnuancen. Insbesondere hatte sich der Marxismus stets der Behandlung aller politischen Gegner als »einer reaktionären Masse« widersetzt. Der Unterschied zwischen der marxistischen und der faschistischen Agitation ist der Unterschied zwischen wissenschaftlicher Erziehung und demagogischer Hypnotisierung. Die Methode der Stalinschen Politik, die ihren vollendetsten Ausdruck in den Prozeßfälschungen gefunden hat, entspricht vollständig Hitlers Rezept, läßt es aber dem Schwunge nach weit zurück. Alle, die sich vor der regierenden Moskauer Clique nicht beugen, sind von nun an »eine faschistische Masse«.

Während der Moskauer Prozesse hat sich Stalin demonstrativ abseits gehalten. Es wurde sogar geschrieben, er sei nach dem Kaukasus verreist. Das ist ganz in seinem Stil. Wyschinski und die »Prawda« erhielten Instruktionen hinter den Kulissen. Jedoch wurde Stalin durch den Mißerfolg, den die Prozesse in den Augen der Weltöffentlichkeit hatten und durch das Anwachsen der Unruhe und der Zweifel in der USSR gezwungen, in die Arena zu treten. Am 3. März hielt er im Plenum des ZK eine Rede, die nach sorgfältiger Zurechtmachung in der »Prawda« abgedruckt wurde. Von einem theoretischen Niveau dieser Rede zu sprechen, ist unmöglich; sie bewegt sich nicht nur außerhalb jeder Theorie, sondern auch außerhalb jeglicher Politik im ernsten Sinne dieses Wortes; sie ist nichts anderes als die Instruktion, wie die begangenen Fälschungen am besten auszunutzen und neue vorzubereiten sind.

Stalin beginnt mit der Definition des Trotzkismus: »Aus einer politischen Richtung innerhalb der Arbeiterklasse, die er vor sieben bis acht Jahren war, verwandelte sich der Trotzkismus in eine wildgewordene und prinzipienlose Bande von Schädlingen, Diversanten, Spionen und Mördern ...« Der Autor dieser Definition hat jedoch vergessen, daß er »vor sieben bis acht Jahren« gegen den Trotzkismus die gleichen Beschuldigungen wie heute erhob, nur in vorsichtigerer Form. Bereits seit der zweiten Hälfte 1927 verknüpfte die GPU Trotzkisten, allerdings weniger bekannte, mit Weißgardisten und ausländischen Agenten. Meine Ausweisung aus der USSR wurde offiziell damit begründet, daß ich einen bewaffneten Aufstand vorbereite; nur hatte Stalin damals nicht gewagt, diese phantastische Feststellung der GPU zu veröffentlichen. Zur Rechtfertigung der Erschießung Blumkins, Silows und Rabinowitschs teilte die »Prawda« schon im Jahre 1929 mit, die Trotzkisten hätten Eisenbahnkatastrophen organisiert. Im Jahre 1930 wurde eine Reihe verbannter Oppositioneller wegen ihrer Korrespondenz mit mir der Spionage beschuldigt. In den Jahren 1930–1932 versuchte die GPU, wiederum von weniger bekannten Oppositionellen, »freiwillige Geständnisse« über Vorbereitungen terroristischer Attentate zu erpressen. Ich habe der New Yorker Untersuchungskommission Dokumente über diese ersten Rohentwürfe des späteren Amalgams eingereicht. Vor sieben, acht Jahren jedoch hatte Stalin den Widerstand der Partei und sogar der Spitzen der Bürokratie noch nicht zu brechen vermocht und mußte sich deshalb mit Intrigen, vergifteten Verleumdungen, Verhaftungen, Ausweisungen und vereinzelten »Probe«-Erschießungen begnügen. Er hat seine Agenten – und sich selbst – allmählich erzogen. Denn es wäre falsch, zu glauben, dieser Mensch sei als vollendeter Kain geboren worden. »Die grundlegende Methode der Trotzkistischen Arbeit«, fährt Stalin fort, »ist heute nicht mehr die offene und ehrliche Propagierung ihrer Ansichten unter der Arbeiterklasse, sondern Maskierung ihrer Ansichten, ... verlogenes In-den-Schmutz-Ziehen der eigenen Ansichten.« Schon vor zehn Jahren konnten Eingeweihte sich nicht in die Augen blicken, wenn Stalin seine Gegner des Mangels an »Aufrichtigkeit« und »Ehrlichkeit« beschuldigte! In jenen Tagen pflanzte Jagoda die hohen Prinzipien der Moral an ... Stalin sagt nicht, wie man »offene« Propaganda in einem Lande treiben kann, wo jede Kritik am »Führer« unermeßlich wütender verfolgt wird als im faschistischen Deutschland. Die Notwendigkeit, sich vor der

GPU zu verbergen und die Propaganda ihrer Ansichten illegal zu führen, kompromittiert nicht die Revolutionäre, sondern das Bonapartistische Regime.

Stalin erklärt auch nicht, wie man »seine eigenen Ansichten in den Schmutz ziehen« und gleichzeitig Tausende von Menschen beeinflussen kann, für diese Ansichten das Leben zu opfern. Die Rede und ihr Autor stehen auf dem Niveau jener reaktionären Presse, die stets behauptet hat, Stalins Kampf gegen den »Trotzkismus« habe fiktiven Charakter, in Wirklichkeit verbände uns eine geheime Verschwörung gegen die kapitalistische Ordnung, und meine Ausweisung sei nur die Maskierung unserer gemeinsamen Arbeit. Vielleicht rottet Stalin die Trotzkisten aus und bemüht sich, ihre Ansichten »in den Schmutz zu ziehen«, bloß um seine Solidarität mit uns besser zu verbergen?

Am plumpesten entlarvt sich der Redner durch die Frage nach dem Programm der Opposition. »Im Prozeß vom Jahre 1936 bestritten, wie Sie sich erinnern, Kamenjew und Sinowjew aufs entschiedenste, irgendeine politische Plattform besessen zu haben ... Es steht außer Zweifel, daß beide logen, als sie das Vorhandensein einer Plattform leugneten.« In Wirklichkeit hätten sie die Plattform der »Restaurierung des Kapitalismus«. Das Wort »Zynismus« ist zu harmlos und patriarchalisch, um auf diesen Moralisten angewandt zu werden, der seinen Opfern wissentlich falsche Aussagen aufzwang, sie auf Grund einer wissentlich falschen Anklage ermordete und dann nicht sich, Jagoda und Wyschinski, nein, sondern die von ihnen erschossenen Kamenjew und Sinowjew als Lügner erklärt. Aber gerade hier läßt sich der Meister der Fälschung auf frischer Tat ertappen!

Im Januar 1935 nämlich, im ersten Prozeß, gestanden Sinowjew und die übrigen Angeklagten, wie aus dem offiziellen Bericht hervorgeht, daß sie in ihrer Tätigkeit von geheimen Absichten der Wiederherstellung des kapitalistischen Regimes geleitet wurden. So wurden auch in der Anklageschrift die Ziele der angeblichen Trotzkisten formuliert. Also haben damals die Angeklagten die Wahrheit gesprochen? Das Unglück bestand aber darin, daß niemand diese offiziell festgestellte »Wahrheit« glauben wollte. Aus diesem Grunde wurde bei der Vorbereitung des zweiten Prozesses Sinowjew-Kamenjew (August 1936) beschlossen, das Programm der Restaurierung des

Kapitalismus, weil zu absurd, fallenzulassen und die Sache auf »Machtgier« zu konzentrieren; das würde der Philister leichter glauben. »Es ist mit Sicherheit festgestellt«, lautet die neue Anklageschrift, »daß das einzige Motiv für die Organisierung des Trotzkistisch-Sinowjewistischen Blocks das Bestreben war, um jeden Preis die Macht zu erobern ...« Das Vorhandensein irgendeiner »Plattform« bei den Trotzkisten bestritt diesmal der Staatsanwalt selbst; darin eben bestand ihre besondere Schuld! Ob die unglücklichen Angeklagten gelogen haben oder nicht ist bedeutungslos; die Stalinsche Justiz selbst hat »mit Sicherheit festgestellt«, daß »das einzige Motiv« der Trotzkisten das »Bestreben war ... die Macht zu erobern«. Zu diesem Zwecke hätten sie zum Terror gegriffen.

Diese neue Version, auf Grund derer Sinowjew, Kamenjew und die andern erschossen wurden, hat aber die erwarteten Resultate nicht ergeben. Weder die Arbeiter noch die Bauern konnten sich über die angeblichen Trotzkisten, die die Macht erobern wollten, besonders entrüsten; schlimmer als die regierende Clique könnten sie keinesfalls sein. Um dem Volke Angst zu machen, mußte man hinzufügen, daß die Trotzkisten das Land den Gutsbesitzern und die Betriebe den Kapitalisten zurückgeben wollten. Die Anklage wegen Terrorismus, ohne Terrorakte, würde außerdem die weiteren Möglichkeiten zur Ausrottung der Gegner beschränken. Um den Kreis der Angeklagten zu erweitern, mußte man Sabotage, Schädlingsarbeit und Spionage in die Sache einbeziehen. Jedoch konnte man der Sabotage und Spionage nur durch die Feststellung einer Verbindung der Trotzkisten mit den Feinden der USSR einen Sinn verleihen. Aber weder Deutschland noch Japan würden die Trotzkisten nur wegen deren »Machtgier« unterstützen. Es blieb also nichts anderes übrig, als einer neuen Angeklagtengruppe den Befehl zu erteilen, zum Programm der »Wiederherstellung des Kapitalismus« zurückzukehren.

Diese erweiterte Fälschung ist derart lehrreich, daß es sich verlohnt, bei ihr zu verweilen. Jeder, der lesen kann, ist imstande, mit Hilfe einer kompletten Sammlung irgendeiner Zeitung der Komintern drei Etappen in der Entwicklung der Anklage mühelos zu verfolgen, eine Art Hegelsche Triade der Fälschung: These, Antithese, Synthese. Nach dem Januar 1935 beschuldigten die Söldlinge Moskaus in allen Teilen der Welt den später erschossenen Vorsitzenden der Komintern auf

Grund seiner »Geständnisse« der Urheberschaft am Programm der Wiederherstellung des Kapitalismus. Tonangebend war die »Prawda«, das persönliche Organ Stalins. Auf sein Kommando sprang die Presse der Komintern von der These zur Antithese und brandmarkte im August 1936, während des Prozesses der 16, die Trotzkisten als Mörder, denen jegliches Programm fehle. An diese neue Version hielten sich die »Prawda« und die Komintern-Presse jedoch nur etwa einen Monat: bis zum 12. September. Die Zickzacks der Komintern spiegelten nur die Wendungen Wyschinskis wider, der seinerseits sich den laufenden Instruktionen Stalins anpaßte.

Das Schema der letzten »synthetischen« Anklage hatte, ohne es zu ahnen, Radek verursacht. Am 21. August 1936 erschien sein Artikel gegen die »Trotzkistisch-Sinowjewistische faschistische Bande«. Die Absicht des unglückseligen Autors bestand darin, zwischen sich und den Angeklagten eine möglichst tiefe Kluft zu schaffen. Bemüht, aus den angeblichen »Verbrechen« die schrecklichsten nationalen und internationalen Folgen zu ziehen, schrieb Radek über die Angeklagten und vor allem über mich: »Sie wissen, daß ... die Untergrabung des Vertrauens zur Stalinschen Leitung ... Wasser auf die Mühlen der deutschen, japanischen, polnischen und aller anderen Faschismen bedeutet. Sie wissen ebenfalls, daß die Ermordung des genialen Führers der Sowjetvölker, Stalin, direkte Arbeit für den Krieg ist ...« Radek macht noch einen Schritt weiter auf dem gleichen Wege. »Es handelt sich nicht um die Vernichtung von Ehrgeizigen, die bis zum schrecklichsten Verbrechen gegangen sind; es handelt sich um die Vernichtung von Agenten des Faschismus, die bereit waren, den Kriegsbrand zu entzünden, dem Faschismus den Sieg zu erleichtern, um aus seinen Händen das Gespenst der Macht zu empfangen.« Diese Zeilen bildeten nicht die juristische Anklage, sondern waren nur politische Rhetorik. Schrecken auf Schrecken häufend, sah Radek selbstverständlich nicht voraus, daß er dafür würde büßen müssen. Im gleichen Sinne und mit den gleichen Folgen schrieben Pjatakow und Rakowski.

Diese Publizistik der auf den Tod erschrockenen Kapitulanten griff Stalin bei der Vorbereitung des neuen Prozesses auf. Am 12. September, das heißt drei Wochen nach Radeks Artikel, verkündete der Leitartikel der »Prawda« plötzlich, die Angeklagten »... haben versucht, das wahre Ziel ihres Kampfes zu verheimlichen. Sie haben die Version verbreitet, daß sie kein Programm gehabt hätten. In Wahrheit hatten sie ein Programm, das Programm der Zerschmetterung des Sozialismus und der Wiederherstellung des Kapitalismus.« Zur Bestätigung dieser Behauptung brachte die »Prawda« natürlich nicht die geringsten Beweise. Welche Beweise hätte es auch geben können!

Somit war das neue Programm der Angeklagten nicht durch Dokumente, Tatsachen, Geständnisse der Angeklagten oder auch nur durch logische Schlußfolgerungen der Staatsanwaltschaft bewiesen; nein, es war einfach, über Wyschinskis Kopf hinweg, durch Stalin proklamiert worden, nach der Erschießung der Angeklagten. Beweise? Die sollte nachträglich die GPU liefern, und zwar in der einzigen Form, die ihr möglich war: in Form von »freiwilligen Geständnissen«. Unverzüglich ging Wyschinski an die Durchführung des neuen Auftrags, Radeks Konstruktion aus einer hysterischen in eine juristische, aus einer pathetischen in eine kriminelle zu verwandeln. Aber das neue Schema – das hatte Radek nicht vorausgesehen – bezog Wyschinski nicht auf die sechzehn Angeklagten (Sinowjew und die andern) – die waren ja nicht mehr unter den Lebenden –, sondern auf die siebzehn, wobei der Autor dieses Schemas, Radek, eines der ersten Opfer wurde. Fieberwahn? Nein: Realität. Die Hauptangeklagten des neuen Prozesses ähnelten frommen Mitarbeitern der Inquisition, die eifrig Gräber gruben, Särge bereiteten, Exkommunizierungsepitaphien für andere anfertigten und die dann der Inquisitor beauftragte, ihre eigenen Namen in die Opferlisten einzutragen und nachzumessen, ob die Särge ihrer eigenen Größe entsprechen. Nach Beendigung dieser Prozedur trat Stalin aus dem Schatten hervor und erklärte als unfehlbarer Richter, Sinowjew und Kamenjew, »beide haben gelogen«. Nie hat die menschliche Phantasie Infameres ausgedacht!

Die Erläuterungen Stalins zur Frage der Sabotage bewegen sich auf gleichem Niveau wie seine ganze Rede. »Warum haben unsere Leute das alles nicht gemerkt?« stellte er die Frage, der nicht auszuweichen war. Die Antwort lautete: »Unsere Parteigenossen waren in den letzten Jahren von der wirtschaftlichen Arbeit völlig in Anspruch genommen ... und haben alles andere vergessen.« Wie es stets bei Stalin der Fall ist, variiert er, ohne Beweise, diesen Satz auf zehn Arten. Hingerissen von den wirt-

313

schaftlichen Erfolgen haben die Leiter die Sabotage »einfach nicht beachtet«. Einfach nicht beachtet. Hatten dafür kein Interesse.

Von welcher wirtschaftlichen Arbeit waren diese Menschen »so in Anspruch genommen«, daß sie die Vernichtung der Wirtschaft zu übersehen vermochten. Wer eigentlich sollte die Sabotage »beachten«, wenn deren Organisatoren selbst die Organisatoren der Wirtschaft waren? Stalin versucht es gar nicht, die Fäden zu verknüpfen. In Wirklichkeit ist sein Gedanke der folgende: von der praktischen Arbeit zu sehr in Anspruch genommen, »vergaßen« die Wirtschaftler die höheren Interessen der regierenden Clique, die gefälschte Beschuldigungen brauchte, wenn auch zum Schaden der Wirtschaft.

In den früheren Jahren, fährt Stalin fort, hätten bürgerliche Techniker die Schädlingsarbeit ausgeführt. Aber »wir haben während der verflossenen Periode Zehn- und Hunderttausende technisch gut beschlagener bolschewistischer Kader (Hunderttausende ›Kader‹?) erzogen. Organisatoren der Sabotage sind jetzt nicht die parteilosen Techniker, sondern Schädlinge, die zufällig ein Parteibuch bekommen haben.« Alles ist auf den Kopf gestellt! Um zu erklären, weshalb gut bezahlte Ingenieure sich gern mit dem »Sozialismus« abfinden, während Bolschewiki sich in Opposition zu ihm stellen, findet Stalin nichts Besseres, als die ganze alte Parteigarde zu deklarieren als »Schädlinge, die zufällig ein Parteibuch bekommen haben« und wohl »zufällig« einige Jahrzehnte in der Partei steckengeblieben sind. Wie aber konnten »Zehn- und Hunderttausende technisch gut beschlagener bolschewistischer Kader« die Sabotage übersehen, die während einer Reihe von Jahren die Industrie untergrub? Die geistvolle Erklärung haben wir ja gehört: sie waren von der Wirtschaft zu sehr in Anspruch genommen, als daß sie deren Vernichtung hätten bemerken können.

Für erfolgreiche Sabotage ist jedoch ein günstiges soziales Milieu erforderlich. Woher konnte es in einer Gesellschaft des triumphierenden Sozialismus kommen? Stalins Antwort: »Je weiter wir vorrücken ... um so erbitterter werden die Reste der zerschlagenen Ausbeuterklassen sein.« Aber erstens genügt die ohnmächtige »Erbitterung« irgendwelcher vom Volk isolierter »Reste« nicht, um die Sowjetwirtschaft zu erschüttern. Und zweitens, seit wann haben sich Sinowjew, Kamenjew,

Rykow, Bucharin, Tomski, Smirnow, Jewdokimow, Pjatakow, Radek, Rakowski, Mratschkowski, Sokolnikow, Serebrjakow, Muralow, Sosnowski, Beloborodow, Elzin, Mdivani, Okudschawa, Gamarnik, Tuchatschewski, Jakir und Hunderte andere, weniger bekannte – die gesamte alte führende Schicht der Partei, des Staates und der Armee – in »Reste der zerschlagenen Ausbeuterklassen« verwandelt? Durch die Anhäufung von Fälschungen hat sich Stalin in eine Sackgasse hineingetrieben, daß es schwer wird, in seinen Erklärungen auch nur den Schatten eines Sinnes zu finden. Der Zweck aber ist klar: Alles verleumden und vernichten, was sich der Bonapartistischen Diktatur in den Weg stellt.

»Es wäre irrig, zu glauben«, fährt der Redner fort, »die Sphäre des Klassenkampfes beschränke sich auf die Grenzen der USSR.

Wenn ein Ende des Klassenkampfes seine Wirkung im Rahmen der USSR hat, so erstreckt sich sein anderes Ende über die Grenzen der uns umgebenden bürgerlichen Staaten*.« Es stellt sich also heraus, daß mit der Festigung des Sozialismus in einem Lande der Klassenkampf nicht erlöscht, sondern sich verschärft und daß der wichtigste Grund dieser widernatürlichen Tatsache das Nebenherbestehen bürgerlicher Staaten ist. Von ungefähr und unmerklich für ihn gelangt Stalin zum Eingeständnis der Unmöglichkeit eines Aufbaus der klassenlosen Gesellschaft in einem Lande. Doch wissenschaftliche Verallgemeinerungen beschäftigen ihn wenig. Die ganze Abhandlung trägt nicht theoretischen, sondern polizeilichen Charakter. Stalin muß einfach das eine »Ende« der Fälschung ins Ausland verlegen.

»Nimmt man zum Beispiel«, fährt er fort, »die Trotzkistische konterrevolutionäre IV. Internationale, die zu zwei Drittel aus Spionen und Diversanten besteht ... Ist es nicht klar, daß diese Spionage-Internationale Kader aussondern wird für die Spionage- und Schädlingsarbeit der Trotzkisten?« Der Stalinsche Syllogismus ist in der Regel eine einfache Tautologie: die Spionage-Internationale wird Spione aussondern. »Ist es nicht klar?« Nicht ganz! Sogar im Gegenteil: völlig unklar. Um sich

---

* Durch diesen Stil zeichnet sich die ganze Rede aus. »Hunderttausende Kader.« Der Klassenkampf hat ein »Ende«. Dieses »Ende ... hat seine Wirkung«. Die ehrfurchtsvollen Redakteure wagen es nicht, den Führer auf seinen Analphabetismus hinzuweisen. Der Stil ist nicht nur der Mensch, sondern auch das Regime.

davon zu überzeugen, genügt es, zu der uns bereits bekannten Behauptung Stalins zurückzukehren: der Trotzkismus habe aufgehört, »eine Richtung in der Arbeiterklasse zu sein«, und sei »eine enge Gruppe von Verschwörern« geworden. Die Trotzkisten besitzen eine Plattform, von der sie zu keinem laut sprechen können, nur Jagoda und Jeschow flüstern sie davon ins Ohr. Aber hören wir Stalin weiter an: »Es ist verständlich, daß die Trotzkisten gezwungen waren, eine solche Plattform zu verheimlichen nicht nur vor dem Volk, der Arbeiterklasse ... der Trotzkistischen Masse, und nicht nur vor der Trotzkistischen Masse, sondern auch vor der Trotzkistischen Führerspitze, die aus einem kleinen Häuflein von 30 bis 40 Menschen bestand. Als Radek und Pjatakow von Trotzki die Erlaubnis (?) verlangten, eine kleine Trotzkistenkonferenz von 30 bis 40 Mann einzuberufen zur Informierung über den Charakter dieser Plattform, verbot (!) Trotzki es ihnen.« Lassen wir beiseite die erstaunliche Darstellung der Beziehungen innerhalb der Opposition: Alte Revolutionäre wagen es nicht, ohne »Erlaubnis« des fernen Emigranten Trotzki sich in der USSR zu versammeln! Aber nicht diese totalitäre Polizeikarikatur, die den Geist des Stalinschen Regimes widerspiegelt, interessiert uns hier. Wichtiger ist etwas anderes: Wie ist die Charakteristik des Trotzkismus mit der Charakteristik der IV. Internationale zu verbinden? Trotzki »verbot«, über Spionage und Sabotage auch nur die 30–40 erprobten Trotzkisten in der USSR zu informieren. Anderseits besteht die viele Tausende junger Mitglieder zählende IV. Internationale »zu zwei Dritteln aus Spionen und Diversanten«. Also, sein »Programm« vor wenigen Dutzenden Menschen geheimhaltend, hat Trotzki es Tausenden mitgeteilt? Wahrhaftig, der Bosheit und Schlauheit fehlt's an Vernunft! Und doch verbirgt sich hinter der schwerfälligen Dummheit der Verleumdung ein ganz bestimmter praktischer Plan, der die physische Ausrottung der internationalen revolutionären Avantgarde zum Ziel hat.

Bevor noch dieser Plan sich in Spanien zu verwirklichen begann, wurde er mit völliger Schamlosigkeit von der Wochenschrift der Komintern (und der GPU) »La Correspondance Internationale« enthüllt, fast gleichzeitig mit der Veröffentlichung der Rede Stalins: am 20. März 1937. In einem Artikel gegen den österreichischen Sozialdemokraten Otto Bauer, der, trotz aller Hinneigung zur Sowjetbürokratie, Wyschinski kei-

316

nen Glauben schenken kann, steht unter anderem folgendes: »Wenn jemand heute in der Lage ist, sehr ›authentische‹ Informationen über die Verhandlungen Trotzkis mit Hess zu geben, so ist es Otto Bauer: der französische und der englische Generalstab sind über diese Sache sehr gut informiert. Dank den guten Beziehungen, die Bauer zu Léon Blum und Citrine unterhält (der seinerseits sowohl ein Freund Baldwins wie Sir Samuel Hoars ist), hätte er nur nötig, sich an diese zu wenden. Sie würden ihm einige vertrauliche Auskünfte zum persönlichen Gebrauch nicht verweigern.« Wessen Hand hat diese Feder geführt? Woher kennt der anonyme Publizist der Komintern die Geheimnisse des englischen und des französischen Generalstabs? Eins von beiden: entweder haben die Generalstäbe der kapitalistischen Länder ihre Dossiers dem kommunistischen Journalisten gezeigt oder umgekehrt, dieser »Journalist« hat das Dossier zweier Generalstäbe durch Produkte seiner Schöpfung bereichert. Die erste Hypothese ist zu unwahrscheinlich: der britische oder der französische Generalstab brauchen nicht die Hilfe eines Journalisten der Komintern in Anspruch zu nehmen, um den »Trotzkismus« zu entlarven. Bleibt die zweite Version: die GPU hat irgendwelche Dokumente für die ausländischen Generalstäbe fabriziert. Im Prozeß Pjatakow-Radek wurde von meiner »Zusammenarbeit« mit dem deutschen Minister Hess nur sehr flüchtig und nebenbei gesprochen. Trotz seiner (angeblichen) Intimität mit mir hat Pjatakow bei unserer (angeblichen) Zusammenkunft nicht den geringsten Versuch gemacht, irgendwelche Details über meine (angebliche) Zusammenkunft mit Hess zu erfahren. Wyschinski ging in üblicher Weise schweigend an dieser Absurdität vorbei. Später aber wurde beschlossen, dieses Thema auszubauen. Der französische und der englische Generalstab haben offenbar irgendwelche »Dokumente« erhalten. Das weiß der Stab der Komintern mit Sicherheit. Jedoch hatte man weder in Paris noch in London Verwendung von diesem wertvollen Material gemacht. Weshalb? Vielleicht aus Mißtrauen gegen die Quelle. Vielleicht weil Léon Blum und Daladier nicht Partner der Moskauer Henker werden wollten. Vielleicht schließlich, weil die Herren Generale die »Dokumente« für einen heißeren Moment aufsparen. Wie dem auch sei, Stalin hat keine Geduld. Er braucht eine, wenn auch nur indirekte Bestätigung seiner Fälschungen von irgendeiner »unparteiischen«

Seite. Da aber die Generalstäbe Schweigen bewahren, beauftragte die GPU den Journalisten, ihnen die Zunge zu lösen. Das ist zweifellos die Entstehungsgeschichte des von Stalin inspirierten Artikels und der ihn ergänzenden Rede. Vielleicht wird Herr Daladier darauf eine kompetentere Auskunft geben?

Die Resolution zu Stalins Rede lautet: »Die Entlarvung der Trotzkisten geschah in der Regel durch Organe des Volkskommissariats des Innern (d. h. die GPU) und einzelne freiwillige Parteimitglieder. Die Organe der Industrie und bis zu einem gewissen Grade auch die des Transports haben dabei weder Aktivität noch Initiative gezeigt. Noch mehr: einige Organe der Industrie haben sogar die Sache »gebremst« (»Prawda«, 21. April 1937). Mit andern Worten: die Leiter der Wirtschaft und des Transports konnten, trotzdem sie von oben mit glühendem Eisen gebrannt wurden, keine »Sabotage« in ihren Ressorts entdecken. Das Mitglied des Politbüros, Ordschonikidse, hat seinen Stellvertreter, Pjatakow, eben nicht durchschaut. Das Mitglied des Politbüros, Kaganowitsch, hat die Schädlingsarbeit seines Stellvertreters, Livschiz, übersehen. Auf der Höhe waren nur die Agenten Jagodas und die sogenannten »Freiwilligen«, d. h. die Provokateure. Allerdings wurde bald danach Jagoda selbst als »Feind des Volkes, Gangster und Verräter« entlarvt. Doch hat diese zufällige Entdeckung jene, die er erschossen hat, nicht zum Leben zurückgerufen.

Gleichsam um die Bedeutung dieser skandalösen Selbstenthüllungen noch zu unterstreichen, hat der Vorsitzende des Sowjets der Volkskommissare, Molotow, öffentlich berichtet vom Mißerfolg der Regierungsversuche, Tatsachen der Sabotage nicht durch Provokateure der GPU, sondern durch eine offizielle Wirtschaftskontrolle festzustellen. Wir zitieren Molotow: »Im Februar dieses Jahres (1937) begab sich im Auftrage des Kommissariats für Schwerindustrie eine autoritative Sonderkommission zum ›Uralwaggonstroi‹*, um dort die Schädlingsarbeit festzustellen. An der Spitze dieser Kommission standen solche Genossen, wie der Chef des Glawstrojprom, Gen. Ginsburg, und der Kandidat für das ZK der WKP, Gen. Pawlunowski ... Die Kommission hat die Resultate ihrer Untersuchung im ›Uralwaggonstroi‹ folgendermaßen formuliert: ›Nach Kenntnisnahme der Lage in der Uralwaggonfabrik sind

---

* »Uraler Waggonbau.«

wir zu der festen Überzeugung gekommen, daß die Schädlingsarbeit von Pjatakow und Marjassin im Betrieb keinen großen Umfang erlangt hatte ...‹« Molotow ist empört. »Die politische Kurzsichtigkeit der Kommission«, sagt er, »ist ganz evident ... Es genügt zu sagen, daß diese Kommission nicht einen Fakt von Schädlingsarbeit im Betrieb angeführt hat. Es stellt sich also heraus, daß der schwere Schädling Marjassin zusammen mit dem andern Schädling, Okudschawa, sich selbst verleumdet haben.« (»Prawda«, 21. April 1937.) Man traut seinen Augen nicht! Diese Menschen verloren nicht nur die Scham, sondern auch die Vorsicht.

Wozu aber war es überhaupt notwendig, nachdem die Angeklagten erschossen waren, noch eine Kontrollkommission zu entsenden? Eine postume Nachuntersuchung der »Fakten der Schädlingsarbeit« war wohl deshalb erforderlich geworden, weil die öffentliche Meinung weder den von der GPU erhobenen Anklagen noch den von ihr erpreßten Geständnissen Glauben schenkte. Jedoch hat die Kommission unter Leitung Pawlunowskis, eines früheren langjährigen Mitarbeiters der GPU, keinen einzigen Sabotagefakt entdeckt. Eine evidente »politische Kurzsichtigkeit«! Sabotage muß man auch unter der Maske wirtschaftlicher Erfolge entdecken können. »Sogar die Hauptverwaltung der chemischen Abteilung des Volkskommissariats für Schwerindustrie, an deren Spitze Rataitschak stand«, fährt Molotow fort, »hat den Plan für 1935 und sogar für 1936 mehr als erfüllt. Heißt das«, scherzt das Haupt der Regierung, »daß Rataitschak nicht Rataitschak, ein Schädling nicht ein Schädling, ein Trotzkist nicht ein Trotzkist ist?« Die Sabotage des im Zusammenhang mit dem Prozeß Pjatakow-Radek erschossenen Rataitschak bestand also darin, daß er den Plan mehr als erfüllt hatte. Es ist nicht verwunderlich, wenn die strengste Kommission ohnmächtig ist vor Fakten und Ziffern, die mit dem »freiwilligen Geständnis« Rataitschaks und der andern nicht übereinstimmen. Im Resultat »erweist es sich«, nach Molotows Worten, daß die Schädlinge »sich selbst verleumdet haben«. Und noch schlimmer: es erweist sich, daß die Inquisition viele ehrliche Arbeiter gezwungen hat, sich selbst mit scheußlichen Verleumdungen zu bedecken, um Stalin den Kampf gegen den Trotzkismus zu erleichtern. Dies »erweist sich« aus Stalins Rede, die durch Molotows Rede ergänzt wird. Und dies sind die zwei autoritärsten Figuren der USSR!

Der Anfang vom Ende

Auf allen Gebieten des öffentlichen und des politischen Lebens ist die Bürokratie zum Werkzeug der Entmachtung, der Demoralisierung und Demütigung des Landes geworden. Vor allem auf dem Gebiet der Wirtschaft. Die nach rechts und nach links geschleuderten Sabotage-Beschuldigungen haben den ganzen administrativen Apparat desorganisiert. Jede objektive Schwierigkeit wird als persönliches Versäumnis gedeutet. Jedes Versäumnis wird, wenn nötig, der Sabotage gleichgestellt. In jedem Gebiet, in jedem Bezirk ist ein Pjatakow erschossen worden. Die Ingenieure der Plan-Organe, die Direktoren der Trusts und Fabriken, die Meister, alle sind auf den Tod erschrocken. Keiner möchte die Verantwortung tragen. Jeder hat Angst, Initiative zu entwickeln. Gleichzeitig aber kann man vor die Kugel geraten wegen Mangel an Initiative. Die Überspannung des Despotismus führt zur Anarchie. Die Sowjetwirtschaft braucht das Regime der Demokratie nicht weniger als Qualitätsrohstoffe oder Schmiermaterial. Das Stalinsche Verwaltungssystem ist nichts anderes als eine universelle Sabotage der Wirtschaft.

Noch schlimmer, wenn das überhaupt möglich ist, ist es auf dem Gebiet der Kultur bestellt: Die Diktatur der Unbildung und der Lüge würgt und vergiftet das geistige Leben von hundertundsiebzig Millionen. Die letzten Prozesse wie überhaupt die gesamte, ihren Zielen und Methoden nach ehrlose Säuberung haben die Herrschaft der Intrige, der Denunziation, der Lumperei und der Feigheit völlig befestigt. Die Sowjetschule verkrüppelt das Kind nicht weniger radikal als das katholische Seminar, von dem sie sich durch mangelhaftere Stabilität unterscheidet. Die unabhängigeren und begabteren Gelehrten, Pädagogen, Schriftsteller und Künstler sind eingeschüchtert, gehetzt, verhaftet, verbannt, wenn nicht erschossen. Auf der ganzen Linie triumphiert der talentlose Lump. Er schreibt der Wissenschaft die Marschroute vor und diktiert der Kunst die Regeln des Schaffens. Ein stickiger Fäulnisgeruch entsteigt der Sowjetpresse.

Kann es etwas Schändlicheres geben als die Gleichgültigkeit, die die Bürokratie für das Weltprestige des Landes zeigt? Die internationale Großbourgeoisie und die Militärstäbe aller Länder geben sich über die Moskauer Fälschungen und die Beweggründe der Säuberungen eine viel klarere Rechenschaft ab als viele der von ihren Führern betrogenen Arbeiterorganisationen. Was müssen die kapitalistischen Auguren von einer »sozialistischen« Regierung denken, die sich auf so minderwertige Abenteuer einläßt? In Berlin und in Tokio weiß man jedenfalls, daß die gegen die Trotzkisten und die roten Generale erhobene Beschuldigung des Landesverrats im Interesse des deutschen und des japanischen Militarismus reinster Unsinn ist. Man braucht sich natürlich keine Illusionen zu machen über die Moral der japanischen, der deutschen und aller anderen Regierungen. Es handelt sich auch nicht um einen Wettstreit im Einhalten der zehn Gebote, sondern um die Beurteilung der Stabilität des Sowjetregimes. Aus den von ihr organisierten Prozessen geht die Moskauer Regierung bis auf die Knochen entehrt hervor. Die Feinde wie die eventuellen Verbündeten schätzen die Macht und die Autorität dieser Regierung heute viel niedriger ein als vor der letzten Säuberung. Diese Einschätzung wird wiederum zum wichtigsten Faktor der internationalen Gruppierungen. Unterdessen tritt die Regierung der USSR schrittweise vor ihrem schwächsten Gegner, Japan, den Rückzug an. Die lärmenden Artikel und Reden, die die Kapitulationen begleiten, täuschen niemand. Die Moskauer Oligarchie führt im Innern Krieg und ist deshalb zu einem Widerstand nach außen unfähig. Die Auslieferung der Amur-Inseln hat Japan die Arme gegen China freigemacht. Es ist sehr gut möglich, daß man Litwinow beauftragt hat, den japanischen Diplomaten von vornherein zu sagen: „Macht mit China, was ihr wollt, aber rührt uns nicht an – wir werden uns nicht einmischen.« Die regierende Clique hat auf alles verzichtet, außer auf die eigene Selbsterhaltung.

Nicht weniger katastrophal ist jener Zweig der diplomatischen Arbeit, der durch den Apparat der Komintern ausgeführt wird. England und Frankreich allein wäre es niemals gelungen, dem revolutionären Spanien eine bürgerliche konterrevolutionäre Regierung im Stile Negrins aufzuzwingen. Die Diplomaten in London und Paris haben dazu den Transmissions-Mechanismus der sogenannten Kommunistischen Internationale notwendig gehabt. Im Kampfe um das Vertrauen der französischen und der englischen Bourgeoisie bestand die Hauptsorge Stalins während der ganzen Zeit darin, die spanischen Arbeiter zu hindern, den Weg der sozialistischen Revolution zu betreten. Für die Unterstützung der »Volksfront«-Regierung hatte sich Moskau energischere Repressalien gegen Revolutionäre ausbedungen. Wie zu erwarten war, führte der Kampf gegen die Arbeiter und Bauern im eigenen Hinterlande unabwendbar zu Niederlagen an der Front. Gegen Franco ist die Moskauer Clique ebenso ohnmächtig wie gegen den Mikado. Und genau so, wie er Sündenböcke für seine Innenpolitik braucht, zwangen Stalin die durch die reaktionäre Politik hervorgerufenen Niederlagen in Spanien, Rettung zu suchen in der Ausrottung der revolutionären Avantgarde.

Die in Moskau ausgearbeiteten Methoden des Amalgams und der Fälschung werden in fertiger Form auf den Boden von Barcelona und Madrid verpflanzt. Die Führer der POUM, die man nur des Opportunismus und der Unentschlossenheit gegenüber der Stalinschen Reaktion beschuldigen kann, sind plötzlich als »Trotzkisten« und, selbstverständlich, als »Verbündete des Faschismus« proklamiert worden. Die Agenten der GPU in Spanien »fanden« von ihnen selbst mit chemischer Tinte geschriebene Briefe, mit deren Hilfe man nach Moskauer Methoden eine Verbindung der Revolutionäre von Barcelona mit Franco feststellte. An Halunken zur Durchführung der blutigen Aufträge besteht kein Mangel. Der frühere Revolutionär Antonow-Owsejenko, der 1927 ein Reuebekenntnis seiner oppositionellen Sünden ablegte und im Jahre 1936 von der Todesangst erfaßt wurde, auf die Anklagebank zu geraten, hat in der »Prawda« seine Bereitschaft erklärt, »mit eigenen Händen« Trotzkisten zu erdrosseln.

Dieses Subjekt wurde sofort unter der Maske eines Konsuls nach Barcelona geschickt mit Weisungen, wer zu erdrosseln sei. Die Verhaftung Nins auf Grund einer wissentlich falschen Anklage, seine Entführung aus dem Gefängnis und die geheime Ermordung ist das Werk Antonow-Owsejenkos. Die Initiative jedoch gehört natürlich nicht ihm; solch verantwortliche Unternehmen geschehen nur im direkten Auftrag des »Generalsekretärs«.

Die Amalgame auf dem Boden Europas braucht Stalin nicht nur, um die Aufmerksamkeit von seiner durch und durch reaktionären internationalen Politik abzulenken, sondern auch zur Stützung der zu groben Amalgame auf dem Boden der Sowjetunion. Die entstellte Leiche Nins soll als Beweis dienen ... für Pjatakows Flug nach Oslo. Die Sache beschränkt sich nicht auf

Spanien. Vorbereitungen werden schon längst in einer Reihe anderer Länder getroffen. In der Tschechoslowakei ist der deutsche Emigrant Anton Grylewicz, ein alter, tadelloser Revolutionär, verhaftet wegen des Verdachts ... der Verbindung mit der Gestapo. Die Beschuldigung ist zweifellos von der GPU fabriziert und in fertiger Form der tschechoslowakischen Polizei überreicht worden*.

Wirkliche und angebliche Trotzkisten sind vor allem in jenen Ländern Verfolgungen ausgesetzt, die das Unglück hatten, in die Abhängigkeit von Moskau zu geraten: in Spanien und in der Tschechoslowakei. Aber das ist erst der Beginn. Die internationalen Schwierigkeiten, die zu allem bereiten Söldlinge der Komintern und, nicht zuletzt, die Hilfsmittel der wachsenden Goldindustrie ausnutzend, hofft Stalin, die Anwendung seiner Methoden auch in andern Ländern durchsetzen zu können. Die Reaktion ist überall bereit, Revolutionäre loszuwerden, besonders wenn eine ausländische »revolutionäre« Regierung die Arbeit der Fälschung und der Meuchelmorde übernimmt, sei es auch mit Hilfe einheimischer »Freunde«, die aus dem gleichen ausländischen Budget bezahlt werden.

Der Stalinismus ist die Geißel der Sowjetunion geworden und die Pest der internationalen Arbeiterbewegung. Im Reiche des Geistes ist der Stalinismus ein Nichts. Dafür aber ist er ein grandioser Apparat, der die Dynamik der größten Revolution und die Tradition ihres Heroismus und ihres Sieges ausbeutet. Aus der schöpferischen Rolle der revolutionären Gewalt in einer bestimmten historischen Periode hat Stalin mit der ihn kennzeichnenden empirischen Beschränktheit die Schlußfolgerung gezogen von der Allmacht der Gewalt überhaupt. Unmerklich für ihn selbst ist er von der revolutionären Gewalt

---

* Diese Überzeugung des Autors ist inzwischen durch Ignaz Reiss bestätigt worden.
Ignaz Reiss, ein polnischer Kommunist, der jahrelang im geheimen Auslandsdienst der Sowjetregierung stand, hatte im Juli 1937 offen mit Moskau gebrochen und war zur linken Opposition übergegangen. In einem offenen Brief an das ZK der russischen kommunistischen Partei protestierte er gegen die Abschlachtung der alten Bolschewiki. Reiss wußte zuviel über die Moskauer Prozesse! Am 4. September 1937 wurde er in der Nähe von Lausanne in der Schweiz von Agenten der GPU ermordet. Drei von den am Morde Beteiligten sind verhaftet. In den Aufzeichnungen, die man in Ignaz Reiss' Nachlaß fand, erzählt er, daß die Verhaftung Grylewicz auf einer Provokation der GPU beruht, und daß Stalin gefordert hatte, die Sache gegen Grylewicz zu beschleunigen, wobei er persönlich wiederholt den Leiter der GPU, Jeschow, telephonisch antrieb.

der Werktätigen gegen die Ausbeuter zur konterrevolutionären Gewalt gegen die Werktätigen übergegangen. So vollzieht sich unter den alten Namen und Formeln eine Arbeit zur Liquidierung der Oktoberrevolution.

Niemand, Hitler inbegriffen, hat dem Sozialismus so tödliche Schläge versetzt wie Stalin. Es ist auch nicht verwunderlich: Hitler hat die Arbeiterorganisationen von außen attackiert, Stalin – von innen. Hitler attackiert den Marxismus. Stalin attackiert ihn nicht nur, sondern prostituiert ihn auch. Es ist nicht ein ungeschändetes Prinzip, es ist nicht eine unbefleckte Idee übriggeblieben. Selbst die Worte Sozialismus und Kommunismus sind grauenhaft kompromittiert, seit unkontrollierte Gendarmen mit Ausweisen als »Kommunisten« ihr Gendarmenregime Sozialismus nennen. Eine abscheuliche Profanierung. Die Kaserne der GPU ist nicht das Ideal, für das die Arbeiterklasse kämpft. Der Sozialismus bedeutet eine absolut klare Gesellschaftsordnung, die auf der Selbstverwaltung der Werktätigen beruht. Stalins Regime basiert auf einer Verschwörung der Regierer gegen die Regierten. Der Sozialismus bedeutet ständiges Wachsen der Gleichheit aller. Stalin hat ein System abscheulicher Privilegien aufgebaut. Der Sozialismus hat die allseitige Entfaltung der Persönlichkeit als Ziel. Wo und wann war die Persönlichkeit so erniedrigt wie in der USSR? Der Sozialismus hätte gar keinen Wert außerhalb einer Gesellschaft, in der uneigennützige, ehrliche, humane Beziehungen der Menschen untereinander herrschen. Stalins Regime hat die gesellschaftlichen und persönlichen Beziehungen mit Lüge, Karrierismus und Verrat durchtränkt. Gewiß, nicht Stalin bestimmt die historischen Wege. Wir kennen die objektiven Gründe, die die Reaktion in der USSR vorbereitet haben. Doch nicht durch Zufall kam Stalin an die Spitze der thermidorianischen Welle. Dem gierigen Appetit der neuen Kaste verstand er die bedrohlichste Richtung zu geben. Er trägt nicht die Verantwortung für die Geschichte. Aber er trägt die Verantwortung für sich und für seine Rolle in der Geschichte. Diese Rolle ist verbrecherisch. Die Maßstäbe des Verbrecherischen sind derart, daß der Ekel sich mit Schrecken multipliziert.

In den strengsten Kodexen der Menschheit läßt sich keine ausreichende Strafe für die regierende Moskauer Clique und vor allem für ihr Haupt finden. Warnten wir trotzdem in unsern Aufrufen an die Sowjetjugend vor dem individuellen Terror, der auf dem russischen, von Willkür und Gewalt durchtränkten Boden so leicht entsteht, so geschah das nicht aus moralischen, sondern aus politischen Erwägungen. Akte der Verzweiflung ändern nichts am System, erleichtern nur den Usurpatoren die blutige Abrechnung mit den Gegnern. Sogar unter dem Gesichtswinkel der »Rache« könnten terroristische Schläge keine Genugtuung bringen. Was bedeutet der Untergang eines Dutzend hoher Bürokraten im Vergleich mit Zahl und Umfang der von ihnen begangenen Verbrechen? Die Aufgabe besteht darin, vor dem Bewußtsein der Menschheit die Verbrecher restlos zu entlarven und sie in die Mistgrube der Geschichte hinunterzustürzen. Mit weniger kann man sich nicht zufrieden geben.

Die Sowjetbürokratie, wie die nazistische, rechnen mit einem tausendjährigen Reich. Ihrer Überzeugung nach stürzt ein Regime nur infolge mangelnder Entschlossenheit zu Repressalien. Das Geheimnis ist einfach: schlägt man rechtzeitig jeden kritischen Kopf ab, dann läßt sich die Herrschaft verewigen. Während einer bestimmten Periode, in der die Sowjetbürokratie eine relativ fortschrittliche Arbeit durchführte – zum größten Teil jene, die im Westen seinerzeit die Bürokratie des Kapitals durchgeführt hat –, hat Stalin schwindelerregende Erfolge buchen können. Doch war es eine sehr kurze Periode. Gerade in dem Augenblick, als Stalin endgültig die Überzeugung gewann, daß seine »Methode« den Sieg über alle Hindernisse sichere, erschöpfte die Sowjetbürokratie ihre Mission und begann schon in der ersten Generation zu verfaulen. Und daraus erwuchsen die jüngsten Anklagen und Prozesse, die dem Durchschnittsphilister wie aus heiterem Himmel gekommen erschienen.

Hat Stalin durch die blutige Säuberung seine Herrschaft gestärkt oder geschwächt? Die Weltpresse hat darauf in doppeltem Sinne und doppelsinnig geantwortet. Die erste Reaktion auf die Moskauer Fälschungen ließ fast bei allen die Schlußfolgerung aufkommen, daß ein Regime, das zu solchen Inszenierungen greifen muß, nicht von langer Dauer sein könne. Doch bald hat die konservative Presse, deren Sympathien im Kampfe gegen die Revolution die regierende Sowjetkaste stets sicher sein kann, eine Wendung gemacht. Stalin habe mit der Opposition endgültig abgerechnet, die GPU erneuert, die widerspenstigen Generale erledigt, und das alles unter dem Stillschweigen des Volkes, also: er hat seine Macht befestigt. Auf den ersten Blick scheint jede dieser zwei Schlußfolgerungen überzeugend. Aber nur auf den ersten Blick.

Der soziale und politische Sinn der »Säuberung« ist klar: die regierende Schicht hat alle jene aus ihrer Mitte ausgeschieden, die sie an die revolutionäre Vergangenheit erinnerten, an die Prinzipien des Sozialismus, an Freiheit, Gleichheit, Brüderlichkeit, an die ungelösten Fragen der Weltrevolution. Die bestialische Grausamkeit bei der Abrechnung verrät den Haß, den die privilegierte Kaste gegen Revolutionäre hegt. In diesem Sinne steigert die Säuberung die Einheitlichkeit der regierenden Schicht und festigt gleichsam Stalins Position.

Jedoch ist diese Festigung ihrem Wesen nach eine nur scheinbare. Stalin ist, immerhin, ein Produkt der Revolution. Seine nächste Clique, das sogenannte Politbüro, besteht aus reichlich unbedeutenden Menschen, die aber größtenteils in der Vergangenheit mit dem Bolschewismus verbunden waren. Die Sowjetaristokratie, die zur Abrechnung mit den Revolutionären die Stalinsche Clique erfolgreich benutzt hat, hegt für die heutigen Führer weder Sympathie noch Achtung. Sie will von allen Einschränkungen des Bolschewismus völlig frei sein, sogar noch von jener verkrüppelten Form, die Stalin zur Disziplinierung seiner Clique braucht. Morgen wird Stalin für die regierende Schicht eine Last bedeuten.

Unermeßlich wichtiger aber ist, daß die Säuberung der Bürokratie von ihr fremden Elementen mit dem Preis eines immer größer werdenden Bruchs zwischen der Bürokratie und dem Volk bezahlt wird. Man kann ohne Übertreibung behaupten, die ganze Atmosphäre der Sowjetgesellschaft ist erfüllt von Haß gegen die privilegierte Spitze. Stalin wird sich bei jedem Schritt davon überzeugen müssen, daß die nackte Entschlossenheit zu Erschießungen zur Rettung des überlebten Regimes nicht ausreicht. Die Säuberungen in der Armee und in der GPU erinnern zu beredt daran, daß auch der Apparat der Gewalt aus lebenden Menschen besteht, die dem Einfluß der Umgebung unterworfen sind. Der wachsende Haß gegen die Bürokratie wie die unterirdische Feindschaft der Mehrheit der Bürokratie gegen Stalin zersetzen unabwendbar den Apparat der Repressalien und schaffen eine der Bedingungen für den Sturz des Regimes.

Die Bonapartistische Macht ist erwachsen aus dem tiefgehenden Gegensatz zwischen Bürokratie und Volk wie aus dem Gegensatz zwischen den Revolutionären und den Thermidorianern innerhalb der Bürokratie. Stalin stützte sich bei seinem Aufstieg vorwiegend auf die Bürokratie gegen das Volk, auf die Thermidorianer gegen die Revolutionäre. Aber in gewissen kritischen Augenblicken war er gezwungen, Unterstützung bei den revolutionären Elementen zu suchen und mit deren Hilfe beim Volk gegen den zu ungeduldigen Angriff der Privilegierten. Es ist aber nicht möglich, sich auf einen sozialen Gegensatz zu stützen, der sich in einen Abgrund verwandelt. Daher der erzwungene Übergang zur thermidorianischen Totalität durch Ausrottung der letzten Reste revolutionären Geistes und des geringsten Ausdrucks politischer Selbständigkeit der Massen. Während sie vorübergehend die Macht Stalins rettet, lokkert die blutige Säuberung endgültig die sozialen und politischen Fundamente des Bonapartismus.

Stalin steht nah vor dem Abschluß seiner tragischen Mission. Je mehr es ihm scheint, daß er keinen mehr braucht, um so näher rückt die Stunde, daß niemand ihn braucht. Gelingt es der Bürokratie, durch Umwandlung der Form des Eigentums aus sich heraus eine besitzende Klasse zu schaffen, dann wird diese ihre eigenen, mit keiner revolutionären Vergangenheit verbundenen und – gebildeteren Führer finden. Dabei wird Stalin kaum ein Dankeswort für die vollbrachte Arbeit zu hören bekommen. Die offene Konterrevolution wird mit ihm wahrscheinlich unter der Anklage des ... Trotzkismus abrechnen. Stalin wird in diesem Falle ein Opfer des von ihm erfundenen Amalgams werden. Jedoch ist dieser Weg nicht unbedingt vorausbestimmt. Die Menschheit tritt von neuem in eine Epoche von Kriegen und Revolutionen. Nicht nur politische, sondern auch soziale Regime werden dabei wie Kartenhäuser zusammenstürzen. Es ist sehr wahrscheinlich, daß die revolutionären Erschütterungen in Asien und Europa beim Sturz der Clique Stalins durch eine kapitalistische Konterrevolution zuvorkommen und deren Sturz unter den Schlägen der Werktätigen herbeiführen werden. In diesem Falle hat Stalin noch weniger auf Dankbarkeit zu rechnen.

Wenn strenge Maßnahmen angewandt werden im Dienste großer historischer Ziele, ist das Gedächtnis der Menschheit großmütig. Aber die Geschichte wird keinen Tropfen Blut verzeihen, der dem neuen Moloch der Willkür und der Privilegien geopfert wurde. Das sittliche Gefühl findet seine höchste Befriedigung in der unerschütterlichen Gewißheit, daß die historische Sühne dem Ausmaß des Verbrechens entsprechen wird. Die Revolution wird alle Geheimschränke öffnen, alle Prozesse nachprüfen, die Verleumdeten freisprechen, den Opfern der Willkür Denkmäler errichten und die Namen der Henker mit ewigem Fluch bedecken. Stalin wird von der Bühne treten, belastet mit allen Verbrechen, die er begangen hat – nicht nur als Totengräber der Revolution, sondern auch als die unheilvollste Figur der menschlichen Geschichte.

Zu Leo Trotzki

Lew Dawidowitsch Trotzki (eigentlich Leib Bronstein) wurde als Sohn eines Gutsbesitzers auf Gut Janowka im Gouvernement Cherson in Südrußland am 7. November (25. Oktober) 1879 geboren. Nach dem Besuch der Höheren Schule in Odessa und in Nikolajew (1888 bis 1897) schloß er sich 1897 einem geheimen revolutionären Kreis von Narodniki an. Bald bekannte er sich zum Marxismus und war einer der Gründer des Südrussischen Arbeiterbundes. 1898 verhaftet, erfolgte 1899 seine Verbannung für vier Jahre nach Sibirien, aus der Trotzki im Sommer 1902 nach England floh. Im Oktober 1902 traf er in London mit W. I. Lenin zusammen. Auf dem II. Parteitag der Sozialdemokratischen Arbeiterpartei Rußlands im August 1903 besaß er das Mandat des Sibirischen Bundes. Im Streit um den Parteiaufbau war Trotzki einer der Sprecher der Menschewiki. Zum Programmentwurf der »Iskra« meinte er, die Diktatur des Proletariats werde erst dann möglich, wenn die sozialdemokratische Partei und die Arbeiterklasse so gut wie identisch sein würden und die Arbeiterklasse die Mehrheit der Nation ausmachen würde. Die Leninsche Sicht von der Diktatur des Proletariats, nach der das Proletariat mit Unterstützung der Millionen der werktätigen Bauernmassen die Macht erobern werde und die Diktatur des Proletariats dann tatsächlich die Mehrheit der Nation repräsentieren würde, teilte er nicht. Während der russischen Revolution von 1905 nach Petersburg zurückgekehrt, wurde er im Oktober 1905 zum Stellvertreter des Vorsitzenden des Petersburger Sowjets gewählt. Trotzkis starke Seiten als Politiker, Organisator, Publizist und Redner kamen zur Geltung in den rund 50 Tagen, die der Sowjet an der Spitze der Volksmassen Petersburgs stand. In dieser Zeit formulierte Trotzki seine Theorie der »permanenten Revolution«, wonach »die russische Revolution weder durch die Zusammenarbeit des Proletariats mit der liberalen Bourgeoisie noch durch ein Bündnis mit der revolutionären Bauernschaft bis zu Ende geführt werden kann, daß sie lediglich als Bestandteil der Revolution des europäischen Proletariats siegen kann.«

Am 3. Dezember 1905 wurde Trotzki zusammen mit anderen Mitgliedern des Petersburger Sowjets von der zaristischen Polizei verhaftet. Vor Gericht verstand es Trotzki, die Anklagen der zaristischen Justiz zu parieren und die volksfeindliche

Politik des Zarismus anzuprangern. Erneut zur Verbannung auf Lebenszeit nach Sibirien verurteilt, konnte er auf dem Weg dahin entkommen. Auf dem V. Parteitag der Sozialdemokratischen Arbeiterpartei Rußlands im Mai 1907 in London lernte er den gleichaltrigen Stalin kennen. Mit neuer Schärfe prallten auf dem Parteikongreß die zwei entgegengesetzten Linien, die der Bolschewiki und die der Menschewiki, aufeinander. Galt Trotzki bis dahin als Parteigänger der Menschewiki, so zeigte sich jetzt, daß er zwischen den Parteigruppierungen stand und als Wortführer eines »Zentrums« zu vermitteln suchte, was mitunter in einen regelrechten »Krieg« gegen Lenin ausartete. Von Wien aus, wo er von 1907 bis 1914 journalistisch tätig war, suchte er unter der Losung »Aussöhnung der Verfeindeten« alle Richtungen der russischen Sozialdemokratie zusammenzuführen. Während dieser Jahre schrieb er als Korrespondent des Kiewskaja Mysl (Kiewer Gedanke), einer einflußreichen Tageszeitung der Liberalen, und daneben für andere russische, belgische und deutsche Zeitungen. Ab Oktober 1908 begann er die Wiener »Prawda« zu redigieren. Es handelte sich um eine bislang von einer kleinen ukrainischen menschewistischen Gruppe herausgegebenen Zeitung. Nach der Prager Parteikonferenz, auf der die Bolschewiki sich als Partei konstituierten und von den Menschewiki abgrenzten, bemühte sich Trotzki um die Zusammenfassung aller Richtungen der russischen Sozialdemokratie. Auf einer Konferenz im August 1912 in Wien bildeten Menschewiki, ultralinke Bolschewiki, Boykottanhänger, der Jüdische Block und Trotzkis Anhänger den sogenannten Augustblock. Der Hauptwortführer war Trotzki, der Lenin »Spaltungsarbeit« vorwarf. Nach Ausbruch des ersten Weltkrieges übersiedelte Trotzki wegen der drohenden Internierung durch die österreichische Regierung nach Zürich. Während seines zweimonatigen Aufenthalts in der Schweiz verfaßte er die Arbeit »Der Krieg und die Internationale«, in der er den Führern der deutschen Sozialdemokratie ihre kriegsbejahende Haltung vorhielt. Er betonte, daß die russischen Sozialdemokraten in ihrem Kampf gegen den Zarismus keine Unterstützung durch den Militarismus der Hohenzollern und der Habsburger erwartet haben und auch in der Zukunft nicht erwarten. Er unterstrich, es sei die Pflicht der Sozialdemokraten, gegen den Krieg und für einen Frieden ohne Annexionen und Kontributionen zu kämpfen. »Er brachte den Glauben zurück«,

330

so erinnerte sich ein Schweizer Schriftsteller, »daß aus diesem Krieg die Revolution entstehen würde.«

Ende November 1914 reiste Trotzki nach Paris. Zusammen mit W. Martow, dem Leiter des linken Flügels der Menschewiki, begann er in Paris die Zeitung »Nasche Slowo« (Unser Wort) herauszugeben. Neben dem Kampf gegen den Krieg und gegen die »chauvinistischen Falschmünzer des Marxismus« verlangte Trotzki, die »Kräfte der Dritten Internationale zu sammeln«. Er war einer der Hauptinitiatoren der internationalen Konferenz von Sozialisten am 5. September 1915 in Zimmerwald bei Bern. Auf Anregung des italienischen Sozialisten Ordino Morgari hatten Martow, Trotzki und einige Schweizer Sozialisten diese Zusammenkunft von 38 Vertretern aus 11 Ländern organisiert. Im Auftrage der Konferenz verfaßte Trotzki das Manifest der Zimmerwalder Konferenz. Er appellierte an die Arbeiterschaft der kriegführenden Länder, den chauvinistischen Rausch abzuschütteln und dem Morden auf den Schlachtfeldern ein Ende zu setzen. Einstimmig nahm die Konferenz diesen Text an. Die Minderheitsgruppe um Lenin gab ihre Vorbehalte zu Protokoll. Mit und seit Zimmerwald näherte sich Trotzki den Positionen der Bolschewiki. An der zweiten Konferenz der Zimmerwalder Bewegung Ende April 1916 in Kienthal in der Schweiz konnte er nicht teilnehmen, weil ihm die französischen Behörden die Ausreise verweigerten. Im »Nasche Slowo« erklärte sich Trotzki mit den Resolutionen der Konferenz solidarisch, die ganz wesentlich von den Bolschewiki um Lenin bestimmt waren. Sowohl Lenin als auch Trotzki forderten die Sozialisten auf, den Krieg in eine Revolution zu verwandeln. Die Niederlage der jeweiligen kriegführenden Länder wäre nur ein Zwischenspiel, denn die Revolution würde bald auch die anderen erreichen. »Daß kein Land mit seinem Kampf müßig auf das Beginnen anderer Länder warten soll, ist ein Grundgedanke, der es wert ist, immer wieder vorgebracht zu werden«, schrieb Trotzki am 12. April 1916 im »Nasche Slowo«. Er fuhr dann fort: »Ohne auf die anderen zu warten, müssen wir den Kampf im eigenen Land beginnen voller Überzeugung, daß unsere Initiative ... anderen Ländern einen Anstoß gibt.«

Die Propagierung der grandiosen Vision eines geeinten sozialistischen Europas nach der revolutionären Überwindung des Krieges war für die verbündeten Regierungen in Paris und

Petersburg Anlaß zum Handeln. Am 15. September 1916 wurde »Nasche Slowo« verboten. Trotzki selbst wurde am 30. Oktober nach Spanien ausgewiesen. Am 13. Januar 1917 in New York angelangt, arbeitete er in der Redaktion der »Nowy Mir« (Neue Zeit) mit Bucharin, Alexandra Kollontai und Wolodarski und anderen Bolschewiki zusammen. Nach der Februarrevolution 1917, die den Zarismus in Rußland gestürzt hatte, kehrte Trotzki nach Petrograd zurück. Am 4. Mai 1917 traf Trotzki in Petrograd ein. Er wurde sofort in das Exekutivkomitee des Petrograder Sowjets kooptiert. Da Trotzki aufgrund seiner Erfahrungen mit den russischen Menschewiki und den rechten sozialdemokratischen Vaterlandsverteidigern in Westeuropa zur Überzeugung gelangt war, daß der Bruch in der internationalen Arbeiterbewegung nicht zu heilen war, hatten sich nun auch die Differenzen zwischen Trotzki und Lenin verflüchtigt. Bereits einige Wochen nach seiner Rückkehr gehörte Trotzki zu den Rednern der Sowjetlinken, die eine gewaltige Autorität erreichten. Besonders die Matrosen der Marinekasernen von Kronstadt folgten Trotzki. In der Zeit des gegenrevolutionären Vorstoßes im Juli 1917, als Lenin zusammen mit Sinowjew in die Illegalität gehen mußte, wurden Trotzki und Lunatscharski am 23. Juli 1917 von der Kerenski-Regierung verhaftet. Doch nach dem Kornilow-Putsch vom 24. August wurde Trotzki am 4. September 1917 aus dem Gefängnis entlassen. Nach der Niederlage Kornilows forderten Trotzki und Kamenjew im Petrograder Sowjet eine Untersuchung der Vorgänge, die zum Putschversuch geführt hatten, sowie der Rolle, die Kerenski mit insgeheimen Kontakten zu Kornilow gespielt hatte. Trotzki verlangte von den Menschewiki und Sozialrevolutionären, für eine sozialistische Koalition mit den Bolschewiki einzutreten.

Am 23. September wählte der Petrograder Sowjet Trotzki zu seinem Vorsitzenden. Als er die Tribüne betrat, »brach ein Orkan des Beifalls los«. Im Auftrag des Sowjets forderte er den Rücktritt Kerenskis und die Übertragung der Regierungsgewalt an den Kongreß der Sowjets. In der Zeit, als Trotzki verhaftet war, war die Vereinigte Zwischengruppliche Organisation der Sozialdemokratischen Arbeiterpartei, 1913 in Petersburg gebildet und eine zentristische Position zwischen Bolschewiki und Menschewiki einnehmend, auf dem VI. Parteitag der SDAPR im August 1917 aufgenommen worden. Als Ver-

332

treter der etwa 4 000 Mitglieder der Zwischengruppe wurde Trotzki auf dem Parteitag mit 131 Stimmen – nur drei Stimmen weniger als Lenin – in das Zentralkomitee gewählt. Am 10. Oktober wurde er neben Lenin, Sinowjew, Kamenjew, Stalin, Sokolnikow und Bubnow in das Politbüro der SDAPR berufen. Als Vorsitzender des Petrograder Sowjets tat er nicht wenig, um die Sowjets der Hauptstadt für die Politik der Bolschewiki zu gewinnen.

In der Auseinandersetzung über den von Lenin befürworteten Aufstand stand Trotzki an der Seite Lenins. Er teilte Lenins Meinung in bezug auf die Aussichten und die Dringlichkeit des Aufstandes. Auf der Sitzung des Zentralkomitees am 15. September 1917, auf der Lenins Ansichten zum ersten Male erörtert wurden, sprach sich Kamenjew gegen den Aufstand aus und ersuchte das Zentralkomitee, alle Arbeiterorganisationen vor Lenins Plan zu warnen. Das Zentralkomitee schloß sich Kamenjew und auch Lenin nicht an. Sinowjew stellte sich an die Seite von Kamenjew. Beide sahen nur die Niederlage der Bolschewiki als Ergebnis. Trotzki war wie Lenin der Überzeugung, daß der siegreiche Aufstand in Petrograd die sozialistische Weltrevolution in ganz Europa auslösen werde. Als Vorsitzender des Petrograder Sowjets mobilisierte Trotzki die Soldatensektion des Sowjets und die Soldatenräte der Regimenter der Hauptstadt. Er verhinderte von der Kerenski-Regierung angeordnete Truppenverschiebungen, warnte den Sowjet vor dem möglichen Vordringen der deutschen Armee und vor allem der deutschen Flotte im Finnischen Meerbusen. Der Sowjet übernahm die Verantwortung für die Verteidigung von Petrograd. Am 9. Oktober wurde beim Exekutivkomitee des Sowjets ein Militärisches Revolutionskomitee gegründet. Einen Tag nach der Bildung des Militärischen Revolutionskomitees fand eine Sitzung des Zentralkomitees statt, auf der in Anwesenheit von Lenin die Entscheidung für den Aufstand mit zehn Stimmen gegen zwei getroffen wurde. Doch am nächsten Tag appellierten Kamenjew und Sinowjew an die Parteibasis gegen die Entscheidung des Zentralkomitees. Lenin mußte vorsichtshalber in sein Versteck nach Finnland zurück.

Trotzki lief in diesen Tagen von einer Fabrik zur anderen und in die Kasernen. »Jeder Arbeiter und Soldat von Petrograd kannte ihn und hörte ihm zu. Er besaß auf die Massen und die Führer einen gleichermaßen überwältigenden Einfluß. Er war die zentrale Figur jener Tage und der Hauptheld dieses bemerkenswerten Kapitels der Geschichte«, berichtete ein Zeitgenosse. Am 16. Oktober erklärten die Regimenter der Garnison, daß sie nur noch Befehlen des Sowjets folgen würden. Auf einer erneuten Sitzung des Zentralkomitees wurde als Termin für den Aufstand der 20. Oktober festgesetzt. Dieses Datum war gewählt worden, weil am folgenden Tag der Allrussische Sowjetkongreß eröffnet werden sollte. Nach der Sitzung veröffentlichten Sinowjew und Kamenjew in Gorkis Zeitung »Nowaja Shisn« (Neues Leben) den Aufstandsplan. Im Sowjet der Hauptstadt stellte man Trotzki zur Rede wegen der Gerüchte über Vorbereitungen zum Aufstand. Seine Antwort war ein Meisterstück der Diplomatie. »Ich erkläre im Namen des Sowjets: Wir haben keinen Beschluß über irgendeine bewaffnete Aktion gefaßt«, verkündete er dem Buchstaben nach wahrheitsgetreu. Er gab zu, daß er für die Arbeitergarde Waffen und Munition zur Abwehr eines konterrevolutionären Angriffs angefordert hatte. Er beteuerte, alle Maßnahmen hätten nur defensiven Charakter. Kamenjew und Sinowjew stellten sich hinter ihn. Sie hofften, auf dem Umweg über Trotzki die Partei zum Widerruf des Aufstandes veranlassen zu können. Als die antibolschewistischen Kreise erlebten, daß die erklärten Gegner des Aufstandes hinter Trotzki standen, beruhigten sie sich. Am 21. Oktober versicherte eine Generalversammlung von Regimentsausschüssen nochmals, die Garnison stünde ausschließlich hinter dem Sowjet.

Zur gleichen Zeit wurden die Rote Garde und andere Arbeiterorganisationen mobilisiert. Bis zum 23. Oktober lag dem Militärischen Revolutionskomitee ein Aufstandsplan vor. Als Kerenski am 23. Oktober Redaktion und Druckerei des »Rabotschi Put« (Weg des Arbeiters), unter diesem Namen erschien die »Prawda« seit den Juli-Tagen, schließen ließ, hatte er einen Vorwand geliefert. Am nächsten Morgen, am 24. Oktober, waren die Zeitungen voll von Meldungen über Kerenskis Plan, Sowjet und Bolschewistische Partei zu unterdrücken. Der Smolny wurde jetzt die Kommandozentrale des Aufstands. Kamenjew, der aus dem Revolutionskomitee ausgeschieden war, stellte sich, nachdem der Aufstand unausweichlich geworden war, zur Verfügung. Kerenski wiederum drohte nun mit militärischen Maßnahmen gegen die Kronstädter Matrosen, mit der Verhaftung Trotzkis und anderer Bolschewiki. Spät am Abend erließ Trotzki seinen Befehl Nr. 1: »Der Petrograder Sowjet ist in Gefahr.« In der Frühe des 25. Oktober hatte der Aufstand gesiegt. Trotzki hatte mehr als ein anderer die Arbeiter- und Soldatenmassen gewonnen. Aber die Aktivisten des Aufstandes waren die bolschewistischen Kader, die unter den Hunderttausenden Arbeitern in Petrograd sowie unter den 25 000 bis 30 000 Bewaffneten wirkten. Und auf sie hatte entscheidend Lenin als unbestrittener Führer der Partei selbst von seinem finnischen Versteck aus den bei weitem größeren Einfluß ausgeübt.

Während um das Winterpalais der Kampf noch tobte, wurde der II. Allrussische Sowjetkongreß eröffnet. Die Bolschewiki besaßen allein nahezu eine Zweidrittelmehrheit. Mit den linken Sozialrevolutionären hatten sie etwa drei Viertel aller Stimmen. Vierzehn Bolschewiki, sieben Sozialrevolutionäre, drei Menschewiki und ein Vertreter der Gruppe Gorkis nahmen im Präsidium Platz. Die geschlagenen Parteien protestierten gegen den Aufstand und gegen die Erstürmung des Winterpalais. Die rechten Menschewiki verließen den Saal. Die verbliebenen Menschewiki verlangten die Bildung einer Koalitionsregierung von Bolschewiki, Menschewiki und Sozialrevolutionären. Als die Bolschewiki auch diesen Vorschlag ablehnten, verließen auch diese den Saal. »Ihr habt eure Rolle ausgespielt«, rief ihnen Trotzki nach. »Geht, wohin ihr gehört: auf den Kehrichthaufen der Geschichte!«

In dem nach dem Sieg der Oktoberrevolution in Petrograd am 26. Oktober 1917 gebildeten Rat der Volkskommissare unter Vorsitz Lenins übernahm er die Leitung des Volkskommissariats für Auswärtige Angelegenheiten. Dem geflohenen Chef der Provisorischen Regierung, Kerenski, war es gelungen, den General Krasnow für einen Vorstoß gegen Petrograd zu gewinnen. Am 27. Oktober besetzten Krasnows Truppen Gatschina und am 28. Oktober Zarskoje Selo. 8 000 Rotgardisten und Soldaten und Kriegsschiffe der Baltischen Flotte auf der Newa warfen sich auf den Höhen von Pulkowo den Konterrevolutionären entgegen. Am 30. Oktober wurde Krasnow besiegt. Nach dem unter Anstrengungen zurückgeschlagenen militärischen Angriff des Generals Krasnow auf den Pulkowo-Höhen vor Petrograd stand der Rat der Volkskommissare vor schier unüberwindlichen Schwierigkeiten. Die Eisenbahnen fuhren nicht, Petrograd war ohne Lebensmittel. Unter diesen Bedingungen trat eine Gruppe von Bolschewiki unter Führung Kamenjews für die Bildung einer Koalition mit allen dem Namen nach sozialistischen Parteien ein. Zu diesen »Versöhnlern« gehörten von der Regierung Rykow (Innenkommissar), Miljutin (Landwirtschaftskommissar), Nogin (Kommissar für Industrie und Handel), Lunatscharski (Kulturkommissar) und Teodorowitsch (Kommissar für Versorgung). Außerhalb der Regierung waren das Rjasanow, Losowski, Jurenjew und Sinowjew. Am 3. November 1917 stellten Lenin und Trotzki und mit ihnen eine Mehrheit im Zentralkomitee den »Versöhnlern« ein Ultimatum. Diese traten daraufhin kollektiv vom Zentralkomitee und von der Regierung zurück. Eine rein bolschewistische Regierung, meinte warnend Nogin, »kann sich nur mit Hilfe des politischen Terrors an der Macht halten«, sie würde zu einem »verantwortungslosen Regime« verkommen und würde die »Massenorganisation des Proletariats von der Führung im politischen Leben ausschließen«. Lenin und Trotzki konnten begründen, daß über Koalitionsverhandlungen die Menschewiki und die rechten Sozialrevolutionäre den Bolschewiki nachträglich die Macht entwinden wollten. »Wir hätten nicht den Aufstand gebraucht«, bemerkte Trotzki gegen die »Versöhnler«, »wenn wir nicht die Mehrheit in der Regierung haben sollen.« Die »Versöhnler« unterwarfen sich schließlich. Das einzige positive Ergebnis der Auseinandersetzung war der Eintritt der linken Sozialrevolutionäre in die Regierung.

Eine der ersten Entscheidungen Trotzkis als Außenkommissar war die Veröffentlichung der Geheimverträge und anderer diplomatischer Schriftstücke aus dem zaristischen Außenministerium, die bewiesen, daß der Zarismus den Krieg führte für die Eroberung Galiziens und Konstantinopels.

In den ab Dezember 1917 in Brest-Litowsk beginnenden Friedensverhandlungen mit Deutschland und Österreich-Ungarn glaubte Trotzki, den harten Bedingungen auf Abtretung von Land und auf Zahlung von Kontributionen begegnen zu können, indem er die Verhandlungen in die Länge zog. Die überraschten und verärgerten deutschen und österreichischen Diplomaten und Militärs attackierte er mit moralischen Appellen, in der Hoffnung, das Gewissen des deutschen Proletariats aufzurütteln und so das Kräfteverhältnis an den Fronten zu verändern. Am 8. Januar 1918 beriet das Zentralkomitee über die Brester Verhandlungen. Trotzki erstattete Bericht. Er schlug vor

336

zu verkünden: Weder Krieg noch Frieden. Lenin drängte auf Annahme der deutschen Bedingungen. Bucharin sprach sich für einen »revolutionären Krieg« aus. Die Mehrheit stellte sich hinter Bucharin. Für seinen Vorschlag stimmten 32, für Trotzki 16 und für Lenin nur 15. Die bolschewistische Partei war bald in zwei große Lager in dieser Frage geteilt. Auch die Sozialrevolutionäre sprachen sich gegen die Annahme des Friedens aus. Auf der Sitzung des Zentralkomitees am 11. Januar stand wiederum die Frage des Friedens auf der Tagesordnung. Lenin wurde von Dzerżiński angeklagt, ebenso wie Kamenjew und Sinowjew, im Oktober 1917 zu kapitulieren. Bucharin behauptete, mit der Annahme der Friedensbedingungen würde man dem deutschen und österreichischen Proletariat in den Rücken fallen. Die entschiedensten Fürsprecher für den Friedensabschluß waren neben Lenin Sinowjew, Sokolnikow und Stalin. Sinowjew sah die Revolution in Westeuropa erst in weiterer Ferne. Er warnte, man werde nur Zeit verlieren und dann später noch drückendere Bedingungen unterzeichnen müssen. Stalin schloß sich dem an. Sokolnikow gab zu bedenken, daß die Rettung der Revolution wichtiger sei als alle anderen Gesichtspunkte.

Auf Vorschlag Lenins und allein gegen ein Votum Sinowjews ermächtigte das Zentralkomitee Trotzki, die Unterzeichnung des Friedens zeitlich hinauszuzögern. Trotzki unterbreitete dann die Formel: »Wir stellen den Krieg ein und lassen den Frieden ununterzeichnet – wir demobilisieren die Armee.« Für diese Formel sprachen sich neun, dagegen sieben aus. Damit hatte Trotzki für Brest die Deckung des Zentralkomitees.

Am 28. Januar/10. Februar 1918 endeten die Verhandlungen in Brest-Litowsk ergebnislos. Das kaiserliche Deutschland nahm die Feindseligkeiten wieder auf. Als der Vormarsch der Deutschen in Petrograd bekannt war, kam das Zentralkomitee auch nach acht Abstimmungen zu keiner Entscheidung. Erst als auch Petrograd bedroht war, kam es zu stürmischen Auseinandersetzungen im Zentralkomitee, und in der Partei stellte sich eine Mehrheit auf die Seite derer, die von Anfang an für die Unterzeichnung der schweren Friedensbedingungen eingetreten waren, um für die Revolution eine Atempause zu gewinnen.

Als am 23. Februar 1918 innerhalb von 48 Stunden über die schweren deutschen Bedingungen beraten und entschieden werden mußte, ging Lenin so weit, daß er ankündigte, aus dem Zentralkomitee und der Regierung auszutreten und die Parteimitglieder zur Entscheidung anzurufen, wenn eine Mehrheit für den Krieg plädiere. Nur weil Trotzki sich jetzt auf die Seite Lenins stellte, ergab sich eine knappe Mehrheit für die Unterzeichnung des Friedens. Aus Protest dagegen traten Bucharin, Uritzki, Lomow, Bubnow und andere von allen Ämtern in Partei und Regierung zurück. Der Friedensvertrag wurde am 3. März 1918 unterzeichnet, allerdings zu schwereren Bedingungen als zuvor.

Auf dem VII. Parteitag vom März 1918 wurde auch Trotzki wiederum in das Zentralkomitee gewählt. Am 14. März wurde er zum Volkskommissar für Heeresangelegenheiten und kurz darauf auch zum Volkskommissar für Marineangelegenheiten berufen. Als am 2. September 1918 der Revolutionäre Militärrat der Sowjetunion gebildet wurde, übernahm er den Vorsitz. Unter Leitung Trotzkis war seit dem April 1918 begonnen worden, die Rote Armee aufzubauen. Sein Verdienst war es auch, daß frühere zaristische Offiziere, kontrolliert von bolschewistischen Kommissaren, die neue Armee aufbauen halfen. Die Einberufung von 10 000 Arbeitern aus Petrograd und Moskau bildete den Grundstock einer Kaderarmee. Erst als ein fester proletarischer Kern existierte, begann Trotzki mit der Einziehung zuerst der Söhne armer und dann auch der mittlerer Bauern. Gegen die Verwendung ehemaliger zaristischer Offiziere erhob sich nicht nur bei den Bolschewiki, sondern auch bei den Sozialrevolutionären und bei den Menschewiki ein gewaltiger Protest. Insgesamt bewährte sich Trotzki in den Jahren des Bürgerkrieges und der Intervention als energischer, zielstrebiger Leiter, fähig, die Menschen für die Erfüllung schwerster Aufgaben zusammenzuschließen. Er tat nicht wenig, um anarchische Erscheinungen auszumerzen und militärische Disziplin und Subordination durchzusetzen. Zugleich war seine Tätigkeit jedoch von einem Übermaß an Administrieren, vom Verlaß allein auf die Autorität der Macht, von Repressalien gegen Soldaten und Kommandeure gekennzeichnet. Auf geringste Verfehlungen hin befahl Trotzki die Erschießung.

Anfang März 1920 überfiel das Polen Piłsudskis Sowjetrußland. Polnische Armeen stießen bis weit nach Belorußland und in die Ukraine vor. Doch bald gelang es der Roten Armee, die polnischen Truppen zurückzuwerfen, die Ukraine und Belorußland zu befreien. Als die Linie erreicht wurde, die der britische Außenminister Lord Curzon 1920 als Grenze vorgeschlagen hatte, wollte Trotzki die Rote Armee zum Halten bringen und ein öffentliches Friedensangebot an Polen richten. Lenin und die Mehrheit des Politbüros waren jedoch dagegen, sie verlangten, weiter nach Polen und bis an die Grenze Deutschlands vorzustoßen, um so die Brücke zum deutschen Volk herzustellen und das Signal zur Erhebung des polnischen und des deutschen Proletariats zu geben. Trotzki unterwarf sich dem Beschluß der Mehrheit. Die Rote Armee drang bis Warschau vor. Doch in der Schlacht an der Weichsel erlitt die Rote Armee eine Niederlage. Und am 12. Oktober 1920 mußte Sowjetrußland einen provisorischen Frieden mit Polen abschließen. In Moskau war eine Mehrheit der Parteiführung nach wie vor für eine Wiederaufnahme der Feindseligkeiten. Tuchatschewski, der Befehlshaber der Westfront, glaubte, nach einem zweiten Vorstoß seine Siegesparade in Warschau abhalten zu können. In einem späteren Vortrag vor der Militärakademie verteidigte Tuchatschewski seine Position so: »Es kann keinen Zweifel darüber geben: Siegten wir an der Weichsel, hätten die revolutionären Feuer den ganzen Kontinent erreicht. Das Hineintragen der Revolution ins Ausland war möglich! Das kapitalistische Europa war bis auf den Grund erschüttert; ohne unsere strategischen Fehler, ohne die Niederlage auf dem Schlachtfeld wäre der polnische Krieg vielleicht das Glied in der Kette gewesen, das die Oktoberrevolution von 1917 mit der Revolution in Westeuropa verbunden hätte.« Lenin neigte zuerst auch zur Kriegspartei. Doch Trotzki verkündete, daß er sich diesmal nicht der Mehrheit beugen, daß er vielmehr, falls er überstimmt werde, sich an die Partei gegen die Führung wenden werde. Lenin hatte ähnlich in der Auseinandersetzung um den Brester Frieden einen solchen Schritt angedroht. Jetzt verließ Lenin die Kriegsfraktion und stellte sich an die Seite Trotzkis. Damit war die Versuchung, die Revolution auf der Spitze der Bajonette ins Ausland zu tragen, bezwungen.

Nach Beendigung des Bürgerkrieges stand die Aufgabe, die Wirtschaft aufzubauen und das Land mit Lebensmitteln, Schuhwerk, Textilien, landwirtschaftlichen Geräten und Maschinen, Petroleum usw. zu versorgen. Am 17. Dezember 1919 hatte Trotzki in der »Prawda« Thesen zur Wirtschaftspolitik veröffentlicht. Er schlug vor, die Arbeit in den Fabriken

339

nach militärischen Gesichtspunkten zu organisieren. Da die Revolution die Arbeitspflicht eines jeden Bürgers proklamiert und verkündet hatte, »wer nicht arbeitet, der soll auch nicht essen«, meinte Trotzki, solle man nun die Erfüllung dieser Pflicht erzwingen. Hatte die Revolution Hunderttausende auf die Schlachtfelder und in den Tod getrieben, so hatte sie jetzt das moralische Recht, die Menschen in die Fabriken und Schächte zur Arbeit zu treiben. Das Kriegskommissariat sollte die Funktion des Arbeitskommissariats für Zwangsarbeit übernehmen. Lenin unterstützte Trotzki. Kaum waren diese Pläne bekannt, wurde Trotzki auf Konferenzen der Partei und der Gewerkschaften als neuer »Araktschejew«, als Imitator des berüchtigten zaristischen Kriegsministers unter Alexander I. und Nikolaus I., niedergebrüllt. Alte Bolschewiki ließen sich vernehmen, daß sie genug vom Zwang der Armee hätten und daß sie Trotzkis Pläne nicht dulden würden. Der Höhepunkt der Auseinandersetzung war erreicht, als Lenin und Trotzki gemeinsam am 12. Januar 1920 vor den Führern der Gewerkschaft auftraten und sie zur Annahme der Pläne zur Militarisierung der Wirtschaft zu bewegen suchten. Beide argumentierten, nur mit Zwangsmaßnahmen kämen das Land und seine Wirtschaft aus dem Chaos. Doch die Konferenz verwarf fast einmütig die Resolution, die Lenin und Trotzki unterbreiteten. Von über 60 Funktionären der Gewerkschaft stimmten auf der Konferenz nur zwei dafür. Dennoch hielt Trotzki an seinem Projekt fest. Er wandelte die Armee in eine Arbeitsarmee um. Die Truppen wurden im Kaukasus und in der Ukraine in Bergwerken, in Wäldern und auf Feldern eingesetzt. Mit seinem Sonderzug fuhr Trotzki von einer Armee zur anderen durch das weite Land. Als er im Februar 1920 in den Ural gefahren war, entgleiste der Zug in einer Schneewehe in Sichtweite eines verlassenen kleinen Bahnhofs. Eine Nacht und einen Tag mußte der allmächtige Präsident des Obersten Kriegsrates erleben, daß niemand sich beeilte, die Schneemassen von den Schienen zu räumen und den Zug auf die Schienen zu setzen. Nach anfänglichem ergebnislosem Toben begriff Trotzki die Apathie und die stumpfe Unempfindlichkeit der Menschen nach den Jahren von Krieg und Bürgerkrieg. Sein Aufenthalt im Uralgebiet ließ ihn erkennen, daß die Energie und Vitalität des Volkes an ihren Quellen im Bauernhof zu ersticken drohte. Nach Moskau zurückgekehrt, fing Trotzki an, gegen das System des Kriegskommunismus zu argumentieren. Er verwies darauf, daß die letzte Zwangseintreibung zwar mehr Lebensmittel brachte als alle bisherigen, daß aber das darauf zurückzuführen sei, daß nach dem Sieg über die Weißen die Requisitionen in einem viel ausgedehnteren Gebiet als vorher erfolgten. Die nächsten Requisitionen, so Trotzki, würden immer weniger einbringen, eine Lebensmittelkrise werde die Folge sein. Das Zentralkomitee wollte das nicht wahrhaben. Lenin und das Zentralkomitee wollten immer noch am Kriegskommunismus festhalten. Trotzki ging noch weiter. Er schlug vor, die Wirtschaft auf die Bedürfnisse des Marktes umzustellen. Doch das Zentralkomitee verwarf seine Vorschläge. Auch die Menschewiki warfen ihm vor, Freihändler und Liberaler geworden zu sein. Trotzki fügte sich der Mehrheit. Und auf dem IX. Parteitag, der im März 1920 tagte, vertrat er vehement die Wirtschaftspolitik der Regierung, den Kriegskommunismus. Trotzki verfocht es, die Bürde der neuen Aufgaben zu übernehmen. Er versprach, das zerstörte Transportwesen in Ordnung zu bringen. Als Bedingung dafür verlangte er vom Parteikongreß außerordentliche Vollmachten für disziplinarische Maßnahmen. »Arbeitsdeserteure« sollten in Strafbataillone oder in Arbeitslager gesteckt werden. Er schlug einen »Sozialistischen Wettbewerb« und Lohnanreize für tüchtige Arbeiter vor. Eine Minderheit war gegen diese Vorschläge.

Kurze Zeit danach trug Trotzki dem Gewerkschaftskongreß seine Pläne vor. Eine Gruppierung der Gewerkschafter unterstützte ihn, eine andere lehnte im Namen der »Verbraucheransprüche« der Arbeiter Trotzkis Plan ab. Trotzki hielt entgegen, daß die Arbeiter erst Güter produzieren müßten, bevor sie ihre Bedürfnisse befriedigen könnten. Die Menschewiki griffen die Arbeitsarmeen an. »Sie können doch nicht eine Planwirtschaft aufbauen«, bemerkte der Menschewist Abramowitsch, »wie die Pharaonen ihre Pyramiden errichteten.«

Der polnische Krieg nahm der Auseinandersetzung zeitweilig die Schärfe. Nach dem Höhepunkt des Krieges ging Trotzki mit dem Militärapparat daran, den Engpaß bei Lokomotiven und Eisenbahnwagen zu beheben. Er erzielte über alle Erwartungen hinaus Ergebnisse. Nach Beendigung des Krieges mit Polen stemmten sich die Gewerkschaften erneut gegen Trotzkis Herumkommandieren. Er drohte den Gewerkschaften mit einer »Durchrüttelung«. Doch jetzt distanzierte sich Lenin vom

Kriegskommunismus und überredete das Zentralkomitee, gegen den »degenerierten Zentralismus« zu kämpfen. Das Zentralkomitee ermahnte die Partei, in den Gewerkschaften die proletarische Demokratie wiederherzustellen. Trotzki wollte sich nicht fügen. »Was Sie Herumkommandieren und den Einsatz ernannter Leute nennen, steht in umgekehrter Proportion zur Aufgeklärtheit der Massen, zu ihrem kulturellen Niveau, ihrem politischen Bewußtsein und zur Stärke unseres Verwaltungsapparats.« Wiederum stand eine Mehrheit gegen ihn. Trotzki erinnerte ärgerlich Lenin und die anderen Mitglieder des Zentralkomitees daran, wie oft sie ihn als »Retter in der Not« darin bestärkt hätten, scharf und ohne Rücksicht durchzugreifen. Auf dem X. Parteikongreß im März 1921 erreichten die Auseinandersetzungen ihren Höhepunkt.

Die Revolte in der Seefestung von Kronstadt im März 1921 unterstrich die Notwendigkeit, den Kriegskommunismus aufzugeben, um der Unzufriedenheit der Massen Herr zu werden. Trotzki und Tuchatschewski übernahmen den Oberbefehl zur Niederschlagung. Der Aufstand war von der »Partei des Henkers Trotzki« noch nicht bezwungen, als Lenin am 15. März auf dem X. Parteitag die Neue Ökonomische Politik (NEP) unterbreitete. Es waren das Trotzkis Überlegungen von Ende 1919. Fast ohne Debatte nahm der Parteitag Lenins Vorschläge an.

1921 und 1922 wurde die Rote Armee auf ein Drittel ihrer Stärke demobilisiert. Trotzki stürzte sich mit Eifer auf die Probleme der Industrie und der Landwirtschaft. Besonders der Kommunistischen Internationale widmete er seine Beredsamkeit. Auf dem III. und IV. Kongreß 1921 und 1922 trat er als Verfechter der NEP auf. In dem Exekutivkomitee bildete er ein Gegengewicht zu Bucharin und Sinowjew, die dazu neigten, verfrühte und abenteuerliche Erhebungen im Ausland zu ermutigen, wie die Märzaktion 1921 in Deutschland. Er sprach häufig vor Wissenschaftlern und Künstlern. Er setzte dabei immer wieder auseinander, daß das Schicksal der Revolution nicht on schwankenden Stimmungen einer dezimierten und demoralisierten Arbeiterklasse abhängig gemacht werden dürfe und daß es die Bolschewiki dem Sozialismus schuldeten, eine »eiserne Diktatur« mit allen Mitteln aufrechtzuerhalten. Auf die Frage, ob nicht die Zeit gekommen sei, das Monopol der Partei der Bolschewiki aufzugeben und das Verbot der Menschewiki aufzugeben, antwortete er mit einem Nein. In der belagerten Festung Sowjetrußland, entgegnete er, dürfe man keine Opposition dulden. Der X. Parteitag hätte die Arbeiteroppositionen verurteilt. Auf dem XI. Parteitag Ende März/Anfang April 1922 klagte Trotzki die Opposition an, ihr Wirken unterstütze nur die Revolutionsfeinde. Unter dem Beifall Lenins forderte er Disziplin und nochmals Disziplin. Er predigte die Schaffung einer starken Bürokratie, setzte sich über die proletarische Demokratie hinweg und half mit bei der Eindämmung der innerparteilichen Opposition.

Seit 1921 attackierte Trotzki die Unzulänglichkeiten der Planung der Produktionskapazitäten, Arbeitskräfte und Rohmaterialien durch die seit dem 22. Februar des Jahres beschlossene Staatliche Planungskommission. Er wiederholte immer wieder, daß gerade die NEP mit ihrer Marktwirtschaft erst recht es erfordere, daß alle Mittel konzentriert würden auf die Errichtung einer Schwerindustrie. Da sich Lenin dagegen wandte und den »allumfassenden Plan« als »müßiges Gerede« abtat, hielt Trotzki ihm entgegen, daß gerade das Projekt der Elektrifizierung der staatlichen Planung bedürfe. Diese Überlegungen koppelte er mit der These von der sozialistischen Akkumulation, wonach das ruinierte Land nur unter größten Opfern der Arbeiterklasse aufgebaut werden könne. Seine Forderungen erregten sofort Widerstand. In der Arbeiteropposition verbreitete man das Schlagwort, daß die Abkürzung NEP nur eine Abkürzung sei für Neue Exploitation des Proletariats. Eine weitere Kontroverse war die über die Arbeiter- und Bauerninspektion, deren Leiter von 1919 bis 1922 Stalin war. Seit 1920 kritisierte Trotzki diese Institution als einen »Faktor des Chaos und der Willkür«, der personifizierten Untauglichkeit.

Die Unfähigkeit des Apparates lasse sich nicht durch Inspektionen und Einschüchterungen bessern, mit denen Stalin die Verwaltung traktiere. In einem rückständigen Land wie Rußland, mit seinen schlimmen Traditionen einer unzivilisierten und korrupten Verwaltung, könne man nur durch Erziehung und Einführung moderner Arbeitsmethoden vorankommen.

Lenin verteidigte die Inspektion, da auch er über Unfähigkeit und Korruption in der Verwaltung empört war. Er unterstellte Trotzki, daß er sich von persönlichen Rachegefühlen gegen Stalin leiten lasse. Trotzkis Beziehungen zu Lenin trübten sich weiter, als Lenin am 11. April 1922 auf einer Politbürositzung die Ernennung Trotzkis zum stellvertretenden Vorsitzenden des Rates der Volkskommissare vorschlug. Trotzki lehnte die Übernahme dieses Postens hochmütig und kategorisch ab. Lenin hatte diesen Vorschlag gemacht, nachdem eine Woche vorher Stalin Generalsekretär geworden war. Mit der Ernennung Stalins war eine Disziplinierung der Partei beabsichtigt. Lenin hatte den Ausschluß der Führer der Arbeiteropposition gefordert. Im Zentralkomitee hatte er nur eine Stimme zu wenig erhalten, um mit seinem Antrag, der eine Zweidrittelmehrheit erforderte, durchzukommen. Er erwartete, daß Stalin das durchsetzen werde, was der X. Parteitag auf geheimer Sitzung gegen die organisierte innere Parteiopposition beschlossen hatte. Und diese Aufgabe sollte Stalin übernehmen. Lenin hatte seine Befürchtungen gegen Stalins Ernennung gehabt. Mit der Berufung Trotzkis wollte Lenin offenbar ein Gegengewicht installieren. Trotzki sollte jedoch nach dem Plan Lenins nicht der einzige Vizepremier sein. Aber obgleich Trotzki nominell nur einer von drei oder vier Vizepremiers geworden wäre, war nicht daran zu zweifeln, daß er der eigentliche Stellvertreter Lenins sein sollte. Aber das war Trotzki aufgrund seiner Leistungen und seiner Autorität auch ohne formelle Funktionen. Welche Bedeutung Lenin dem beimaß, ergibt die Tatsache, daß Lenin in neun Monaten den Vorschlag immer wieder machte. Nachdem Trotzki Lenins Vorschläge abgelehnt hatte, vertrat er weiterhin seinen Plan der Verbesserung der Arbeit der Behörden. Dabei verfocht er immer wieder den Gedanken, daß die Machtbefugnisse des Generalsekretariats der Partei einzuschränken seien.

In dieser Zeit gelangte Trotzki offenkundig zu der Erkenntnis, daß die mangelnde innerparteiliche Demokratie sowie die fehlende proletarische Demokratie eine »wahrhafte Gefahr für die Sache der kommunistischen Revolution« werden könne. Mit dem Apparat der Partei stieß er immer öfter zusammen, als sich dieser von der Partei unabhängig machte und sich Partei und Staat unterordnete. Und da der Parteiapparat vom Generalsekretär Stalin dirigiert wurde, geriet Trotzki immer häufiger mit Stalin aneinander.

Trotzki machte darauf aufmerksam, daß die schlimmsten Mißbräuche von der obersten Parteispitze ausgingen, daß sich Politbüro und Orgbüro in unerträglicher Weise in die Angelegenheiten der Regierung einmischten. Lenin folgte 1922 Trotzkis Hinweisen noch nicht. Er verließ sich noch auf Stalin. Da die Auseinandersetzungen aus dem Politbüro nicht hinausgingen, hatten Partei und Öffentlichkeit keine Ahnung von diesen Differenzen.

Ein anderer Punkt der Kontroversen war seit 1921 die georgische Frage. Stalin, Dzerżiński und Ordschonikidse hatten Anfang 1921 Georgien von der Roten Armee besetzen und die menschewistische Regierung absetzen lassen. Trotzki protestierte, Lenin und die Mehrheit im Politbüro vertrauten Stalin als dem Fachmann für nationale Fragen. Wiederum hatte es den Anschein, als ob Trotzki aus persönlichen Gründen Stalin bekämpfte.

Im Oktober 1922 jedoch änderten sich die Beziehungen zwischen Trotzki und Lenin. Anfang des Monats hatte das Zentralkomitee in Abwesenheit Lenins und Trotzkis das Außenhandelsmonopol sehr stark gelockert. Lenin erklärte sich sofort dagegen. Trotzki ebenfalls. Im Auftrage Lenins trat Trotzki auf der Tagung des Zentralkomitees in der zweiten Dezemberhälfte 1922 auf und erwirkte mit der Drohung, er und Lenin würden andernfalls beide an die Parteibasis appellieren, daß der Beschluß vom Oktober zurückgenommen wurde. In seinem Brief vom 27. Dezember 1922 an das Politbüro setzte sich Lenin nun auch dafür ein, Trotzkis Überlegungen zum Staatsplan zu überdenken. Anfang Dezember 1922 hatte Lenin in einer privaten Unterhaltung Trotzki nochmals gebeten, den Posten seines Stellvertreters zu übernehmen. Er hatte sich über die Meinungsverschiedenheiten mit Trotzki in den zurückliegenden Monaten nochmals Gedanken gemacht und dabei die georgische Frage nochmals geprüft. Er hatte sich Berichte und Fakten kommen lassen. Er hatte sich von der Brutalität Dzerżińskis, Ordschonikidses und Stalins überzeugen müssen. Er zürnte sich selbst, daß er Stalin erlaubt hatte, sein Vertrauen zu mißbrauchen. In dieser Stimmung diktierte Lenin am 23. und 25. Dezember 1922 seinen Brief an den Parteitag. Der charakterisierte kurz die Personen der Führung. Die Partei, schrieb er, solle sich vor der Spaltung hüten. Stalin und Trotzki seien Führer der Partei mit bestimmten charakterlichen Eigenschaften. Diese Charaktere »zweier hervorragender Führer des gegenwärtigen ZK können unbeabsichtigt zu einer Spaltung führen, wenn unsere Partei nicht Maßnahmen ergreift, um das zu verhindern, so kann die Spaltung überraschend kommen«. Über Stalin formulierte er: »Gen. Stalin hat, nach-

dem er Generalsekretär geworden ist, eine unermeßliche
Macht in seinen Händen konzentriert, und ich bin nicht überzeugt, daß er es immer verstehen wird, von dieser Macht vorsichtig genug Gebrauch zu machen.« Am 4. Januar 1923 diktierte er einen Nachtrag:»Stalin ist zu grob, und dieser Mangel,
der in unserer Mitte und im Verkehr zwischen uns Kommunisten durchaus erträglich ist, kann in der Funktion des Generalsekretärs nicht geduldet werden.« Er schlug vor, Stalin aus der
Position des Generalsekretärs zu entfernen. Es lag auf der
Hand, daß Lenin sich zugunsten der Führerschaft Trotzkis ausgesprochen hatte. Auf dem für den April 1923 einberufenen
Parteitag sollte Trotzki im Auftrage Lenins dessen politisches
Vermächtnis verlesen und die Absetzung Stalins fordern.
Lenins Sekretärinnen erinnerten sich, daß Lenin, um seinen
Ausdruck zu gebrauchen, für Stalin eine »Bombe« vorbereitet
hatte. Lenin hatte beschlossen, wie die Krupskaja Kamenjew
eröffnete, »Stalin politisch zu erledigen«.

Inzwischen hatten Trotzkis Gegner, das Triumvirat Kamenjew, Sinowjew und Stalin von dem Vorhaben Lenins erfahren.
Am 6. März 1923 suchte Kamenjew als Abgesandter des Trium-
virats Trotzki auf. Er war darauf aus, bei Trotzki zu sondieren.
Trotzki war großmütig. Entgegen Lenins Warnung ließ er sich
auf einen Kompromiß ein. Er beruhigte Kamenjew. »Ich bin«,
versicherte er Kamenjew, »gegen die Absetzung Stalins, gegen
den Ausschluß Ordschonikidses, gegen die Entfernung Dzerżińskis ... Aber ich stimme Lenin im wesentlichen zu.« Alles,
was er von Stalin verlange, sei, daß er sich ändere. Er solle
sich bei der Krupskaja entschuldigen. Und überhaupt solle er
sich rücksichtsvoller und loyaler verhalten. In der georgischen
Frage verlangte Trotzki, daß Stalin seine Resolution neu for-
muliere, den großrussischen Chauvinismus verurteile und den
Ukrainern und Georgiern ihre nationalen Rechte garantiere.

Stalin war dazu sofort bereit. Einige Tage nachdem er sich
demütig vor Trotzki gebeugt hatte, kam die Nachricht von
Lenins erneutem Schlaganfall. Der Rückfall Lenins ließ das
Triumvirat aufatmen. Trotzki aber fühlte sich immer noch
obenauf. Er hatte Lenins Papiere in den Händen. Stalin ging es
nun darum, daß Trotzki nicht so handele, wie er es Lenin versprochen hatte. Und Trotzki willigte tatsächlich ein. Er übergab
dem Politbüro Lenins Papiere, und er überließ es dem Politbüro, ob und in welcher Form sie dem Parteitag zur Kenntnis

gegeben werden sollten. Das Politbüro beschloß, Lenins Aufzeichnungen nicht zu veröffentlichen und nur ausgewählten Delegierten vertraulich zur Kenntnis zu geben. Lenin hatte sich nicht vorstellen können, daß Trotzki so handeln würde. Später bemerkte Trotzki, wäre er auf dem XII. Parteitag im Sinne des Bündnisses Trotzki-Lenin gegen den Stalinschen Bürokratismus aufgetreten, so hätte er wahrscheinlich den Sieg errungen.

Als der XII. Parteitag Mitte April 1923 zusammentrat, wurde Trotzki nach Lenin in fast jeder Adresse gehuldigt. Mehrere Sitzungen lang mußten das Kamenjew, Sinowjew und Stalin über sich ergehen lassen. Die Triumvirn waren verunsichert. Doch sie hofften, daß sich Trotzki an die Abmachungen hielt. Und der hielt sich an die Übereinkunft. Als er schließlich vor dem Kongreß sprach, äußerte er sich nur zur Wirtschaftspolitik. Er forderte, die Industrie zu rationalisieren, zu modernisieren und zu konzentrieren. Er verlangte, vom Rückzug mit der NEP alsbald zur Offensive überzugehen und mit der geplanten Wirtschaft dem sozialistischen Sektor ein wachsendes Übergewicht zu verschaffen. Er wandte sich gegen die Abschaffung der NEP, gegen ein Verbot des Privathandels und gegen die gewaltsame Vernichtung der privaten Landwirtschaft. Aber schließlich entwickelte er wiederum seine These von der sozialistischen Akkumulation. Und er versicherte schließlich, daß er hinter dem Politbüro stehe. Damit hatte er seine eigenen Positionen untergraben.

Die Entwicklung in den nächsten Monaten und Jahren nach Lenins Tod 1924 verlief folgerichtig. Nachdem Trotzki der Koalition von Kamenjew, Sinowjew und Stalin unterlegen war, trat er 1925 von der Leitung des Kriegskommissariats zurück. Während einer Pause des Machtkampfes schrieb er »Literatur und Revolution«, »Über Lenin«, »Wohin geht England?«, »Europa und Amerika«, »Probleme des Alltagslebens« u. ä. 1926 tat sich Trotzki mit Sinowjew und Kamenjew gegen Stalin zusammen. Diese Vereinigte Linksopposition wurde nach heftigen Machtkämpfen in allen Bereichen der Gesellschaft gegen Ende 1927 aus der Partei ausgeschlossen. 1928 wurde Trotzki aus Moskau verbannt und nach Alma Ata deportiert. Von hier aus dirigierte er weiter die Linke Opposition, kritisierte Stalins Konzept vom Sozialismus in einem Lande sowie Stalins Politik in der chinesischen Revolution von 1925 bis 1927.

347

1929 wurde er in die Türkei ausgewiesen, wo er bis zum Sommer 1933 auf einer der Prinkipo-Inseln lebte. Hier begann er eine Kampagne gegen die Gefahren des aufstrebenden Nazismus. 1933 bis 1935 lebte er in Frankreich. Von hier aus rief er auf zur Gründung einer Vierten Internationale. 1935 aus Frankreich ausgewiesen, fand er in Norwegen Zuflucht und schrieb dort das Buch »Verratene Revolution«. Nach dem Schauprozeß gegen Sinowjew, Kamenjew und andere und ihrer Hinrichtung im August 1936 verfaßte Trotzki sein Buch »Stalins Verbrechen«, das 1937 in Zürich erschien. 1937 ging er schließlich nach Mexiko ins Exil, wo er in einem Gegenprozeß unter Vorsitz des amerikanischen Philosophen John Dewey auftrat. 1938 proklamierte er die Gründung der Vierten Internationale. Trotzkis Kinder kamen unter ungeklärten Umständen ums Leben. Im Mai 1940 wurde er selbst von einer stalinistischen Bande angegriffen, deren Anführer der mexikanische Maler David Alfaro Siqueiros war. Trotzki selbst wurde am 20. August 1940 von einem Ramon Mercader (»Jacson«), einem stalinistischen Werkzeug, in seinem Haus in Coyoacán, einem Stadtteil von Mexiko-Stadt, ermordet.

Peter Bachmann

Inhalt

Vorwort	5
Im »sozialistischen« Norwegen	11
Hinter geschlossenen Türen	29
Um die Internierung	30
Der Moskauer Prozeß	46
Auf dem Meere	64
Abreise aus Norwegen	64
Eine lehrreiche Episode	68
Sinowjew und Kamenjew	73
Warum beichten sie Verbrechen, die sie nicht begangen haben?	81
»Machtgier«	90
»Haß gegen Stalin«	93
Die Entsendung von »Terroristen« aus dem Auslande	102
In Mexiko	107
Vor dem neuen Prozeß	112
Rede auf dem Meeting im Hippodrom in New York	121
Voruntersuchung in Coyoacan	141
Warum ist eine Untersuchung notwendig?	151
Ist eine Untersuchung politisch zulässig?	155
Die Expertise des Professors Charles Beard	156
Eine »rein juristische« Expertise	160
Autobiographie	164
Meine »juristische« Lage	172
Drei Kategorien von Beweisen	174
Mathematische Reihen der Fälschung	180
Die politische Basis der Anklage: Terrorismus	185
Kirows Ermordung	192
Wer hat die Liste der »Opfer« des Terrors zusammengestellt? (Die »Sache« Molotow)	196
Die politische Basis der Anklage: Sabotage	202
Die politische Basis der Anklage: Bündnis mit Hitler und dem Mikado	208
Kopenhagen	215
Radek	223
Der »Zeuge« Wladimir Romm	236

Pjatakows Flug nach Norwegen 257
Wundersame Reise Pjatakows nach Kjeller 270
Was wurde im letzten Prozeß widerlegt? 274
Der Staatsanwalt als Fälscher 276
Die Theorie der »Maskierung« 284
Wozu und weshalb diese Prozesse? 287

Die Enthauptung der Roten Armee 293

Stalin über seine Fälschungen 308

Der Anfang vom Ende 320

Zu Leo Trotzki 329